国際契約法務の研究

吉川英一郎 著

文眞堂

序　文

　本書の公刊を心よりお慶び申し上げます。

　吉川教授とは，大阪大学法学部の故・松岡博先生のゼミの先輩・後輩の関係にある。吉川教授は，私が学部生・大学院生として松岡先生にお世話になっていたときに，ゲストスピーカーとしてゼミで実務のことをお話しされたり，ゼミ旅行にも参加されたり，ゼミOBOGの中心人物の一人であった。また，松岡ゼミのOBOG会である「松岡会」の設立にもご尽力された。このようなご縁もあり，また本書のテーマが私の専門領域に関連するものであったため，吉川教授から序文を捧げる機会を賜った次第である。

　本書は，日本の代表的なメーカーに長年勤務されていた実務経験を生かしつつ，研究者の世界に移られてから精力的にされてきた研究の成果の一部であり，吉川教授でしか執筆できなかったテーマ・内容のものである。とくに第1章第2節「米国企業との売買契約における準拠法条項を用いた事物管轄権戦術の可能性」は，実務経験をもち，かつ，法学の知識をもった商学研究者である吉川教授だからこそ分析検討できたものである。また，第3章第1節「消費者契約を扱う日本の国際裁判例概観」においては，日本の裁判例を網羅的に渉猟した上で，実証的な分析検討を行う内容であり，商学的な方法論を基礎としつつ，法学的な観点からも理論的・学術的に極めて高度で示唆に富む内容のものである。

　恩師である松岡先生は，ゼミの中で，形式的な理屈だけの机上の空論とならないよう，実際の社会で法問題に直面する方々が納得できるよう，地に足のついた議論をするよう仰っていた。本書は，まさに実務にも役立つ学術研究書である。松岡先生がご存命であれば，「実務経験も生かしつつ，さらに広く，国際取引法の新しいテーマを切り拓い」た，期待どおりの研究書であると非常に喜ばれたものと思う。

このような学術的にも社会的にも極めて有意義な書籍を世に出された吉川教授に心より敬服するとともに，今後とも変わらぬご指導をお願いしたい。

同志社大学法学部教授

高杉　直

はしがき

　本書は，筆者が国際取引契約に関して執筆した論稿をまとめたものである。

　筆者の研究者としてのスタートは，国際企業法務の内の予防法務としての「職場におけるセクシュアル・ハラスメント問題」への対応からであった。それを博士論文のテーマとし，またアンチ・ハラスメントという時代の要請もあって，博士論文の出版（2004）の後も，ハラスメント判例の研究をしばらく続けた（それらは2016年の吉川英一郎編『判例で理解する職場・学校のセクハラ・パワハラ』文眞堂として結実している）。一方，博士論文の序文には，恩師故松岡博先生が次のように書いておられる。「著者は，本書のテーマが，国際取引法の重要な一部分を占めると述べているが，私としては，これで一応，長年にわたって温めていたテーマに決着をつけて，今後はこの研究の蓄積を基礎に，実務経験も生かしつつ，さらに広く，国際取引法の新しいテーマを切り拓いていかれることを心から期待している」。松岡先生の期待に沿って別の研究を展開しようと思ったが，それには国際契約法務が適していた。

　筆者は，メーカーから大学に転職をした際に，民間企業の活動に役立つ研究，国際法務に役立つ研究をしようと考えていたし，今もそうである。一方，自身が法務スタッフでいた際の仕事の大半は国際契約の審査であった。

　国際企業の法務スタッフは職場に配属された後多くが英文契約書を読む訓練を積み，契約書ドラフトのチェックの作業を任される。契約法務は，会社の事業取引の存在を前提としてそれを文章化するものである。「待ち」の仕事であって全く派手なところのない業務である。しかし会社の行う取引はほぼ全てが契約書化されるから会社事業には必須な業務でもある。万が一その取引にトラブルが発生した場合，契約書は自社の利益を守るための盾とも矛ともなりうるから，法務スタッフには十分な知識と理解が必要であるはずである。ただ，国際契約法務の日常のトレーニングは，過去の実例やビジネスマニュアル本の類を読んで，諸条項はこういう趣旨のことが記載されるという説明を受け入れ

る程度のことで済まされている。現場にいるとき筆者はなぜそういう条項が必要でなぜこういう表現となるのかについてもっと詳しい理由が知りたかった。そこで実際に契約を巡ってどのような判決が下されているのか検証しようと思った。本書ではそのような判例をベースとした実務に近い論稿を収録している。もっとも本書は契約をめぐる争いのごく一部の類型を取り上げているだけで，全く体系的なものにはなっていない。この点は恥ずかしいと言わざるを得ない。それでも，国際契約法務に携わる人々にとって応用力を養うための参考情報になれば，また後続の国際法務出身の研究者にとって研究のモデルとなれば幸いである。

　本書の企画を早期に実現できたのは，株式会社文眞堂編集部前野眞司氏のご助力のおかげであり，まず謝意を表したい。本書を構成する各論稿は多くは同志社大学商学部に移籍した後にその研究室で執筆したものであり，研究活動につき理解・支援頂いた同志社大学の先生方やスタッフの方々に謝意を表したい。特に，移籍当初に共著『現代国際商取引』文眞堂（2013）の執筆にお誘い頂いた亀田尚己同志社大学名誉教授と，常に貴重な助言を下さる（そして本書序文の寄稿について快諾頂いた）同志社大学法学部の高杉直教授に御礼申し上げたい。良好な研究環境を提供して頂いた学校法人同志社にも感謝申し上げる。各論稿の転載にあたり，同志社大学商学会や国際取引法学会，株式会社文眞堂のご理解に御礼申し上げたい。そして，これまで私を支えてくれた家族，娘と母，そして病没した妻と父を含め，親族の皆に感謝したい。

　時間が許すかぎり企業の国際法務に有用な研究を続けていきたいと思う。

Google の約款の是非夏薊

令和 6 年（2024 年）5 月

京都市上京区の同志社大学至誠館の研究室にて

吉川英一郎

目　次

序文 ……………………………………………………………………………… i

はしがき ………………………………………………………………………… iii

序章　国際契約法務への関心 ……………………………………………… 1

第1節　契約書の機能 ……………………………………………………… 1

  1　法的保護の条件としての契約書 …………………………………… 1

  2　紛争時の証拠及び基準としての契約書 …………………………… 1

  3　履行のナビゲーターとしての契約書 ……………………………… 2

  4　事業の記録としての契約書 ………………………………………… 3

第2節　国際英文契約書の締結 …………………………………………… 3

  1　国際契約書と国際契約言語としての英語 ………………………… 3

  2　個別売買契約書：スポット契約とその書式 ……………………… 5

  3　「書式の闘い」 ……………………………………………………… 6

  4　継続的取引基本契約 ………………………………………………… 7

  【付録】　国際契約法務資料0-2-1　英文契約書単語・熟語帳　サンプル ……… 9

          国際契約法務資料0-2-2　個別売買契約書・取引一般条件概説 …… 14

第1章　準拠法条項とCISG ………………………………………………… 31

第1節　CISG下における準拠法条項ドラフティング …………………… 31

  1　はじめに …………………………………………………………… 31

  2　CISG下における準拠法条項の意義 ……………………………… 32

  3　締約国当事者対締約国当事者の取引の場合の準拠法条項の検討 … 35

  4　締約国当事者対非締約国当事者の取引の場合の準拠法条項の検討 …… 40

  5　準拠法条項ドラフティングにおけるCISG活用の効能 ………… 44

  6　おわりに …………………………………………………………… 46

vi　目　次

第2節　米国企業との売買契約における準拠法条項を用いた
　　　　事物管轄権戦術の可能性 ······················· 57

　1　はじめに ··· 57

　2　前提としての米国連邦裁判所の事物管轄権 ············· 58

　3　CISG適用の契約事案に事物管轄権を認めた米国判例　Case 1 ········ 60

　4　CISG適用の契約事案に事物管轄権を認めた米国判例　Case 2 ········ 65

　5　CISG適用の契約事案に事物管轄権を認めた米国判例　Case 3 ········ 66

　6　考察：国際契約法務への米国判例からの示唆 ············· 68

　7　まとめ ··· 71

　8　おわりに ··· 72

第2章　不可抗力条項：そのソフトロー性 ················· 76

第1節　不可抗力条項（Force Majeure Clause）のソフトロー性 ········ 76

　1　はじめに ··· 76

　2　不可抗力条項の意義 ····································· 79

　3　不可抗力条項の多様性 ··································· 81

　4　例示文言と「ソフトロー」概念 ··························· 85

　5　ICCの試み ··· 89

　6　おわりに ··· 91

第2節　不可抗力条項をめぐる裁判例の検討 ··············· 105

　1　はじめに ·· 105

　2　判決抄訳 ·· 105

　3　本判決（第3巡回区連邦控訴裁判所判決）の要点 ········· 140

第3章　日本における国際消費者契約問題 ················· 148

第1節　消費者契約を扱う日本の国際裁判例概観 ··········· 148

　1　はじめに ·· 148

　2　「国際消費者契約」に関連する日本判例 ················· 148

　3　「国際裁判管轄」を争うケース ························· 149

　4　「準拠法」について検討するケース ····················· 158

目　次　vii

　　5　本案における請求のパターン ························· 163

　　6　おわりに ·· 169

第2節　国際消費者契約をめぐる裁判例

　　　　（東京高裁平成29年6月29日判決）の検討 ········· 214

　　1　はじめに ·· 214

　　2　事実の概要 ·· 214

　　3　第1審における争点と判旨 ····························· 220

　　4　控訴審裁判所の判断 ······································ 233

　　5　論点1　船舶所有会社の外国親会社をめぐる争いに対する

　　　　　　　国際裁判管轄の有無 ······························· 238

　　6　論点2　附合契約中の準拠法条項の有効性 ········· 243

　　7　論点3　法人格否認の準拠法決定とその適用 ······ 247

　　8　論点4　旅行業者（傭船者）の責任と附合契約中の不可抗力条項 ····· 250

　　9　おわりに ·· 252

第4章　附合約款中の専属的国際裁判管轄条項 ········· 262

　第1節　Googleによるウェブサイト個人運営者という

　　　　　弱者への押し付け（日本の場合） ················ 262

　　1　はじめに ·· 262

　　2　事件の概要 ·· 263

　　3　考察 ··· 266

　　4　おわりに ·· 280

　第2節　米国におけるGoogle AdSenseオンライン標準契約約款

　　　　　専属的管轄条項の有効性 ··························· 302

　　1　はじめに ·· 302

　　2　Ellenberger v. Alphabet, Inc. 事件判決 ············· 303

　　3　Mueller v. Apple Leisure Corp. 事件判決 ··········· 308

　　4　米国連邦最高裁の判決の整理 ························ 310

　　5　管轄合意を失効させる「不公正・不合理な場合」は有り得るか ····· 313

　　6　おわりに ·· 315

viii　目　次

主な参考文献 ……………………………………………………… 321

初出一覧 …………………………………………………………… 330

索引 ………………………………………………………………… 331

序章
国際契約法務への関心

第1節　契約書の機能

　売買契約に限らず，企業が事業取引を展開するごとに，通常は契約書が作成される。契約書という書面を当事者がなぜ作成するのか，契約書にはどのような機能があるのかという点について，国際法務スタッフとして考えてみることは必要だろうと思う。実務の経験から，凡そ次の4点ではないかと考える。

1　法的保護の条件としての契約書

　取引によっては，書面を作成せずに口頭で済ます場合も考えられる。例えば，親・子会社間の取引の場合や当事者間に強い信頼関係に基づく慣行がある場合などでは取引が行われても契約書を作成しないことがあるだろう。CISGも日本法も，法的な意味での契約の成立に書面の作成を要求していない。一方，英米法系の国々では，Statute of Frauds[1]やParol Evidence Rule[2]という概念が見られるように書面が重視される傾向がある。つまり，当該契約（の方式）の準拠法によっては，契約が法的保護の対象となるための条件として，契約書という書面が必要となる場合がある。また，手続に関する合意（例えば，仲裁付託の合意や裁判のための管轄合意）[3]は，書面でなければならないことが多い。

2　紛争時の証拠及び基準としての契約書

　契約書は，起草時に弁護士や法務部門の審査を受けることが多い。取引内容が第三者から見ても，理路整然と権利・義務の形で描写されている必要がある。何故か。目的としては，当該取引から将来もめごと（典型として契約違反）

が発生し，訴訟や仲裁に発展した場合に，責任がいずれの当事者にあるのかを明確にすることが意図されている。当事者の当初の合意内容をあらかじめ証拠として記録しておくということである。「動かぬ証拠」があればもめごとは拡大しにくいといえる（弱みのある方が折れるからである）。また，紛争解決を裁判所や仲裁人に委ねる場合に備えて，紛争を解決するための手続基準を契約書中にあらかじめ定めておく意味もある。

なお，契約書を裁判などの証拠だと意識することは重要だろうが，契約書起草時に争いを想定する意識が強すぎると，取引交渉がギスギスしてしまい成約に悪影響を及ぼしかねない[4]。契約締結の先に在る企業の目的がビジネスの成功である点を考えると，それは本末転倒である。

3　履行のナビゲーターとしての契約書

既述の通り契約書は法的な文書として紛争時を想定して作成されることが多いし，実際に紛争が生じた場合には，契約書は裁判における証拠書類として重要となる。しかし，取引につき紛争が生じそれが裁判や仲裁に付されるケースは現実にはごくまれである。紛争時という異常時だけでなく，契約書が平時に果たす役割こそが重要である。

まず，契約書は，書面による意思疎通を通じて，当事者の「取引についての理解の不一致」を最小限に抑える機能を持つ。契約の当事者となる企業は，契約関係に入るにあたって，共に，自社にとって当該取引が何らかの利益をもたらすという判断をしているはずである。しかし，取引の内容について当事者の理解に齟齬があり，一方当事者の履行内容が相手方の予想と違ったものとなるならこの計算は狂うことになる。書面化することによってある程度の齟齬は食い止められる。

契約書は，各当事者の履行を促し，契約締結時の合意内容に沿ったものへと導くナビゲーターとしての役割も果たす。企業は，取引遂行にあたり，①自社側が履行しなければならないことを契約書中に明確に記載することによって，その契約履行を確実にしつつ，②相手方が履行しなければならないことを契約書中に明確に記載することによって相手方に合意通りの履行を促す。そして，そのような契約書の利用の仕方こそが日常的なものである。

4 事業の記録としての契約書

契約書は事業を記録する役割をも果たす。こちら側だけでなく，取引の相手方も署名をしているという点で客観性・信頼性のある記録となり得る。重要な取引をめぐる契約書は法務部門，秘書室，経営企画部門などで集中して管理されるケースも多く，契約期間満了後も一定期間保管され，その規定内容は後続の事業のための参考データとして役立てられることもある。

第2節　国際英文契約書の締結

国際英文契約書に関して，国際法務スタッフが理解すべき事項はいろいろあるだろうが，そのうち基本的な事項を一部挙げておこう。

1 国際契約書と国際契約言語としての英語

日本企業が国際契約書を締結する場合，その大半が英文となる[5]。英語は国際的言語であるということが理由として挙げられるかもしれないが，多くの国で話されているという点ではフランス語，ドイツ語，スペイン語，中国語なども国際的言語と言ってよいはずである。しかし，日本企業が締結する国際契約書はほとんどが英語である。その1つの理由としては，国際取引の法的インフラ（書式やルールなど）を構築してきたのが英米の事業家と法律家であったということが挙げられる。英国は歴史的に交易で世界をリードしてきたし，米国は，現代において国際取引の中心であり，巨大市場を有すると同時に，人種のるつぼと呼ばれ契約書が果たす役割の大きい社会でもある。また，今日，世界中の国際的企業に法的サポートを提供して活躍する巨大法律事務所は，英国と米国にばかり集中して存在する点からも，英語が国際取引契約のインフラを形作っていると頷ける[6]。

もう1つの理由は，日本の（英語に偏った）外国語教育にある。前述の通り契約を履行する当事者として日本企業は取引を理解しなければならない。社内の関係者全員が一様に取引内容を理解できるためには日本語が最善であるが，日本語だとたぶん相手側当事者が理解できない。結果として「リンガフランカ」

(Lingua Franca)[7]としての英語が契約書の言語とならざるを得ない。

　長い通商の歴史を経て今日の形に至ったという経緯から，英文契約書には，日本の学校教育で学ぶ英語とは違う，契約書特有の用語や言い回しが見られる。以下がその例である。

① 「……するものとする」「……しなければならない」と訳すべき義務・責任・法的拘束力を表わす規定には，助動詞の "shall" が多用される。"should" はほとんど用いられない。"must" が用いられることも稀である。"shall" については，日本の中学・高校では "Shall we dance ?"（踊りませんか）といった用法を中心に教えられるが，かなり意味が異なる。なお，権利（……できる，……してもかまわない）を示す意味で助動詞 "may" が用いられる。

② 普段みかけない "hereto"，"hereby"，"hereunder" といった語幹に "here-" を持つ単語が，契約中には，頻出する。この語幹 "here-" は「本契約書・本書」の意味を持つ。"hereto" は "to this agreement" という意味である。

③ 動詞の "provide A with B" は「A に B を付与する・供給する」，"provide for …" は「規定する」の意味を持つという点以外に，"provided, however, that …" は，「ただし，……」と，接続詞的に用いられ，但書条件を示す。

④ 現代英文法では "Redundancy"（重複表現・冗長性）として忌み嫌われる2つ以上の類似語を重ねる用法が契約書では多用される。例えば，契約書は "This Agreement made … by and between A … and B …."（A 社と B 社との間で締結された本契約書は……）で書き出されることが多い。前置詞 by と between とはいずれか1つで用が足りるはずであるが，このような冗長な言回しが用いられる。

⑤ ラテン語が文中に用いられる。例えば，"bona fide"（誠実に，真正な。英語の "in good faith" に当る），"mutatis mutandis"（必要な修正を加えて），vice versa（逆も同様に）などである。

⑥ 通常の意味とは異なる訴訟用語・法律用語が用いられる。例えば，"damages"（損害賠償，損害賠償金），"action"（訴訟，訴訟手続），"title"（所有権，権利），"party"（当事者），"consideration"（「約因」と訳されるが英米法上の契約の持つ対価性要件のこと）などである。

　したがって，英文契約書を理解するために辞書を用いる場合は，法律用語を専門に集めた辞書を併用したり，1単語につき語義を豊富に集録する辞書を丹念に調べたりする必要がある。

　国際英文契約書に習熟しなければならない立場の人にとっては，自分で英文

契約書に登場する特殊な意義の，あるいは注意を要する単語・熟語を書き留めてみるのも良いトレーニングになるだろう。業種によっては法律用語以外に業種独自の特殊な単語や言い回しもあるだろう。参考までに国際法務スタッフであった頃に筆者が自分で作成した単語・熟語帳のサンプルを章末付録0-2-1として添付しておく。

2 個別売買契約書：スポット契約とその書式

単純な国際物品売買には個別売買契約書が交わされる。例えば，売主であるメーカーや商社が自社の扱う製品を他国のバイヤーに売り込むとか，輸入販売卸売業者や大規模小売店が自国のマーケットで販売する製品の買付けを他国において行う場合に，国際物品売買取引が始まる。最初はお互いに試しに取引してみようというわけだから，将来の関係まで約束をするものではない。成果が上がらなければ次の取引は無いが，良ければさらに増量した取引が再度，発注・受注されるかもしれない。このように継続的取引を前提とせず，まず1回の取引を単発の取引として理解し，取引をスタートするのが普通である。そのような単発の契約は「個別売買契約」あるいは「スポット契約」[8]と呼ばれる。1回限りの小口の国際物品売買契約を基本とするのがスポット取引であるので，この場合，両当事者は，長期間にわたって契約交渉を行ったりするわけではない。電話や電子メールを用いた通信を経て，その主要内容のみにつき合意し，その内容確認のためには，あらかじめ印刷物として用意した定型の契約書書式（個別売買契約書）を利用することが多い。それは，いかなる相手先や対象物品にも対応可能な，ある程度の普遍性・共通性を備えた書式である。売主発行の書式であれば "Sales Contract" や "Sales Note" といった表題，買主発行の書式であれば "Purchase Contract" や "Purchase Sheet" といった表題が付いている。その裏面には小さな字で細かく，"General Terms and Conditions"（取引一般条件）という契約約款が印刷されているのが通常であり「裏面約款」と呼ばれる。裏面記載の条件は発行側から押し付けられるだけである[9]。

一方，取引ごとに変化するはずの条件，例えば，取引相手，物品（品種，モデル名など），数量，納期，貿易条件（インコタームズ[10]の規則の特定〔例えば，FOBかCIFか又はFCAかCIPか〕や引渡地の指定）や特約といった契約にとっ

て主要な内容は，裏面ではなく書式の表面に，発行側企業の担当者によって記入・印字され，代表者の署名を付され，相手側企業の署名を求めて送付される（なお，次項で触れるが，署名後返送するよう要求されるものの，必ずしも署名や返送はされない）。

個別売買契約書の取引一般条件のサンプルの概説を付録国際契約法務資料0-2-2として章末に掲載する[11]。

3 「書式の闘い」

特定の得意先との大規模取引であれば，両当事者が交渉を行って，きちんと代表者が共に署名を施した特別の契約書が作成されることもあるが，スポット契約の締結に際しては，互いに自社の約款を送りつけることで済ませようとする。スポット契約に用いられる売主・買主それぞれの印刷書式に示された裏面約款は，当然ながら自社に有利な内容となっているため，条件としては食い違っていて通常，一致を見ない（同一商社の用いている印刷書式でも，商社の立場が売主側なのか買主側なのかによって，書式記載の条件は極端に異なる）。一方，企業としては，1回限りの小口の国際物品売買契約に余計な手間をかけるわけにはいかない。両当事者の2つの定型書式に含まれる条件が一致しないのであるから，当事者は取引について合意に達したのか（契約は有効に成立したのか），仮に有効だとしてもその条件は何なのかについて疑問が生じる。伝統的な"mirror image rule"（鏡像原則）という考え方によれば，厳密に意思が合致しなければ契約は無効とされるはずだが，その様な処置が現実的ではないことは明らかである。というのも，両当事者は共に，細かなことはともかく取引は行いたいわけであるし，実際に履行に着手してしまうのが常である。この場合どのように取り扱うかについては，法によって方針が異なる。各当事者の示す条件のうち共通部分のみを合意として認め，後は法によって補充するという"Knock-out Rule"（ノックアウトルール。例として米国のUCC2-207条(3)）もあるが，後から付加した条件を有効な契約条件として容認する"Last Shot Rule"（ラストショットルール。例としてCISG19条(2)）という考え方もある。後から書式を送りつける方が有利であると考えれば，互いに書式を送りつけ合うことに意味があることになる。これが"battle of the forms"（書式の闘い）で

ある。

4 継続的取引基本契約

個別の取引が反復的に行われ，互いに重要な取引相手だということになると，スポット契約（個別売買契約）書式を送り合うだけでなく契約条件をきちんと合意しておく重要性も増してくる。継続的な取引を前提とした取り決めも必要となってくる。このため，両当事者の間で，その取引固有の継続的な取引基本契約が締結されることになることが多い。例えば，売主（販売元メーカーや商社）から見て買主が販売元ブランドの特約店としてふさわしければ，売主が買主を，（買主が本拠を置く）特定外国市場における，売主商品の販売店，つまり，"Distributor"（ディストリビューター）として指名する場合が考えられる。この場合は，"Distributorship Agreement"（「販売店契約」）が結ばれる。販売店契約も，一種の物品売買契約であるが，その性質は，販売元と販売店との間の連続する複数の個別売買契約の上位に位置する基本契約であり，その条件は個別売買契約書の裏面に優先し，また，特約が合意される。

また別の継続的取引基本契約の例としては，OEM販売基本契約がある。「OEM」とは，"Original Equipment Manufacturer（Manufacturing）"のことで，他社ブランドの製品を製造すること，または他社ブランド製品を製造販売する企業を指す。メーカーにはそれぞれ得意な製品というものがある。ここでいう「得意」とは，製造関連特許ノウハウ等知的財産権を多く保有している，生産設備が充実している，熟練技術者が多い，良質の材料の調達網があるなどさまざまな点が考えられる。不得意な製品を少量製造するよりも得意な製品を大量生産する方が，廉価で良質な製品を製造できる。そこで，例えば，空気清浄器の製造ラインを持たない家電メーカーA社が，空気清浄器の製造を得意とする家電メーカーB社に，A社ブランドを付した空気清浄器を製造卸売してくれるよう注文する場合がある（内容によっては，売買でなく生産請負の契約に分類される）。スポット契約の場合もあるが，大掛かりな継続的取引（例えば，数年間，B社から空気清浄器の供給が続く場合）としてのOEM販売基本契約が結ばれることも考えられる。

また，メーカーがある製品を製造するため必要とする特定部品の供給は，継

続的なものとなりがちなので，継続的な部品供給基本契約もありうる。

　ちなみに，継続的取引基本契約をめぐって日本で作成された契約書は，日本の印紙税（印紙税法に基づいて，収入印紙を貼付し割印を施すことで納税する方式の税）の対象となる場合がある。一般の継続的取引基本契約は1通4千円の印紙貼付が必要だが（印紙税額一覧表の7号文書に該当），契約類型に応じ納税額は異なりうる（例えば運送契約〔1号文書〕や請負契約〔2号文書〕など）。

注

＊注記は原則として節末脚注として付した。ただし序章は章末注としている。

1　一般に「詐欺防止法」と訳される。例えば，UCC2-201条のように，書面による証拠がなければ裁判所は救済を与えられないとする制定法のことを指す。大塚章男『英文契約書の理論と実務』中央経済社，2017年，4-5頁参照。

2　一般に「口頭証拠排除原則」と訳される。契約書によって書面化された合意内容と異なることを，他の口頭や文書の証拠を用いて証明することは許されないという準則のことを指す。同上，5頁参照。

3　外国仲裁判断の承認および執行に関する条約（ニューヨーク条約）2条1項・2項（仲裁付託合意）や日本の民事訴訟法3条の7第1項・2項（管轄権の合意）参照。

4　法務スタッフとして働いていた際に上司の法務本部長から注意されたことがある。

5　例外として，中国企業との契約では，日本語，中国語または両国語で契約書が作られるといったこともある。

6　"The 2022 Global 200 Ranked by Revenue"によれば，近年は英米の法律事務所に加え大規模な中国系法律事務所も現れている。https://www.law.com/international-edition/2022/09/20/the-2022-global-200-ranked-by-revenue/ （2024年4月4日閲覧）。第1章第1節の節末脚注（18）も参照。

7　「異なった国同士の人がどちらも自国の母語を使用しないで，コミュニケーションのための共通言語として使用する特定の外国語」という意味で用いられる。亀田尚己編著『現代国際商取引(改訂版)』文眞堂，2021年，263頁。

8　「スポット」といえば，市場における現物取引や為替市場における直物取引を指す場合もあるが，ここではそれとは区別される。

9　個別売買契約書は通常，交渉の余地がない約款であり，「附合約款」である。

10　インコタームズ(Incoterms)は，1936年，国際商業会議所(ICC)が制定した貿易取引条件とその解釈に関する国際規則で，商慣習の変化に伴って，数次の改訂が行われ，2020年1月1日発効の「インコタームズ2020」が最新版である。
https://www.jetro.go.jp/world/qa/J-200309.html （2024年5月3日閲覧）。
　　　FOBやFCAなどアルファベット3文字で表される11種の符丁を用い，複雑な貿易取引条件を端的に表現できる「援用可能統一規則」(いわば民間のルールブック)である。

11　資料は，亀田尚己編『現代国際商取引 (改訂版)』文眞堂，2021年，66-87頁 (吉川英一郎) から一部修正して転載したものである。

【付録】　国際契約法務資料 0-2-1

英文契約書単語・熟語帳　サンプル

above-mentioned	「上述の」。[**類**]"above", "aforementioned", "aforesaid"。
acceptance	「(契約の申込みの) 承諾」。[**対語**]"offer"(申込み)。
action	「訴訟, 訴訟手続上の行為」。
	「作為」。[**対語**]"omission"(不作為)。
ADR	"alternative dispute resolution"。
	仲裁等による裁判によらない紛争解決手続のこと。
after	「(何月何日)から」"the day after April 1"といえば当日を参入せず「4月2日から」の意となる。"after the effective date"と言えば当日不参入かどうかははっきりしないので要注意。
agreement	「合意」。「契約」の意にも使われるが厳密には「意思の合致」を言う。
annul	「無効にする, 取り消す」。
asset	「資産」。
assign	「譲渡する」。[**同義**]"transfer"。
attachment	「差押え」。「(契約書の) 添付書」。
authority	「権限, 権能」, 「代理権」。「当局(国税局のような政府機関)」。「法的根拠, 判例」。
before/ by	「(何月何日)までに」。期限の終期を示す。
	"before"は当日を算入しないが"by"は算入するとされる。
bill of lading (B/L)	「船荷証券」。運送された荷物の引渡請求権を証した有価証券。
bona fide	「善意の」「誠実な」を意味するラテン語。
cancel	「(契約を) 解除する」…相手方の契約違反に基づく解約の場合。
conclusion	「(契約の) 締結」。
conform	「(契約に) 適合している」。
consequential damage (s)	「派生的損害」。[**類**]indirect damage (s)。
consideration	「約因」と訳される。「対価」の意。英米では契約は約因の交換である。

10 **【付録】** 国際契約法務資料

copy	「副本，謄本」。コピーといっても原本の1冊を指すこともある。
covenant	「誓約」。契約（特に捺印証書による契約）をも意味する。
(be) cured	「（瑕疵が）治癒した」。
damages	「損害賠償（金）」。
defective	「瑕疵のある，欠陥のある」。
defend	「訴訟上の防御をする，抗弁をする」。
delivery	「引渡し」。
disclose	「（情報を）開示する」。
effective	「有効な」，「発効した」。
exclusive	「独占的，排他的」。権利の利用を1人に限る場合などに使う。
execute	「（契約を）履行する」。 「（契約書を）署名作成する」。 ［注意］　混同を避けるため「署名」の意には "sign" を使う方が無難。
force majeure	「不可抗力」。
from … to …	「（何月何日）から（何月何日）まで」。期間を示す。 当日不算入か否かあいまいなので次のように表現されることもある。 "<u>from</u> April 1 <u>to</u> June 30, <u>both days included</u>" "commencing with January 1 and ending with March 31".
good faith	「善意，誠実」。"in good faith" は「誠意をもって」。
governing law	「準拠法」。
guarantee	「被保証人」。 「保証契約」＝ "guaranty"。
guaranty	「保証契約（他人の不履行に対して責任を負う旨約束する契約）」。
hereafter	「本契約締結後（又は発効後）」。
hereinafter	「以下この契約では…」。一般に "here-" は契約自体を指す。
hold … harmless from …	「…を…から免責する」。
…, if any, …	「もし（該当するケースが）あれば」。
including but not limited to …	「…を含むがそれに限らない」。例示を示す。

	"including without limitation, …"と表現されることもある。
incorporate	「(会社を)設立・組織する」。"organize"も使われる。
indemnify	「(損失を)補償する，損失の補填を約束する」。
insolvency	「支払い不能」。[類]"bankruptcy"。
installment	「割賦払い」。
intellectual property	「知的財産権，知的所有権，無体財産権」。工業所有権(industrial property rights：特許権(patent)，実用新案権(utility model)，意匠権(design)及び商標権(trademark))に著作権(copyright)等を加えたもの。
inter alia	「とりわけ」。
irrevocable	「取り消し不能の」。[例]L/Cによる支払いの場合におけるL/Cの条件。
jurisdiction	「裁判管轄権」。単に「法域」と訳す方がよい場合もある。
letter of credit（L/C）	「信用状」。貿易決済に用いられる証書。
letter of intent	「契約予備書面，レターオブインテント」。 [類]memorandum of understanding。 書面に表れた当事者の意思により契約書と認められることもある。
liquidated damages	「予定損害金，約定された賠償額」。損害賠償の予定の場合。
liquidation	「(会社の)清算」。[類]"dissolution(解散)"。
liquidator	「清算人」。
may	助動詞の"may"。一般には「…できる」と訳し主体に権利があることを示す。まれに"shall"，"must"の意で用いられることもある。
more than (3)	「(3)より多い」。"exceeding"と同じ。「3以上」ではない。
mutatis mutandis	「必要な点を変更して」，「準用」。
not less than (3) / 3 or more	「3以上」。3を範囲に含む。
offer	「(契約の)申込み」。[対語]"acceptance"（承諾）。
parties hereto	「本契約当事者」。前置詞として"to"が用いられ"here"は当の契約の事。
principal place of business	「主たる営業所，本店，本社」。

12　【付録】 国際契約法務資料

prior written notice	「事前の書面による通知」。
property	「財産(無体物・債権も含む)」,「財産権」。
proprietary	「専有の」,「所有者の」,「財産的」。
pro rata	「比例して,按分計算で」。
provided, however, that	「但し」。追加条件を示す節を導く。"provided that"は文法的には"if"同様接続詞的。
provide for	「規定する」。
provision	「規定,条項」,「提供」。
real property	「不動産」。[類]"real estate"。
receiver	「(会社清算時の)財産管理人」,「受領者」。
representative	「代表者,代理人」。
right	「権利」。
shall	助動詞の"shall"。「…するものとする。」と訳す。義務を示す。
subject to	「…を条件として」。
terminate	「(契約を)終了させる」。期間満了による終了には,特に"expire"を使うことが多い。
terms and conditions herein	「本契約が定める条件」。"herein"とは"in this Agreement"。
therein (thereof, thereto)	"in that writing","in that place"。一般に"herein"の"here"が"this Agreement"を指すのに対し"therein"の"there"の場合は当該文章中に指示語の目的となる語がある。
third party	「第三者」。契約当事者以外の人を指す。
through	「…から…まで」。期間を示す"through"の場合,一般に始期・終期を算入する。[例]"Monday through Friday"(月曜から金曜=月・金を含む)。
till (until) and including	「(何月何日)までは」。期間を示す。"till"だけでは当日を算入するか否か不明なので"including"又は"not including"を補う。
title	「権原」と訳されるが「所有権」「権利」でもよい場合もある。別の意味で「表題」と訳す場合もある。
tort	「不法行為」。
to the extent of	「…の範囲で」。条項の適用範囲を絞る場合などに使う。
trustee	「受託者」。"trustee in bankruptcy"(破産管財人)。

valid	「有効な」。
void	「無効な」。
voidable	「取り消し可能な」。取り消されない限り無効ではない。
warranty	「保証，担保責任」。
warranty of merchantability	「商品性の保証」。商品として販売可能な品質を持つという保証。
warranty of fitness (particular purpose fitness)	「目的適合性の保証」。特定の使用目的にかなうという保証。
will	助動詞の"will"。義務を表すが，"shall"に比較し，強制度が弱い。
without prejudice	「権利を毀損することなく，権利関係に不利益を与えることなく」。
witness	「(契約書等作成の)証人，立会人」。文書の真正さを証する。

14 　【付録】　国際契約法務資料

【付録】　国際契約法務資料 0-2-2

個別売買契約書・取引一般条件概説

サンプル 0-2-2-① 　個別売買契約書の定型書式（表面）例

KAMEDEGAWA

KAMEDEGAWA CORPORATION ←①

123-5-6 Kamedegawa-cho,
Karasuma Imadegawa,
Kamigyo-ku, Kyoto, 602-xxxx, Japan,
Telephone：xx-xx-xxxx-xxxx ←②

SALES CONTRACT ←③

Messrs. _____ ←④ 　　No.： _____ ←⑦

Your Ref. _____ ←⑤ 　　Date： _____ ←⑧

Our Ref. _____ ←⑥ 　　Dept： _____ ←⑨

We hereby accept your purchase order for the merchandise specified below upon and subject to the terms and conditions set forth on BOTH FACE AND REVERSE SIDE OF THIS CONTRACT. Please immediately sign and return the duplicate copy hereof to us. ←⑩

Marks & Nos.	Description of Merchandise	Quantity	Unit Price	Amount
⑪	⑫	⑬	⑭	⑮

SHIPMENT：_____ subject to PAYMENT terms stated below.

　　　From_____to_____via_____by Sea/Sea-Air/Air. ←⑯

PAYMENT：

Irrevocable L/C/ at___days after sight/B/L date to be opened/ sent to reach SELLER by ____(date) ←⑰

INSURANCE：To be effected by BUYER/SELLER ←⑱

INSPECTION：←⑲

PACKING：←⑳

OTHER CONDITIONS：

　　　　　　　　　　　　　　KAMEDEGAWA CORPORATION

_____ 　　　_____

　　　（BUYER）　　　　　　　　　　（BUYER）

GENERAL TERMS & CONDITIONS set forth on reverse side hereof are part of this SALES CONTRACT.

＊上例は，講学の便宜上，実例を参考に作成した架空サンプルであり，具体的使用に適していることを保証するものではありません。

【付録】 国際契約法務資料　15

サンプル 0-2-2-②

GENERAL TERMS AND CONDITIONS　個別売買契約（裏面約款）取引一般条件例

GENERAL TERMS AND CONDITIONS

1. DELIVERY AND SHIPMENT

a) Unless otherwise agreed in writing, the shipment shall be effected, in one shipment or installments, at any port by any carrier (either liner or tramper) of any flag (nationality), subject to the carrier's space being available and with or without transshipment as the circumstances may require.

b) If Buyer is responsible to make a contract of carriage, unless otherwise agreed in writing, Buyer shall appoint the carrier acceptable to Seller for shipment. Seller shall not be responsible for late shipment due to delay or cancellation of such carrier.

c) The date of the bill of lading or of similar document (s) shall be deemed to be conclusive evidence of the date of such shipment. In case the Goods for one order is shipped in more than one lot, each lot shall be deemed to be a separate sale.

2. IMPORT AND EXPORT PERMIT, ETC.

a) Buyer shall be responsible for obtaining an import license and other governmental approval or permit required in Buyer's country, and failure in procuring such requirement for whatever reason shall not constitute force majeure, unless otherwise agreed in writing.

b) This contract shall be subject to acquisition of any necessary export license or permit from the Japanese government or its agency, or the government or its agency of any other country where the Goods is produced. Should such export license or permit be refused Seller shall have the right to cancel, without incurring any liability on its part, this contract in whole or in part, provided, however, that such cancellation shall be effective only with respect to the Goods to which such refusal of the export license or permit extends.

c) If Seller should not be able to export the Goods specially manufactured for Buyer under either Buyer's or Seller's brand to the destination specified on the face hereof because of import or export restrictions or regulations of whatsoever nature imposed against the Goods, Seller shall have the right to sell the Goods elsewhere without creating any liability on the part of Seller and Buyer shall pay to Seller any expenses incurred by Seller as a result of selling the Goods elsewhere.

d) Buyer shall represent and warrant that the Goods is to be imported for consumption or use in the country to which the destination indicated on the face hereof belongs. Buyer shall be responsible for all losses, damages, expenses or other liabilities incurred or sustained by Seller arising out of resale or re-export of the Goods made directly or indirectly by Buyer or its distributor (s) in or to any place outside the said country.

3. INSPECTION

Inspection performed under the laws and regulations of exporting country and/or Seller's inspection shall be final and conclusive in respect of the quality, quantity and condition of the Goods.

4. PRICE

a) Exchange required for the currency specified on the face hereof shall be made for Buyer's risk and account.

b) Any amount stated on the face hereof ("Amount") in the currency other than Japanese Yen ("Payment Currency") are based on the exchange rate of yen to the Payment Currency designated on the face hereof ("Original Rate").

In the absence of designation of the Original Rate on the face hereof, this paragraph b), shall not apply.

c) If, in the Seller's judgment, there should have occurred a material change in i) direct or indirect cost of the prices of the Goods unshipped, including without limitation, costs for raw and subsidiary materials, machinery and equipment, labor, freight, gas, electricity and oil , or ii) exchange rate of yen to the Payment Currency between the time of execution of this contract and the time of actual shipment of the Goods, Seller shall have the right to negotiate with Buyer for a revision of the prices of such Goods unshipped at any time prior to the actual shipment date. If the parties fail to reach an agreement concerning such revision of the prices by such shipment date, Seller shall have the right to cancel, without incurring any liability on its part, any part of this contract applicable to the Goods unshipped.

5. PAYMENT

a) The payment for the Goods shall be made by a letter of credit ("L/C"). Irrevocable L/C (not restricted and without recourse) in the currency stated on the face hereof, conforming to the terms of this contract and available against Seller's draft at sight to be drawn on the establishing bank, shall be established by Buyer at its own expense through leading and first class prime bank satisfactory to Seller by the time specified on the face hereof.

b) The L/C shall provide for partial shipments and also shall cover the full contract amount and shall remain valid for not less than fifteen (15) days after the last day of the period specified for shipment.

c) The statement "this credit is subject to Uniform Customs and Practice for Documentary Credits, 2007 Revision, International Chamber of Commerce Publication No. 600" shall be contained in the L/C.

d) If Buyer should fail to provide such L/C as prescribed above, Seller, without any notice to Buyer, may exercise the right to cancel this contract and resell or hold the involved Goods for Buyer's account and risk. Buyer shall be responsible for any other loss and/or damage to Seller caused by such cancellation or failure to provide L/C as prescribed above. Without limiting the generality of the foregoing, Buyer shall pay to Seller interest at the rate of ten per cent (10 %) per annum on the amount of the price of the Goods for the period to which delay in establishment of said L/C and /or in due payment of the draft extends plus storage charge on relevant Goods incurred by Seller therefrom.

6. INSURANCE, ETC.

a) If this contract is made on trade terms which require Seller to arrange the insurance, insurance shall be effected for the amount of Seller's invoice plus ten per cent (10 %). Any additional insurance required by Buyer shall be at its own expense. Unless otherwise stated, insurance is to be covered for marine insurance Institute Cargo Clauses (A). Seller may, at its discretion, insure against War and S.R.C.C. Risks at Buyer's expense. Unless this contract is made on trade terms which require Seller to arrange the insurance, L/C shall provide that insurance will be covered by Buyer.

b) In case the relevant freight, insurance premium and/or export duties or taxes, export surcharges and the like to be levied or charged, in connection with the export of the Goods, by the Japanese government or its agency or by the government or its agency of any other country from which the Goods is shipped should be increased, raised, added or newly charged after the execution of this contract, such increase, raise, addition or new charge shall be borne by Buyer.

7. PATENT, TRADEMARK, ETC.

a) Buyer acknowledges that all patents, utility model rights, trademarks, designs, copyrights or any other intellectual property rights (including any rights which Seller has as a licensee, exclusive or nonexclusive, of any intellectual property right) in or in connection with the Goods are the sole property or title of Seller, and Buyer shall not in any manner whatsoever by legal action or otherwise dispute or challenge the validity thereof.

b) Buyer shall not have any right to apply in any name whatsoever for registration of Seller's trademarks or trade-names or such other marks, logos, symbols or emblems as are or will be owned, controlled or used by Seller in any country.

c) Seller does not warrant that the import, sale or use of the Goods will not infringe patents, utility model rights, trademarks, designs, copyrights or any other intellectual property rights of any third party. Seller shall not be responsible to Buyer in respect of any such claim of infringement ; provided, however, that if Seller deems it necessary, Seller will, at Buyer's costs, render Buyer all possible assistance in connection with defense against such claim of infringement.

8. WARRANTY AND CLAIM

a) The Seller shall warrant that the Goods shall be as per the contract specifications.

18 【付録】 国際契約法務資料

b) Buyer's sole and exclusive remedy for damages arising from defective Goods supplied by Seller, whether contractual, tortious or statutory, including, but not limited to, damages arising from the mistake in design and engineering, the faulty workmanship of the Goods, the defects in materials or packaging of the Goods, or the negligence of failure in finding defective Goods in the course of inspection as provided in Article 3 hereof shall be limited to the supply of replacement component parts for the component parts found to be defective and the provision of such technical assistance or advice to Buyer in repairing the defective Goods as may be decided by Seller on a case-by-case basis. Buyer's sole and exclusive remedy for damages arising from shortage in the quantity of the Goods or delivery of Goods different from the Goods agreed hereunder shall be limited to the supply of the quantity in shortage or the replacement of the different Goods with the Goods agreed hereunder respectively. THE WARRANTY SET FORTH IN THIS CONTRACT SHALL BE IN LIEU OF, AND EXCLUSIVE OF, ANY AND ALL OTHER WARRANTIES, EXPRESS OR IMPLIED. ALL IMPLIED WARRANTIES OF MERCHANTABILITY AND OF FITNESS FOR A PARTICULAR PURPOSE ARE SPECIFICALLY EXCLUDED. IN NO EVENT SHALL SELLER BE LIABLE FOR ANY INCIDENTAL, INDIRECT OR CONSEQUENTIAL DAMAGES.

c) Any claim by Buyer to Seller arising in connection with this contract, whether contractual, tortious or statutory, shall be made by E-mail or letter within one (1) month after the arrival of the Goods at the destination specified in the bill of lading. Such claim shall be accompanied by full description of the claim such as the alleged shortage in the quantity or defects of the Goods or any other Seller's breach of this contract, and, if required by Seller, survey report issued by leading and first-class sworn authorized surveyor (s), within two (2) weeks after such notification. If Buyer fails to notify Seller of such claim and/or to forward full details to Seller within the period specified above, Buyer shall be deemed to have waived its rights to assert any claim. Buyer's claim of whatever nature shall not be entertained before the relative payment is completely made or the draft is duly honored.

d) In case of the foregoing paragraph b), the Goods shall be retained intact for inspection by such authorized surveyor (s) or by Seller's own representative or both, and shall not be used or resold until such inspection has been completed.

e) Seller may at any time set-off any debts payable to Buyer with credits receivable from Buyer

9. FORCE MAJEURE

Neither party shall be held responsible for failure or delay to perform all or any part of this contract if the performance of any part of this contract shall be interfered with for any length of time by riots, war, acts of God, fire, storm, flood, earthquake, strikes or any other similar or dissimilar causes which are beyond the control of the parties hereto, for such length of time. If such delay or failure shall continue for a period of more than one (1) month, either party hereto may terminate this contract with a written notice to the other party, without any liability being attached to any of the party hereto.

10. CANCELLATION

If Buyer fails to perform any of the terms and conditions of this or any other contract with Seller, or in the event of bankruptcy or insolvency, dissolution, appointment of receiver or trustee, discontinuance of business, merger, reorganization or any other modification of Buyer or non-payment for any shipment, Seller, without any notice to Buyer, shall have the right to cancel this and/or any other contract with Buyer or to postpone the shipment, or to stop the Goods in transit and/or to demand immediate payment due to Seller, and Buyer is bound to reimburse Seller for any loss or damage sustained therefrom.

11. ENTIRE AGREEMENT AND MODIFICATION

This contract constitutes the entire agreement between the Buyer and the Seller with respect to the subject matter of this contract and to such extent supersedes all relating prior commitments or agreements. Provided, however, that Seller reserves the right to make, in its sole discretion, any change in specification of the Goods which does not seriously affect quality, performance or price thereof. This contract may not be modified except by a written agreement between the Buyer and the Seller.

12. ARBITRATION

a) Unless otherwise amicably settled, all disputes, controversies or differences which may arise between the parties hereto out of, in relation to or in connection with this contract shall be finally settled by arbitration in Osaka, Japan, in accordance with the Commercial Arbitration Rules of The Japan Commercial Arbitration Association. Any award made in such arbitration shall be final and binding on the parties and may be enforced in any court having jurisdiction thereof.

b) Notwithstanding the preceding paragraph a) hereof, if any part of the arbitration award should not be enforced without any review on the facts found by the arbitrator (s), his/her or their interpretation of the contract terms or application or interpretation of the governing law in the country where the substantial part of the assets or properties of either party exists, the other party may institute legal action at any court having competent jurisdiction.

13. ASSIGNMENT

The Buyer shall not assign this contract or any part hereof without the Seller's prior written consent.

14. SEVERABILITY

Any provision of this contract found to be prohibited or unenforceable under any

20 【付録】 国際契約法務資料

applicable law shall not invalidate the rest of this contract.

15. NO WAIVER

The failure of either party to enforce any provision of this contract shall in no way be construed to be a waiver of such provision nor affect the validity of this contract.

16. TRADE TERMS, GOVERNING LAW, ETC.

a) Unless otherwise stipulated in this contract, the trade terms in this contract shall be governed and interpreted in accordance with the "ICC Rules for The Use of Domestic and International Trade Terms" (INCOTERMS® 2020) provided by International Chamber of Commerce.

b) Unless otherwise agreed in writing, this contract shall be governed and interpreted by and under the domestic and substantive laws of Japan in all respects. The parties hereto expressly agree that the United Nations Convention on Contracts for the International Sale of Goods (CISG：Vienna Convention of 1980) shall not apply to this contract.

＊上例は，講学の便宜上，実例を参考に作成した架空サンプルであり，具体的使用に適していることを保証するものではありません。

1. 個別売買契約書表面に記載される事項

　単純なスポット取引に用いられる個別売買契約書書式に記載されるべき事項を確認しよう。表面には，個別の取引固有の事項が記載される。個別の取引の成約に当たっては，以下の事項をそれぞれ特定する必要があると当事者は考えるだろう。それは当事者の利益計算にも関わる事項であり，契約にとって主要な要素である。そのような事柄が契約書の表面に記載される。それはよく言われる5W1Hに似て比較的に端的に捉えられる。

① Who（誰）：契約当事者である売主と買主の身元の記載と代表者の署名。
② Why（何故）：当事者双方が裏面約款を含む売買条件に合意し契約関係を結んだという文言。
③ When（いつ）：契約締結日（成立日）と履行期限（支払期限・引渡期限〔船積時期〕）。
④ Where（どこで）：引渡場所・仕向先〔船積港・仕向港〕，（危険の移転地点などを含む）貿易条件。
⑤ What（何を）：対象商品の特定とその仕様（スペック：Specifications）。
⑥ How/How many/How much（どのように，いくつ，いくら）：輸送手段や梱包・荷印（貨物の外側に貨物を特定できるように表記する印で，荷主または荷受人を表す略語や積地，仕向地，貨物番号，原産地などの情報を含む）・検査方法，支払手段，契約数量，単価/通貨/契約金額（インコタームズ2020が規定する貿易条件を援用することによって輸送コスト・保険コストの負担も示される）。

そこで具体的に，前掲 サンプル0-2-2-① を確認してみよう。次の事項があらかじめ

プリントされていたり，記入が予定されたりしている：①発行者（このケースでは売主）の社名・ロゴ，②発行者の所在地と連絡先，③「販売契約書」という表題，④相手当事者の宛名，⑤相手方（買主）にとってのリファレンス・ナンバー，⑥発行者（売主）のリファレンス・ナンバー，⑦契約番号，⑧発行日，⑨担当部門，⑩契約申込みの承諾の文言：「弊社は，本書をもちまして，下記の商品に対する貴社の購入注文を，**本書の表裏両面に記載の規定を条件として，承諾致します。本書にご署名のうえ，その副本を弊社宛てにすぐご返送賜りたく存じます」，⑪商品記号および番号，⑫商品，⑬数量，⑭単価，⑮合計金額，⑯（支払いを条件とする）出荷の条件（積地，仕向地，経由地，海路か空路か），⑰支払条件（信用状の開設または到着の期限および船荷証券日付後または一覧後の期日の指定），⑱運送保険（売主による付保か買主による付保か），⑲検査の条件，⑳梱包の条件。なお，署名欄の下，最下部に「本書裏面に記載の**一般取引条件は本販売契約書の一部である**」との念押しの規定が見られる。

2．個別売買契約書裏面に記載される事項

契約書表面には，個別の取引の主要な要素が記入されるのに対して，裏面には，物品売買契約に固有で，かつ全個別取引に共通の事項と，物品売買契約に限らずどのような類型の契約書にも共通して見られる一般条項（後述）とが記載される。前掲 サンプル0-2-2-② 参照（ サンプル0-2-2-② は実例をもとに添削を加えて，作成したものである。なお，サンプル0-2-2-① の裏面を示しているわけではない）。 サンプル0-2-2-② の和訳を以下に掲げたうえで補足説明する。

⑴物品売買契約に固有で，全個別取引に共通の条項

① 引渡しに関する条項

1条　引渡し・出荷

a)　別途書面で合意されない限り，出荷の実行は次の通りとする。一括でも分割でもよく，いかなる港で，いかなる旗国（船籍）の運送用キャリア（定期船でも不定期船でも）を利用してもよく，キャリアの船腹が確保できることを条件とするが，それには，状況次第で，積換えを伴うかどうかも問わない。

b)　買主が運送契約を手配する責任を負う場合，書面で別途合意しない限り，出荷について売主が受け容れ可能な運送用キャリアを選ぶものとする。売主は，かかるキャリアの遅れや解約に起因する出荷遅れに対して責任を負わない。

c)　船荷証券や同種の文書の日付をもって出荷日の確定的証拠とみなす。1つの注文に基づく商品が数回のロットに分けて出荷される場合，各ロットは別の売買とみなされる。

サンプル0-2-2-② の1条においては，引渡しの条件が扱われている。商品の引渡しは，売買契約において売主側の最大の義務である。 サンプル0-2-2-② は売主側発行の

22 【付録】 国際契約法務資料

個別売買契約であるので，売主に対する制約を極小にすべく規定している一方，買主手配の場合の問題に対する免責を確保している。

② 輸出入の許認可支払いに関する条項

2条　輸入許可および輸出許可等

a) 買主には，買主の国において必要とされる輸入許可その他行政機関の許認可を取得する責任があり，理由の如何を問わず，本要件の履行の不達成は不可抗力を構成しないものとする。ただし，別途書面で合意する場合はこの限りでない。

b) 本契約は，日本政府もしくはその機関，または商品が製造されるその他の国の政府もしくはその機関から，必要な輸出許認可が得られることを条件とするものとする。万が一，かかる輸出許認可が得られない場合，売主は，自身が責任を負うことなく，本契約を，全部または部分的に，解約する権利を有するものとする。ただし，かかる解約は，当該輸出許認可の不許可処分が及ぶ範囲の商品に関してのみ有効とする。

c) 万が一売主が，買主ブランドを付されたものか売主ブランドを付されたものかを問わず，買主のために特に製造された商品について，当該商品に課せられた輸出入制限・規制（性質を問わない）のために，本契約書表面に特記された仕向地へ当該商品を輸出することができない場合，売主は，売主側に責任を発生させずに，当該商品をどこかに売却する権利を持つものとし，買主は，当該売却の結果売主に生じた費用を，売主に支払うものとする。

d) 買主は，商品が，本契約書表面記載の仕向地が属する国の国内での消費・使用を目的として，輸入されることになっている旨，表明し保証するものとする。直接間接を問わず，当該国の域外で，買主またはそのディストリビューターが商品の再販売または再輸出をなした場合，そこから生じ，売主が被ることとなったあらゆる損失，損害，費用，その他の責任については，買主がその責めを負うものとする。

サンプル0-2-2-② の2条においては，輸出入許認可の取得の責任と取得できない場合の問題処理などが規定されている。輸入許認可の取得は，買主の本拠国の問題であるから買主にその責任を負わせる一方，輸出許認可の取得は，契約発効の条件としている。例えば，日本の「外国為替および外国貿易法」上の輸出規制に抵触することが判明した場合，売主側から解約可能となっていて，商品の引渡し義務の不履行を問われない内容となっている。また，特に買主に向けた製品の場合は処分が難しいため，単に解約するだけでは売主に大きな被害が残るので，転売の自由と費用償還を規定している。さらには，安全規格や知的財産権侵害，市場秩序維持のため，域外への転売を牽制する条項が置かれている。

【付録】 国際契約法務資料　23

③　検査に関する条項

> 3条　検査
> 　輸出国の法令上実施される検査および/または売主の検査は，商品の品質，数量および状態に関して，最終的で確定的なものとする。

検査に関し，売主の負担を低く抑える規定が置かれている。

④　価格に関する条項

> 4条　価格
> a)　本契約書表面記載の通貨への両替が必要な場合，それは買主のリスクと勘定で行われるものとする。
> b)　日本円以外の通貨（「支払通貨」）で本契約書表面に記載の金額（「金額」）は，本契約書表面に指定されている，円の対支払通貨交換レート（「オリジナルレート」）に基づくものとする。表面にオリジナルレートの指定が無い場合は，本b)項は適用されない。
> c)　売主の判断で，i) 未出荷の商品の（直接・間接を問わない）原価（原材料および補助材料，機械・設備，労働，運送，ガス，電気並びに石油の原価を含むが，これに限らない）について，または，ii) 本契約締結時点と商品の実際の出荷時点との間において，円の対支払通貨交換レートについて，重大な変化が万が一発生した場合，売主は，現実の出荷日に先立つ日であればいつでも，未出荷の商品の価格の改定について，買主と交渉する権利を有するものとする。当該出荷日までに両当事者が価格改定について合意に達しない場合は，売主は，未出荷の商品に適用されうる部分であれば本契約のいかなる部分でも，自身に責任を発生させずに，解約する権利を有するものとする。

　価格を表す通貨と為替レートに関して規定を置き，トラブルの予防を計ると共に，事情変更に伴う売主のリスクを，売主に解約権を与えることで抑制している。

⑤　支払いに関する条項

> 5条　支払い
> a)　商品代金の支払いは，信用状（L/C）によってなされるものとする。本契約書表面記載の通貨表示のもので，本契約書の条件に適合し，かつ，開設銀行宛てに一覧払いで振り出される売主の手形に対して有効な，取消不能L/C（買取銀行指定が無く，償還請求権を伴わないもの）が，本契約書表面に記載の時までに，売主の満足する主要一級銀行を通じ，買主によって，その費用負担で開設されるものとする。
> b)　このL/Cは分割船積を規定するものとし，また，契約価額満額をカバーするものとし，出荷期間の最終日の後15日以上の有効期間を有するものとする。

24 【付録】 国際契約法務資料

c) このL/Cには，「本信用状は，国際商業会議所発行番号600荷為替信用状に関する統一規則および慣例2007年改訂版に服する」という文言が含まれているものとする。

d) 万が一買主が上述のL/Cを提供できない場合，売主は，買主に通知をすることなく，本契約を解約する権利を行使することができるし，買主の勘定とリスクで対象商品を再販売したり，留置したりすることもできる。買主は，上述の解約またはL/Cの不提供によって売主に生じたその他の損失・損害について責任を負うものとする。上述の規定が一般に適用されることを損なうことなく，買主は，当該L/Cの開設に対する遅滞および/または手形の満期支払いに対する遅滞が及ぶ期間に対応して，商品価額をもとに，売主に対し年利10%の利率で利息を支払うものし，また，上記事情から売主に発生した，関連商品に関する保管料も加算するものとする。

サンプル0-2-2-②の5条においては，一流銀行の発行した信用状による支払いが謳われている。売主にとって都合のよい条件が指定されている。また，信用状に関する援用可能統一規則として，国際商業会議所(ICC)が設ける「荷為替信用状に関する統一規則および慣例」(信用状統一規則と略称される)の最新2007年改訂版(UCP600)の援用が規定されている。さらに，信用状の不開設は，売主にとっては代金回収の命運に関わる事項であるので，契約解除の理由となることも規定されている。その他，支払不履行の場合のペナルティとしての利息が規定されている。

⑥ 保険に関する条項

6条 保険等

a) 本契約が，売主に保険を手配させる貿易条件に基づいている場合，保険は，売主のインボイス価額に10%を上乗せして契約されるものとする。買主によって要求される追加の保険は買主自身の費用によるものとする。別途規定されない限り，保険は，海上保険のICC(A)の内容とする。売主は，自己の裁量で，戦争危険およびストライキ危険に対して，買主の費用で付保することができる。本契約が，売主に保険を手配させる貿易条件に基づいていない場合，L/Cには，保険は買主によってカバーされる旨規定されるものとする。

b) 万が一，関連運送費，保険料，並びに/または，商品の輸出に関連して日本政府やその機関もしくは商品の出荷元であるその他の国の政府やその機関によって課される輸出関税，輸出サーチャージおよび類似のものが，本契約締結後に増額，付加または新設された場合，かかる増額，付加または新設の部分は買主の負担とする。

サンプル0-2-2-②の6条においては，付保に関する条件が規定されている。また，運賃，保険料，関税の臨時増額の負担は買主の負担とされている。

⑦　知的財産権に関する条項

7条　特許権，商標権等

a)　買主は，商品に用いられ，あるいは商品に関わる全ての特許権，実用新案権，商標権，意匠権，著作権またはその他の知的財産権（売主が，独占的か非独占的かを問わず，なんらかの知的財産権のライセンシーとして保持する権利をも含む）が，売主専有の財産権であるということを認識しており，そして，買主は，法的手続その他如何なる方法でも，当該財産権の有効性を争ったり，異議の申立てをしたりしないものとする。

b)　売主の商標もしくは商号，またはどこかの国で売主によって所有され，管理されもしくは使用されるか，その予定のある他のマーク，ロゴ，表象記号もしくは紋章を登録することについて，買主は，いかなる名の下でも，申請をする権利を有しないものとする。

c)　売主は，商品の輸入，販売または使用が第三者の特許権，実用新案権，商標権，意匠権，著作権またはその他の知的財産権を侵害しないということを保証するものではない。売主は，そのような侵害のクレームについて，買主に対して責任を負うものではない。ただし，売主が必要と認める場合は，売主は，買主のコスト負担で，買主に対し，かかる侵害クレームに対する防禦をめぐって可能なあらゆる支援を提供するものとする。

サンプル0-2-2-②の7条は，知的財産権をめぐる争いの発生を抑えるための規定である。売主の持つ知的財産権について，争わないことを買主に約束させる（不争条項）と同時に，買主の本拠地において，商品の取引を契機に知的財産権を横取りされないよう注意を払っている。一方，c項では，第三者の知的財産権の不侵害の保証を否定する一方で，権利者からのクレームに対する防禦について買主に協力することは約束するという点で，売主は，リスク回避と顧客からの信頼のバランスを図ろうとしている。なお，CISGは42条において，一定の条件下で，第三者の知的財産権を侵害しない物品を引渡すことを，売主に要求しているから，本個別売買契約は，それよりも，売主に有利な内容となっている。

⑧　保証責任に関する条項

8条　保証とクレーム

a)　売主は商品が契約仕様通りであることを保証するものとする。

b)　契約法上か，不法行為法上か，または制定法上かは問わず，売主によって供給された欠陥品から生じる損害（デザイン・設計の際の過誤，商品に対する不完全な作業，商品の原材料や梱包の欠陥，または本契約3条規定の検査の過程において欠陥品を見つけられないという過失から生じる損害を含むが，これに限らない）について，買主にとっての，唯一無二の救済は，欠陥があると認定される部品に対す

26 【付録】 国際契約法務資料

る交換用部品の支給と，ケースバイケースで売主が判定する，欠陥品の修理のための技術的な支援または助言の，買主に対する提供とに限定されるものとする。商品の数量不足または本契約上合意した商品と異なる商品の引渡しから生じる損害について，買主にとっての，唯一無二の救済は，それぞれ，不足数量の補給，または相違した商品を本契約上合意された商品と交換することに限定されるものとする。**本契約中に規定された保証は，明示，黙示を問わず，あらゆるその他の保証に代替し，あらゆるその他の保証を排除するものとする。あらゆる商品性の黙示的保証および特定目的への適合性の黙示的保証はとりわけ排除される。売主はいかなる場合も付随的損害，間接損害，派生的損害について責任を負わない。**

c) 契約法上か，不法行為法上か，または制定法上かは問わず，本契約に関連して生じる買主から売主に対する請求は，船荷証券記載の仕向地への商品到着の後1か月以内に，電子メールまたは書簡でなされなければならない。かかる請求は，数量の不足，商品の欠陥またはその他本契約の売主の違反の主張というように，請求内容の完全な陳述を伴っていなければならず，また売主が求める場合には，かかる請求の通知の後2週間以内に，主要な第1級の，宣誓認定済み検査官によって発行された調査レポートを伴わなければならない。買主が，上述の期間内に売主に請求を通知すること，および/または詳細を売主に回付することを怠った場合には，買主は，いかなる請求であっても，主張する権利を放棄したものとみなされるものとする。どのような性質のものであれ，買主の請求は，関連する支払いが完了するか，手形が適正に決済されるかするまでは，顧慮されないものとする。

d) 前b) 項の規定する場合において，商品は，かかる認定済み検査官もしくは売主自身の代表者またはその両方による検査のために，手を付けない状態で留置されるものとし，そしてかかる検査が完了するまで，使用も再売却もされないものとする。

e) 売主はいつでも，買主から回収可能な債権をもって，買主に弁済すべきいかなる債務についても，相殺することができる。

サンプル0-2-2-② の8条は，保証の範囲と責任の取り方に関する規定である。商品保証に関する規定も物品売買契約に固有の重要な条項と言える。保証（Warranty）は，日本法では「瑕疵担保責任」という概念で捉えられ，商品の引渡しという義務とは別のものとして理解されていた（改正前民法570条参照）。一方，英米法やCISG（や改正後の日本民法）においては，保証から逸脱する商品の提供は，売主の引渡義務の違反と一体的に理解されている。

サンプル0-2-2-② の8条は，売主の保証の範囲を明示的に限定し，保証違反の場合の売主の責任の範囲も，修理用部品の提供や不足商品の補給に限定している。契約法上認められるはずのその他の保証については，明示に排除することで，その免責を規定し，さら

【付録】　国際契約法務資料　　27

に，売主が付随的損害・派生的損害について責任を負わないという宣言も付けている。保証免責の規定は英米法に由来するもので，例えば，米国UCC第2編（売買法）は商品について種々の明示的保証や黙示的保証を法定している。明示的保証としては，．事実の明言や見本による保証が（UCC2-313），黙示的保証としては，当該物品が商品として通用するという商品性の保証（UCC2-314；merchantability）や買主の特定目的を売主が知っているはずで買主が売主の技能に依拠している場合は特定目的に適合するという保証（UCC2-315；fitness for particular purpose）がよく知られている。ただし，これらの法定の保証は排除することが可能であるとされ，その場合は書面で，顕著な形で排除を示さなくてはならないとされる（UCC2-316）。したがって，|サンプル0-2-2-②|の8条は一部の文章がすべて大文字で記載されているわけである。本契約16条（後述）に見られる準拠法条項で準拠法を日本法と指定すると，8条が米国の法の概念をベースとしてドラフティングされているので，ケース次第で奇妙なことになるおそれはあるが，実務ではそのような契約例がよくみられる。UCCの規定する商品性の黙示的保証や特定目的適合性の黙示的保証は，CISGにも採り入れられており（CISG35条2項参照），世界共通の概念になりつつあると言えるかもしれない。これらも英語が国際契約のインフラを支えていることから生じる効果であろう。

⑵一般条項

一般条項は，さまざまな契約類型の契約書においても，ある程度共通してあらわれる条項である。ボイラープレート条項とも呼ばれる（語源としては，ボイラーの銘板に型式・出力・製造日など所定事項が記されていること，ボイラーに警告文が示されていることのほか，新聞印刷が鉄板を用いて定型文を印刷するのをボイラー工場のように例えたことなど諸説ある）。したがって，契約書に示された取引の内容と直接関係しない事柄を定めていることが多い。だから，この部分の起草・審査は，営業部門よりはむしろ法務部門が中心となるだろう。|サンプル0-2-2-②|では9条以下がおよそ一般条項である。

①　不可抗力（Force Majeure）条項

> 9条　不可抗力
>
> 　本契約の一部の履行が，期間の長短に関わらず，暴動，戦争，天災，火災，暴風雨，洪水，地震，スト，その他契約当事者のコントロールし得ない原因によって，妨げられた場合，いずれの当事者も，本契約の全部または一部の不履行または履行遅滞について責任を負わない。かかる遅滞・不履行が1ヵ月を超える期間続いた場合，いずれの当事者も，他方当事者に対する書面の通知をもって，いかなる責任も負うこと無く，本契約を終了することができる。

|サンプル0-2-2-②|の9条では天変地異や争乱等当事者のコントロールできない原因によって履行が妨げられた場合の免責を定めている。英米法では，約束したことの履行を厳格に求める傾向があるが，まったく免責を許さないのは余りに過酷であるので，契約書に

28 **【付録】** 国際契約法務資料

よって緩めているわけであり，この不可抗力条項はほとんどの契約に見られる。
　② 終了 (Cancellation/Termination) 条項

10条　解約
　買主が本契約または売主との間の他の契約の諸条件の一部について履行を怠った場合，または，買主の破産や支払不能，解散，財産保全管理人や管財人の選任，事業の停止，合併，再編，もしくはその他の変容，またはいかなる出荷に対する代金不払いが生じた場合，売主は，買主に何ら通知をすることなく，本契約および/または買主との他の契約を解約する権利，または出荷を延期する権利，または輸送途上の商品を留める権利，および/または売主に対する未払金の即時支払いを要求する権利を持つものとする。買主は，そのせいで売主に生じた損失・損害について，売主に補償する義務を負う。

　サンプル0-2-2-②　の10条は，代金弁済義務のある買主側において，契約不履行や代金弁済に影響が及ぶような経済上・組織上の事由が生じた場合に，売主に利益を守るための権利を付与する一方的規定となっている。権利行使には通知も不要とされている点は厳しい。このような条項例以外に，一方の債務不履行時に，他方からの催告を経て，治癒が無ければ，書面をもって解約を認めるというマイルドな条項も実例には見られ，他にもバリエーションは多い。
　③ 完全合意 (Entire Agreement) 条項

11条　完全な合意と修正
　本契約の主題に関して，本契約は，買主と売主との間の完全な合意を構成し，その範囲で，従前の，関連するすべての約束または合意に優先する。ただし，買主は，商品の品質，性能または価格に深刻な影響を及ぼさない程度の商品仕様の変更を，自己の裁量によって行う権利を留保するものとする。本契約は，買主と売主との間の書面の合意によらなくては修正し得ない。

　完全合意条項は，本契約書が当事者間唯一の合意であることを契約中で明示し，当事者間の合意について争いの種を除去する効果がある。既述の "Statute of Frauds"（詐欺防止法）や "Parol Evidence Rule"（口頭証拠排除原則）とともに，契約書を書面として作成する意義を強化する。修正のためには，書面による確認が必要である旨を示した "Modification"（修正）条項を置くことで，契約書による合意の重要性が増す。なお，この個別売買契約書では，商品仕様の軽微な変更ができるよう，売主に実務上の便宜が図られている。
　④ 仲裁 (Arbitration) 条項

12条　仲裁
a)　本契約からまたは本契約に関連して，本契約当事者の間に生ずることがあるすべ

【付録】 国際契約法務資料　29

　　　ての紛争，論争または意見の相違は，別途友好的に解決されない限り，一般社団
　　　法人日本商事仲裁協会の商事仲裁規則に従って，（日本国，大阪市）において仲裁
　　　により最終的に解決されるものとする。かかる仲裁で示された判断は最終的で当
　　　事者を拘束するものとし，管轄権を有する裁判所において執行されうるものとす
　　　る。
　b）　本条前a項の規定に関わらず，万が一，仲裁判断の一部が，いずれかの当事者の
　　　資産・財産の実質部分が所在する国において，仲裁人認定の事実や仲裁人による
　　　契約条件の解釈または準拠法の適用・解釈について，再審査を経なければ執行さ
　　　れない場合は，他方当事者は適正な管轄権を有する裁判所において訴訟手続を開
　　　始できる。

　仲裁条項は，紛争解決条項の一種である。仲裁条項の代わりに，裁判管轄条項が挿入さ
れることもある。紛争解決条項については，第8章において詳述する。 サンプル0-2-2-②
の12条b項は典型的に見られる例ではない。相手方の財産がニューヨーク条約加盟国に
無い場合などで，仲裁のメリットが得られないような場合に，仲裁ではなく裁判を利用す
ることを可能にしている。
　⑤　譲渡禁止（Assignment）条項

13条　譲渡
買主は，売主の書面による事前同意なく，本契約またはその一部を譲渡してはならな
い。

　契約当事者としての立場を別の者に譲ることを禁止する条項である。 サンプル0-2-2-②
の13条では，買主が一方的に禁じられているが，双方を互いに拘束するバリエーション
も見られる。
　⑥　分離可能性（Severability）条項

14条　分離可能性
本契約書のいかなる規定が，なんらかの適用可能な法によって禁止されたり，執行不
能であると認定されたとしても，それは本契約書の残りの部分の有効性を阻害するも
のではないものとする。

　契約中の一部が執行不能となっても，そのことは契約の残りの部分の効力に影響を与え
ないとする条項。
　⑦　放棄（Waiver）条項

15条　放棄の否定
いずれかの当事者が本契約書の何らかの規定を執行しなかったとしても，それは当該

30 **【付録】** 国際契約法務資料

> 規定の放棄であるとは解釈されないものとし，また，本契約書の有効性に何らかの影
> 響を及ぼすものでもないものとする。

　契約中の一部が執行されないでいても権利放棄であると解釈されたり，契約の効力を損
なったりしないとする条項である。
　⑧　貿易条件 (Trade Terms) ルールおよび準拠法 (Governing Law) 条項

> 16条　貿易条件，準拠法等
> a)　本契約中に別の定めが無い限り，本契約上の貿易条件は国際商業会議所が提供す
> 　　る「国内および国際取引条件の使用に関する ICC 規則」(インコタームズ®2020) に
> 　　従って支配され，解釈されるものとする。
> b)　書面で別の合意がされない限り，本契約は，全面的に，日本の国内実質法によっ
> 　　て支配され，解釈されるものとする。国際物品売買契約に関する国際連合条約
> 　　(CISG：1980年ウィーン条約) は本契約に適用されないものとすることを，本契約
> 　　当事者は明示に合意する。

　サンプル0-2-2-② の16条a項は，貿易条件のルールとしてインコタームズ®2020を
援用する条項である。FOB や CIF といった国際物品売買契約で通常用いられる貿易条件
はどのルールを援用するかによって定義が変わり得る。ICC のインコタームズ (Inco-
terms) の援用が通常であるが，米国 UCC (2003年改正前) にも定義があるし，ICC のイン
コタームズと言えども，改訂を繰り返し，複数のバージョンが存在する。
　16条b項は，準拠法条項と CISG 排除条項を兼ねている。紛争解決の基準となる法 (準
拠法) はどこの国の法かということをあらかじめ決めておくものである (決めておかなく
ても良いが，決めておく方が後でもめなくて望ましい)。サンプル0-2-2-② の16条b項
では準拠法所属国が日本になっている。後段は，CISG の適用を排除している。CISG は条
約自身がこのような排除を容認している (CISG6条)。この CISG 排除条項を欠けば，相手
先の営業所所在地はどこかによって適用法規が変化することになる。CISG 締約国なら
CISG が適用されそうであるし (CISG1条(1)(a))，また，非締約国であっても上記準拠法
条項が単なる日本法指定であれば CISG 適用の可能性がある (CISG1条(1)(b))。準拠法条
項がわざわざ日本の国内実質法を指定しているのは，後段の CISG 排除と平仄を合わせ
て，CISG ではなく日本の国内法 (民商法) を準拠法とする方針を徹底しているためである。
このように，日本が CISG の締約国になった現在，物品売買契約の準拠法条項については
十分な検討が必要である。例えば CISG の適用を排除しないということも検討してよい。

第1章
準拠法条項と CISG

第1節　CISG 下における準拠法条項ドラフティング

1　はじめに

　日本でも一般に「ウィーン売買条約」として知られる「国際物品売買契約に関する国際連合条約」(以下「CISG」と略称する[1]) は，統一私法条約，つまり，国際物品売買契約に適用される実体法を統一し，国際社会に共通の私法を提供しようとする多国間条約である。民間の事業者に向けて，国際的な売買に適用可能なルールを条約の形のままで提示する (締約国は条約内容を国内法としてあらためて立法する必要はない) という点が特徴的な万民法型統一私法である。

　CISG は，国際連合国際商取引法委員会 (UNCITRAL) により 1980 年に採択され 1988 年に発効したが，日本の加入は遅く，2008 年 7 月 (2009 年 8 月 1 日発効) であった[2]。CISG の締約国数は増加を続けており，2024 年 6 月末現在で 97 カ国[3]である。米国，カナダ，メキシコ，中国，韓国，シンガポール，オーストラリア，ドイツ・フランス等の西ヨーロッパ諸国 (英国を除く) など，日本の主要貿易相手国は締約国である。

　日本の加入からそれほど時間は経過していないが，本条約は既に，国際商取引分野において「世界標準の売買法」[4]としての地位を確立しているとされるため，日本企業も条約の活用方法につき習熟する必要があることは明らかである。

　そこで，本節では，CISG の存在を踏まえ，日本企業を当事者と想定したうえで，国際物品売買契約の準拠法条項 (Governing Law Clause/ Choice-of-law Clause) をドラフトする場合に留意すべき事柄を検討し，問題点を整理す

る。まず，準拠法条項をドラフトするにあたってその意義を整理し，次に，CISGの適用にあたって，差の生じる「締約国に営業所を有する当事者同士の国際物品売買」と「締約国に営業所を有する当事者とそうでない当事者との国際物品売買」とに分けて準拠法条項の問題を論じる。さらに，上記に関連して筆者が考える，準拠法条項のドラフティングにおけるCISG活用の効能の一面を付記することとする。以上の検討には，国際物品売買契約などの国際商取引契約締結の実務に携わる日本企業を支援する意義が幾分なりともあるだろう。

2　CISG下における準拠法条項の意義

　CISGの適用範囲の事項については，1条(1)(a)または(b)に該当すれば[5]，当該条約が適用されるとCISG自体が規定する[6]。締約国数が多く，かつ日本の主要貿易相手国が既に締約国であるという状況で，そのように条約が自動的に機能するのであれば，もはや国際物品売買契約に準拠法条項を置き準拠法を指定する必要は無いように思える。しかし，現実には，そういうわけではない。よくよく考えると，さしあたって少なくとも次の①ないし④の4点は考慮する必要がある。その点で準拠法条項を置く価値はあり，その意義を認識して準拠法条項を作成する必要があるだろう。

　①　準拠法条項は，当事者が1条(1)(b)発動をコントロールするために意味がある。1条(1)(a)の適用がない場合(すなわち，「いずれの当事者の営業所も締約国にある」というわけではない場合)も，1条(1)(b)の発動を待ってCISGが適用される可能性はある。1条(1)(b)が発動するかどうか，その結果は法廷地の国際私法に左右されるが，我が国の「法の適用に関する通則法」(以下「法適用通則法」)7条をはじめ，世界諸国の国際私法は一般に，契約の準拠法決定に当たっては当事者自治を採用しているため[7]，当事者が準拠法条項を置けば，それが「CISGが適用されるか否か」という結果を左右する。

　②　CISGは，その6条において，当事者によるCISGの適用の排除を容認しているので[8]，準拠法条項は，当事者の排除意思の明示のために意味がある。つまり，

　　a. 排除の意思を明示するために準拠法条項は必須である[9]。また同時

に，排除後の基準を指定するためにも準拠法条項には意味がある。ただし，排除後の基準の指定は必須というわけではない。CISG排除後の基準は，明示されなければ，法廷地の国際私法が適用されて決定される[10]。

b. CISGの排除を希望しない当事者が，CISG排除の意思が無いことを明示するために必要である。

③ 準拠法条項は，CISGの射程外の事項の規律をバックアップするために意味がある。

a. CISGが適用される場合であっても，CISGの適用範囲外の事項（例えば，4条の規定する契約・慣習の有効性及び所有権に対する効果，5条の規定する死亡傷害に関する売主の製造物責任など）にはCISGは適用されない。したがって，準拠法条項は，CISGの適用範囲外の事項に関する基準を指定するために意味がある。この点についても指定が必須というわけではない。CISGの適用範囲外の事項に対する基準は，明示されなければ，法廷地の国際私法が適用されて決定される[11]。

b. 実務の現場にとって切実な問題として，「当該契約自体や将来の紛争の各論点がCISGの適用範囲内であるかどうか」が，契約締結の時点では明確に判断できない状況にある場合[12]，後日CISGが適用されないと判断される場合に備えて，バックアップのための基準を指定するために意味がある。この点も指定は必須というわけではない。明示されなければ，法廷地の国際私法が適用されて決定される[13]。

④ CISGの7条(2)は[14]，条約中に解決方法が示されていない問題について，条約の基礎をなす原則に解決を委ねるが，そのような原則が無い場合は，国際私法に依拠するため，前述の国際私法上の当事者自治を通じて，その準拠法をコントロールする意味がある。

なお，ここで②bの意味について補足したい。CISGの6条は，CISGが適用される場合における当事者による排除を規定しているのみである。例えば，1条(1)(a)発動の結果CISGが適用される場合に[15]，準拠法条項（による排除）が無ければ当然にCISGが適用されるはずである。これであれば，CISGの適用を

希望する（＝排除を希望しない）当事者が「CISG排除の意思が無いこと」を，準拠法条項において，ことさら宣明する必要は無さそうに見える。つまりこの場合準拠法条項は不要であるように見える。しかし，通説によるCISG6条の解釈の下では考慮しなければならない次の状況が生じることに注意したい。

　通説によれば，非締約国法（例えば，英国法）を準拠法指定することはCISGの排除の意図を意味すると解されている[16]。そのように解することには疑問を覚える[17]。まず，異なる締約国に営業所を有する当事者，例えば，日本企業とフランス企業が，契約交渉における妥協の結果，主たる準拠法をCISGとすることに合意しつつ，CISG適用対象外の事柄についてのバックアップの意味で，第三国法の英国法を（従たる準拠法として）準拠法指定することはありそうにも思われる。なぜなら欧州市場の法律問題について日本企業の相談に乗れるような国際性・多様な専門性を備えた大規模法律事務所は英国にしかない[18]。これに加え，交信の際の言語の問題もある。日本の外国語教育のせいで，日本企業内における国際言語はほぼ英語一辺倒である。したがって，日本企業には，他言語による契約書をあまり用いず，また，欧州市場に関する法律顧問としては，英国の法律事務所を頼るところもあり，結果としてその場合は，準拠法として英国法が好まれているはずである[19]。この際，準拠法としての英国法の選択にあたっては，CISGに対する好悪が考慮されているわけではない。一方，CISGは大陸法，英米法を含む異なる法体系の融合と言え，必ずしもCISGと英国法との間に親和性が無いこともない[20]。したがって「英国法を準拠法指定することが当然にCISGの適用排除の意思を含意する」という解釈が可能であるという通説の立場には手放しで賛同できない。しかし，重要なのはその解釈が正しいかではなく，そのような解釈が有力であるなら国際法務の現場では，準拠法条項の規定として，上例の場合は，主としてCISGを準拠法とし，その射程外の事項については英国法を準拠法とする旨，明示しなければならないということである[21]。

　CISG下，以上の①ないし④の4点を考慮してみると，結局のところ，（国際物品売買とは明確に一線を画するタイプの契約は別として）多くの契約ドラフティングにおいて，将来の準拠法決定に関するトラブルを回避するためにはむしろ，「準拠法条項は必要である」と言えそうである。それでは準拠法条項は

どうあるべきであろうか。

3 締約国当事者対締約国当事者の取引の場合の準拠法条項の検討

　日本企業としては，日本がCISGの締約国であるということから，基本的には，①「締約国に営業所を持つ企業」同士という契約当事者間関係のタイプか，②「締約国に営業所を持つ企業（自社）対非締約国に営業所を持つ企業（相手方）」という契約当事者間関係のタイプのいずれかを想定して準拠法条項を検討することになるだろう[22]。まず前者について考えてみる。

(1)　単純な準拠法条項の活用

　まず，国際物品売買契約に限らず，秘密保持契約やライセンス契約など様々な国際商取引契約にも用いられてきた単純な準拠法条項の活用を検討してみよう。国際契約一般に見られる単純な準拠法条項文例というと以下の例が典型であるだろう[23]。

第1例：単純な準拠法条項

This Agreement shall be governed by and construed in accordance with the laws of XXX.（和訳：本契約はXXX国法によって支配され解釈されるものとする。）

　CISG締約国に営業所を持つ当事者間の国際物品売買の場合，1条(1)(a)に該当するから，CISGの適用が想定される。ところが，紛争時にはCISG6条のせいで，契約ごとにあらためてCISGの適用があるかどうか，当事者の意思，具体的には準拠法条項の有無・内容を検討しなければならないこととなる。この場合に，上記第1例の表現だと指定されたXXX国法というのが，CISGを含むXXX国法の法体系全体なのか，XXX国固有の（CISGを含まない）ローカル法なのかという解釈問題を生じる[24]。前者と解するのが通説の立場だと思われるが[25]，紛れをなくすためには，1条(1)(a)該当の当事者間の契約でも，CISGに言及した方が良さそうである[26]。

　反対に，第1例に手を加えて，後者であると主張しやすくする方法もあるかもしれない。例えば第2例である。

36　第1章　準拠法条項とCISG

第2例：第1例の修正例（国内実質法に言及する例）

> This Agreement shall be governed by and construed in accordance with the domestic and substantive laws of XXX.
> （和訳：本契約はXXX国の国内実質法によって支配され解釈されるものとする。）

　しかし，もっとはっきりと，CISGに言及し，その排除の意思の有無を明示する方が良さそうに思える。

　そもそも契約当事者として日本企業が，CISG6条の許すCISGの排除，いわゆるオプト・アウト（opting out）を実行すべきかどうかという点については議論があるだろう[27]。しかし，契約交渉の過程で，いずれの可能性も考えられるから，どちらか一方以外は考えられないという方針はここでは採らない。こちら側の方針のほか，相手方の方針にも左右される。具体的にケースバイケースで応じられるよう準拠法条項の検討をしておきたい。そこで，CISGを適用するか，排除するか，その方針に応じて準拠法条項を検討することとする。

(2)　CISGの適用

　CISG締約国に営業所を持つ当事者同士の契約で，CISG適用を望むのであれば，次の条項が考えられる[28]。

第3例：CISG適用を望む準拠法条項[29]

> The rights and obligations of the parties under this Agreement shall be governed by and construed in accordance with the CISG.（和訳：本契約上の当事者の権利義務はCISGによって支配され解釈されるものとする。）

　このように書けば，CISG適用の意思は明示される[30]。しかし，これではCISGの範囲外の事項や適用がされない場合についての備えがないことになる。既述の通り，その場合は法廷地の国際私法が準拠法を指定する役割を果たしてくれるわけであるが，法廷地が決まるまで基準が明確化しないという問題が残ることになる。

　なお，第3例によっても，法廷地候補の関係各国の国際私法を検討すること

により，CISGの射程外の事項に関する準拠法をある程度予測することは可能である。例えば，我が国の法適用通則法は，7条で当事者自治を採用しつつ，当事者による選択が無いときについては，8条1項が，最密接関係国法が準拠法となるべきことを定め，8条2項が，特徴的給付を行う当事者の常居所地法を最密接関係地法と推定する（「特徴的給付の理論」）と規定する。つまり，売買をめぐる紛争が生じ，日本の裁判所で争われた場合，契約に置かれている条項が第3例であると，CISGの射程外の事項については，売主営業所の所在地の法が準拠法と推定される。これならばどちらが売主であるかにより，準拠法が，ある程度予測可能ではある[31]。日本企業が売主なら，日本法が準拠法となるだろうから，そのような状況を望むなら，第3例で十分ということになる。一方，交渉の現場で，関係各国の国際私法が定める客観的連結まで考慮して準拠法条項を操ることを個々の企業に要求するのは現実的ではないと言えよう[32]。

　そこで話を戻すが，当事者が，あらかじめ紛争解決の基準となる準拠法を明確にしておきたいと共に考えるのであれば，次の第4例とする方が良いだろう。以下は，日本企業がCISGの範囲外の事項について日本法の適用を希望しているという前提に立って話を進める[33]。

第4例：CISGを含め日本法を準拠法と指定する準拠法条項

> This Agreement shall be governed by and construed in accordance with the laws of Japan, including the CISG.
> （本契約は日本国法（CISGを含む）によって支配され解釈されるものとする。）

第4例の言いたいことを，さらに明確化したものが次の第5例である[34]。

第5例：原則としてCISGを指定し，CISG射程外の事項については日本法を指定する準拠法条項

> Any questions relating to this Contract which are not expressly or implicitly settled by the provisions contained in the Contract itself shall be governed：
>
> A. by the United Nations Convention on Contracts for the International Sale of Goods（Vienna Convention of 1980, hereafter referred to as

CISG), and

B. to the extent that such questions are not covered by CISG, by reference to the laws of Japan.

(本契約自体の諸規定により明示的にも黙示的にも解決が得られない本契約関連問題は，以下のA及びBによって支配されるものとする。
  A. 国際物品売買契約に関する国際連合条約（1980年ウィーン条約，以下CISGという）によって，及び
  B. 問題がCISGによってカバーされない範囲に限っては日本法を参照することによって。）

　意図が明瞭でよく練られた条項のように思える。難点を挙げるとすれば，長いので目立つということである。目立つとその趣旨説明・検討に時間を取られる。当事者が十分交渉した末の結果であれば問題はない。しかし，準拠法条項のごとき一般条項についてまで，交渉に時間をかけたくない場合にはあまり提案したくない条項案と言えるかもしれない。

　さて，CISGの範囲外の事項についての備えが「日本法」であることについて相手方が納得しないとき，どうするかという問題が別にある。それについては，準拠法としてCISG以外にどこの国の法にも言及しない第3例に，とりあえず立ち返って提案を再考しよう。この場合，CISGの適用が無い範囲については，既述の通り，明示の準拠法指定が無い場合として，伝統的な国際私法による準拠法選択の枠組みによって法廷地の裁判所によって準拠法が決定されることになる。そもそも準拠法条項は契約に必須の条項ではないから，CISGの射程内の事項についてCISGを適用するというだけの合意であっても，合意があるだけましであるとも言えなくはない。

　さらに進んで合意する場合の選択肢としては，既述の第4例（または第5例）の条項の変形が考えられる。CISGとともに，CISGを補う準拠法を指定するのであるが，日本法に替えて，締約国である第三国又は相手国の法を指定する方法が考えられよう。あくまで物品売買のメインルールはCISGに支配させるわけであり，当事者の日本企業にとって当該第三国法や相手国法が不慣れであるとしても，相手の要望を呑まなければ成約しないという状況下では，このよう

第1節　CISG下における準拠法条項ドラフティング　　39

な案もやむをえまい。また，既述の通り，締約国でない第三国（例えば，英国）
の法を，CISGを補う準拠法として指定するという選択肢も考えられるだろう
が，この場合も，第5例の変形条項が応用できるだろう（第6例）[35]。

第6例：原則としてCISGを指定しCISG射程外の事項につき 他国法を指定する準拠法条項

Any questions relating to this Contract which are not expressly or implicitly
settled by the provisions contained in the Contract itself shall be governed：
  A. by the United Nations Convention on Contracts for the International
     Sale of Goods（Vienna Convention of 1980, hereafter referred to as
     CISG）, and
  B. to the extent that such questions are not covered by CISG, by reference
     to <u>the laws of XXX</u>.
（本契約自体の諸規定により明示的にも黙示的にも解決が得られない本契約関連
問題は，以下のA及びBによって支配されるものとする。
  A. 国際物品売買契約に関する国際連合条約（1980年ウィーン条約，以下
     CISGという）によって，及び
  B. 問題がCISGによってカバーされない範囲に限っては<u>XXX国法</u>を参照す
     ることによって。）

⑶　CISGの排除

逆に，CISG締約国に営業所を持つ当事者同士の契約で，CISG 6条のもと，
条約適用排除を望む場合の準拠法条項例を検討してみる。さしあたり次の条項
例が考えられよう[36]。準拠法を指定する第1文は日本法を指定しているが，相
手方の本拠地法や第三国法も選択肢として考えられる。

第7例：日本の国内実質法を指定しつつCISGの適用排除を明示する準拠法条項

This Agreement shall be governed by and construed in accordance with the
domestic and substantive <u>laws of Japan</u>.　The parties hereto expressly agree
that the application of the CISG to this Agreement shall be strictly excluded.
（本契約は日本国の国内実質法によって支配され解釈されるものとする。本契約当

事者は本契約へのCISGの適用が厳格に排除されるべきことを明示的に合意する。）

4　締約国当事者対非締約国当事者の取引の場合の準拠法条項の検討

⑴　CISGの適用

CISG 1条⑴(a) の適用の無い（締約国の日本に営業所を持つ当事者と非締約国に営業所を持つ当事者との間の）契約の場合で，CISG適用を望むのであれば，やはり，前述の第4例ということになるだろう。

第4例：CISGを含め日本法を準拠法と指定する準拠法条項

This Agreement shall be governed by and construed in accordance with the laws of Japan, including the CISG.
（本契約は日本国法（CISGを含む）によって支配され解釈されるものとする。）

まず日本の裁判所に紛争が係属した場合を考える。日本の裁判所は締約国の義務としてCISGの適用を検証するわけであるが[37]，締約国の日本に営業所を持つ当事者と非締約国に営業所を持つ当事者の間の契約では1条⑴(a) の適用が無いので，次に日本の裁判所は（法廷地国＝日本の）法適用通則法7条（当事者自治）を参照する。その結果，もう1度CISGの1条⑴(b)（国際私法の準則＝当事者自治）が働いて，CISGの適用に至る。このとき1条⑴(b) に関しては，次の2通りの解釈をめぐる論争が見られる[38]。

① CISG締約国たる法廷地の裁判所が，締約国の義務としてCISGを，CISGの指示するところに従って<u>法廷地法として</u>[39]，適用する。または

② 日本の国際私法である法適用通則法の適用の結果，<u>準拠法所属国の法の一部として</u>，条約が適用される。

この2通りの解釈は，第4例の準拠法条項では，法廷地法も準拠法所属国法も同じ日本法であるから，差を生じない。

ところが，差を生じる場合もあるので少し留意が必要である。例えば，両当事者はCISG適用を歓迎していて，第1例の準拠法条項を用いて締約国法を指定するつもりではあるが，日本法を準拠法指定することを相手方当事者が嫌っ

たために，CISG締約国の第三国XXX国の法が準拠法として指定されたような場合，CISG95条留保をめぐる論争に翻弄されかねない。

第1例：単純な準拠法条項

> This Agreement shall be governed by and construed in accordance with the laws of XXX.（和訳：本契約はXXX国法によって支配され解釈されるものとする。）

当該準拠法所属国たるXXX国が95条留保[40]をしている米国やシンガポールならば，紛れが生じる。①の解釈だとCISGが適用されるが［相対的留保説］，②の解釈だと準拠法所属国が留保をしているので（CISGはその国の準拠法指定の対象法ではないという解釈のもと）CISGは適用されないとされる［絶対的留保説］[41]。いずれの解釈を採択すべきか，日本の裁判所は判断をまだ示していないし，研究者の間でもこの議論は決着していない[42]。

ところで，そのような議論は重要な議論であるに違いないが，そこに踏み込むのは本稿の本意ではない[43]。現場の取引当事者の助けとなるように，契約中の準拠法条項をうまく表現することを通じて，当事者の意思を「錦の御旗」にして，論争となっている問題を回避し円滑な準拠法決定を実現できないかというのが本稿の問題意識である。そういうビジネス指向もCISGの望む国際取引の発展につながる一方策だろうと考える。

それでは，話を戻して，95条留保国や非締約国（本件仮定では相手国も該当）の法を準拠法と指定しつつ，CISGを適用しようとすると，どうすればよいのだろうか。例えば，「タイ（非締約国）に営業所を持つ企業と日本に営業所を持つ企業が準拠法をNY州法（米国：締約国だが95条留保国）やタイ法にする場合でCISGの適用を望む場合」である。タイ法やNY州法の準拠法指定は，CISGの適用範囲（CISG（1）（b）の射程）から当該契約をはずす（NY州法の場合はそのおそれがある）効果がある。あらためて，契約とCISGとを明示に結びつけなければ目的は達せられない。

この場合，①CISGが優先的に適用され，②CISGが適用されない場合には別の指定された準拠法が適用されると段階的に規定した方が良さそうである。第4例は簡易でスマートではあるが，この第4例を変形した第8例では問題が

ありそうである。当事者の意思は察せられるけれども，理論上は，相対的留保説から説明がついても，絶対的留保説からは説明がつかない（NY州法は準拠法条項で指定可能な範囲にCISGを含んでいない）ので，裁判所によっては，"including the CISG"のフレーズを無視する（つまり，CISGではなく，NY州国内実体法であるUCC準拠の物品売買法を適用する）可能性が無いとは言えない[44]。

第8例：CISGを含めNY州法を準拠法と指定する準拠法条項

This Agreement shall be governed by and construed in accordance with <u>the laws of the State of New York, U.S.A.</u>, including the CISG.（和訳：本契約は米国NY州法（CISGを含む）によって支配され解釈されるものとする。）

第9例：原則としてCISGを指定しCISG射程外の事項につき NY州法を指定する準拠法条項

Any questions relating to this Contract which are not expressly or implicitly settled by the provisions contained in the Contract itself shall be governed :

A.　by the United Nations Convention on Contracts for the International Sale of Goods（Vienna Convention of 1980, hereafter referred to as CISG）, and

B.　to the extent that such questions are not covered by CISG, by reference to <u>the laws of the State of New York, U.S.A.</u>

（和訳：本契約自体の諸規定により明示的にも黙示的にも解決が得られない本契約関連問題は，以下のA及びBによって支配されるものとする。

A.　国際物品売買契約に関する国際連合条約（1980年ウィーン条約，以下CISGという）によって，及び

B.　問題がCISGによってカバーされない範囲に限っては<u>米国NY州法</u>を参照することによって。）

　第6例を利用して第9例のように表現すれば目的が達せられそうである。理解の仕方としては，①CISGの適用範囲に限定して，日本法（あるいはその他の非留保締約国の法）の一部としてCISGが指定され，それ以外はNY州法を適用するという国際私法（抵触法）上の準拠法の分割指定をしていると解釈する

のか，あるいは②契約自体が，CISGの実質法ルールを契約条件として併合しているものとみるのか（実質法的指定），いずれかの解釈が可能であるだろう[45]。

　外国の裁判所に紛争が係属した場合，それが非留保の締約国であれば，上述の日本の裁判所の場合と同様に取り扱われよう。ただし，それでもなお，前者①だと法廷地の裁判所が法廷地国際私法上，準拠法の分割指定を許すか（許さなければ準拠法指定自体が無効視されるおそれがある），後者②だと契約条項の一部と化したCISGの規定の効力がどれほど有効視されるかという問題があるかもしれない。しかし，CISGは任意法規であり，世界標準としての名声を得つつあり，この規定内容を公序に反し無効とする例はほとんど考えられないように思われる。いずれの解釈を裁判所が採ろうとも，契約当事者が準拠法条項に込めた意思は同等に実現されると思われるので，現実には大きな問題ではなさそうである。

　係属先が留保国の裁判所，例えば，NY州の裁判所であれば，留保された1条(1)(b)を顧慮しないから，第10例であれば，CISGは適用されず，UCC準拠のNY州の物品売買契約法が適用されるだろう。しかし，上記第9例では，CISGの射程範囲内はCISGに従って規律されるという当事者の意思ははっきりしているので，少なくとも，契約自体が，CISGの実質法ルールを契約条件として併合しているとみる解釈が可能だろう。留保国は，95条留保はしていても，CISGの目的自体は尊重しているはずであるから，このような実質法的指定を無効視はしないように思われる。

第10例：準拠法をNY州と指定する単純な準拠法条項

This Agreement shall be governed by and construed in accordance with the laws of <u>the laws of the State of New York, U.S.A.</u>（和訳：本契約は米国NY州法によって支配され解釈されるものとする。）

　係属先が非締約国の裁判所であれば，CISGに拘束されないので，自国の国際私法に従って，準拠法を決定する。例えば，第10例の準拠法条項を解釈する場合，CISGを適用せずUCC準拠のNY州の物品売買契約法を適用するのか，CISGを適用するのか，判然としない。第9例であれば，CISGの射程範囲

内はCISGに従って規律されるという当事者の意思がはっきりしているので，CISGの実質法ルールを契約条件として解釈してもらえそうに思われる。

つまり，事件が外国に係属するときも，当事者の意図は明らかであるので，理屈はともかく意図が実現するように思われるから，この第9例でよいのではないだろうか。

(2) CISGの排除

逆に，CISG 1条(1)(a)の適用のない(締約国に営業所を持つ当事者と非締約国営業所を持つ当事者の)契約の場合で，CISG排除を望む場合は，CISG 1条(1)(b)の発動を回避すればよいので，非締約国法を準拠法指定するなら問題はない。

第11例：非締約国法を準拠法と指定する準拠法条項

This Agreement shall be governed by and construed in accordance with the laws of <u>XXX</u>.(本契約はXXX国法によって支配され解釈されるものとする)
＊XXX国は非締約国

締約国(例えば日本)を指定するとCISG 1条(1)(b)の発動に注意しなければならないので，やはり第7例を用いることになるだろう。1条(1)(b)に該当するとしても，6条にいう排除の意思を示しておくわけである。

第7例：日本の国内実質法を指定しつつCISGの適用排除を明示する準拠法条項

This Agreement shall be governed by and construed in accordance with the domestic and substantive <u>laws of Japan</u>. The parties hereto expressly agree that the application of the CISG to this Agreement shall be strictly excluded.(本契約は日本国の国内実質法によって支配され解釈されるものとする。本契約当事者は本契約へのCISGの適用が厳格に排除されるべきことを明示的に合意する。)

5 準拠法条項ドラフティングにおけるCISG活用の効能

CISGはその内容が，契約法の世界標準として評価されている。それゆえ多

くの国の契約法立法にも影響を与えているわけであり，そのCISGを契約準拠法として指定することには説得力がある。しかし，一方，適用される範囲が限定的であり，かつその範囲が不明確であるとか，その解釈は国ごとに異なる可能性があり，不明確で予測可能性を欠くなどとも批判される[46]。

　ここで，企業の実務的観点から，CISGを主たる準拠法と指定することのメリットを1つ，契約法としての内容を離れて，指摘しておきたい。それは，CISGが世界標準として著名であるゆえ，渉外（国際）弁護士であれば，どの国の弁護士であろうとも，扱いが可能であるということである。準拠法条項をドラフトするという，当事者自治を通じた準拠法選択にあたっては，自社にとってどの国の契約法が有利（不利）であるかを検討するという作業も意味のあることと思えるだろう。しかし，それは適用結果が顕著に知られている場合など検討が容易である場合に限られ，一般に，企業（法務部門）は，問題が顕在化し特定されていない段階（準拠法条項をドラフトする時点はそういう段階である）では，準拠法の候補となっている複数の関係国の実質法をあれこれと対比し有利不利を測ることを行なっていないと思われる[47]。

　2で触れたが，準拠法指定にあたって日本企業の各法務部門スタッフが考慮するのは，万が一，当該契約に紛争が生じたときに，①どの国に所在する自社顧問法律事務所にその事件を扱ってもらうことになるのかという点と，②その際に当該法律事務所にとってどの国の法が扱いよいかという点の組み合わせであると思われる。日本企業にとって本社所在地の日本には顧問法律事務所があるだろうし，その事務所にとって日本法は使いよいので日本法を準拠法と指定しようという条項案が多くドラフトされるだろう。しかし，契約は相手との合意の産物であるので，日本法を準拠法とする提案は拒絶されやすい。また，米国NY州ニューヨーク，CA州ロサンゼルス，IL州シカゴや英国ロンドンには，大規模国際法律事務所が多く所在するので，日本企業は，米国市場や欧州市場開拓にあたってこれらの事務所を活用していることが多い。日頃からつきあいのある顧問法律事務所は自社社内事情に通じているため，クライアントの立場からも相談しやすいし，事案の処理についても適切な助言を得やすいと言える。そうすると，次善の準拠法は，NY州法，CA州法，IL州法や英国法ということに結論付けられるだろう[48]。ただ，これらの法も，眼前の契約にとっ

て適当な準拠法と言えないこともある。CISGであれば，世界標準とされているので，国際弁護士であれば，日本の弁護士でも英米の弁護士でも扱える。一方，個別の契約案件で，準拠法所属国として候補に挙がった国に，信頼のおける法律事務所が無い場合に，その国の法を準拠法として指定するのは勇気が要るだろう。むしろ，そのような国の法を回避し，日本の国際法律事務所や第三国にある顧問法律事務所でも処理可能なCISGを主たる準拠法として指定する方が賢明な判断と考えられそうである。つまり，CISGは，選択肢として便利であるので，選択肢として活用してみるという姿勢が必要であろう。

　各社の印刷附合約款中の準拠法条項の規定をどうするかという局部的な問題は別として，CISG6条に基づいてCISGを排除すべきかどうかを一律に論じるのはあまり意味がない。準拠法条項という一般条項を，1つの取引上の交渉の一要素と見たときに，CISGは，交渉を妥結するための選択肢を増加させ，交渉の柔軟性を増すものとして，利用する方向で進めばよいと考える。

6　おわりに

　本稿では，日本企業が国際取引の契約交渉を行う場合を想定して，CISGが準拠法条項にどのように関わってくるか，問題点を整理しながら，準拠法案を検討してみた。

　万民法型統一私法としての地位を既に確立しているCISGに，日本が加入したといえども，国際契約中に準拠法条項を置かなくともよいということにはならない。むしろ，日本がCISGに加入したせいで，契約当事者である日本企業は，眼前の契約取引がどのような類型の契約か（CISGの適用される契約か）を認識することが要求され，また，相手方がCISG締約国かどうかを認識したうえで準拠法条項の表現を検討しなければならない。それには，CISGの1条(1)以下が定めるCISGの適用範囲や6条が定めるオプト・アウトなどの規定と法廷地の国際私法とを考慮しなければならない。

　締約国当事者対締約国当事者の取引の場合，CISG1条(1)(a)の適用対象となることを踏まえ，CISGの適用を望むなら，主たる準拠法としてのCISGと従たる準拠法たる特定国実質法との両方に言及するのが望ましい。また，排除を望む場合も，CISGの排除と代わりの準拠法となる特定国実質法の準拠法指定

との両方に言及するのが望ましい。

締約国当事者対非締約国当事者の取引の場合，CISG1条(1)(b)によってCISGの適用・不適用が左右される。1条(1)(b)の解釈をめぐっては，CISGの直接適用か間接適用かの議論があり，それがCISGの95条留保とからんで，CISGの適用の予測を難しくしている。それゆえ準拠法条項が意味を持つ。当事者がCISGの適用を望むなら，主たる準拠法としてのCISGと従たる準拠法たる特定国実質法との両方に言及するのが望ましい。CISGの適用を望まない場合，1条(1)(b)が発動しないよう，非締約国法を準拠法として指定するか，締約国法を指定しても6条のオプト・アウトの意思を明示しておくべきである。

CISGに習熟すると，準拠法条項をめぐる契約交渉において選択肢が広がる。CISGの特長の1つは，国際弁護士であれば世界中の弁護士で扱いが可能であるという点である。ベストでなくともベターな準拠法として候補に挙げやすく，合意につながりやすい。

日本におけるCISG発効当時，6条のオプト・アウトを通じてCISGを全面的に排除すべきであるという主張の根拠として，次の点が挙げられた。「従来通りの契約実務を変更しないですむ」，「本条約をよく理解していないので，これに切り替えるべきか否か適切に評価できない」，「従来の売買約款の見直しに膨大な作業が必要となるが，時間をかけて検討するに見合うメリットがない」，「本条約下で契約紛争が発生したとき相談できる専門家がいない」，「米国などの大企業が，本条約を排除しているところがあるので，それに従う」，「当面排除して様子をみるのが現実的である」[49]。理由の多くは，CISGとはどういうものか理解できないという点に由来していそうだが，十数年が経過し，判決・仲裁判断例も増え，多くの大学や大学院の授業でも扱われていて，この点は解消しつつあるだろう。「相談先が無い」という点も，弁護士，企業法務スタッフ，研究機関等の努力により，解消しつつあると思われる。一方，我が国がCISG締約国であることを踏まえ，契約交渉の際に相手方からCISGの準拠法指定を提案されることもあるはずである。日本の各企業としては，いつまでもCISGを避けていては，成るべき契約が成らないということも考えられる。「関係者が本条約を勉強し，これを契約交渉などで積極的に使ってもらいたい」という助言は[50]，必ずしも，CISGを準拠法として指定した方が良いというメッセー

48 第1章 準拠法条項とCISG

ジではなく，他の準拠法候補とともに，勉強すれば交渉に活かせるのではない
かという示唆とも受け取れる。

　本節は，企業実務におけるCISGの影響に触れる，筆者の研究の端緒を示す
ものであり，具体的事例や諸文献を探求し，さらに検討を進めて行きたい。準
拠法条項のドラフティングを通じて，CISGの解釈の不透明性から生じる紛争
をどれほど回避できるかという点は，そのような紛争を扱った判例や仲裁判断
の公開例の増加につれて明らかになり得よう。さらに企業実務上の別の関心事
としては，「CISGの適用対象となるのは物品の国際売買であるが，売買と他の
役務との混合形態や売買類似の契約で，CISGで処理可能な契約はどのような
ものが存在し得るか」，逆に，「売買契約とは異種の契約であってもCISGの実
質法的指定により，CISGでどこまでコントロール可能であるのか」といった
点も挙げられるだろう。

注

1　United Nations Convention on Contracts for the International Sale of Goodsの略号であるCISG
を「シーアイエスジー」と読むか「シスグ」と読むかについては，国内外ともに，定説が無いようであ
るが，筆者は前者を採用している。理由は単純で，前者だと，何のことかわからない人にも何かの
略称であることは伝わるからである。というのも，CISGが，日本企業の海外事業関係者にとってど
れほど周知となっているか，懐疑的である。研究者が予測するほど，CISGの存在は現場に浸透して
いないようにも感じられる。
2　平成20年条約第8号。
3　日本は71番目の締約国である。条約の締約国の状況はUNCITRALのウェブサイト参照：https://
uncitral.un.org/en/texts/salegoods/conventions/sale_of_goods/cisg/status　（2024年7月14日閲覧）。
4　高杉直「ウィーン売買条約（CISG）と知的財産権—CISG第42条を中心に—」『帝塚山法学』（帝塚山
大学）第22号，2011年，98頁。潮見佳男・中田邦博・松岡久和編『概説国際物品売買条約』法律文化
社，2010年，1頁［高杉直］も参照。
5　CISG1条1項は次の通り規定する。
　「第1条（1）　この条約は，営業所が異なる国に所在する当事者間の物品売買契約について，次の
　いずれかの場合に適用する。
　（a）　これらの国がいずれも締約国である場合
　（b）　国際私法の準則によれば締約国の法の適用が導かれる場合」。
6　CISGの適用範囲は，大雑把には，国際的な物品売買という契約類型のみであって，他の類型の契
約はそもそも対象ではない。本節では，もともと一般条項の一角を占めていただけの準拠法条項に
ついて，「CISGのせいで国際物品売買契約については特別な配慮が必要となる」ということを指摘
するわけであるが，他の契約類型についてはその指摘は当たらない。この点に注目すると，ビジネ
スの現場における契約実務にCISGが及ぼす影響の1つとして，逆に，準拠法条項のドラフティング
にあたって，「『眼前の契約の類型は何であるか（CISGの適用対象なのか）』を意識することが要求さ
れることになる」という点を挙げることができるだろう。

なお，本来適用対象外であるはずの類型の契約の準拠法条項においてもCISGに言及する例はある。例えば，ソフトウエアのライセンス契約の準拠法条項において，CISGが言及されている（CISGの適用を排除する）例を紹介するものとして齋藤彰「法廷地選択および準拠法選択の役割」（新堀聰・柏木昇編『グローバル商取引と紛争解決』同文舘出版，2006年），34-35頁及び62頁注（3）並びに51頁及び64頁注（28）。また，齋藤彰「国際的な私法統一条約をめぐる幻想と現実─ケープタウン条約航空機議定書とウィーン売買条約の起草過程を素材として─（3）その2：ウィーン売買条約の起草過程を素材として」『国際商取引学会年報』12号，2010年，36頁は，これをアメリカ企業の「警戒心」と評する。これについて筆者は，当該契約が関係する商取引関係において副次的に物品売買が発生することを予見したうえで念のため言及されているのか，あるいは，売買契約書のモデル条項の単なる誤転用ではないかと推察する。

7　「たまたま多くの国では契約関係については当事者による準拠法の指定を認めているところから……個別の契約において，当事者が当該契約を規律すべき法規を指定することによって，この問題に対処していることが多い」高桑昭『国際取引における私法の統一と国際私法』有斐閣，2005年，54-55頁。「当事者自治の原則は……19世紀になって，諸国の実質法上において一般に承認されるようになった契約自由の原則の影響のもとに，その国際私法への投影として，債権契約の準拠法の決定に関して諸国の国際私法上広く認められるようになったものである」溜池良夫『国際私法講義［第3版］』有斐閣，2005年，351頁。また，山田鐐一『国際私法（第3版）』有斐閣，2004年，313頁や松岡博編『国際関係私法入門（第4版補訂）』有斐閣，2021年，94-96頁［松永詩乃美］など参照。

　さらにこの国際私法上の当事者自治においては，準拠法の分割指定（デプサージュ）が認められると解する考え方が，従来の通説（「準拠法単一の原則」）をしのいで近時一般的である。日本法について，松岡博『現代国際私法講義』法律文化社，2008年，102頁は「分割指定つまり，契約から生じる複数の争点を異なる法律によって規律することを認められるべきかという問題がある。……たとえば当事者が不履行の損害賠償についてはA国法，その他の問題はB国法と指定したときは，このような分割指定を認める方が，当事者の正当な期待を保護し，国際取引の安全と円滑にかなうのであるから，むしろ分割指定を積極的に肯定すべきである」とし，ローマ条約3条およびローマI規則を根拠の1つとする。山田・前掲注（7），334-335頁，溜池・前掲注（7），365頁も同旨。道垣内正人『ポイント国際私法各論（第2版）』有斐閣，2014年は，当事者自治を徹底する考えを示し，どこまで細かく分割が許されるかという点について「ここでの問題は所詮契約という当事者限りの問題であって，そこに国際私法の側から介入していって，何らかの基準に従って分割を許すとか許さないとかの判断をする必要はないのではないか」（241頁）と考え，「重要なことは，当事者の契約についてした準拠法の分割指定が国際私法上認められないということは決してないという保証をすることであり，そのことが法的安定性をもたらすということである」（242頁）という。この指摘は，結局のところ当事者による準拠法条項のドラフティングのやり方にポイントがあるという点で本節とも共通する。なお，分割の限界を指摘する論稿として，藤川純子「契約準拠法の分割指定について」『国際公共政策研究』1巻1号，1997年，87頁も参照。

8　CISG6条は次の通り規定する。
「第6条　当事者は，この条約の適用を排除することができるものとし，第12条の規定に従うことを条件として，この条約のいかなる規定も，その適用を制限し，又はその効力を変更することができる」。https://www.mofa.go.jp/mofaj/gaiko/treaty/pdfs/B-H21-003.pdf　（2024年7月13日閲覧）

9　排除の意思を黙示することが許されていないという意味ではない。実務上，明示することが重要であろうという前提で話を進めているに過ぎない。「条文上は明らかではないが，作成過程における議論以来，黙示による排除も可能であるというのが共通認識である」と解されている。潮見・中田・松岡編・前掲注（4）29頁［樋爪誠］。

10　排除後の基準が国際私法に委ねられていることについて，UNCITRAL, (2016) UNCITRAL Digest of case law on the United Nations Convention on the International Sales of Goods‑2016 revision は，Article 6の paragraph 7において，"Where the parties expressly exclude the Convention but do not designate the applicable law, the governing law is to be identified by means of the private international law rules of the forum"（筆者訳：当事者が明示にCISGを排除しつつも適用されるべき法を指定しない場合は，準拠法は法廷地の国際私法ルールによって決定されることとなる）という。https://uncitral.un.org/sites/uncitral.un.org/files/media-documents/uncitral/en/cisg_digest_2016.pdf　（2024年7月13日閲覧）。

　曽野和明・山手正史『国際売買法』青林書院，1993年，61頁によれば「ウィーン売買条約の適用を排斥する合意は，その合意の際に適用されるべき法を指定しているか否かにかかわらず有効である。排斥する合意のみをしている場合には，国際私法が指定する法が適用される」とされる。また，「国際物品売買契約である以上，CISGの適用の有無とはかかわりなく，国際私法によって契約準拠法が指定されている。すなわち，CISGが適用されない場合にのみ，契約準拠法が登場するのではなく，たとえCISGが適用される場合であっても，契約準拠法は確定されているのである（国際私法の強行性）」とも説明される。甲斐道太郎・石田喜久夫・田中英司編『注釈国際統一売買法I―ウィーン売買条約―』法律文化社，2000年，55頁［樋爪誠］。当事者のCISG排除の意思を認識した後に国際私法に目を向けるか，それとも常時国際私法の存在を意識しつつCISGが適用される範囲に限ってCISGに注目するか，という捉え方の違いがそこにあるが，企業実務上から見ると，両者に現実的な差は無さそうである。

11　CISGが売買契約の成立および売買契約から生じる当事者間の権利義務関係のみを規律すること，そしてCISGが規律しない問題が「国際私法が指定する準拠法による解決に委ねられる」ことについて，曽野・山手・前掲注(10)55頁。高桑昭「国際物品売買契約に関する国際連合条約の適用について」『法曹時報』61巻10号，2009年，3頁も参照。

12　CISG3条に示された契約類型の亜種や，販売（代理）店契約のように取引継続性固有の要素を帯びるものなどは議論の対象となるだろう。例えば，「もし，売買基本契約において，売買の対象商品が規定され，かつ売買価格なども規定され，個別売買契約では，納期やそれ以外の契約の履行に関連する内容を確認するだけであり，売買基本契約が売買の基本的な要素を取り決めているであれば［ママ］，売買基本契約自体もCISGの対象となる物品売買契約であると考えることもできよう」（井原宏・河村寛治編『国際売買契約　ウィーン売買条約に基づくドラフティング戦略』レクシスネクシス・ジャパン，2010年，36頁［河村寛治]）と「CISGは国際物品売買契約を規律する法であり，販売権の付与の他様々な規定を含む継続的基本契約である販売店契約自体は，原則としてCISGの適用はない。但し，販売店契約の下で締結される個別売買契約は，CISGが適用されることになる」（大貫雅晴『英文販売・代理店契約―その理論と実際―』同文舘出版，2010年，48頁）とを比較されたい。筆者はどちらかというと前者を支持するが，どちらが正しい解釈かという議論よりも，CISGの適用の可否についていずれの結果にも備えた準拠法条項作りを考えなければならないという点が重要であると考える。

13　CISG自体が適用範囲外の事項と考えている事柄を扱う③aの場合はCISG以外の準拠法の選択をイメージしやすいが，③bの場合は，当事者がCISGの適用があるのではないかと一旦は期待しているであろうから，それに留まらずに念を入れて次善の準拠法に注目することは，企業内法務としては高度な技術と言えるのではないだろうか。予防法務の観点から立ち止まって検討する意味はあるだろう。

14　CISG7条(2)は次の通り規定する。

「第7条(2)　この条約が規律する事項に関する問題であって，この条約において明示的に解決されていないものについては，この条約の基礎を成す一般原則に従い，又はこのような原則がない場合には国際私法の準則により適用される法に従って解決する」。

15 準拠法条項の関与なくCISGが適用される場合としては，他に（1条（1）（b）の適用を経て）法廷地の国際私法に規定されている客観的連結の結果，CISG締約国法が準拠法として指定される場合も考えられる。例えば，我が国であれば，法適用通則法8条1項及び2項（特徴的給付理論）に従って，売買契約の売主の常居所地法が準拠法と推定されるケースが有り得る。

16 「『イングランド法を準拠法とする』というように非締約国法を準拠法として選択する条項も，CISGの適用を排除する合意と解され」るとされる。曽野裕夫「CISGの締結手続と国内的実施」『国際私法年報』12号，2010年，17頁。杉浦保友「実務的インパクトの検討」（『ジュリスト』1375号，2009年，40頁）も「非締約国法を準拠法に指定した場合どの国の裁判所でも本条約排除の黙示の意図と認定される可能性が高い」とする。Carr, I., (2010) International Trade Law (4th ed.), London and New York, Routledge-Cavendish, P.68 も CISG と相いれない条件に合意することでCISGを排除できるとし，その例として，異なる締約国に営業所を有する売買契約当事者同士が契約準拠法として英国法を選択すること，又は，英国の売買法に見られる標準条件を用いることを挙げている。UNCITRAL, (2016) UNCITRAL Digest of case law on the United Nations Convention on the International Sales of Goods‐2016 revision は，Article 6の paragraph 9において，当事者の意思が明瞭で現実的であることを前提に，黙示によるCISG排除を認める裁判例が多いことを認めている（一方，CISGが黙示排除の可能性を明定していない点から黙示排除を認めない例も見られるともしている）。そしてparagraph 10において，黙示によるCISG排除の一例として，"by choosing the law of a Non-contracting State as the law applicable to their contract"（筆者訳：非締約国の法を契約に適用されるべき法として選択することによって）が挙げられている。ただ，ドラフティングを検討する文献ではあまり確信が持たれていないようである。Bridge, M., (2008) Choice of Law and the CISG：Opting In and Opting Out, Drafting Contracts Under The CISG, ed. by Flechtner, H.M., Brand, A.B. and Walter, M.S., New York, Oxford University Press, P.77 で は，"Where the law chosen is that of a non-Contracting State, it would be difficult to find a clearer implied exclusion of the CISG"（筆者訳：選択された法が非締約国の法である場合，CISGの明らかな黙示的排除と認めるのは難しかろう）とされている。

17 通説に依拠することについて躊躇を示すものとして，「非締約国法（イギリス法などがその例にあたる）が指定された場合，CISGを排除する意思を認めたほうが素直であると思われるが，全面排除という判断はきわめて重いので，非締約国法の指定をもって排除を意味することは，リスクが大きい」（潮見・中田・松岡編・前掲注（4）30頁［樋爪誠]）。

18 国際的に活躍する大規模法律事務所は英米に集中している。この点は，2004年の日米法学会第41回総会で，フレッシュフィールズ法律事務所木南直樹弁護士の「英系の大型法律事務所の国際化—その軌跡と展望」という講演において指摘されたことがあるが，その後も傾向は変わっていないようである。以下のAmerican Lawyer誌ウェブサイトの情報によると，2010年度の売上ベースでの法律事務所の世界上位10事務所は，1位Baker ＆ McKenzie（米国），2位Skadden（米国），3位Clifford Chance（英国），4位Linklaters（英国），5位Latham ＆ Watkins（米国），6位Freshfields（英国），7位Allen ＆ Over（英国），8位Jones Day（米国），9位Kirkland ＆ Ellis（米国），10位Sidley Austin（米国）となっている。http://www.law.com/jsp/tal/PubArticleTAL.jsp?id＝1202472338838 （2011年10月23日閲覧）。英米以外の法律事務所はランキング70位（スペインのGarrigues）まで顔を出さない。

　　上掲のデータは古くなったので，最近の様子をチェックしたところ，https://www.law.com/law-firms/?firm＝＆ranking＝Global100Rank&location＝ （2024年5月3日閲覧）によれば，Global200（収益）が示す法律事務所ランキングは，1位Kirkland ＆ Ellis（米国），2位Latham ＆ Watkins（米国），3位DLA Piper（米国），4位Baker McKenzie（米国），5位Dentons（米国），6位Skadden（米国），7位Sidley（米国），8位White ＆ Case（米国），9位Morgan Lewis（米

52　第1章　準拠法条項と CISG

国），10位 Gibson Dunn（米国），11位 Ropes ＆ Gray（米国），12位 Allen ＆ Overy（英国），13位 Clifford Chance（英国），14位 Jones Day（米国），15位 Hogan Lovells（米国），16位 Linklaters（英国），17位 Freshfields（英国），18位 Goodwin（米国），19位 Greenberg Traurig（米国），20位 Simpson Thacher（米国），21位 Norton Rose Fulbright（米国），22位 King ＆ Spalding（米国），23位 Cooley（米国），24位 CMS（英国），25位 Mayer Brown（米国），26位 Davis Polk（米国），27位 McDermott Will Emery（米国），28位 Paul Weiss（米国），29位 Weil（米国），30位 Sullivan ＆ Cromwell（米国）と，英米の法律事務所によって上位が占められている。なお，香港に本拠を置く King Wood Mallesons が44位に，北京に本拠を置く Yingke が50位に顔を出す。国際事業の顧問先として日本企業はやはり英米の法律事務所に頼るものと考えられる。

19　経験上の推論である。一方では，弁護士報酬相場が高いので英米の弁護士を回避するという話も耳にする。また，企業グループ内の欧州拠点の規模や機能に応じて，企業ごとに事情は異なるだろう。当の英国法律事務所が CISG を嫌う場合や，大陸に所在する相手方企業が逆に，CISG を好んで英国法を嫌う場合ももちろん想定できる。

20　ハーグ統一売買法が国際社会であまり成功しなかった理由の1つは大陸法中心であったこととされ，その反省から CISG は，UNCITRAL の「世界の異なった法体系，社会・経済体制が代表される作業部会（ブラジル，フランス，ガーナ，ハンガリー，インド，日本，ケニア，メキシコ，旧ソ連，英国，米国を含む14箇国……）」によるハーグ統一売買法の改訂作業を元に生まれている。曽野・山手・前掲注(10) 17頁。

21　逆に「議論の余地がある以上，確実に CISG の適用を排斥するためには，準拠法を非締約国法とした場合でも，契約条項中に，CISG の適用を排除する旨，明示しておくべきであろう」という指摘もある。長田真里「日本における CISG の適用」『国際私法年報』12号，2010年，85頁。

22　自社の支店や関係会社であって，非締約国に所在するもののために契約ドラフトを検討する場合は別の考慮を必要とすることになるが，そのような場合は異例のものとして今ここでは考慮しない。

23　和訳は筆者が施した。吉川達夫・飯田浩司編『英文契約書の作成実務とモデル契約書』中央経済社，2006年，188頁（JOINT VENTURE AGREEMENT の一部）に同文例が見られる。大貫・前掲注(12) 53頁や田中信幸・中川英彦・仲谷卓芳編『国際売買契約ハンドブック［改訂版］』有斐閣，1994年，224頁もほぼ同一。本稿の目的上は同旨だが，短い規定で済ますことの（裁判所の裁量で狭く解釈される）危険を指摘しながらもう少し長い文例 "The formation, validity, construction and performance of this Agreement are governed by the laws of Japan." を挙げるものとして，岩﨑一生『英文契約書（全訂新版）―作成実務と法理―』同文館出版，1998年，207頁及び212頁。

24　「契約の当事者が，契約書中に単に『この契約の準拠法は日本法とする』とだけ規定し，本条約の適用には言及していない場合には……不明確である」と指摘する，杉浦保友・久保田隆編『ウィーン売買条約の実務解説［第2版］』中央経済社，2011年，27頁［柏木昇］によれば，「世界各国の裁判例では，多数の例が本条約の適用を排除する趣旨ではない，と解釈している。ただし，反対の解釈をしている判決例や仲裁判断例もわずかにある（CLOUT No.54）」という。井原・河村編・前掲注(12) 43頁［河村寛治］も「統一がとれていない」と指摘する。同書273頁［小梁吉章］も同旨。

25　「本条約は，加盟すると国家法の一部になってしまうので，単に『国家法』によるという表現では不十分……。例えば，NY 州では，"The law of the State of New York shall govern this contract" と規定しただけでは，本条約も含まれてしまう」とされ（新堀聰『ウィーン売買条約と貿易契約』同文館出版，2009年，19頁），「当事者が特定の国家法を指定している場合には，その指定が，国内売買法への実質法上の指定として捉え得る場合にのみ，条約の適用を『黙示に』排斥するものとなる」（曽野・山手・前掲注(10) 62頁）とされる。

26　「従来どおり民商法が適用されるのか，CISG が適用されるのか……準拠法条項の中でどちらを適用して欲しいかを明確に定めておけば，それが特約として尊重されます」齋藤彰・高杉直「契約担当

者のためのウィーン売買条約 (CISG) 入門」『JCA ジャーナル』55巻3号，2008年，27頁［齋藤］。この指摘は当然すぎるように響くが，企業実務では，通説に則っていて勝訴の可能性が高い方針を採るかということだけではなく，提訴されて訴訟追行のコストが生じる可能性を減じることも重要であり，この当然の指摘が意味を持つ。

27　杉浦・久保田編・前掲注 (24) 29頁［柏木昇］は，次の通り，オプト・アウトすることなく日本法を準拠法として指定することを推奨する。

　「本条約をオプト・アウトすべきかどうかについては，実務界では賛否両論がある。一般的に考えるより，具体的ケースで考えるべきであろう。たとえば，中国との取引では，日本の当事者にとっては少なくとも中国法を準拠法とするより，はるかに予測可能性に優れていると思われるので，オプト・アウトは得策ではない。裏面約款のように，全世界の取引相手に一般的に利用されるような場合には，本条約をオプト・アウトせずに，単に日本法を準拠法として指定しておくことがよいのではないか，と思われる。その結果は，恐らく本条約が適用される場面と問題については相手がどこの国に営業所を持っていようが，統一的に本条約が適用され，本条約が適用されない場合や本条約がカバーしない問題については日本法が適用されることになる」。

　概ね賛成であるが，ただ契約交渉は相手方の有ることであり，硬直的に考えるわけにもいかないという点を含んだ上での指摘であろうと推察する。国内判例の英訳すら十分でない日本法の準拠法指定は相手方から拒絶されやすいものと覚悟しておくべきであろう。

28　CISG に言及すると，寝た子を起こす結果，つまり，相手方に CISG の不適用を検討させることにつながり，逆に，契約交渉がもつれたり，別の準拠法条項が提案されて本意でない結果が生じることもあるかもしれない。CISG への言及が「藪蛇」となりそうであると考えられる場合は先に示した2例で対応する方がよいということもあるだろう。

29　準拠法条項例のうち，第3例/第4例/第7例は，平成21年5月10日に開催された国際私法学会において，中村秀雄会員の研究報告「ウィーン売買条約と国際私法　国際契約実務への影響　Using (or not using ?) CISG in practice」において，過去に研究者が議論に用いたものとして紹介されたものを，筆者が一部修正して用いた。第2例および第7例は，中村会員報告資料中の「J.M.Klotz-1998年」の項，第4例は「R.H　Folsom-2002年」の項に掲載されたものをサンプルとして用いた。本稿中の条項サンプルは検討用の例であって，最善の条項例として推奨するものではない。

30　第3例と同旨の条項例として，大貫・前掲注 (12) 54頁は "This Agreement shall be governed and construed by and under the United Nations Convention on Contracts for the International Sale of Goods." を挙げる。

31　この点は諸文献で指摘され知られている事柄である。例えば，甲斐・石田・田中編・前掲注 (10) 29頁［樋爪］。

32　これは筆者自身が企業法務の現場で働いた経験から抱く実感である。国際私法上の当事者自治が普遍的であることを信じ，準拠法条項の表現を調整すること (つまり，当事者自治による主観的連結) で準拠法を選択することに専心する方が圧倒的に，便宜的・効率的に感じられる。なお，契約中に紛争解決条項 (Resolution-of-dispute Clause)，例えば，合意管轄条項 (Consent-to-jurisdiction Clause) を設けることによって，法廷地 (又は仲裁地) となる国の予測を容易にすることはできる。そうすれば当該法廷地の国際私法の客観的連結も計算には入れられる (それでも企業実務ではそこまでの準拠法予測は行われないはずである)。

33　ただし，日本法が常に日本企業に有利に働くというわけではない。どのような紛争であるか，紛争が生じてみないことには，準拠法の具体的事案への適用結果は予測しえない。

34　齋藤・高杉・前掲注 (26) 27頁［齋藤］が挙げる文例である。

35　第5例と同旨の条項例として，Friedland, J. A., (2014) Understanding International Business and Financial Transactions, 4th ed., の198頁では，"This Agreement shall be governed by the CISG.

Any ambiguities or items not covered by the CISG shall be governed by ___." (和訳:「当該合意については，CISGが適用される。明確でない事項およびCISGによって規定されていない事項については，（　）法が適用される」) を挙げる。(和訳は，ジェロルド・A・フリードランド (久保田隆・田澤元章監訳)『アメリカ国際商取引法・金融取引法』レクシスネクシス・ジャパン，2007年，234頁による。なお，"This Agreement" の訳は「当該合意」のほか，この場合は「本契約」という方がわかりよいかもしれない。)

　ちなみに，Friedland, op. cit., p.198では，CISGが適用される場合にその英語版に準拠することを明示する条項 "This Agreement shall be covered by the English version of the CISG." を示している。この点はCISGが国連公用語の6か国語 (アラビア語，中国語，英語，フランス語，ロシア語，スペイン語) のバージョンが存在することから注意点として指摘される場合が多いので準拠法条項例の一部として紹介しておく。各条項例と組み合わせて用いるように努めればよいだろう。

　Bortolotti, F., (2008) Drafting and Negotiating International Commercial Contracts-A Practical Guide, Paris, ICC Services Publications, p.237 で は，"This contract of sale is governed by the United Nations Convention on the International Sales of Goods and, with respect to questions not covered by such Convention, by the laws of Germany" (筆者訳:本売買契約はCISGによって支配され，当該条約がカバーしない問題に関しては，ドイツ法によって支配される) という準拠法条項例が紹介されている。

36　第7例と同趣旨の (日本法を準拠法として指定する) ものとして，杉浦・久保田編・前掲注 (24) 29頁 [柏木] は以下を挙げる。

United Nations Convention on Contracts for The International Sale of Goods (1980) shall not apply to this contract. Parties agree that this contract shall be governed and construed in accordance with the laws of Japan excluding said convention.

齋藤・高杉・前掲注 (26)，27頁は，CISGを排除して米国NY州法を準拠法と指定する条項例として以下を挙げる。

This Contract shall be governed by and construed in accordance with the laws of New York. This Contract shall not be governed by the United Nations Convention on Contracts for the International Sale of Goods, the application of which is expressly excluded.

また，Friedland, op. cit., p.179では，

The rights and obligations of the parties under this agreement shall not be governed by the provisions of the United Nations Convention on Contracts for the International Sale of Goods (CISG). These rights and obligations shall be governed by the law of ___.

(本件合意に基づく当事者の権利および義務については，CISGは適用されない。これらの権利・義務については (　) 法が適用される。)

を条項例として挙げている (和訳はフリードランド (久保田・田澤監訳)・前掲注 (35) 234頁による)。

　新堀・前掲注 (25) 19頁が，米国学者の推奨する契約文言として，次の2例を紹介している。

The rights and obligations of the parties under this Contract shall be governed by the local, domestic law of the State of ___, U.S.A., including its provisions of the Uniform Commercial Code. (suggested by Professor Honnold)

The rights and obligations of the parties under this Contract shall not be governed by the provisions of CISG, instead, these rights and obligations shall be governed by the internal, substantive law of the State of ___, U.S.A. (recommended by Professors Reese and Farnsworth)

前者は，前掲の第2例と同内容であってCISGに直接言及するものではないが，"including ...." 以下で，UCC (第2編として物品売買法も含む) を含むことを明示している点で，CISG排除は明確であ

ると言えよう。後者は第7例とほぼ同旨である。

井原・河村編・前掲注(12)37頁[河村寛治]は，いささか長いが，以下を挙げる。

The contractual relations of the Parties including the interpretation of this Agreement and any and all rights and obligations of each individual sale and purchase contract made by the Parties hereto under this Agreement shall, in all respects, be governed by and construed and enforced in accordance with the internal and substantive laws of Japan, without regard to its conflicts of laws. The provisions of the United Nations Convention on Contracts for the International Sale of Goods (1980) shall be expressly excluded.

37　統一法としての条約の適用に際して，一般に，国際私法による指定を経由して条約が適用されるのか，経由することなく条約が直接適用されるのかについては議論のあるところである。高桑・前掲注(7)5-10頁参照。同書の結論としては，統一法の作成の意図・目的を重視して「明文の規定があればまずそれにより，それがないときは立法の趣旨・目的，立法の経緯，条文の内容，性質などから判断すべき」で「統一法が直接に適用されるかどうかは，統一法を定めた条約のなかでどのように定めたかによる」(同書，8頁)とされるが，妥当であろう。そこでCISGを振り返ると，1条(1)(a)とは別に1条(1)(b)にわざわざ国際私法を参照する適用要件を規定しているわけで，1条(1)(a)が国際私法を参照しない適用要件であることは明らかである。高桑・前掲注(7)133頁では「この条約の第1条(1)(a)の要件をみたす場合には，締約国ではその国の国際私法の規則に従って準拠法を決定するのではなく，直ちにこの条約の規定を適用すべきことになる。これは国際私法の規定の適用を排除する趣旨の規定である」とされる。CISGの適用は，1条(1)(b)で国際私法の準則が利用はされているけれども，基本的には，「国際私法……を介さずに，本条約が定める基準に従って決定される」と理解されている。曽野裕夫「ウィーン売買条約(CISG)の意義と特徴」『ジュリスト』1375号，2009年，6頁。なお，条約の直接適用と解するのが通説であるが，第1条(1)(b)を間接適用と解する説もあるとされる。杉浦・久保田編・前掲注(24)，本書の読み方9頁[久保田]参照。

38　「b号において法廷地の国際私法の準則は参照されるにすぎず，a号同様，国際私法を介さずにCISGは適用されるとする説」と「b号は，指定された締約国法の一部としてCISGを適用するものとみる説」とがあるとされる。潮見・中田・松岡編・前掲注(4)22頁[樋爪誠]。高桑・前掲注(7)133頁は，1条(1)(a)適用以外の場合には，「国際私法の規則によって準拠法を決定し，その準拠法を適用する」が，この1条(1)(b)の適用の場合に「準拠法所属国のいかなる法律を適用すべきかは，原則として，その国における国内法の適用に関する規則による」と間接適用を主張する。なお，長田・前掲注(21)は，「契約の準拠法自体については一般的な法廷地抵触法規範により決定される一方，a号所定の要件が満たされている場合に，契約の準拠法に付加的にCISGが適用される」と，1条(1)(a)をも補完的抵触法規範の一種と見(85頁)，さらに，1条(1)(b)によるCISGの適用は「準拠法所属国法の一部としての適用である」(89頁)と，間接適用説を採る。

39　「法廷地法として」というのは，「法廷地国が締約しその法体系に組み込まれたものとして」という趣旨であって，「法廷地固有のCISG解釈を適用せよ」という趣旨までを意図するものではない。

40　CISG95条は「いずれの国も，批准書，受諾書，承認書又は加入書の寄託の時に，第1条(1)(b)の規定に拘束されないことを宣言することができる」と規定する。2024年4月現在，95条留保国は，アルメニア，中国，ラオス，セントビンセントおよびグレナディーン諸島，シンガポール，スロバキア，米国の7か国である。ドイツは留保国に対して留保している。https://uncitral.un.org/en/texts/salegoods/conventions/sale_of_goods/cisg/status (2024/4/6)に示された一覧表のNote(b)および(e)参照。

41　ドイツは絶対的留保説の立場を示している。甲斐・石田・田中編・前掲注(10)28頁[樋爪]。

42　潮見・中田・松岡編・前掲注(4)23頁[樋爪]が，日本(無条件締約国)，アメリカ(95条留保国)，タイ(非締約国)を関係国とする設例を用いて，95条について多様な解釈がありうることを説き，

CISG上「判然としないのであり，実務的には，契約書等において，適用規範の明確化を心がける必要があろう」と述べている。杉浦・前掲注 (16) 40頁も参照。

43　この議論に関する私見としては，①の解釈だと一見CISGを適用するケースが増えそうだが，それはCISGの普及に貢献するものではないように思え，賛同するのが躊躇われる。留保国に尊重してもらえそうもない条約の解釈をして判決を下しても，当該判決は留保国で効力が認められないことが予想されるから，そのような解釈をすることは，条約の「統一的準則を採択することが，国際取引における法的障害の除去に貢献し，及び国際取引の発展を促進すること」という効果を減じるのではないだろうか。国際取引の当事者である企業・ビジネスマンは通常，判決が予測される通りにどの国でも安定的に執行されることを望んでいるだろう。留保国が，国際私法の準則の適用の結果自国法が指定される場合に，CISGを排除して自国法の適用を望むならば，その意思を尊重しないと，当該国におけるCISGへの信頼は得られないのではないだろうかと考える。相互に尊重される判決を世界的に積み上げるためには，留保国の意思を忖度して②説が妥当であるように思われる。

44　可能性が仮に極端に小さいとしても，準拠法条項次第で紛れが入り込むのを回避できるのであればそうしたい。

45　CISG適用範囲外の状況にあってもCISGの適用に合意する場合に関して「CISGの抵触法的指定を認めるのか，それとも実質的指定にかぎってのみ認めるのかは議論がある」「現段階では，後者が優勢である」「CISGは，その適用範囲外では，契約準拠法の認める範囲内で（任意法規の範囲内で），用いることが可能なのである」とされる。甲斐・石田・田中編・前掲注 (10) 59頁 [樋爪誠]。

46　例えば，小林和弘「国際企業法務に関する最近の法規範の動向」『JCAジャーナル』56巻5号，2009年，24-25頁参照。

47　CISGが，目的物受領時の検査と通知に関して買主に厳しく売主にとって甘い（38条参照。ただし，日本商法526条は買主にさらに厳しいと評される）とか，適合性保証について売主の義務が重いといった評価は耳にするが（例えば，齋藤彰「ウィーン売買条約と日本─日本の法律家が国際統一私法と正しく向き合うために─」『国際商取引学会年報』12号，2010年，222頁の柏木昇教授発言の紹介を参照），それ以外に，日本においてCISG選択の有利不利を特に議論したり，ノウハウが解説されたりし，解析されていくのはまだこれからだろう。一方，準拠法条項をドラフトする時点で，紛争発生時の争点を予測して実質法比較の議論をすることについて，企業はあまり効率的なこととは考えないだろう。準拠法条項のドラフトに際し，実質法比較を各社がどの程度行っているかについては検証の意義のある事柄だろう。

48　日本の大手国際法律事務所に所属する日本弁護士が同時に保有する外国弁護士資格としては，NY州弁護士資格が圧倒的に多い。

49　杉浦・前掲注 (16) 42頁（一部カギ括弧を追記）。

50　同上。弁護士が慣れ親しんだ自国法を，CISGよりも推奨するのは，ある意味当然であるが，自国法と比較してCISGが全く候補にならないかというとそうではなく，国際取引に適した側面を備えた良い候補であると言えるはずである。Schwenzer, I. and Hachem, P., (2010) Article 6, para 11, Commentary on the UN Convention on the International Sale of Goods (CISG) (3rd ed.), ed. by Schwenzer, I., New York, Oxford University Press, p.107 および Bortolotti, op.cit., p.235 がCISGの良さを説く。

第2節　米国企業との売買契約における準拠法条項を用いた
　　　事物管轄権戦術の可能性

1　はじめに

　本節では，国際企業法務における「売買契約をめぐる米国訴訟対策」として，米国連邦裁判所の事物管轄権（subject matter jurisdiction）への対応の話をしようと考える。それには，「国際物品売買契約に関する国際連合条約」（CISG）を利用する。CISGを扱うと述べたのであるが，CISGの研究者や抵触法の研究者にとってはあまり学術的価値が見いだせないかもしれない。その一方，国際企業の法務スタッフにとって知っておくべきセオリーを提示することになればよいと思う。本節が扱う事項は売買契約をめぐる米国民事訴訟であり，日本企業（米国から見て外国企業）の立場に立って，少し工夫をして，その事前対応（装置）を契約中に施しておこうと提言する。

　米国は訴訟社会であり，民事訴訟の数は多いし，賠償金額の相場も日本に比し相当に高い。日本の国際企業を含め，米国における外国企業にとって，米国訴訟は頭痛の種である。そのうえ地元企業に訴えられると地の利は原告にある。手続は法廷地法に沿うのが通例であるし，地方裁判所の陪審員や裁判官に対し，外国企業への反感や敵意を感じるのは一概に被害妄想だとも言い切れない。

　ここで前提となるのは，米国の司法制度において，州裁判所と連邦裁判所との二重構造が存在し，日本企業のような外国企業にとっては，連邦裁判所で戦う方が，州裁判所で戦うよりも，不利が少ないだろうという点である。

　ところが，（米国において民事訴訟案件が生じたとして）日本企業が連邦裁判所への係属を望んだとしても，連邦裁が事件を扱うためには事物管轄権が認められなければならない。事物管轄権には，州籍相違管轄権（diversity jurisdiction）と連邦問題管轄権（federal question jurisdiction）の2種がある。州籍相違についてはたまたま該当する場合もあろうが，例えば，米国地元企業原告が日本企業親会社と現地米国子会社とを共同被告として訴えることによっ

て，その米国子会社の州籍が原告のものと同じであれば，意図的に州籍相違管轄権を回避されてしまうことも考えられる。一方，契約法分野は州法の支配する法分野であるので，契約訴訟については，連邦法を根拠とすることを基礎とする連邦問題管轄権を主張できるとは思いもよらない。

本節が米国判例を参考に指摘しようとするのは，日本企業と米国企業との間の国際売買契約において「準拠法条項中『CISG からオプトアウト（進んで離脱）する意思を示す文言』[1]を挿入しないよう注意すること」で，当の契約事案を連邦問題管轄権の対象に入れてしまい，連邦裁の事物管轄権を生じさせ，州裁の管轄を回避しようという戦術の可能性である。つまり，CISG を，州裁を避ける「護符」として用いるという一手である。

CISG を利用するので「国際的な物品売買契約」の紛争のみを対象とすることになり[2]，活用範囲は狭いということになるが，本節の指摘内容を知っていて準拠法条項をドラフトするのと知らないでドラフトするのとでは，もしもの時に結果に大きな差が出る可能性があると思われる。

2　前提としての米国連邦裁判所の事物管轄権

(1)　州裁判所より連邦裁判所

本節において重要な前提となるのは，米国の司法制度において，州裁判所と連邦裁判所との二重構造が存在し，日本企業（米国各州民から見た外国企業）にとっては，連邦裁判所で戦う方が，州裁判所で戦うよりも不利が少ないだろうとの予測である。少なくともそのような共通認識が日本企業の法務スタッフや日本企業を代理する米国顧問弁護士の間に存在すると考えられる[3]。外国企業にとって連邦裁判所で戦う方が州裁判所で戦うよりも不利が少ないということの理由として指摘できそうな点としては，連邦裁判所は，控訴裁・最高裁と上訴すれば，当該州から関係が薄くなる（裁判官の地元民をえこひいきするモチベーションが低下する）ことが挙げられるし，合衆国連邦を代弁する連邦裁は州裁よりも，国際礼譲や当事者間の衡平について強く責任を感じるはずであろうということも挙げられるだろう。また，連邦裁は国際案件というものやそれらに適用される条約や連邦法に習熟しているという点も挙げられよう。

⑵ 連邦裁判所が事件を扱うための 「事物管轄権（subject matter jurisdiction）」

米国で民事訴訟案件が生じたとして，連邦裁判所が事件を扱うためには事物管轄権[4]が認められなければならない。州裁判所には一般に広く事件を扱う権限がある反面，連邦裁判所は扱うケースを限定されているわけである。事物管轄権の根拠としては，大雑把に，①州籍相違管轄権と②連邦問題管轄権の2種があり，そのいずれかの存在が認定されなければ，連邦裁は事件を取り扱えない。

① 州籍相違管轄権（diversity jurisdiction）

　州籍相違管轄権は，訴訟の原告と被告の州籍が相違している場合であって，かつ訴額が75,000ドルを超える場合に認定される[5]。「州籍相違は『完全なる州籍相違』でなければならない」とされ，「完全なる州籍相違とは，原告と被告の間で，同じ州の者が一組もいてはならないということである」とされている[6]。そうすると，後掲の米国判例において確認して頂きたいが，州籍相違管轄権は，原告が誰を訴えるかによって回避されてしまう可能性もはらむ。例えば，米国地元企業原告が日本企業親会社と現地米国子会社とを共同被告として訴えることによって，その米国子会社の州籍が原告のものと同じであれば，意図的に管轄権を回避されてしまうことも考えられる[7]。

② 連邦問題管轄権（federal question jurisdiction）

　連邦問題管轄権が認定されるのは，請求が連邦法に由来することを訴訟の根拠とする場合である。州から連邦が権限を授けられて連邦法のみが規律する知的財産権法のような分野もあれば，連邦法も州法も規律する独占禁止法（競争法）のような分野も存在する。連邦法，例えば1964年公民権法タイトルセブンや独禁法分野のシャーマン法やクレイトン法に基づく民事訴訟は，連邦裁判所に提訴できる事柄ということになる。そして，逆に，会社法や契約法の分野は，基本的に州法だけが支配する法分野であるとされている[8]。

⑶ 契約訴訟と連邦問題管轄権

会社法や契約法の分野は，基本的に州法だけが支配する法分野であると上述

した。例えば，物品売買については，モデル法である米国統一商事法典（Uniform Commercial Code：UCC）の第2編（Article 2）を各州の州議会が採択し（場合によってはモデル法にマイナーチェンジを加えて）それを州法化することによって，各州の物品売買に関する制定法となっている。この点は，日本企業の国際法務セクションも良く知るところであるので，一般に物品売買契約訴訟などについては，連邦問題管轄権を主張できないという思い込みが働くことになる。しかし，本節では，契約訴訟において事物管轄権を主張できる「裏ワザ」を提案しようというのである。日本企業と米国企業との間の国際売買契約においては連邦問題管轄権を主張する方法が存在する。それはずばり，条約であるCISGを根拠法規とすることである。そのためには，準拠法条項中「CISGからオプトアウトする意思を示す文言」を挿入しないよう注意する必要がある。CISG自体がその第6条においてCISGの適用を排除（opt-out）することを許しており，そのように排除する準拠法条項を有する契約実例は多く見られるのであるが，オプトアウトしなければ，当の契約事案を支配するのはCISGということになる[9]。条約のCISGは連邦法の扱いであり，したがって当該契約案件は連邦問題管轄権の対象となる。そこで連邦裁判所の事物管轄権が生まれるから，州裁判所の管轄を回避できるという戦術を実現できる。つまり，CISGは，州裁を避ける「護符」として使用できるわけである。ただ，CISGは国際物品売買契約しか扱えないので，利用できる対象は売買契約のみであり，活用範囲はひどく狭い。しかし，使えるケースはあるだろう。準拠法条項のドラフティングにあたって，以上を知っているのと知らないのとでは結果に大きな差が出るかもしれない[10]。以上の提言を，2021年から2022年にかけて下された比較的新しい3つの米国判決を紹介して確かめてみることにしよう。

3　CISG適用の契約事案に事物管轄権を認めた米国判例　Case 1

Dongguan Jianqun Co. v. Consol. Shoe Co.事件ヴァージニア（VA）州西部地区連邦地裁判決[11]

(1)　事件概要[12]

本事件は婦人靴の販売をめぐる争いである。原告は，中華人民共和国（中国）

法を設立準拠法とし，中国広東省に主たる営業所を有するDongguan Jianqun Shoes社（以下「Dongguan社」または「原告」という）である。同社は，小売販売用の靴を製造し，米国他海外市場に製品を供給していた。被告のうち，Consolidated Shoe Company, Inc.社（以下「Consol.社」という）は，VA州法に基づいて設立・登録され，同州リンチバーグに主たる営業所を有する。同社は，多数の子会社を保有・管理していたとされる。被告のうち，Consolidated Shoe Company, Ltd., Hong Kong社（以下「Consol. HK社」という）は，Consol.社の子会社であって，中国法に基づいて設立され香港に主たる営業所を有する会社である。また，被告のうち，Trade Winds Importing, LLC社（以下「TWI社」という）も，Consol.社の子会社であり，VA州で事業を営むために同州で設立され，同州リンチバーグに主たる営業所を有する会社である。また，被告のうち，New Century Footwear Products, Co., Limited社（以下「NCFL社」という）も，Consol.社の子会社であって，中国法に基づいて設立され広東省に主たる営業所を有する会社である。Consol. HK社もTWI社もNCFL社も，親会社のConsol.社がその活動を管理しているとされる（以下被告4社を集合的に「被告ら」という）。

原告は，被告らより2020年9月から2021年5月までの間に，76件の個別の購入注文を承諾したうえ契約を履行したが，原告の主張によれば，被告らはその支払いを行わず，契約の履行を怠ったとされる。なお，発注元としては，TWI社の名が各注文書において確認される。

原告が契約違反を理由に提訴したところ，被告らが，VA州西部地区連邦地裁の裁判管轄権を争って，連邦民事訴訟規則第12条(b)(1)に基づく訴え却下の申立を行った。

(2) 争点：　VA州西部地区連邦地裁の裁判管轄権の有無

VA州西部地区連邦地裁の裁判管轄権について，事物管轄権の有無が争われた。連邦裁判所が裁判管轄権を持つためには，事物管轄権が無ければならず，事物管轄権としては，州籍相違管轄権や連邦問題管轄権という，連邦法が定める根拠が必要であるところ，本事件では，①州籍相違管轄権と②連邦問題管轄権のいずれもが争点となった。

⑶ **判旨A： 州籍相違管轄権は認められない**

裁判所は「州籍相違管轄権は認められない」と判示した。その判旨は次の通りである[13]。

係争が利息と費用を除いて7万5千ドルを超え，異なる州の州民間の係争である民事訴訟について，連邦裁判所は州籍相違管轄権として事物管轄権を有する。裁判所が州籍相違管轄権を有するためには，当事者間に完全な州籍相違が無ければならない。すなわち，原告それぞれの州籍が被告それぞれの州籍と相違しなければならない。法人は，設立州（国）の州民であると同時に，主たる営業所所在地州（国）の州民である[14]。

原告Dongguan社は，その設立地・主たる営業所所在地によれば，中国の国民である。

被告NCFL社は，米国に主たる営業所を有する被告Consol.社の子会社であってConsol.社によってのみ管理されているけれども，NCFL社の設立地・主たる営業所所在地によれば，同社は中国の国民である。

「NCFL社が別の被告の分身にすぎないため当該被告の州籍がNCFL社の州籍である」という主張は認められない。当巡回区の判例によれば，子会社についてその主たる営業所所在地を無視して，親会社の主たる営業所所在地に帰属させることによって，州籍相違管轄権（事物管轄権）を創り出すために，分身理論（alter ego doctrine）を用いることはできない。

原告は，被告の一人と州籍を共にするので，本件は完全な州籍相違を欠く。州籍相違管轄権の要件を充足しないため，州籍相違管轄権は存在しない。

⑷ **判旨B： 連邦問題管轄権は認められる**

裁判所は「連邦問題管轄権は認められる」と判示した。その判旨は次の通りである[15]。

合衆国の憲法，連邦法または条約に基づいて生じた民事訴訟すべてについて，連邦地方裁判所は管轄権を有する。連邦法が訴因をもたらす場合の民事訴訟はその典型である。連邦問題管轄権の問題は訴状自体の主張に基づいて解決されるべきである。連邦法の解釈適用を含む事案であることを訴答において主張するだけでは，連邦地裁に管轄権を認めることにはならない。

原告は，CISGが被告らが違反したとされる諸契約を支配するということを根拠に，連邦問題管轄権を主張する。米国も中国もCISGの締約国であって，そのためどちらの国の事業体も国民もCISGの条文に服するというのが原告の主張である。

当巡回区（第4巡回区）の判例によれば，事件がCISGに基づいて生じたと一方当事者が主張するだけでは十分ではなく，連邦問題管轄権の主張を裏付ける十分な事実上の根拠が提示されなければならない。

CISGは，2つの国が同条約の締約国であり，契約の両当事者の営業所が当該2国にある場合に，準拠法条項が契約中に無ければ，物品売買契約を支配する[16]。CISGを解釈する際に裁判所は，CISGの文言と条約の基礎をなす一般原則に留意しなければならず，条約の国際的性質並びに適用における統一及び国際取引における信義遵守の促進の必要性を考慮しなければならない[17]。

CISGの条文は，条約の適用を買主・売主間の請求に限定しており，したがって，CISGによって裁判管轄権がもたらされるかどうかの判断は買主・売主間の契約の問題に限定される。両当事者が異なる締約国に所在しており，当該契約がCISGの適用範囲から明示的にオプトアウトしていない場合に，CISGは当該契約に適用される。

本件で原告は，CISGが契約違反の訴えを支配すると主張する。それは，被告らが出し，原告が承諾した76の別々の購入注文書に根拠を置く契約を内容とするものである。訴状は，各注文書が，注文元としてTWI社を特定していると述べる。被告TWI社はVA州で営業をするべく登記された州内のLLC（有限責任会社）であり，その主たる営業所も登録代理人もVA州リンチバーグに所在する。TWI社は，CISG締約国の米国に所在する本件契約の一方当事者であるように伺える[18]。本件契約が明示的にCISGの射程から離脱（opt out）したとの主張はない[19]。原告営業所はCISGの別の締約国である中国にある。

被告らの主張によると，TWI社の名が注文書中に見られるが，注文書はTWI社によってNCFL社に送付されており，原告と契約して注文を履行していたのはNCFL社であるということである。また，被告らの主張によれば，詳細な調査の結果は，NCFL社だけが契約約定上の義務を負っており，そのことが契約上の両当事者（NCFL社と原告と）を同一国の国民としているという。

被告らの主張によると，CISGの趣旨は，条約締約国間の物品の契約を支配するメカニズムと手続を提示することであって，同一国の国民間の契約を支配するメカニズムと手続を提示することではないから，違反が問われている約定の両当事者が同一国の国民である場合CISGは適用されないという。

　ところが，裁判所としてはその主張を認めることはできない。つまり，注文書は，被告TWI社と原告との間の申込みと承諾を示していて，両社が，問題の契約の当事者であることを裏付けているのであるところ，この両社の主たる営業所は異なる国に所在し，かつ，これらの国がいずれもCISG締約国であるわけである。したがって，本件の注文書は，この条約がこの両当事者の間の物品売買契約を支配するということを示している。注文書は言及されることによって訴状に組み入れられている[20]。裁判所は時に，訴え却下の申立（motion to dismiss）を，サマリージャッジメントを求める申立（one for summary judgment）に変更せずとも，訴状を超越して文書を検討することが可能である[21]。例えば，申立人が提出した文書であるものの，訴状に添付されもせず，訴状に明示的に組み入れられもしなかった文書については，当該文書が訴状に不可欠（integral）であり，かつ当該文書の信憑性について争いが無い限りは，時に裁判所がそれを検討してもかまわない[22]。「不可欠（integral）」な文書とは，それが含む単なる情報によるのではなくて，まさにその存在そのものによって，主張される法的権利を生み出すものである[23]。被告らはこの文書の信憑性に異議を唱えておらず，そして，申込みと承諾を示すことによって，その存在が主張されている法的権利を生み出しているわけであるから該当する。

　訴状は，問題の購入注文書に関連するNCFL社の約定を内容ともしている一方，そのことは，被告TWI社と原告とが当該契約の当事者ではないということを，自動的に意味するわけではない。したがって，訴状において主張された諸事実に基づけば，CISGが支配するようであり，ゆえに，被告TWI社と原告とに関して連邦問題管轄権が存在する。

　以上が判旨である。結論として，裁判所は，訴状において主張されている諸事実に基づいて，本件に対する連邦問題管轄権は存在するものと判定し，被告側の訴え却下の申立を認めなかった。

4　CISG適用の契約事案に事物管轄権を認めた米国判例　Case 2

Hefei Ziking Steel Pipe Co. v. Meever & Meever 事件テキサス (TX) 州南部地区連邦地裁判決[24]

(1)　事件概要

　原告は売主で，中国に本社を有する鋼管メーカーの「Ziking 社 (Z社)」である。問題の商品は鉄柱であった。被告は買主で，米国で卸事業を行う「MeeverUSA 社 (M-USA 社)」及びオランダ本社の「Meever & Meever 社 (M & M)」(両社をM側と総称) と，商品の供給先たるTX州の建設会社「Russell Marine 社 (R-M 社)」の3社である。

　2018年9月，買主は，売主から特注の鉄柱を182万ドル余で購入することとし，合意のうえ売買契約を締結した。買主はこの鉄柱をR-M社に販売する予定であった。本件契約上の支払は，信用状により担保され，M & M 社が信用状の発行依頼人であった。信用状には，書類のディスクレ1件当たり50ユーロが減額される旨の記載があった。契約上，引渡条件は「CIFヒューストン港」で，売主は適時に鉄柱を船積みしている。買主は，船積前に鉄柱を検査し，対象品が適合品であることを認証する証明と「輸送船受入証明」とを発行した。だが，その後，M側の財政問題から代金支払いの不履行が起こることになる。

　船積後，売主は船積書類を取引銀行に提出し，船積書類は期限内に発行銀行に回付された。ところが，発行銀行は，様々なディスクレを理由に船積書類の受入れを拒絶すると告げ，支払いを行わなかった。買主は電子メールで売主に，船積書類を受け入れないし物品引渡しの受領もできないと伝えた。それらの経緯を経て事態を打開するために，売主・買主は，TX州のR-M社まで出向き合同会議を持ち，R-M社が売主から商品を直接購入する可能性を探った。しかし，直売協定締結には至らなかった。

　仕向港に物品が到着した直後，売主は，支払を買主に求めたが，同社は拒絶し，R-M社も同様であった。そこで売主は，TX州内の見本市で鉄柱を販売しようとしたが買い手を確保できなかった。結局，売主は，仕向港に物品を下ろせずに，メキシコの港に船荷を向かわせざるを得ずその費用として約13万ド

66 第1章 準拠法条項と CISG

ル，さらに中国に送り返す費用として33万ドル，中国国内における輸送費用
として7万5千ドルの負担が発生した。そこで売主は，買主が契約違反を犯し
たと主張し損害賠償請求訴訟を提起した。

(2) 争点[25]： TX州南部地区連邦地裁の管轄権の有無と準拠法

TX州南部地区連邦地裁の事物管轄権の有無が争われたのであるが，この
ケースでも，①州籍相違管轄権が認められるかどうかと②連邦問題管轄権は認
められるかどうかの両方が争われた。そして前提問題として本件はCISGに基
づく請求かどうかが争われた。

(3) 判旨

州籍相違管轄権の有無について，裁判所は，本件の当事者の州籍は，Z社が
中国，M＆M社がオランダ，M-USA社がNY州，R-M社がTX州というよう
に相違し，かつ訴額が75,000ドルを超えるため，州籍相違管轄権が認められ
ると判断した。さらに連邦問題管轄権についても，中国，米国，オランダが
CISG締約国であり，このため連邦問題管轄権が認められると判断した。その
前提として，当事者によってCISGの適用が排除されない限りCISGが連邦法
として本件紛争を支配すると基準を示した。そのうえで裁判所は，本ケースに
おいて，Z社及びM側が本件契約紛争の準拠法として別の法を選択したという
証拠は無いと認定し，CISGが本件請求に適用されることを確認した。

結局，裁判所は，州籍相違管轄権と連邦問題管轄権の両方とも認定し，連邦
裁の事物管轄権を認定している。そのうえで，M-USA社に，契約違反を理由
として，弁護士費用・利息を含めZ社への損害賠償金支払いを命じた。Z社の
M-USA社に対する他の請求及びR-M社に対する請求は棄却されている。

5 CISG適用の契約事案に事物管轄権を認めた米国判例 Case 3

Coorstek Korea Ltd. v. Loomis Prods. Co.事件ペンシルバニア (PA) 州東部
地区連邦地裁判決[26]

(1) 事件概要

原告は，買主の韓国CoorsTek Korea社（以下「CoorsTek社」）であり，被告は，売主の米国Loomis Products社（以下「Loomis社」）である。

CoorsTek社は，自社のセラミック部品の製造に用いるため，Loomis社から静水圧プレス成形装置を購入することにした。両社は，電子メールで「成形装置売買をしばる契約条件（the commercial terms and conditions）」を交渉した。その後で，売主Loomis社は，CoorsTek社に本件プレス成形装置のための書面の見積もりを発行した。

買主CoorsTek社は，同社の修正済2018年5月28日付購入注文書PO17734とLoomis社の上記見積とを添付することによって，プレス成形装置の購入注文を電子メールで確認した。CoorsTek社の購入注文は，同社の標準契約条件（CoorTek's terms and conditions）に言及することで，それを購入契約条件に組み込んでいた。CoorsTek社はLoomis社に対し，2018年5月28日に成形装置購入の最初の手付金支払を行った。

Loomis社はプレス成形装置を製造し2019年11月に引き渡した。ところが当該装置は，部品やシステムの欠陥のせいで度々シャットダウンを起こし平均毎月2回の装置不良を起こしたとされる。CoorsTek社は，購入品が思い通り動かないとして，CISGに基づく契約違反（breach of contract）及び商品性の黙示的保証違反（breach of the implied warranty of merchantability）を理由に，損害の賠償を求めた。

これに対し，Loomis社は，CoorsTek社の訴えについて，却下の申立を行なった[27]。

(2) 争点[28]

Loomis社の申立の成否の前提として，PA州西部地区連邦地裁の事物管轄権の有無が争点となった。連邦問題管轄権が存在するかどうかである。

CoorsTek社は，同社の請求がCISGに基づくと主張して，裁判所の連邦問題事物管轄権の存在を主張し，予備的に，28 U.S.C. §1332に基づく州籍相違管轄権が連邦裁判所に認められるとも主張した。

68　第1章　準拠法条項と CISG

(3) 判旨

　結論として，CoorsTek 社の契約上の請求は連邦問題管轄権の射程内に在り，裁判所には事物管轄権が認められると判示された。

　CoorsTek 社は，証拠開示手続を条件として，詳細な事実と法理論を展開しており，事実上の争点が在るため，現時点で Loomis 社の訴え却下の申立やより明確な陳述を求める申立は認められないとされ，裁判所は被告に，答弁書を提出するよう命じた。

　被告 Loomis 社は連邦問題管轄権について争っていないと認定し，むしろ裁判所が州籍相違管轄権を有しているとも，裁判所には「連邦問題管轄権が条約に基づいて発現するかどうかについて判断する必要が無い」とも主張していると認定した[29]。

　そのうえで裁判所は自ら，CoorsTeks 社の訴状に沿って，連邦問題管轄権を有することを認定した。つまり，28 U.S.C. §1331 に基づいて，裁判所が，合衆国の憲法，諸法や条約から生じるあらゆる民事訴訟について本来的な管轄権を有する点を確認し，また，原告の不足無い訴状が，「①連邦法が訴因を作り出すか，あるいは②救済を求める原告の権利が必然的に連邦法の実体問題の解決次第であるかという2点のうちいずれか」を示していなければならないと基準を示した。裁判所は本ケースについて，原告 CoorsTek 社は，契約と CISG に基づく請求と予備的に1つの州法上の請求を提起していると指摘し，CISG が連邦裁判所における特定の訴因を提供すると述べる。そのうえで，CISG が本件に適用可能かを検証した。つまり，Loomis 社が本社を置く米国も CoorsTek 社が本社を置く韓国も CISG の締約国であると認定し，Loomis 社は本件に CISG が適用されないという主張しておらず，両当事者は CISG を適用し検討をしていることを認定した。CoorsTek 社の請求が CISG に基づいて生じているために，連邦裁判所が本件訴訟について連邦問題管轄権を有すると認定した。

6　考察：国際契約法務への米国判例からの示唆

(1) 州籍相違管轄権成立の障害

　3（Case 1）で紹介した Dongguan Jianqun Co. 事件（VA 州連邦地裁）では，

事物管轄権をめぐって，州籍相違管轄権も連邦問題管轄権も争われたが，前者については，原告と，被告のうちの一当事者がともに中国に所在するとして，州籍相違管轄権が否定された。この際，州籍の判断については形式的な外見を優先し，分身理論を用いて外形的な州籍のベールをはがすのは許されないという判断をして，州籍相違管轄権の成立に厳しい態度が示された。したがって，被告側は，原告と同一州籍の企業を案件に噛ませることで故意に州籍相違管轄権を回避することも可能であろう。

(2) 連邦問題管轄権成立の容易さ

連邦問題管轄権について3のDongguan Jianqun Co.事件判決は，連邦法が訴因をもたらせば管轄権が発生するという単純な構成を示し，条約条文に沿って契約当事者の営業所所在地だけを問題として，2つの加盟国（この事件では中国と米国）に跨る国際売買案件として，簡単に連邦問題管轄権を認定した。

Dongguan事件判決は，連邦問題管轄権の問題は訴状自体の主張に基づき判断されるべきであると条件を付ける（訴答で主張するだけでは足りないと言う）が，大したハードルではなさそうである。

4（Case 2）のHefei Ziking Steel Pipe Co.事件（TX州連邦地裁）でも，事物管轄権をめぐって，州籍相違管轄権も連邦問題管轄権も争われたが，こちらでは両方とも認定されている。連邦問題管轄権に関して，Ziking 判決は，CISGの適用が排除されない限りCISGは連邦法として本件紛争を支配すると述べ，Ziking社及びM側が本件契約紛争の準拠法として別の法を選択したという証拠は無いのでCISGが本件請求に適用されると実にシンプルな基準である。

5（Case 3）のCoorstek Korea Ltd.事件（PA州連邦地裁）でも，事物管轄権をめぐって，連邦問題管轄権と予備的に州籍相違管轄権も争われた。不思議なことに，被告側は，連邦地裁が州籍相違管轄権を有していることを認め，連邦問題管轄権に関する判断が不要であると主張したのだが，それでも，連邦地裁は，連邦問題管轄権について判断した。国際礼譲の観点から，判断しておかねばならないということなのかもしれないが，連邦問題管轄権の問題を扱わずとも，州籍相違管轄権の問題で事を済ませられるにもかかわらず，連邦問題管轄権を認定したということは，州籍相違管轄権よりも連邦問題管轄権の方を重視

しているように見える。

Coorstek判決は，28 U.S.C.§1331に基づいて，「当裁判所は，合衆国の憲法，諸法や条約から生じるあらゆる民事訴訟について本来的な管轄権を有する」と述べ，訴状が示すべき点として「①連邦法が訴因を作り出すか，あるいは②救済を求める原告の権利が必然的に連邦法の実体問題の解決次第であるかという2点のうちいずれか」を挙げた。そのうえで同判決は，原告が契約とCISGに基づく請求を示しており，CISGは連邦裁判所における特定の訴因を提供するものであり，Loomis社本社所在地米国とCoorsTek社本社所在地韓国とがCISG締約国であると認めて，原告の請求がCISGに基づいて生じているので，裁判所は連邦問題管轄権を有すると判示している。ここに高いハードルは見られない。

(3) CISGを訴因にするために[30]

Dongguan Jianqun Co.事件判決は，CISGは，2つの国が同条約の締約国であり，契約の両当事者の営業所が当該2国にある場合に，準拠法条項が契約中に無ければ，物品売買契約を支配すると判示する。

Dongguan判決は「準拠法条項がなければ」CISGが契約を支配するというが，それに異論はない。しかし，これは，準拠法条項があればCISGが適用されないという趣旨ではなかろう。つまり，準拠法条項において，①意図的にCISGの適用を明言する場合だけでなく，②CISGからのオプトアウトに触れない場合も，準拠法条項が無い場合と同様に，CISGの適用を導くはずである。判決は，当該契約がCISGの適用範囲から明示的にオプトアウトしていない場合に，CISGは当該契約に適用されるとも述べている。

さらに，Dongguan判決は，注文書の外形，つまり，注文書上の注文主と注文先それぞれの営業所所在地にしか関心を払わない。被告らは，実質上の注文主は中国会社であり，契約の両当事者（被告のうちの一社と原告と）は同一国国民であるから，契約は国際契約ではなく，国際契約を規律するCISGの趣旨に合わないのでCISGは適用されないはずだと主張した。それに対し，Dongguan判決は，注文書は，被告TWI社と原告との間の申込みと承諾を示し，両社が，問題の契約の当事者だと裏付けると述べ，その外見で十分だと考

えている。他の当事者の約款が引用によって組み込まれていたとしてもそれを顧慮しない。

Hefei Ziking 判決も，「CISGの適用が排除されない限り，CISGは連邦法として本件紛争を支配する」と述べ，当事者が「契約紛争の準拠法として別の法を選択」したことについて証拠の不存在を確認したうえで，連邦問題管轄権を認めている。

Coorstek判決は，CISG不適用の可能性に関し「被告Loomis社は本件にCISGが適用されないという主張しておらず，両当事者はCISGを適用し検討をしている」旨を認め両当事者に排除意思の無いことを確認している。

要するに，重要なのは，注文とその承諾の外見がCISG発動の条件内であることと，CISG第6条のオプトアウトを宣言しないことである。準拠法条項は無くてもよい。

7 まとめ

(1) CISG適用を導けば連邦裁の事物管轄権が発生する

CISGは条約であるので，連邦民事訴訟規則上の連邦法に該当し，CISGに基づく契約紛争には連邦問題管轄権が発生する。米国諸判例は，連邦民事訴訟規則上のルールを文言に照らし単純に適用しているだけのように見える。特例と言うような珍しい措置ではない。

(2) 日本企業の国際契約法務の認識

危惧する問題は，日本企業の国際契約法務セクションが以上を認識しているかという点である。もし認識していない日本の国際企業があるのであれば，当該企業に対して次の点をインプットしておきたい。

（米国企業を相手方とする）国際物品売買契約案件について，州裁ではなく連邦裁で訴訟を追行したいと思うならば，CISGが契約を支配するように，契約に含まれる準拠法条項に配慮すべきである。つまり，CISGが契約を支配するようにするためには，

①　準拠法条項においてCISGを適用する意思を明示する文言を挿入する[31]，

②　準拠法条項においてCISG加盟国法を準拠法選択すると共に，CISG排除

72　第1章　準拠法条項とCISG

の意思を示す文言は挿入しない，又は

③　準拠法条項自体を契約に挿入しない，

のいずれかの方策が妥当であろう。

　以上は，準拠法条項への配慮をもって米国において裁判所の管轄権を左右する術策であると言えなくもない。

8　おわりに

　本節では，「CISGの適用を排除しないでおけば，国際物品売買契約訴訟事件に連邦問題管轄権を発生させて連邦裁判所に係属させることができる」という点を，最近の米国連邦裁判所の判例を検証することによって指摘した。これはCISG研究者や米国抵触法研究者にとっては，立ち止まって気にするような学術的争点ではないかもしれないが，国際契約法務においては覚えておくべき重要な定石と言えるかもしれない。日本その他外国企業にとっては，米国において，連邦裁判所で訴訟を追行するのと，州裁判所で追行するのとでは，結果に大きな差が出かねない。

　本節で，参考にした米国連邦裁判所の諸判決はかなり新しい判決であり，同様の判決も他に認められることから[32]，CISGの適用があれば連邦裁判所の事物管轄権が認められるというのは定着したルールであると言えそうである。

注

1　CISG第6条が想定するオプトアウトであるが，例えば，準拠法条項として次のような例が挙げられる："This Contract shall be governed by and construed in accordance with the laws of Japan, excluding the United Nations Convention on Contracts for the International Sale of Goods". 住友商事株式会社法務部・三井物産株式会社法務部・三菱商事株式会社法務部編『新・国際売買契約ハンドブック［第2版］』有斐閣，2021年，288頁。ここで「『CISGからオプトアウトする』意思を示すくだり」とは，下線強調部（筆者付す）である。

2　単純な売買のほか，CISG自身の「売買」の定義の結果，生産委託契約をめぐる紛争も対象となる。CISG第3条第1項。

3　「外国企業にとって連邦裁判所で戦う方が州裁判所で戦うよりも不利が少ない」ということを正面から証拠立てようとする文献はあまり見かけない。それでもそれは正しいであろうと予測して，報告を進める。経験上，日系企業が米国の国際法律事務所を顧問としている際に，米国で訴訟が持ち上がったとして，当該顧問法律事務所は，訴訟の前哨戦でまず裁判所の管轄権を争い，州裁に係属することになった場合も根気強く，連邦裁に移送できないか手を尽くすことが多いように思われる。連邦裁は，州裁と比較して，外国企業に対し平等・公正であり，国際礼譲にも配慮をし，理不尽な判断をすることが少ないと信じられている。それが本当であるかについては検証が必要であろうが，

第2節　米国企業との売買契約における準拠法条項を用いた事物管轄権戦術の可能性　73

文献が見つけにくいのは，それを大きな声で論じたりすると，逆に州裁判所の裁判官によく思われないのではないかと企業や米国弁護士が忖度しているせいかもしれない。文献をしいて挙げると，例えば，関連するものとして，長谷川俊明『改訂版　法律英語と紛争処理』第一法規，2019年，64頁に「アメリカの裁判制度は，州と連邦の二本立てになっている。いずれの裁判所に管轄合意をすることもできるが，州よりも連邦の裁判所だけの合意にしておくことを勧める。それは，州裁判所のもつ"ローカル性"が理由である。州裁判所の裁判官は，住民による選挙で選ばれる州が多い。また，アメリカでは，民事訴訟でも損害賠償請求訴訟などは原則として陪審審理 (jury trial) が行われる。陪審員は選挙人名簿などをもとに裁判所の所在する比較的狭いコミュニティから無差別的に選ばれるので，"ローカル性"は避けられない。陪審裁判のローカル性は連邦裁判所でも同様だが，裁判官も選挙民によって公選される州裁判所のほうが，地元民・地元企業に有利な裁判結果になりやすいといえる。さらに，連邦裁判所は，外国企業も公平に扱い，国際礼譲 (international comity) をより重んじる傾向がある」と示されている。

またNY州・TX州弁護士の内藤博久氏の運営するサイトhttps://www.jpnuslegalaidatwork.com/%E3%82%A2%E3%83%A1%E3%83%AA%E3%82%AB%E6%B3%95%E5%BE%8B%E5%8A%9B5 (2024年5月4日閲覧) において，「……ある訴訟を原告が州で提訴したとします。州の裁判所というのは，時に訴えを起こした原告に有利で被告には不利なケースとなることがあります。その場合，被告は，連邦裁判所がその訴訟を担当するためのSubject Matter Jurisdiction (事物管轄権) を有しているかを確認する必要があります。もし連邦裁判所にSubject Matter Jurisdiction (事物管轄権) があれば，被告は不利な州の裁判所からより中立な立場を取る連邦裁判所に，この訴訟を移管 (Removal) させることができる……」とある。

さらに，笹沼穣・大羽裕子「講演録　米国訴訟の実務～もしも日本企業が米国で訴えられたら？」『NIBEN Frontier』2023年5月号，2-13頁，6頁において「Removalは州裁判所で提訴された場合のみ該当する被告側の権利であり，訴訟を州裁判所から連邦裁判所に移送させる手続です。あくまで一般論ですが，日本企業にとって連邦裁判所の方が管轄として望ましいのではないかと考えられます。その理由は，州裁判所では日本企業に対する偏見が強すぎて公平な訴訟が期待できないという公平性，連邦裁判所の方が国際的な訴訟の取り扱いに慣れているという専門性，連邦裁判所の裁判官の方がより有能かつ勤勉という資質を持っているといった側面があります」と指摘されている。

4　事物管轄権について，ウイリアム・M・リッチマン/ウイリアム・L・レイノルズ (松岡博・吉川英一郎・高杉直・北坂尚洋訳)『アメリカ抵触法 (上巻) ―管轄権編―』レクシスネクシス・ジャパン，2008年，30-31頁 (吉川訳) 参照。

5　州籍相違管轄権が認められる理由については，(州裁判官が「地元民をえこひいきする」可能性について既述したが)「……州裁判所は，自州の州民の保護に傾き，他州の州民にとっては不利な裁判になるのではないかという懸念があるためである。そこで，州の利益とは距離をおく連邦裁判所のほうがより公平な裁判が期待できるとの理由から州籍相違事件には連邦裁判所の管轄権が認められているのである」と説明される。椎橋邦雄『アメリカ民事訴訟法の研究』，信山社，2019年，58頁。

6　同上。同書は，連邦最高裁の1806年の判決であるStrawbridge v. Curtiss, 7 U.S. 267, 2 L.Ed. 435を挙げる。

7　州籍相違管轄権を否定した後掲Dongguan Jianqun Co. v. Consol. Shoe Co., Dongguan事件判決 (2022 U.S. Dist. LEXIS 177449) を参照。

8　椎橋・前掲注 (5) 60頁。

9　CISG第6条のオプトアウト (to opt-out) に関連した，契約中の準拠法条項のドラフティングについて前節参照。

10　米国法曹界では，誰もが知る常識的なことかもしれないが，日本企業の国際法務ではそれほど認識されていないのではないかと危惧する。

74　第1章　準拠法条項とCISG

11　Dongguan Jianqun Co. v. Consol. Shoe Co., 2022 U.S. Dist. LEXIS 177449.

12　*Id.* at 2-5.

13　*Id.* at 6-8.

14　28 U.S.C. § 1332 (c)(1).

15　*Id.* at 8-14.

16　CISG第1条(1)(a)と Delchi Carrier SpA v. Rotorex Corp.事件第2巡回区連邦控訴裁判決(71 F.3d 1024, 1027 (2d. Cir. 1995))を引用する Schmitz-Werke Gmbh ＋ Co. v. Rockland Indus., Inc.事件第4巡回区連邦控訴裁判決(37 F. App'x 687, 691 (4th Cir. 2002))を引用。

17　Delchi Carrier SpA 事件第2巡回区連邦控訴裁判決(71 F.3d at 1027)とCISG7条(1)に言及。

18　判決中の註1には，州法に基づくLLCは会社(a corporation)ではないので，州籍相違を探究する場合の州籍はLLCを構成するメンバー全員の州籍が問題になるが，CISGを話題にするなら州籍相違管轄の議論は不要であって，当事者がCISG締約国に所在するかどうかこそが問題となるとあり，メンバーの州籍に関する議論は連邦問題管轄権には不要であるとの注記がなされている。

19　2外国がCISGの締約国である場合，契約中に矛盾する法選択条項が無い限り，当該2国に営業所を有する当事者間の物品売買契約はCISGが支配すると判示した，Viva VinoImport Corp.事件判決(2000 U.S. Dist. LEXIS 12347, 2000 WL 1224903)を引用。

20　Edwards v. Schwartz, 378 F. Supp. 3d 468, 500-01 (W.D. Va. 2019)を例示。

21　*Id.* Goldfarb v. Mayor & City Council of Baltimore, 791 F.3d 500, 508 (4th Cir. 2015)を引用。

22　*Id.* Goines v. Valley Cmty. Servs. Bd., 822 F.3d 159, 166 (4th Cir. 2016)を引用。

23　*Id.* Chesapeake Bay Found., Inc. v. Severstal Sparrows Point, LLC, 794 F. Supp. 2d 602, 611 (D. Md. 2011)を引用。

24　Hefei Ziking Steel Pipe Co. v. Meever & Meever, 2021 U.S. Dist. LEXIS 178406.

25　本事件についての争点はそのほか多岐にわたるが，ここでは本節主題に関連する範囲にとどめる。

26　Coorstek Korea Ltd. v. Loomis Prods. Co., 586 F. Supp. 3d 331；2022 U.S. Dist. LEXIS 28562.

27　ほかに，どの部品とシステムが不良であるか特定しないと防御を行えないと主張して，より明確な陳述を求める申立(motion for a more definite statement)を行なっている。

28　実体問題として，売買契約の成立と契約を支配する文書の特定などの争点が見られるが，ここでは本節の主題に関連する範囲にとどめる。

29　両当事者とも州籍相違管轄権が存在することは認めているようで，それならば連邦問題管轄権の有無の判断は無くてもよいのではないかとも思われるのだが，連邦裁判所は連邦問題管轄権の存在の認定を完遂しようとしている。

30　このタイトルは正確には，「CISG(に基づく請求)を訴因にするために」とすべきであろうが，CISGの適用を導くというところに焦点があるので，簡潔に「CISGを訴因にするために」とした。物品売買契約に関わる個別の民事訴訟において，訴状中，様々な訴訟原因(cause of action/count)が挙げられる可能性があるが，要するにそれらのどれかがCISGを根拠としていれば連邦裁に管轄権が生じるわけである。そのためには，逆に，将来裁判上の争いとなるかもしれない売買契約において(当事者の挙げる(裁判時の)訴因が何になることになろうと)，契約締結時点からCISGにつながっていなければならない。

31　言うは易しく実行は困難だろう。いわゆる「藪蛇」になって，相手方に真意を悟られ，挿入について頑強に抵抗されることが懸念される。

32　州籍相違管轄権を認めつつCISGが準拠法であることに基づいて連邦問題管轄権も認める TX州東部地区連邦地裁シャーマン支部の Zodiac Seats US, LLC v. Synergy Aero. Corp.事件判決(2020 U.S. Dist. LEXIS 61485，特に脚注6参照)，州裁判所が扱うべき立ち退きの事案にCISGに基づく連邦問題管轄権が主張されたもののジョージア州北部地区連邦地裁アトランタ支部によって事物管轄権の

存在が否定された Intown Consulting Group v. Anderson-Grayson 事件判決（2021 U.S. Dist. LEXIS 119323），判決前利息の準拠法が争点となったが，CISGに基づく連邦問題管轄権に言及するケースとして TX 州東部地区連邦地裁シャーマン支部の Shenzen Synergy Digit. Co., Ltd. v. Mingtel, Inc. 事件判決（2022 U.S. Dist. LEXIS 110689）など。

第2章

不可抗力条項：そのソフトロー性

第1節　不可抗力条項（Force Majeure Clause）のソフトロー性

1　はじめに

　本節は，不可抗力条項を扱い，国際商取引（ビジネス）のソフトローをテーマとする。「ソフトロー」という語は多義的であるとされるが[1]，本節で言う「ソフトロー」は，「『ビジネスロー』の範疇」[2]にあって「ハードローでないもの」であり，一方，「ハードロー」とは法的拘束力を有するものとして国家が制定・締結した国家法・条約を指すものとして定義する[3]。なお，念のため付言すると，本稿でいう「ビジネスロー」の範疇には，契約（書）自体を含めていない。ロー（法）というからには，当事者間の関係のみならず，社会を背景とするものでなければならず[4]，「ビジネスロー」というからには，ビジネス社会を背景とするものでなければならない。そのため「ビジネスロー」は，他者にも利用される普遍性・一般性のある規範として認識されるのが普通であるはずである。当事者間のみに固有・属人的な契約は（それには拘束力があり強制的な実行が可能である性質が備わっているとしても），「ロー（法）」から除外して考えたい。もちろん当事者2人だけの社会を規律するものと捉えて「ロー（法）」であると定義することは可能かもしれないが[5]，本節で言うロー「（ビジネスロー）」とは，そうではなく，商人の世界で拘束力のあるものとして，一般的に通用する規範を指している。

　本節は，契約書中での慣習的な使用によって，法的拘束力の存在とその持つ効果が固定したように見える一般条項（元々は当事者間のみに固有・属人的な契約の一部であって，そのため「ロー」ではなかったもの）を，ビジネス社会で一

第1節　不可抗力条項（Force Majeure Clause）のソフトロー性　　77

般に通用するソフトローとして意識できないものかという考えから出発している。

　我々が国際的な活動を行う際，基準となるルールは，「（狭義の）国際私法」[6]
のメカニズムを通じて指定された「準拠法」としての「いずれかの国家の法」で
ある場合が多い[7]。しかし，国際ビジネスに携わる人々はそのような国家法だ
けでは満足せず[8]，ビジネス世界の中の自治的ルールが好まれる場面も多い[9]。

　上記に関し，高桑昭『国際取引における私法の統一と国際私法』は，「渉外的
経済活動から生ずる法律問題はいかなる法規範によって解決すべきか」につい
て，国際私法を通じた法選択という方法と，「国際取引それ自体を規律の対象
とする法規範を定める」方法との2つを挙げるが[10]，国際取引に適用されるルー
ルということでは，この論考が，後者に比べ，前者に対して意外に冷淡である
ことに留意すべきである。つまり，「……いずれかの国の法を選択しても，各
国の法律は本来その国の国内的法律関係を規律の対象とするものであること，
渉外的法律関係と準拠法の属する国との関係には濃淡さまざまなものがあるこ
とから，このような方法は国際取引の規律の仕方としては必ずしも適当ではな
いとの批判がある。しかも，いずれかの国の国際私法の規定によって準拠法が
決定されることは，各国の国際私法の規定が必ずしも同じではないことによっ
て，当事者にとって適用されるべき法があらかじめ明らかでないことになる。
近代社会における商取引のように経済的合理性にもとづいて取引の行われる分
野においては，その取引に適用される法が明らかであることあるいは予測可能
であることが必要であり，そして，それは国または地域にかかわらず同一であ
ることが望ましい」と指摘し，前者に厳しい[11]。後者の方法の方が渉外的経済
活動（国際商取引）にとって望ましいとされるわけだが，一方，この論考は，
後者の方法（国際取引を規律の対象とする法規範を改めて作成するということ）
について，「これらを法規範としての性質からみると，各国の実体法の規定を
統一するための条約（統一法条約），各国で採用すべき標準的内容の規定を有
するモデル法（model law），一定の取引に関し，当事者がそれを用いる場合に
適用される規則（統一規則）・契約条件（標準契約条件。一般契約条件ともい
う），一定の取引で用いられる一般的な契約書式（標準契約書式）などに分ける
ことができよう」と分類している。即ち，統一法条約を別にすれば，これらは
ハードローでなく，ソフトローである。国際商取引において，ソフトローの意

義は大きいと言えよう。そして，本稿は，最後にリストされた「一般的な契約書式」の意味を拡大延長し，英文契約書一般で共通類似の一般条項を，契約書横断的に，ソフトローとして法規範視できるかどうかに関心を示すものである。

日本企業が国際的なビジネス取引をする際に締結する国際契約はたいていが英文である[12]。英文契約書の書式については，英米法の影響を受けたものが長らく，日系企業も含むビジネス界に広く流布していて，その流布する様式を借用する形で企業は契約書をドラフトする傾向がある[13]。その際，当事者が逐一交渉して内容を詰める取引本体部分(売買であれば，対象物品の種別や品質，価格，納期，保証内容など，共同開発契約であれば，開発対象，開発計画(マイルストーン)，成果の知的財産権とそのライセンシングなど)については，契約中におけるその描写が，個々の取引ごとに千差万別である。ところが，国際ビジネス社会で日々締結されるあまたの英文契約書を全体として眺めるならば，様々な契約類型に共通して設けられる一般条項と呼ばれる(ボイラープレート条項とも呼ばれる[14])一群の諸条項[15]を見ると，かなり定型的で，その趣旨内容はほぼ同一であると思われるものが見られる。当事者の属性・志向で変化するのが明らかな準拠法条項や紛争解決条項は例外視するとして[16]，他の一般条項，即ち，「不可抗力(Force Majeure)条項」，「完全合意(Entire Agreement)条項」，「分離(Severability/Separability)条項」，「権利不放棄(Waiver)条項」といった一般条項のことである。これら契約中に定例的・定型的に現れる一般条項は，多少の表現の違いがあっても，当事者を拘束する効果は同一ではないかと思われる。それならば，これらはもはやソフトローではないのかという考えが生じる。そこでまず「不可抗力(Force Majeure)条項」を採り上げて，本節で，そのソフトロー性について検討をしてみよう。

本節では，最初に不可抗力条項の意義を整理し理解する。次に，不可抗力条項の標準化が現状において見られるかどうかを，日本国内で市販の国際契約書ドラフティングに関する文献(解説書等)掲載の契約例を使って検証する。そのうえで，不可抗力条項が「ソフトロー」なのかどうかを検討してみたい。さらには，その結果について多少の補足を行うことにする。以上の検討を行うことは，国際商取引契約のドラフティングを日常的に行っている国際企業に対し，一般条項の性質を意識させ，その意義の再認識を促す効果があるだろう。

2 不可抗力条項の意義

一般に，「不可抗力（Force Majeure）条項」とは，「不可抗力により契約上の債務が履行されなかった場合における債務者の免責を規定した契約条項」[17]である。また，「債務者が，善意無過失であるにもかかわらず，債務者の力をもっていかんともしがたい事由，すなわち不可抗力による履行不能の場合の当事者の権利義務について定めておく」[18]条項であると定義づけられる。典型例は以下の通りである。

第1例[19]

Neither party hereto shall be liable to the other party for failure to perform its obligations hereunder due to the occurrence of <u>any event</u> beyond the reasonable control of such party and affecting its performance <u>including, without limitation</u>, governmental regulations or orders, outbreak of a state of emergency, acts of God, war, warlike conditions, hostilities, civil commotion, riots, epidemics, fire, strikes, lockouts or any other similar cause or causes (hereinafter referred to as "Force Majeure").

第2例[20]

Neither party shall be liable to the other party for failure or delay in performance of all or part of this Agreement, directly or indirectly, owing to Act of God, government restrictions, war, warlike conditions, fire, riot, strike, flood, accident <u>or any other causes of circumstances</u> beyond either party's control, but nothing herein shall relieve either party from its obligation to pay amounts due hereunder. Provided, however, that if such failure or delay exceeds six (6) months, then either of the parties hereto may negotiate with the other party as to the termination or modification of this Agreement.

国際英文契約書に関する解説書2冊（30年前の売買中心のものと十数年前の技術取引中心のもの）から不可抗力条項を2例抜粋し紹介したが，両者は，表現は微妙に異なるものの，本質は同じに見える。つまり，当事者の支配を超え

た不可抗力事由によって契約不履行が生じても，不履行当事者は他方当事者に対し責任を負わないものとしている。不可抗力事由として列挙されている事柄は完全には一致しないが，多くは一致する。しかも，不可抗力事象の列挙の仕方は共に例示列挙である[21]。

「不可抗力事由による不履行について不履行当事者が責任を負わないこと」をめぐってこの明文の不可抗力条項が契約書中に必要とされる理由は次のように説明される[22]。

① 世界には英米法と大陸法という2大法体系があり，履行不能について，英米法と大陸法では考え方が異なる[23]。

② （日本を含む）大陸法系諸国ではローマ法の原則を継受し，当事者の責に帰すべきでない後発的履行不能の場合には契約上の債務は消滅し，損害賠償請求の対象とならない。

③ 大陸法に対して英米法の原則によれば，後発的履行不能は当事者の責に帰すべきでないものの場合でも，契約の効力に関係無く，何の効果も及ぼさない。すなわち，当事者が契約によって自身に義務を課した場合には，その履行が不能となっても履行義務を免れない[24]。

④ 英米法においても，当事者に不当な結果を生じさせる場合例外として，債務者の責に帰すべきでない後発的不能が認められるようになった（Frustration）[25]。Frustrationが成立するためには，一定の要件を満足する必要があるが，裁判で都度それを争うのは大変であるので，予測可能性を担保するため，不可抗力条項を細則として約定して，将来の紛争に備えた[26]。

以上の説明からすると，国によって「不可抗力」の捉えられ方が異なる。不可抗力条項は，英米法系の契約法および国際商取引事情を背景とするものである。しかし，（契約書中の準拠法条項が，準拠法所属国として，英米法国を指そうが，大陸法国を指そうが，それにかかわらず）不可抗力条項はごく一般的に国際商取引契約書に規定されている[27]。英米法を背景とする当事者はもとより，たとえ大陸法を背景とする当事者であっても，無過失の立証を気にすることなく「一定の不可抗力事由の場合は免責であること」が約定されていることは，予測可能性・法的安定性と安心感をもたらし，ビジネスの効率と円滑に資

すると思われるので，このような条項が受け入れられるのであろう。例えば，大陸法国である我が国の国内取引用の契約書にすら不可抗力条項は見られる[28]。

「大陸法と英米法との融合」[29]である国際物品売買契約に関する国際連合条約（CISG）も不可抗力に対処する規定を用意している（第79条）[30]。そして，契約中に置かれた不可抗力条項は，それと同一の効果を持つものではないとされ「79条の免責の要件・効果を更に拡張するものである」と，特別の意義が与えられている[31]。

不可抗力条項の持つ意義を理解するに当たっては，当該条項が契約書中に無い場合を想定すると良いかもしれない。不可抗力事由によって不履行が発生すれば，大陸法（過失責任主義）が準拠法となる場合は，（過失の有無が問題となるものの，不可抗力事由の影響下であることを考えると）免責を主張しやすい。CISGが適用される場合も同様である。第79条に該当する事象であることを立証すればよい[32]。しかし，英米法が準拠法となる場合には，不可抗力条項が無ければ，免責を得るのが容易ではないということになろう[33]。

それでは，契約書に不可抗力条項が置かれていることを前提に話を進めよう。

3 不可抗力条項の多様性

⑴ 不可抗力条項のソフトロー性，その見込

英米法では，不可抗力事由が免責の理由として原則的に働かないとしても，契約の両当事者が契約中に不可抗力条項を置いた場合は，条項中に提示された不可抗力事由が免責の理由として働くと信じられている。大陸法下でも（過失責任主義であるのでもともと不可抗力事由による不履行は免責されるはずだが）不可抗力条項に照らせば，どのような事態にどのような効果が生じるかが一目瞭然ということになる。つまり，その不可抗力条項に世界のビジネスマンが期待する効果は，（例えば，天災のような）不可抗力事由が生じれば免責が認められるものとして，一様であるように見える。このことは，それが共通の社会規範であることを示しているのではないのだろうか。そして，世界のビジネスマンが不可抗力条項に寄せる信頼が，「社会的なルールとしての不可抗力

条項」に寄せるものであれば，ソフトローとして論じられてもよいのではないだろうか。

　そこで，不可抗力条項は，当事者間のみに固有・属人的な契約の一部に留まるのか，それともビジネス社会のソフトローと呼べるのか，この問題について考える。個々の契約の準拠法が大陸法系であるか英米法系であるかにかかわらず，大抵の英文契約書に，類似の不可抗力条項が置かれているという慣行がある。このような実務上の現実を評価するときに，それら不可抗力条項には規定の仕方に関わらず同一の意味が与えられていると考えられないか。社会的な一般性が存在するかどうかの確認が必要であるだろう。

(2)　企業実務に見られる不可抗力条項に対する考え方(事由の列挙について)

　検討を進めるにあたって，まず我が国の国際企業実務において，契約書をめぐって不可抗力条項をドラフトするには，「どのような事柄を不可抗力事由として挙げるかという考慮」こそが重要であると指摘する見解があることを紹介する。

　　契約中でどのような事由を不可抗力事由として規定するかは，非常に重要なことである。仮に契約に適用されるべき準拠法に不可抗力に関する一般原則があったとしても，ある特定の出来事が不可抗力にあたるかどうか，その適用の条件，範囲と効果は何か，といった問題は，事実と法の両方の解釈を必要とする問題である。英国法には不可抗力の原則がないので，不可抗力という語に定まった法的効果はない。したがって「本契約は不可抗力を条件とする」(「本契約には不可抗力原則の適用がある」ということを意味する表現)とか，「通常の不可抗力条項が適用されるものとする」とかいった規定の仕方では，期待した不可抗力免責の効果は期待できない。それどころか「不可抗力事由を条件とする」という不可抗力条項を含んだ契約についての判例で裁判所は，契約によって不可抗力が何を意味するかは千差万別であり，このように書くだけでは不明瞭さのため意味を確定できないので，契約は無効であるとした……。したがって不可抗力とは単に「天変地異」と書くのでなく，数々の事項を例示列挙しなければならない[34]。

上記の見解は，契約に適用される準拠法が非英米法の場合と英米法の場合と両方想定していて，いずれにも対応しうる不可抗力条項として，明瞭・具体的に数々の事項を例示列挙しなければならないと説いているように見受けられる。

本稿の関心は，既述の通り，契約書中での慣習的な使用が見られる不可抗力条項は，当事者間のみに固有・属人的な契約の一部に留まるのか，それともビジネス社会のソフトローと呼べるのかという点にある。個々の契約書の不可抗力条項が，全体的に見ると，社会的な規範であると言えることを期待しているわけである。そのためには，上記具体的例示列挙が均質・一様である必要がありそうである。

(3) 契約書諸例に見られる不可抗力条項の比較

企業実務で用いられる国際契約書の不可抗力条項は一般的にどのようになっているのか。一様なのか多様なのかを確認してみる。企業は一般に，自社が締結する契約書の内容を公にすることを望まないため[35]，実際の契約書現物を入手することはなかなか困難である。そこで容易に入手できる一般的な「国際契約のドラフティングに関する解説書」の類から不可抗力条項のみを抽出し，比較のうえ検証してみよう[36]。「当事者によって制御しえない不可抗力事由が発生したため契約上の債務が履行されなかった場合，当該債務当事者は免責される」旨を規定した条項部分のみを捉えて，不可抗力事由としてどのような事柄がリストされているか[37]，また，不可抗力事由のリストは限定列挙か例示列挙かを確認することにした。

確認にあたっては，不可抗力事由を，大分類（丸文字の①〜⑥）として，①天変地異[38]，②争乱・戦闘的行為，③公権力による規制，④労働紛争，⑤人災的事故，⑥インフラ障害（間接的なもの）の6タイプに分けた[39]。さらに具体的に例示されている不可抗力事由自体をアルファベットで分別している。また，列挙について例示であることを示す表現としては，A「以下の例を含むがこれに限らない」という趣旨を示す文言（A-1 "including but not limited to …" やA-2 "including, without limitation, …"）が見られるし，また，B「その他いかなる事由」という包括的な趣旨を示す文言（B-1 "or any other cause (s)"，B-2 "or any other similar cause (s)"，B-3 "by any occurrence whatsoever"

84 第2章 不可抗力条項：そのソフトロー性

やB-4 "or any other similar or dissimilar causes")が見られるので，その存在
を確認することとした。また，免責を受ける当事者が契約当事者「双方」であ
るかどうかも確認した。

　確認の結果を，別表第1として本節末尾に掲載しているので参照頂きたい。
確認対象となった条項の数は三十余である。結果として得られたことは，残念
ながら，不可抗力条項の実例は一様であるとは言えず，相当の多様性が見られ
たということである。

　例えば，不可抗力事由の例示の数が著しく少ない例として，以下が挙がる。
第3例

文　例(5) Neither party shall be liable for delay or nonperformance of its
obligations hereunder if it is due to an event of force majeure or any other
cause beyond the control of the party affected.（以下略）

文　例(6) If failure or delay in performance of any obligation under the
Agreement, except for obligations to make payments, is caused by acts of God
or without fault of either party, neither party shall be liable to the other for
any damages arising therefrom.

文　例(19) Neither party shall be responsible for any failure or delay in the
performance of any obligation imposed upon it hereunder (except for the
payment of monies due), nor shall such failure or delay be deemed to be a
breach of this Agreement if such failure or delay is due to circumstances of
any nature whatsoever which are not within its control and are not
preventable by reasonable diligence on its part.　（文例(25)もほぼ同文）

文　例(30) Neither party shall be liable to the other for delay or failure to
perform to the extent such delay or failure to perform is due to causes
beyond the reasonable control of the party affected.

　逆に，不可抗力事由の例示の数が著しく多い例として，以下の商社の輸出売

第1節 不可抗力条項（Force Majeure Clause）のソフトロー性　85

買取引契約書式が挙がる。なお，この文例では不可抗力による免責が売主にし
か許されていない。

第4例

文例（3）Seller shall not be liable for any delay in shipment or delivery, non-
delivery, or destruction or deterioration of any or all of the Goods, or for any
default in the performance of this Contract if and to the extent caused directly
or indirectly by acts of God such as flood, tidal wave, lightning, typhoon, storm,
earthquake, plague or other epidemics ; or by the public enemy such as war,
warlike conditions, insurrection, or revolution ; or by any occurrence
whatsoever not reasonably within Seller's control or otherwise unavoidable,
including but not limited to casualties such as fire, explosion, accidents, wreck,
blockades, civil commotion, strikes, lockouts or other labour disputes, riots,
boycotting of Japanese goods, bankruptcy or insolvency of the manufacturers
or suppliers of the Goods, shortage or control of energy supply or raw
materials, unavailability of transport facilities or loading or discharging
facilities, port congestion, and the restriction by laws, regulations, orders or
administrative guidance of governmental authorities such as quarantine,
embargoes, mobilization, requisition, prohibition of export refusal of issuing
export licenses or any other statutory, administrative or governmental
restriction, affecting Seller, its agents, any shipping agent, any carrier, any
supplier of the Goods to Seller, any manufacturer of the Goods or any supplier
to such manufacturer of the materials for Goods.

　その他の条項文例は，上記両者の中間に位置するが，不可抗力事由として列
挙する事柄は，別表第1に示した通り，条項文例によって全くまちまちである
ように思われる。

4　例示文言と「ソフトロー」概念

(1)　不可抗力条項の不挿入
　不可抗力条項は大部分の契約書，契約書ひな形に含まれている。しかし，す

86 第2章 不可抗力条項：そのソフトロー性

べての契約書に含まれているかというとそうではない[40]。また，不可抗力条項を挿入しない場合，それが存在するかのように，契約書を解釈するという運用があるわけではなさそうである。例えば，「不可抗力条項は，一般条項に必ず含まれるもので，ほとんどの英文契約書にはひな形条文として含まれています。しかし，この条項は売主や役務提供者に有利な条文なので，代金を支払って商品や役務を購入するだけの当事者には必要ありません。したがって，前者の場合には入れるべきですが，後者の場合には入れるべきではないことになります」と挿入しないと効果が無いことを前提として説明をする文献もある[41]。

　不可抗力条項が無ければ，不可抗力事由によって契約不履行が発生した場合の責任の取扱いは，ハードローである準拠法に委ねられ，それは既述の通り，英米法系の国の法を準拠法とするか，大陸法系の国の法を準拠法とするかによって，大いに異なることになろう。

　したがって，当事者が不可抗力条項を契約書に置いた場合のみを捉えて，不可抗力条項がソフトローであるかどうかを論じざるを得ない。

(2) 不可抗力条項の例示文言と「ソフトロー」性

　先に契約中の不可抗力条項の例を確認した。個々の不可抗力条項例に示された不可抗力事由は非常に多様であった。だから，契約書中での慣習的な使用が見られるといえども，不可抗力条項は，当事者間のみに固有・属人的な契約の一部に留まりそうであって，ビジネス社会のソフトローとは呼べそうもないように見える。しかし，もう1点，確認しなければならないことがある。例示文言の効果である。個々の不可抗力条項例を見て分かるように，不可抗力条項には，列挙してある不可抗力事由が例示であることを示すために，列挙の前に，対象すべてを列挙するわけではない旨を示す文言（例えば「以下を含むがそれに限らない」（"… including, without limitation, …"や"… including but not limited to …"））を付記したり，あるいは「具体的事由を列挙したあとに，最後に一般的包括文言（例えば「その他当事者の支配しえない一切の原因」(any other causes beyond the control of the parties)）を付記して，当事者はこれによって免責の範囲を全般的に拡大しようとする[42]。

　このような例示文言（例示を示す文言：別表第1のA-1及びA-2，並びに一

般的包括文言：別表第1のB-1乃至4）によって，当事者が支配できないと考えられる要因一切を網羅できるのであれば，不可抗力事由列挙に関わる表現がどのように変化しようとも（列挙事由が多かろうと少なかろうと，また，事由の類型に偏りがあろうがなかろうが）結局は同じことを示す条項であると言えるかもしれない。しかし，以下を考慮すると，そのように解釈するのは難しそうである。

(3) 同種文言の原則

英米法には「同種文言の原則」の存在が認められる。つまり，「英米法においては，かかる一般的包括文言に対して必ずしも常に無限に効力が認められるわけではなく，多くの判例では，最後の一般的包括文言は先行した事由と同一種類（genus）の事由であって前に漏れたものに限り，これを含むという『同種文言の原則』（Ejusdem Generis Rule）が解釈の一般原則」[43]とされている。

また，「この『同種文言の原則』を回避して，不可抗力となる事由が，なるべく広く解釈されるようにするためには，最後の一般的包括文言（any cause beyond the control of the parties）を，"any other cause beyond the control of the parties whether of the same kind as the causes before enumerated or not"と工夫することにより，達成できるとの見解もある」との紹介もあり，本稿の別表第1で挙げた条項例にも，例示文言のB-4を採用してそれを試みるものも見られるが，「今のところ，英米の判例において，この一般的包括文言の範囲が争われた事例はなく，裁判所がどう判断するか疑問は残る」とも言われる[44]。

「同種文言の原則」に従って解釈される場合，例示文言はその射程を著しく狭められ，その結果，別表第1に見られるような諸契約の不可抗力条項が一様に同一の内容を意味しているとは到底主張できなくなりそうである。つまり，契約の準拠法がいずれの国の法になるか次第で，不可抗力条項の意味するところが変化するというわけである。

また，この「同種文言の原則」の問題は，英米法か大陸法かという比較法に基づく解釈論だけでなく，ドラフティング時点の異文化コミュニケーションの問題にも隣接していると指摘できるかもしれない。いくら共通言語としての英

語で契約書を起草し不可抗力条項をドラフトしたとしても，両当事者の目に映る英文は同一なのに，意味するところが異なる可能性は十分にある。つまり，不可抗力条項に見られる列挙事由や一般的包括文言の働き，射程がいずれの文化に照らすかによって異なる。「一を聞いて十を知る」[45]を理想とし，「皆まで言うな」[46]を常套句とする我々日本文化と，想定のすべてを列挙しようとし，その逆に明示から漏れている要素は漏れているものとして扱う英米法系の考えとでは，同じ不可抗力条項の解釈だけでなく，不可抗力条項のそもそもの描き方に大きな差が発生することが予測できる。我々はこのような性向を認識してドラフティングを行う必要がある。

(4)　国際企業実務の慣行

　前述した通り，我が国の国際商取引をめぐる契約実務においては，「契約書をめぐって不可抗力条項をドラフトするにはどのような事柄を不可抗力事由として挙げるかという考慮こそが重要である」と考え，「したがって不可抗力とは単に『天変地異』と書くのでなく，数々の事項を例示列挙しなければならない」と心掛けているのが慣行であるように伺われる[47]。「しかしそういうとどんどんややこしくなるので，ここでは代表的な4種類の事柄だけで，あえて簡単に書く方法を提案しておこう。［a force majeure event such as act of God, war, governmental act or labour dispute］実際この四つのカテゴリーで多くの不可抗力はカバーされるので，これでギリギリ最低限の役には立つだろう」と簡素でも良いとする向きもある[48]。しかし，例えば，「どのような場合に不可抗力に該当するかについては，争いになることが多く，一般的には不可抗力とされる事由はできるかぎり詳細に列挙することが望ましいとされています」[49]という方が多数派であるように思われる。結局のところ，国際取引契約実務では，例示列挙をできるだけ細かく網羅的に具体的に示す方が免責の範囲を拡大すると信じられつつあるように考えられる。

　その結果，免責の範囲の拡大と縮小をめぐって，個別の契約ごとに契約交渉が当事者間で行われ，交渉の結果獲得された線引きが契約書の不可抗力条項に反映されることになる。例えば，CISGに関連する議論の中で，契約中に置かれた不可抗力条項は，CISG第79条と同一の効果を持つものではなく，「79条

の免責の要件・効果を更に拡張するもの」とされるが，どの程度拡張するかは，契約交渉次第であるとされているのが現状のようである[50]。契約書実例をもとにした不可抗力条項中の列挙された不可抗力事由が，別表第1に見られるように，契約ごとにまちまちであるのは交渉成果の反映のせいであろうという理解も可能である。

　つまり，不可抗力条項は，当事者間のみに固有・属人的な契約の一部に留まるものであって，ビジネス社会のソフトローとは呼べそうもない。

5　ICCの試み

　本節でこれまで述べてきたことは，企業の契約実務でどのような不可抗力条項が用いられているか（現実の実務慣行が不可抗力条項というソフトローを生み出すか否か）という視点に基づくが，不可抗力条項のソフトロー化については，別の視点がある。国際商取引の安全と円滑のため，まさにソフトローの典型例であるインコタームズや信用状統一規則といった援用可能統一規則の策定の努力を積み重ねている国際商業会議所（ICC）ならではの取組みである。

　ICCは，援用可能な契約条項として"ICC FORCE MAJEURE CLAUSE 2003"を公表している。これを各契約の当事者に援用させることで，国際商取引社会で慣行的に共有された不可抗力条項を確立しようというわけである。その"Introductory Note on the Application and General Structure of the Clause"は次のように説明している。

　　This clause, known as the "ICC Force Majeure Clause 2003", is intended to apply to any contract which incorporates it either expressly or by reference. While parties are encouraged to incorporate the Clause into their contracts by its full name, it is anticipated that any reference in a contract to the 'ICC Force Majeure Clause' shall, in the absence of evidence to the contrary, be deemed to be a reference to this Clause. The general structure of the Clause is to provide contracting parties both with a general force majeure formula and with an off-the-peg list of force majeure events.

　　（筆者訳：「ICC不可抗力条項2003」として知られる本条項は，明示的に

90 第2章 不可抗力条項：そのソフトロー性

か援用によるかいずれにしても，本条項を組み込む契約に適用されるべく
意図されている。契約当事者には，本条項をその完全な名称で自分たちの
契約に取り込むようお勧めするが，契約中の「ICC Force Majeure
Clause」への言及は，反対に解する論拠が無い限り，本条項を指すものと
みなされるものとする。本条項の一般的な枠組みは，契約当事者に，不可
抗力についての一般的定型句及び不可抗力事象の既製リストの両方を授け
るものである。)

　ただ，ICCの用意した"ICC FORCE MAJEURE CLAUSE 2003"はいささか
大部に過ぎる感がある。世界のビジネスマンも，これほど仰々しいと利用する
のに躊躇するのではないだろうか。例えば，不可抗力事由の列挙は以下の通り
非常に多い[51]。

　第5例

---

[a] war (whether declared or not), armed conflict or the serious threat of
same (including but not limited to hostile attack, blockade, military embargo),
hostilities, invasion, act of a foreign enemy, extensive military mobilisation；
[b] civil war, riot rebellion and revolution, military or usurped power,
insurrection, civil commotion or disorder, mob violence, act of civil
disobedience；
[c] act of terrorism, sabotage or piracy；[d] act of authority whether lawful
or unlawful, compliance with any law or governmental order, rule, regulation
or direction, curfew restriction, expropriation, compulsory acquisition, seizure
of works, requisition, nationalisation；
[e] act of God, plague, epidemic, natural disaster such as but not limited to
violent storm, cyclone, typhoon, hurricane, tornado, blizzard, earthquake,
volcanic activity, landslide, tidal wave, tsunami, flood, damage or destruction by
lightning, drought；
[f] explosion, fire, destruction of machines, equipment, factories and of any
kind of installation, prolonged break-down of transport, telecommunication or
electric current；
[g] general labour disturbance such as but not limited to boycott, strike and
lock-out, go-slow, occupation of factories and premises.

つまり，これらをすべて理解したうえで利用するとなると利用しにくそうではある。それでも，契約書ドラフティングに当たって，不可抗力条項については，国際商業会議所の"ICC FORCE MAJEURE CLAUSE 2003"のその名を援用するだけで良いのであるから，将来的には，この条項を援用することが標準とならないとも限らない。

6 おわりに

本節では，国際契約中に定例的・定型的に現れる一般条項は，多少の表現の違いがあっても，当事者を拘束する効果は同一ではないかという着想から，これらはもはやソフトローではないのかと考え，まず「不可抗力(Force Majeure)条項」を採り上げて，そこにソフトロー性が認められるかどうかについて検討をした。不可抗力条項の意義を整理したうえで，国際契約実務において，不可抗力条項の標準化が現状において見られるかを，国際契約書ドラフティングに関する文献(解説書等)掲載の契約例を使って検証したのである。その結果としては，現実に用いられている不可抗力条項は，定型的とは言えそうもないほど，列挙されている不可抗力事由をめぐって極めてバリエーションのあるものであることが分かった。また，不可抗力条項については，例示文言があるので，不可抗力条項のうち列挙事由が数少ないものも，数多いものも，同じことを言っているに過ぎないのではないかという点についても検討したが，英米法には「同種文言の原則」があるため，英米法下で解釈される場合と大陸法下で解釈される場合とでは，不可抗力文言の列挙事由及び例示文言の射程が異なるがゆえに，不可抗力条項に一様な内容を見いだせないという結論に至った。結局，現在，企業の国際契約実務で使用されている不可抗力条項の全体を見渡して，それが「ソフトロー」を形成しているとは言えないようである。ただ，例外的にICCが，インコタームズや信用状統一規則といった統一規則同様に，援用可能な標準化された不可抗力条項を用意しているという点は，将来ソフトローとして活用される可能性を残す。

今回の検証では，英米法国において不可抗力条項がどのように解釈されているかに関して，十分な言及が出来ていない[52]。現在個々の契約書に用いられている不可抗力条項(例えば，別表第1にリストされた不可抗力条項)が，英米法

を準拠法とするときに，射程を厳しく解釈された結果，どのような効果をもたらすかを検討する必要がある。英米法下の解釈が大陸法諸国のビジネスマンが意図するものと異なるのであれば，予想通りの答えを得るために，どのようなことをなすべきかという議論がさらにできるはずである。現状は別にして，不可抗力条項がソフトロー化しないと決まったわけではない[53]。

　今回の検討では，英米法の考えが不可抗力条項ドラフティングの背景にあることを再認識した。結局のところ，準拠法が大陸法の国の法であるとしても，英米法の概念に引きずられて，不可抗力条項をより厳密にドラフトしているとすれば，それは，（国際私法分野で扱われるべき）準拠法の黙示の分割指定を実質的に行っているに等しいもののような気もしてくる。不可抗力条項のドラフティングに限定したステージにおいて，大陸法系の過失責任主義を黙示的に排除しているかのような処理をしていることになっているのではないだろうか。

　また，本節では，あらためて異文化コミュニケーションの問題も認識した。不可抗力条項の中に最もよく登場する "acts of God" というフレーズ1つを取っても（"acts of God" の "God" をとらえても当事者によってどの神かが異なるわけであろう），国際的に統一された意味があるのか判然としない。既述したが，契約当事者が想定する不可抗力事象の概念1つ1つも，法解釈の問題だけでなく，異文化コミュニケーションの問題を孕んでいる。

　以上のような点を課題として，今後も不可抗力条項について注目してみたい。

第1節　不可抗力条項（Force Majeure Clause）のソフトロー性　　93

別表第1　不可抗力条項に見られる不可抗力事由及び例示文言の比較表

＊不可抗力事由を6つに分類し以下に示す。その中でそれぞれの事由をアルファベット
　で示す。

① 天変地異（a. 天災（包括）：acts of God/acts of nature/ the elements, b. 地震：earth-
　 quake, c. 嵐・台風：storm/ typhoon/hurricane, d. 洪水：flood, e. 高潮：tidal
　 wave, f. 雷：lightning, g. 疫病：plague/ epidemics, h. 海難：perils of the sea, i.地
　 滑り：landslide, j. 干ばつ：drought, k. 悪天候：adverse/severe weather condi-
　 tions, l. 火山爆発：volcanic eruption, m. 不可抗力（包括）：force majeure）

② 争乱・戦闘的行為（a. 戦争：war, b. 戦争類似の状況：warlike conditions, c. 戦闘：
　 hostilities, d. 内乱：civil commotion, e. 暴動：riots, f. 公衆の敵：public/common
　 enemy, g.反乱：insurrection, h.革命：revolution, i. 略奪：looting, j. 日本製品の
　 ボイコット：boycotting (of Japanese goods), k. 市民の不服従：civil disturbance, l.
　 武力衝突：armed conflict, m. 軍事活動：military activity, n. 国家有事：state of
　 national emergency）

③ 公権力による規制（a. 規則・命令：governmental regulations or orders/directions,
　 b.政府規制：government restrictions/acts of government, c. 法：laws, d. 行政指
　 導：administrative guidance, e. 検疫：quarantine, f. 出入港禁止措置：embargoes,
　 g. 戦時動員：mobilization, h. 徴用：requisition, i. 輸出禁止：prohibition of export,
　 j. 輸出（入）許可の発行拒否：refusal of issuing export/import licenses, k.制裁：
　 sanctions, l. 封鎖：blockade, m. 貿易管理：trade control, n. 司法等の判決・決
　 定：decision of any competent authority）

④ 労働問題（a. ストライキ：strikes/work stoppage, b. ロックアウト：lockouts, c. 労働
　 紛争：labour disputes/troubles/difficulties/disturbances, d. 怠業：slowdown, e. 操
　 業妨害：sabotage）

⑤ 人災的事故（a. 火災：fire, b.緊急事態の勃発：outbreak of a state of emergency, c.
　 事故：accident, d. 爆発：explosion, e. 難破・衝突：wreck, f. 機械の故障・装置の
　 不具合：breakdown of machinery/malfunction of equipment, g. 航行上の事故・危
　 険：accident/hazards of navigation, h. 惨事：catastrophe (s)/casualty, i. 停電：
　 power outage (s)）

⑥ 間接的なインフラ障害（a. 商品供給者の破産：bankruptcy/insolvency of the manufac-
　 turers/ suppliers, b. エネルギー供給の不足・規制：shortage/control of energy sup-
　 ply (petroleum products/ fuel/ electricity), c. 水・原材料の不足・規制：shortage/
　 control of water/ raw materials, d. 輸送手段の使用不能：unavailability of transport
　 facilities, e. 船積・荷降施設の使用不能：unavailability of loading or discharging fa-
　 cilities, f. 港湾渋滞：port congestion, g. 海運ストライキ：marine strike, h. 国際通
　 貨制度の実質的変更：substantial changes of the present international monetary
　 system, i. 甚だしい経済的混乱：severe economic dislocation, j. 労働力の不足：
　 shortages of labour, k. モラトリアム：moratorium, l. 出荷指示・運送契約の解約・
　 保留：cancellation or suspension of shipping orders or freight contracts）

94　第2章　不可抗力条項：そのソフトロー性

＊また，以下の例示文言を，A-1/2，B-1/2/3/4 として示す。
A-1：including, without limitation　A-2：including but not limited to
B-1：, or any other cause（s）　B-2：, or any other similar cause（s）
B-3：by any occurrence whatsoever　B-4：, or any other similar or dissimilar causes

	①	②	③	④	⑤	⑥	免責当事者	A	B
(1)	a	abcde	a	ab	ab	×	双方	1	2
(2)	ad	abe	b	a	ac	×	双方	×	1
(3)	abcdefg	abdefghj	abcdefghi-jl	abc	acde	abcdef	一方（売主）	2	3
(4)	a	ae	×	×	×	g	一方（買主）	×	1
(5)	m	×	×	×	×	×	双方	×	1
(6)	a	×	×	×	×	×	双方	×	×
(7)	agd	abcehi	abk	ab	a	×	双方	2	×
(8)	ag	ad	×	×	×	×	双方	×	2
(9)	acd	aeg	bfl	ac	acd	×	双方	×	2
(10)	×	×	×	×	×	×	双方	×	3
(11)	abcd	ae	×	a	a	×	双方	×	4
(12)	abcdeh	acdehj	aefgim	abcde	acdf	abcdehi	一方（売主）	2	1
(13)	×	ak	a	c	×	×	双方	2	×
(14)	abcdeg	ad	×	a	a	×	双方	×	1
(15)	a	f	b	c	×	×	双方	×	1
(16)	abcdegih	abdeg	abcefijgl	abde	acdfg	bce	一方（売主）	2	1
(17)	abdjk	aefgk	abfjln	abc	adfg	bcdj	双方	1	1
(18)	abcde	ae	aci	a	ad	×	一方（売主）	×	1
(19)	×	×	×	×	×	×	双方	×	3
(20)	a	al	×	×	×	×	一方（買主）	×	2
(21)	bd	aeg	bcfl	ac	ac	k	双方	×	1
(22)	ag	ad	×	×	×	×	双方	×	2
(23)	abdgjl	adegh	bil	ab	ac	l	一方（売主）	×	1
(24)	abdgjl	adegh	bil	ab	ac	l	双方	×	1
(25)	×	×	×	×	×	×	双方	×	3
(26)	ac	acde	abcf	ae	acd	×	双方	×	4
(27)	acd	ae	×	×	a	×	双方	×	4

(28)	abdgk	aefgm	be	abce	acdh	bcj	双方	×	1
(29)	abd	ae	×	a	a	×	双方	×	4
(30)	×	×	×	×	×	×	双方	×	×
(31)	×	an	a	×	×	×	一方 (Licensee)	×	×
(32)	ad	ag	bf	a	a	×	双方	2	×
(33)	abdg	adef	acfn	abce	adih	×	双方	×	2

(1)　前掲第1例の不可抗力条項。田中信幸・中川英彦・仲谷卓芳編『国際売買契約ハンドブック［改訂版］』有斐閣，1994年，201頁の不可抗力条項解説文例。

(2)　前掲第2例。吉川達夫・森下賢樹・飯田浩司編著『ライセンス契約のすべて【基礎編】―ビジネスリスクと法的マネジメント―［第2版］』レクシスネクシス・ジャパン，2011年，178-195頁の「製造販売ライセンス契約」。

＊以下，(1)(33)を除き，全文が掲載されている契約例から不可抗力条項を抜粋して検討した。

(3)　伏見和史『英文売買書式と取引実務』商事法務，2006年，182-192頁の「輸出書式」。

(4)　同上，193-201頁の「輸入書式」。

(5)　長谷川俊明『はじめての英文契約書起案・作成完全マニュアル』日本法令，2003年，210-223頁の「ライセンス契約」。

(6)　同上，224-245頁の「ソフトウェア・ライセンス契約」。

(7)　同上，252-273頁の「販売店契約」。

(8)　日野修男・出澤秀二・竹原隆信・杉浦幸彦・水谷孝三『モデル文例つき英文契約書の知識と実務』日本実業出版社，1997年，370-379頁の「特許ライセンス契約」。

(9)　同上，412-423頁の「総代理店契約」。

(10)　同上，424-437頁の「独占販売店契約」。

(11)　亀田尚己編著・平野英則・岸田勝昭・長沼健・吉川英一郎著『現代国際商取引』文眞堂，2013年，67-71頁の「個別売買契約（裏面約款）」。

(12)　唐澤宏明『国際取引―貿易・契約・国際事業の法律実務―』同文舘出版，1996年，350-353頁の「輸出契約書の裏面（約款）」。

(13)　同上，354-363頁の「ライセンス契約書」。

(14)　大貫雅晴『英文販売代理店契約―その理論と実際―』同文舘出版，2010年，204-219頁の「独占的販売店契約」。なお，221頁の「Sales Confirmation（裏面）」は前掲（12）と同一であるので省略する。

(15)　大貫雅晴『国際技術ライセンス契約―交渉から契約書作成まで―［新版］』同文舘出版，2008年，253-283頁の「特許およびノウハウ実施許諾契約」。

(16)　田中信幸『新国際取引法』商事法務研究会，1998年，323-330頁の「国際売買契約雛型」。なお，同331-341頁の「国際技術援助契約雛形」や342-350頁の「国際合弁会社契約雛形」には不可抗力条項は見当たらない。

(17)　田中信幸・中川英彦・仲谷卓芳編『国際売買契約ハンドブック［改訂版］』有斐閣，1994年，290-296頁の「長期売買契約書（化学品）」。

(18)　野副靖人『英文ビジネス契約書の読み方・書き方・結び方』中央経済社，2005年，149-170頁の「売買契約書」。

(19)　同上，171-195頁の「独占的販売店契約」。＊例示が無い珍しい条項例である。

96 第2章 不可抗力条項：そのソフトロー性

⒇ 同上，196-204 頁の「個別契約申込書（発注書）記載の裏面約款」。

㉑ 同上，205-229 頁の「製造委託契約書」。

㉒ 同上，230-258 頁の「ノウハウ・ライセンス契約」。＊なお，259 頁以下の「秘密保持契約」「貨物寄託基本契約書」「事務所賃貸借契約書」「電子商取引契約書」には不可抗力条項は見られない。

㉓ 牛嶋龍之介『入門国際取引の法務』民事法研究会，2011 年，204-209 頁の「売主用の売買契約書」。

㉔ 同上，210-215 頁の「買主用の売買契約書」。

㉕ 同上，216-224 頁の「販売店契約書」。

㉖ 同上，225-242 頁の「合弁契約書」。＊例示文言として "or other similar of different contingency beyond the reasonable control of the parties hereto" とあるが，"similar or different" の誤りではないかと推察する。

＊ 243 頁以下の「株式取得契約書」「資産取得契約書」「ライセンス契約書」には不可抗力条項は見られない。

㉗ 吉川達夫編著『国際ビジネス法務～貿易取引から英文契約書まで～』レクシスネクシス・ジャパン，2009 年，201-204 頁（吉川）の「販売代理店契約」。＊ 209 頁以下の「役務提供契約」「守秘義務契約」「合弁契約」には不可抗力条項は見られない。

㉘ 吉川達夫・河村寛治編著『実践英文契約書の読み方・作り方』中央経済社，2002 年，181-197 頁の「製造委託」。＊ "Force Majeure" というタイトルではなく "Excusable Delay" というタイトルがついている。

＊ 111-175 頁の「製造ライセンス」「売買」「意向書」「株式売買」には不可抗力条項は見られない。

㉙ 吉川達夫・河村寛治・植村麻里・曽我しのぶ『国際法務と英文契約書の実際』ILS 出版，2000 年，8-15 頁の「総販売輸入代理店契約」。

㉚ 吉川達夫・森下賢樹編著『ライセンス契約のすべて【実務応用編】―交渉から契約締結までのリスクマネジメント―』レクシスネクシス・ジャパン，2010 年，148-154 頁の「技術移転契約書」。

㉛ 同上，163-173 頁の「商品化契約」。

㉜ 同上，206-215 頁の「クロスライセンス契約」。

㉝ Bortolotti, F., (2008) *Drafting and Negotiating International Commercial Contracts*： *A Practical Guide*, Paris, ICC Services Publications, at 179. "Force majeure clause ［US contract］"

注

1 多義性を指摘するものとして，例えば，齋藤民徒「『ソフト・ロー』論の系譜」『法律時報』第77巻第8号，2005年，106-113頁，齋藤民徒「第2章　国際法学におけるソフトロー概念の再検討」小寺彰・道垣内正人編『国際社会とソフトロー』有斐閣，2008年，23および26頁の「多義性」や藤田友敬編『ソフトローの基礎理論』有斐閣，2008年の「はじめに」2-3頁（藤田友敬）に示されたカテゴリー1～3を参照。

　「ソフトロー」の一応の定義として，「裁判所その他の国の権力によってエンフォースメントされないような規範であって，私人（自然人および法人）や国の行動に影響を及ぼしているもの」というのが見られる。藤田友敬編『ソフトローの基礎理論』有斐閣，2008年の「はしがき」i頁（中山信弘）お

第1節　不可抗力条項（Force Majeure Clause）のソフトロー性　　97

よび「はじめに」2-3頁（藤田友敬）。しかし，ビジネス分野では，インコタームズや信用状統一規則に代表される統一規則がソフトローの例として頻繁に挙げられ（例えば，森下哲朗「国際契約とソフトロー」小寺・道垣内編・前掲注(1) 200頁や西谷祐子「国際支払とソフトロー――信用状統一規則の意義と法的性質」同書，215頁），これらは国家裁判所によってエンフォース可能であるから（前述藤田友敬の分類する「カテゴリー3」に該当），前述の定義は，国際商取引契約をめぐって用いるには些か不都合である。したがって，本稿では，前述中山・藤田両氏提示の定義を用いない。

　　また，ソフトロー研究は国際法学で始まったとされるが，国際（公）法と国際私法とでは別個にディシプリン（方法）設定（前者の「漁業問題」と後者の「海運における『共同海損』」）が見られるという（小寺・道垣内編・同書の「はじめに」1-2頁（小寺・道垣内））。本稿では，国際私法が処置する「『ビジネスロー』の範疇」で論じる。国際（公）法分野で論じる「ソフトロー」（国際慣習法・条約を中心とする国際法規範ではないものの国際関係を規律する決議の類，あるいは義務内容の不明確な紳士協定的条約の類）は顧慮しない。この国際（公）法分野のソフトローについては，小寺彰「現代国際法学と『ソフトロー』――特色と課題」小寺・道垣内編・前掲注(1) 9-22頁，特に10頁と齋藤民徒・前掲論文23-37頁参照。

2　小寺・道垣内編・前掲注(1)は（「国際法」分野のソフトロー研究を「国際私法」分野に応用しつつも）主に「『ビジネスロー』の範疇」でソフトローを捉えている（2頁（小寺・道垣内））。本稿も同様である。

3　森下・前掲注(1) 196-197頁は，「lex mercatoria（商人法）」の概念が判然とせず，議論が錯そうしていることを踏まえ，「ソフトロー」の概念をどう捉えるかについて，先行文献を整理する。森下は，「これらの文献においては，〈法的拘束力を有するものとして制定された法＝ハードロー＝国家法や国際条約〉，以外のもの，をイメージする言葉としてソフトローという表現が用いられているように見受けられる……」とする（同197頁）。本稿の「ソフトロー」の定義もほぼ同じである。また，森下・同書，214頁は「……特定の国家と結びつかず，当事者が必要に応じて修正できるという意味でのルールのソフトさが価値を持つ……」「……当事者の意思と取引慣行が重視される国際取引の紛争解決においては，あるルールが準拠規範として適用されるか，慣習として参照されるか，契約として取り込まれるか等による実質的な違いは大きくなく，このようなルールとしての利用の形態におけるソフトさは，ルールが機能し得る場面を拡大する。このような観点からは，国際契約におけるソフトローは，契約交渉や紛争解決において一定の指針となるものとして社会的に認められている規範，といった程度に理解しておくことで足り……」とするが，妥当であろう。

4　法については，「われわれが社会において共同生活を営むときには，そこに一定の秩序を保つことが必要である。そしてこのような秩序を保つために，いかなる社会にあっても，その構成員が守らなければならない規範が存在する。『社会あるところに法あり』という言葉は，このことをいいあらわしている」と言われる。伊藤正己・加藤一郎編『現代法学入門［第4版］』有斐閣，2005年，7頁。

　　また，Black's Law Dictionary (Bryan A. Garner et al. eds., 11th ed. 2019) でも，"law" は，"The regime that orders human activities and relations through systematic application of the force of politically organized society, or through social pressure, backed by force, in such a society ; ...." (at 1056) と社会の存在を前提として示されている。

5　伊藤・加藤編・前掲注(4)は，小さな社会の例として，「2人で将棋をするという一時的な人間の結合」を挙げるが，「ビジネスロー」を語るには妥当しない。

6　法選択を司る法分野を「狭義の国際私法」と認識している。広義には，（大学の法学部の科目「国際私法」が扱うように）国際裁判管轄権及び外国判決の承認執行の問題を含む国際民事手続法並びに国際取引法の一部も含めて「国際私法」と呼ばれることもある。

7　道垣内正人「国際私法とソフト・ロー―― 総論的検討」小寺・道垣内編・前掲注(1)，171頁以下（特に172-177頁）は，国際ビジネス分野において，実体法の世界統一がなかなか難しいこと，及び，国家法（各国国内法）として国際私法（日本を例に，「法の適用に関する通則法」といった制定法や数

98　　第2章　不可抗力条項：そのソフトロー性

少ないものの制定法を補完する判例法がハードローとして存在) が適用ルールを決定している現状
を概説している。

そこで重要なのは，ハードローとしての各国国内法として存在する国際私法であるが，契約準拠
法の決定については，諸国の国際私法の多くが，（例外はあるものの) 主観主義 (当事者自治の原則)
の採用という点で一致し，契約当事者が契約準拠法を選ぶことを容認しているということである。
山田鐐一『国際私法 (第3版)』有斐閣，2004年，313頁，並びに溜池良夫『国際私法講義 (第3版)』有
斐閣，2005年，349頁及び351頁参照。国際私法が契約準拠法決定に当たり，当事者自治原則を採用
する根拠としては，①契約当事者の正当な期待の保護，②国際取引の安全と円滑の促進，③民商法
などの実質法における契約自由の原則の国際私法への投影などが挙げられる。松岡博『国際取引と
国際私法』晃洋書房，1993年，171頁参照。

要するに，契約領域における当事者自治については，当事者が自由に取引の内容を決めてよいし
(契約自由の原則)，また，取り決めたことに法的に解釈する必要がある場合に，それをどこの国の
法に委ねるかという点も当事者が自由に決めてよい (国際私法上の当事者自治) という，二重の意味
が見いだせる。

ところで，法律家は，準拠法が何国法であるかから話をスタートさせがち (準拠法条項を重視し
がち) であるが，事業家は，準拠法が何国法であれ，契約書中で問題は自己完結していると考えが
ち (準拠法条項を軽視しがち) であり，認識が違うため，互いに苛立ちを感じることもある。ハード
ローと個別合意たる契約との中間に位置するソフトローの適用は，両者それぞれのサイドから理解
されやすいという面も持っていると言えそうである。

8　道垣内・前掲注 (7) 182-183頁は，企業がハードローを回避するために採る行動に言及している。
例えば，子会社・生産拠点の設立，Incotermsや国際商事仲裁の活用などである。本稿との関連で
言えば，当事者間の個別の契約書ドラフティングを丹念に行うことも該当しよう。この契約書ドラ
フティングの例には，「実質法的指定」としての契約中への外国法の取り込みも含まれよう (溜池・
前掲注 (7) 350-351頁参照)。そして実質法的指定として，外国法を契約に取り込む場合，取り込ま
れた外国法はソフトローの1つと理解できるだろう。

9　道垣内・前掲注 (7) 180頁は「……ビジネス界では，国家法秩序とは別に，自然発生的に，レック
ス・メルカトーリア (lex mercatoria) と呼ばれる商人間の規範がソフト・ローとして生まれてきた
し，いまも生まれていると言われることがある」という。また，森下・前掲注 (1) 193-195頁や，木
棚照一編著『国際取引法 (第2版)』成文堂，2009年，44-49頁の「第3節　約款と統一規則」の項 (矢澤
昇治) も参照。

10　高桑昭『国際取引における私法の統一と国際私法』有斐閣，2005年，2-3頁。

11　同書3頁。下線強調は筆者 (吉川) による。

12　理由として「リンガフランカ」としての英語に頼らざるを得ない点につき，筆者は，亀田尚己編著
『現代国際商取引 (改訂版)』文眞堂，2021年 (第2編第1章吉川英一郎分担執筆) 61-62頁及び松岡博
編『レクチャー国際取引法 (第3版)』法律文化社，2022年 (第13章吉川英一郎・山崎理志分担執筆)
255-256頁で触れたが，長谷川俊明『はじめての英文契約書起案・作成完全マニュアル』日本法令，
2003年も，第1章第1節でこの点 (de facto standardとしての英語) を紹介している。同書9，10頁
及び24頁。また，コンピュータネットワークの基本言語が英語であるので，この傾向は強まってい
るともいう (同書24頁)。

なお，「リンガフランカ」としての英語と日系企業の国際経営との関わりについては，例えば，則
定隆男・椿弘次・亀田尚己編『国際ビジネスコミュニケーション』丸善，2010年，21-22頁 (亀田) や
亀田尚己『ビジネス英語を学ぶ』筑摩書房，2002年，96頁のほか，Kameda, Naoki, (2013) Japanese
Global Companies：The Shift from Multinationals to Multiculturals, Global Advances in Business
Communication：Vol. 2：Iss. 1, Article 3, p.13が，シンガポールとナイジェリアの例を示して

第1節　不可抗力条項（Force Majeure Clause）のソフトロー性　99

"English also continues to play an important role as a 'linking' language among peoples of varying cultures and languages." (http://commons.emich.edu/gabc/vol2/iss1/3/　英語は様々な文化・言語で構成される多民族の中で「橋渡しをする」言語として重要な役割をも果たし続けている。［筆者仮訳］）と説明する。そうであればやはり，結局のところ，国際契約書は英文となり，その結果，準拠法に関わらず，契約用語の制約のせいで，英米法の影響を受けざるを得ないだろう。

13　長谷川・前掲注(12)25頁でも，「英語の法律用語は，英米法の文化のなかで生まれ育まれてきたものであること」を指摘し，英文契約（書）は，準拠法に関わらず，「グローバル性をもたせるために，契約書の骨格（スタイル）やこれを構成する基本概念もまた英米法のそれを借りて」いる点に留意するよう促している。

14　道垣内正人『国際契約実務のための予防法学—準拠法・裁判管轄・仲裁条項』商事法務，2012年，i頁（はしがき）参照。

　　「ボイラープレート条項とは，平たくいえば，契約の種類を問わずどの契約書にも入っているような，定型的な文言・内容から成る一般的な条項のことである。『ボイラープレート』（boilerplate）の語源ははっきりしない。元々はボイラーに貼りつけるプレートのことを指していたらしいのだが，その後，新聞の印刷用に使う鋼製のプレートのことを，ボイラープレートと呼ぶようになった。硬い鋼でできているので，記事や広告を受け取った新聞社のほうでは，印刷内容の修正は一切できない。ここから転じて，どの契約にも同じような文言・内容で入れられている条項のことを，ボイラープレート条項と呼ぶようになったようである」。豊島真「ボイラープレート条項」『BUSINESS LAW JOURNAL』50号，2012年，42頁。

15　一般条項としては，本稿で扱う「不可抗力（Force Majeure）条項」のほか，「終了（Termination）条項」（契約不履行や破産等の事態が発生した場合に他方当事者に契約解除を認める規定），「譲渡禁止（Assignment）条項」（相手方当事者の事前同意なく契約上の立場を譲渡してはならない旨明示する規定），「分離（Severability/Separability）条項」（契約の一部の条項が無効と判断されてもその無効が他の条項の効果に影響を及ぼさないと定める規定），「通知（Notices）条項」（どのような通知が通知として有効かを明らかにする規定），「完全合意（Entire Agreement）条項」（契約書に記載された事柄のみが両当事者の合意事項であり，契約書が従前の合意全てに代わることを明示する規定），「修正（Amendment）条項」（契約内容の修正のためには，両当事者の書面合意が必要であるとする規定），「権利不放棄（Waiver）条項」（契約上の権利を行使・主張しないことがあっても放棄したことにはならない旨明示する規定），「準拠法（Governing Law）条項」（準拠法を指定する規定），「紛争解決条項」（「合意管轄（Jurisdiction）条項」（当事者間の紛争につき，いずれかの国の裁判所に合意管轄を認める規定）又は「仲裁（Arbitration）条項」（当事者間の紛争につき，解決を仲裁（いずれかの仲裁機関を指定する場合が多い）に付託するという規定）のいずれか一方が置かれる），「言語（Language）条項」（当事者の使用言語が異なる場合に契約書の正文の言語を指定する規定），「見出し（Headings）条項」（条項の見出しは便宜上のもので契約書の解釈に影響しない旨を示す規定）などが挙げられる。亀田編著・前掲注(12)80頁以下（吉川英一郎分担執筆），浜辺陽一郎『ロースクール実務家教授による英文国際取引契約書の書き方 第1巻（改訂版）』ILS出版，2007年，40頁以下参照。

16　一般条項の中にあっても，「準拠法条項」や「紛争解決条項（仲裁条項又は合意管轄条項）」は，交渉を経て，取引及び当事者に応じて，条項の重要な要素（準拠法所属国，付託先の常設仲裁機関，法廷地など）が左右され変化する。これらは，当事者の属性（どの国の法人か，どの国に本拠を有するか，どの国の弁護士を顧問先としているかなど）や志向（訴訟と仲裁ではどちらを好むかなど）によって，変化するのが必然であろう。つまり，定型化・標準化を論じられないと判明している条項であるので，本稿では，その関心を向けない。

17　植田淳「国際取引契約における Force Majeure 条項と Hardship 条項」『神戸外大論叢』42巻6号，1991年，55頁，56-57頁。

18 岩﨑一生『英文契約書―作成実務と法理―［全訂新版］』同文舘，1998年，144頁。長谷川俊明「英文契約ABC第4講不可抗力条項」『国際商事法務』第11巻第7号，1983年，476頁の紹介も「契約が締結されたのちに，当事者の力ではどうすることもできない事態が発生し，債務の履行が不可能になることがある。このような場合について，当事者の権利義務を定めておくのが不可抗力条項……」とほぼ同旨である。Black's Law Dictionary（前掲注(4)）は，"force-majeure clause" を "A contractual provision allocating the risk of loss if performance becomes impossible or impracticable, esp. as a result of an event or effect that the parties could not have anticipated or controlled."（at 718. 筆者仮訳：履行が不能又は現実的でなくなった場合，特に，当事者が予期も制御もできない事態の結果としてそうなった場合に，危険負担を配分する契約条項）と表記している。また，後掲の国際商業会議所（ICC）の "ICC FORCE MAJEURE CLAUSE 2003" に示されたところでは "Force Majeure clauses excuse a party from liability if some unforeseen event beyond the control of that party prevents it from performing its obligations under the contract." とされる（http://www.iccbooks.com/Home/force_majeure.aspx）。ICCが作成した国際請負モデル契約書の第10章の "Article 56 Force Majeure"（第56条不可抗力）の56.1には，条項の目的に関して，次の記述が見られる。"56.1 This Article sets out the circumstances under which a Party may invoke Force Majeure to be released from its obligations. The Article also sets out the contractual consequences of such a situation". International Chamber of Commerce, (2011) ICC Model Subcontract, Paris, ICC Services Publications, at 71（筆者仮訳：本条は，一方当事者が「不可抗力」を発動しその義務からの免責を得られるような状況を設定するものである。本条は，そのようなシチュエーションがもたらす契約上の結果をも設定する）。

19 田中信幸・中川英彦・仲谷卓芳編『国際売買契約ハンドブック［改訂版］』有斐閣，1994年，201頁の不可抗力条項解説文例を一部割愛の上引用。掲載されている和訳は次の通り。「本契約の当事者の一方は，政府の規制または命令，緊急事態の勃発，天災，戦争，戦争類似の状況，敵対行為，市民騒擾，暴動，伝染病，火災，ストライキ，ロックアウト，その他の同様の原因を含むその当事者の合理的な支配を超え，かつ，その履行に影響を与える事由（以下不可抗力という）の発生により本契約に基づく義務の履行ができないことにつき，他方の当事者に対して責任を負わないものとする」。なお，小林一郎「英米型契約との比較から見た日本の契約実務の特徴」『BUSINESS LAW JOURNAL』第61号，2013年，20-21頁が，この文例を，不可抗力条項例として挙げている。田中・中川・仲谷編，前掲書は，いささか古いが，その執筆者は，三井物産株式会社文書部，住友商事株式会社文書法務部および三菱商事株式会社法務室という日本を代表する3商社の法務スタッフであるので，日本ビジネス界で採用されている契約条項の典型として挙げることにつき妥当性があろう。なお，その後刊行された住友商事株式会社法務部・三井物産株式会社法務部・三菱商事株式会社法務部編『新・国際売買契約ハンドブック［第2版］』有斐閣，2021年，254頁の不可抗力条項もほぼ同じである。

20 吉川達夫・森下賢樹・飯田浩司編著『ライセンス契約のすべて【基礎編】―ビジネスリスクと法的マネジメント―［第2版］』レクシスネクシス・ジャパン，2011年，178-195頁の製造販売ライセンス契約（西村千里）の190頁から抜粋。同書191頁に掲載されている和訳は次の通り。「いずれの当事者も，天変地異，政府の規制，戦争，戦争状態，火災，暴動，ストライキ，洪水，偶発事故又は当事者の支配を越えたその他の状況を直接もしくは間接の理由とする，本契約の全部又は一部の不履行あるいは履行遅延につき，他方の当事者に責を負わないものとする。ただし，本条の不可抗力の場合といえども，いずれの当事者も，本契約にもとづき支払うべき金額の支払い義務から免除されないものとする。かかる不履行もしくは履行遅延が6ヵ月を越える場合には，本契約のいずれの当事者も，本契約の終結又は修正について他方の当事者と交渉することができる」。編著者のうち，吉川達夫・飯田浩司両氏はニューヨーク州弁護士資格を持つ企業法務出身の研究者として著名であるし，

第1節　不可抗力条項（Force Majeure Clause）のソフトロー性　　101

共著者の西村氏は元松下電工法務部所属である。

21　例示列挙であることを下線部が示している（下線は筆者追記）。

22　岩﨑・前掲注(18)144-145頁。不可抗力をめぐって，英国法の厳格責任と，大陸法の過失責任主義とを対比する論考として，中村秀雄『国際動産売買契約法入門』有斐閣，2008年，169頁および209-220頁。浜辺・前掲注(15)，62-63頁。

23　岩﨑・前掲注(18)144頁は，これが英米法系国と大陸法系国とで「契約書作成に対する真剣さに差異を生じる一因」であると指摘する。

24　岩﨑・前掲注(18)144頁は，理由として「あらかじめ契約中において，後発的履行不能の場合には履行義務を免れる旨を規定できたにもかかわらず，かかる措置を行わなかったからであると考える（Paradine v. Jane (1647), Aleyn 26, 82 Eng. Rep. 897)」という。

25　例外的免責の根拠は，当初英国では「黙示的条件 (implied condition)」「黙示的約款理論」（当事者の意思）に求められた。木下毅『英米契約法の理論［第2版］』東京大学出版会，1985年，369-371頁。20世紀になってFrustration［契約目的達成不能］法理が形成される。同377頁参照。米国においては契約法リステイトメントを経て統一商事法典第2編2-615条に表れている。同388-390頁参照。
　　　第2次契約法リステイトメントでは§265に事後的なフラストレーションによる免責の規定が有り，"Where, after a contract is made, a party's principal purpose is substantially frustrated without his fault by the occurrence of an event the non-occurrence of which was a basic assumption on which the contract was made, his remaining duties to render performance are discharged, unless the language or the circumstances indicate the contrary." と規定されている。

26　岩﨑・前掲注(18)144頁のほか，不可抗力条項の由来がFrustrationの基準を裁判に委ねる場合に備えてのことであると指摘するものとして，舛井一仁『改訂国際取引法の学び方─基礎理論・実務・情報収集─』敬文堂，2001年，37頁。

27　筆者の見聞きする範囲（1986年から2001年まで企業に国際法務部門スタッフとして勤めた経験を含む）では，準拠法条項が示す準拠法如何で不可抗力条項を変化させたという例を知らない。
　　　企業法務において，「準拠法が何であろうと，ワンパターンの不可抗力条項さえ挿入しておけば安心」と捉えられている節もある。この点を指摘するものとして，「……免責も，すべての準拠法の下で，当然の救済として期待できるわけではない。そこで履行義務を負う側は，契約が何法に基づいていようが，不可抗力事由が発生して契約履行に支障をきたした場合に，契約は存続させつつ，免責を得ることができるために，明文の規定を入れようとするのが普通である」。中村・前掲注(22)209頁（下線部強調は吉川追記）。

28　淵邊善彦『契約書の見方・つくり方』日本経済新聞出版社，2012年，62-70頁に紹介されている売買基本契約書ひな形は国内取引用の契約書ひな形だと思われるが（準拠法条項が無く，合意管轄条項は国を意識していない），次の不可抗力条項が置かれている（同68頁）。

　　　第16条（不可抗力免責）
　　　天災地変，戦争，内乱，暴動，その他の不可抗力，内外法令の制定・改廃，公権力による命令・処分・指導，輸送機関または保管中の事故，その他売主の責めに帰することのできない事由による個別契約の全部または一部の履行遅滞もしくは履行不能については，売主は責任を負わない。この場合，売主の履行不能となった部分については，当該個別契約は解除されたものとする。

　　　なお，和文契約書に英米流の条項が散見されるようになった理由として，①M＆Aやファイナンス関連は欧米の先端的プラクティスが導入されたためそれに合わせて英米流の契約フォームが用いられるようになった点と②外国企業やその日本法人が，日本企業に対し，親会社の統一的ひな形の翻訳をドラフトとして提示するケースがあるという点が指摘されている。飯田浩隆「英米型契約条項のレビューの視点」『BUSINESS LAW JOURNAL』61号，2013年，44-45頁。

29　曽野裕夫「ウィーン売買条約 (CISG) と債権法改正」日本国際経済法学会編（柏木昇編集代表）『国際

102　第2章　不可抗力条項：そのソフトロー性

経済法講座II—取引・財産・手続』法律文化社，2012年，339頁。

　　また，「……ヨーロッパ大陸法，英米法をはじめとする諸法系間の架橋ないしは調和を目指し，かつ，現代の国際取引実務に有用な準則を提示することを希求して起草される過程を経て，ウィーン売買条約が，一定の普遍性に裏打ちされた契約法の体系，理論，条文等を具現するに至った」とされる。渡辺達徳「ウィーン売買条約と日本民法への影響」『ジュリスト』1375号，2009年，20頁。

30　第79条第1項の規定は次の通りである。

　　Article 79　(1) A party is not liable for a failure to perform any of his obligations if he proves that the failure was due to an impediment beyond his control and that he could not reasonably be expected to have taken the impediment into account at the time of the conclusion of the contract or to have avoided or overcome it, or its consequences.

31　杉浦保友「実務的インパクトの検討」『ジュリスト』1375号，2009年，39頁。

32　不可抗力による不履行をめぐってCISGとUCCやコモンロー（英米法）とが考えを異にする点を指摘するものとして，Friedland, J. A., (2002) Understanding International Business and Financial Transactions, New York, Matthew Bender & Company, Inc., p.163［ジェロルド・A・フリードランド（久保田隆・田澤元章監訳）『アメリカ国際商取引法金融取引法』レクシスネクシス・ジャパン，2007年，245-246頁（コーエンズ久美子訳）］を参照。

33　英米法上，免責が認められる例として，例えば，米国の，物品売買を扱う統一商事法典（UCC）第2編615条(a)号においてFrustrationを厳格に規定する。木下・前掲注(25)388-389頁参照。統一商事法典（UCC）第2編615条(a)号の和訳は次の通り。「(a)ある条件が発生しないことを基本的な前提として契約が結ばれていたのに，その条件が生じたため，合意された履行が非実際的なものになった場合，または，後にその規制が無効とされるか否かを問わず，契約に適用される外国もしくは自国の政府の規制に誠実に従ったために，やはり履行が非実際的になった場合には，売主による全部もしくは一部の引渡しの遅滞または不履行は，売主が(b)号および(c)号に従う限り，売買契約上の売主の義務の違反とならない」。澤田壽夫・柏木昇・杉浦保友・高杉直・森下哲朗編著『マテリアルズ国際取引法［第2版］』有斐閣，2009年，90頁，100頁から抜粋。

34　中村・前掲注(22)214-215頁。同書著者は商社法務出身の研究者である。

35　現実の取引の秘密保持の問題のほか，雛形が精査されて思わぬ欠点を取引相手につけ込まれたり，タイプミス等を世間であげつらわれたりするのを嫌うということがあるだろう。

36　後掲の別表第1に示された不可抗力条項の出所は，日本の書籍が大半であるが，その執筆者は，多くが元国際企業法務スタッフであり，自らの体験した契約書例をもとに，例文を挙げているであろうから，国際法務の実際を反映していると考えて（実例として扱って）差支えないだろう。

37　本稿の不可抗力事由の分類については，関西国際取引争訟研究会（会長：大貫雅晴元日本商事仲裁協会理事）において交わされた議論も参考にしている。

38　「天変」は「日食・月食・雷電・暴風などの異変現象」の意とされ，「地異」は天災のうち，直接地表が変化するもの。例，地震・噴火・津波・大水など」の意とされる。山田忠雄・柴田武他編『新明解国語辞典［第7版］』三省堂，2012年，1051頁および953頁。

39　分類が複数にまたがっていて判別しにくいものもあるため，ある程度の主観的紛れが生じているがご容赦頂きたい。なお，中村秀雄『英文契約書取扱説明書—国際取引契約入門—』民事法研究会，2012年，109頁は，不可抗力を"a force majeure event such as act of God, war, governmental act or labour dispute"と4つのカテゴリーで多くの不可抗力はカバーされると考えている。

40　別表第1を作成する際に，不可抗力条項が置かれていない契約書に気がついた際には，その旨注記した。

　　ちなみに，米国弁護士が執筆した英文契約書作成の解説本である，その名も，『米国人弁護士が教える英文契約書作成の作法』（チャールズ・M・フォックス（道垣内正人監訳）・(株)日立製作所法務

第1節　不可抗力条項（Force Majeure Clause）のソフトロー性　　103

本部英米法研究会訳）『米国人弁護士が教える英文契約書作成の作法』商事法務，2012年）には，不可抗力条項の説明が欠落している。同書の目的が「すべての契約に共通する基本的要素（「契約の構成要素」）およびその機能の紹介」（5頁）とあり，かつ，雑則の説明の章（第10章）が有って，準拠法条項，裁判管轄条項，見出し条項，可分条項，完全合意条項，放棄条項，修正条項，譲渡条項，費用条項などの一般条項が触れられているにも拘らず，不可抗力条項への言及がない。英米法を背景とする米国人弁護士であっても，契約書に不可抗力条項を置くことは，当たり前の事柄というよりはむしろ，当事者のオプションであるという認識の方が強いと言ってよいのではないだろうか。

41　牧野和夫『やさしくわかる英文契約書』日本実業出版社，2009年，72頁。

42　岩﨑・前掲注(18)146頁。

43　岩﨑・前掲注(18)146-147頁。

44　岩﨑・前掲注(18)147頁。結果はどうもまだはっきりしないのであるから，不可抗力条項の効果を拡張し，できるだけたくさんの事柄を不可抗力事由とするためには（たとえダメ元でも），"or any other similar or dissimilar causes"といった文言を挿入するのが現時点における最大限の工夫と言えそうである。

45　「〔論語 公冶長〕物事の一端を聞いただけで，その全体を理解するほど，聡明である」。松村明編『大辞林［第3版］』三省堂。
Lee, Schwarz, Coyle, Boulton, and Kameda (2014), "Important Business Considerations For Successful Entry Into The China Market," Journal of Business Case Studies, Vol. 10, No. 1, pp. 65-82 は，Kopp, R. (2002), Communication problems bedevil non-Japanese execs., The Nikkei Weekly, P.11 を引用して，日本人のコミュニケーションスタイルを「一を聞いて十を知る」寡黙なスタイルと性格付け，それは単一民族であるがゆえにアメリカ人ほど言葉を（話すという点でも書くという点でも）必要としないと評している。"The Japanese are homogeneous people and don't have to speak and write as much as Americans do. What they say by one word, they understand ten"(at 74). 逆に，ひょっとすると，対比されているアメリカ人の多弁は，人種のるつぼという文化に由来するだけではなく，約束の履行が厳格に求められるがゆえに（英米契約法），言葉の意味の範囲も厳格であって（同種文言の原則），そのため「責任範囲についてはすべて言葉として明瞭化せよ」という法的なプレッシャーが働いているのも一因であるのかもしれない。

46　「全部言わなくてもよい，全て打ち明けなくてもよい，などの意味の表現。大体のことは察したから，もう洗いざらい言葉にして伝えなくてもよい，といった意味合いで用いられることが多い」。Weblio辞書実用日本語表現辞典（https://www.weblio.jp/category/dictionary/jtnhjにおいて2024年5月11日に「みなまでいうな」と検索）。

47　中村・前掲注(22)215頁。ほかに，ドラフティングの仕方で効果が変わることを詳述するものとして，浜辺・前掲注(15)62-82頁。さらに，売買契約の不可抗力条項に関し，（売主と買主とでは立場が違うため）「買主としては，不可抗力条項はすべて削除するか，あるいは少なくとも限定的に規定し，ストライキや工場の事故など不可抗力と言えるかどうか曖昧な事由は不可抗力事由から極力除外するよう交渉すべきである」との指摘も見られる。北川俊光・柏木昇『国際取引法［第2版（補訂）］』有斐閣，2008年，139頁。

48　中村・前掲注(39)109頁参照。

49　牧野和夫・河村寛治・飯田浩司『国際取引法と契約実務［第3版］』中央経済社，2013年，245頁。

50　先に触れた杉浦・前掲注(31)39-40頁は，田中・中川・仲谷編・前掲注(19)に添付の約款を題材に，79条を考慮しながら，補強策を論じている。

51　"ICC FORCE MAJEURE CLAUSE 2003"のParagraph 3参照。
https://icc.tobb.org.tr/docs/forcemajeure.pdf　（May 11, 2024）

52　本節では英米法系の判例を十分検討できなかったが，例えば，米国の第7巡回区連邦控訴裁判所

104 第2章 不可抗力条項：そのソフトロー性

判決である Wis. Elec. Power Co. v. Union Pac. R.R. Co., 557 F.3d 504, 507 (7th Cir. Wis. 2009) に
よれば、"But it is essential to an understanding of this case that a force majeure clause must
always be interpreted in accordance with its language and context, like any other provision in a
written contract, rather than with reference to its name. It is not enough to say that the parties
must have meant that performance would be excused if it would be "impossible" within the
meaning that the word has been given in cases interpreting the common law doctrine"（筆者仮
訳：しかし、本件を理解するにあたって最重要な点とは、不可抗力条項は、その条項名を挙げるこ
とよりはむしろ、契約書中の他の規定同様、常に、条項の文言と文脈に沿って解釈されなければな
らないということである。コモンローの法理を解釈している諸判決において不可抗力という言葉に
付与された意味の範疇で、履行が「不可能」であるならばその履行は免責されると当事者が意図して
いたに違いないとまでは言えない）とされる。つまり、包括的な免責を認めるのではなく、契約上
の個別の文言次第で免責の範囲が変わるものとされているようである。

53　なお、既述の第2例は、不可抗力により、不履行が6ヵ月を超えて続く場合に、契約の終了または
修正について、再交渉する義務を付加している。この部分は、一般的な不可抗力条項に必ずしも備
わるものではないが、両当事者間の関係を友好裏に修復しようと努めるべきであることは当然であ
るから、今後、不可抗力条項がソフトロー化していく可能性があるなら、この再交渉義務も含めて
進行することもありえるだろう。ユニドロワ国際商事契約原則は、不可抗力による不履行に関する
再交渉義務の規定を有しないが（第7.1.7条）、ハードシップに関する再交渉の規定を有する（第6.2.3
条）。曽野・前掲注（29）335頁参照。

第2節　不可抗力条項をめぐる裁判例の検討

1　はじめに

　第1節では，国際英文契約中に一般的に見られる不可抗力条項（Force Majeure Clause）がソフトローに昇華しているのではないかという着眼の下で，様々な契約書の不可抗力条項を検討した。不可抗力条項は，国際英文契約書の後半部分に通常置かれる一般条項（General Provisions）（ボイラープレート条項（Boilerplate Clauses）とも呼ばれる）のうち，その代表的なもので，国際英文契約書のほとんどに挿入されている[1]。そして，国際契約法務に関する文献では，これら一般条項は重要な役割を果たすものとしてその意義が示されているのであるが[2]，果たして本当に重要な役割を果たしているのか，その具体例が紹介されることはあまり無いように思われる。筆者は，企業の国際法務スタッフであったときから，この点に関心を寄せていた。そこで国際英文契約中の一般条項，特に不可抗力条項について，具体的な紛争事例を検討してみよう。

　日本の裁判例において不可抗力条項（Force Majeure Clause）を扱ったものは極めて少ない[3]。そこで国際契約のインフラを形成する英米法の下にある米国の判例のうち比較的新しいものであって重要そうなものを選んで読んでみた。合衆国連邦の控訴審判決として第3巡回区連邦控訴裁判所のVICI Racing, LLC v. T-Mobile USA, Inc.事件判決[4]である。本判決は，比較的長文であって，不可抗力条項以外の米国契約法上の他の論点，特に契約の一般条項との関連で言えば，分離可能性条項（Severability Clause）に関わる論点も含む。なお，以下の判決訳においては便宜上，判決文に付された注を当該頁下の脚注として表示し，筆者が付けた注は節末脚注として表示している。

2　判決抄訳

VICI Racing, LLC v. T-Mobile USA, Inc.事件第3巡回区連邦控訴裁判決
VICI Racing, LLC v. T-Mobile USA, Inc., 763 F.3d 273 (3rd Cir. 2014)

106   第2章　不可抗力条項：そのソフトロー性

(1)　事案概要

　本件控訴は，スポーツカーのレーシング・チームのオーナーであるVICI Racing LLC（以下，「VICI社」）と，そのチームの法人スポンサーとなると同意した通信会社であるT-Mobile USA, Inc.（以下，「T-Mobile社」）との間の契約紛争から生じた。控訴人/交差上訴被控訴人のT-Mobile社は，原審のデラウェア州連邦地裁において，自社に対して命じられた700万ドルの判決を不服として控訴した。非陪審審理の後，連邦地裁は，被控訴人/交差上訴控訴人のVICI社との間の契約についてT-Mobile社の契約違反を認定し，VICI社の賠償請求を認め，700万ドルの支払いを命じた。これに対しT-Mobile社は，契約上賠償責任は無く，むしろ損害賠償の権利があると主張して控訴した。VICI社も，契約中に損害賠償予約の約定が有ると主張して700万ドルの追加支払を求めて交差上訴（cross-appeal）したのである。

(2)　事実

　VICI社は元々アメリカ・レマン・シリーズ[1]を争ったスポーツカー・レーシング・チームの運営会社である。T-Mobile社は自動車用無線電話サービスを含む無線電話サービス業を所有・運営している。事の始まりは2009年3月に遡る。2009，2010，2011年3か年のレマン・レースのシーズンについてVICIチームのスポンサーを務めてもらうことをめぐって，VICI社のRon Meixner社長は，T-Mobile社幹部と協議に入った。Meixner社長は，T-Mobile社に，「スポンサーになることはT-Mobile社にとっても経済的に有益である。というのも，VICI社は，フォルクスワーゲン/アウディグループやポルシェAGのTelematicsサービスをめぐって，T-Mobile社がネットワーク・サービス・プロバイダーとなれるようオファーすることができるだろうから。」と伝えた[2]。T-Mobile社内では，フォルクスワーゲン，アウディ，ポルシェにtelematicsサービスを供給することに伴うメリットについて様々な討議がなされ，また，VICI社との契約をどのようにすれば，このビジネスを確保できるか検討された。

---

[1]　アメリカ・レマン・シリーズは，International Motor Sports Association. J.A. 887によって認可された一連のスポーツカー・レースである。

(A) 契約について

2009年3月30日，両社はスポンサー契約（以下，「契約」〔訳注：時として「スポンサー契約」と訳す〕）を締結した。契約の前書き部分の記述によれば，T-Mobile社はVICIのスポンサーとなることに合意し，両社は2009，2010，2011年のアメリカ・レマンのレースシーズンへの参加を通じて各々のコーポレート・イメージや世評を高め維持したいと希望している旨が示されていた。この契約によれば，VICI社は，2009年シーズン中，1台のT-Mobile社がスポンサーを務めるポルシェのレースカーを投入しなければならず，また，2010年と2011年のシーズンについてはそれぞれ2台のT-Mobile社がスポンサーを務めるポルシェ・レースカーを投入しなければならないとされていた。また，契約によれば，VICI社は，レースカーの車体，トレーラー，ユニフォーム，その他宣伝用アイテムの上に，T-Mobile社のロゴと商標を表示しなければならないものとされていた。

更に，この契約の第5.8条には「VICI社は，T-Mobile社に，2011年式に始まるポルシェ，アウディ及びフォルクスワーゲン用Telematicsプログラムのための無線接続性を提供する独占通信事業者となる権利を付与するものとし，その独占性は本契約の契約期間中ずっと継続する」と規定されていた。第5.8条の意味及び関連性は，事実審で激しく議論された争点であった。

T-Mobile社をめぐっては，契約の第4条がVICI社への金銭支払を規定していた。即ち，

　　2009年レースシーズンについては，2009年4月1日までに100万ドル[3]，

---

[2] "telematics"という文言の意味について地裁は何の認定もしていないし，契約も定義してはいなかった。当裁判所としては，この文言は次の通り定義されている点を指摘しておく。つまり，「長距離を越えて情報を送信するためのハイテク機器の使用に関係する科学分野」(Collins English Dictionary (10th ed. 2009), http://dictionary.reference.com/browse/telematics　参照)。また，「コンピュータを電気通信システムと組み合わせて利用することに関する広範な産業のこと」。これは，インターネット同様，データ送信するための電気通信システムに基づくあらゆるタイプのネットワークに対するダイアルアップ接続サービスを含む。この用語は進化し続けていて，GPS追跡を伴うワイヤレス通信と結びついた車載システムのことを指すようになっている。さらにこの用語は進化して，車内を起点又は終点とする，広範な電気通信機能をも含むものとなっている(Telematics, WEBOPEDIA, http://www.webopedia.com/TERM/T/telematics.html　参照)。

[3] この支払は，T-Mobile社からVICI社に期日通りきちんと支払われ，争点ではない。

108　第2章　不可抗力条項：そのソフトロー性

　2010年レースシーズンについては，2010年1月1日までに700万ドル，そして

　2011年レースシーズンについても，2011年1月1日までに700万ドル，
となっていた。

　この契約にはまた，本件控訴に関わる3つの他の条項もあった。第13.2条は不可抗力条項である。その条項とは次の通りである。

　　本契約に基づく非金銭的義務を一方当事者が履行するにあたり，当該当事者の支配を完全に超える状況によって履行が妨げられた場合，影響を受けた当該当事者はその履行義務を免じられるものとする。ただし，影響を受けた当該当事者は，(a) かかる障害の存在，障害の性質，及び予想される障害の期間を，他方当事者に，即座に書面で通知するものとし，かつ，(b) 履行を妨げる状況が去った後直ちに，本契約上の義務の履行を再開するものとする。上記障害の期間中，他方当事者は，本契約上の義務の履行を免じられるものとする。かかる遅滞・不履行は本契約の違反を構成しないものとする。……。

　契約の第14.7条は分離可能性条項であり，次の通りである。

　　本契約の諸規定は分離可能であり，もし1つ又は複数の規定が，全部または一部分，違法その他執行不能であると判断された場合でも，残りの諸規定と支払いに関する部分的に執行可能な規定は執行可能な範囲で，拘束力を有し執行可能であるものとし，そして違法その他執行不能である当該諸規定は，本契約の目的・意図に最も近い有効な規定によって置き換えられるものとする。

　最後に，契約の第11条は「責任の制限」という標題の規定であり，第11.2条は全て大文字で次の通り規定する。

　　何れかの当事者及びその関係会社の他方当事者に対する責任の最大総計であり，そしていかなる請求及び/又は訴因から生じる損害・人身傷害・損失を償うための本契約に関連して援用可能な救済は，2万ドル，又は本契約に基づいて支払い可能な出捐総額のうち，いずれか高い方の額に制限されるものとする。

⒝ "Telematics"をめぐる協働

地裁の認定によれば，2009年4月以降，VICI社のMeixner社長は，フォルクスワーゲン，アウディ及びポルシェから"telematics"のビジネスを獲得すべくT-Mobile社と協働した。例えば，Meixner社長は，T-Mobile社のために，北米ポルシェ・モータースポーツ社の社長兼CEOとの会議のお膳立てをしたし，フォルクスワーゲン社における「telematicsに関するキーパーソン」の15人のコンタクト先情報を提供したし，フォルクスワーゲン社との会議においてT-Mobile社のサービスの売込みも支援した。しかし，T-Mobile社にとって，「思いのほか事態の進展がはかばかしくない」ことは不満であった。

⒞ 事故

2009年7月18日，T-Mobile社がスポンサーを務めるレースカーがレース中の事故によりエンジンと車体に損傷を受けた。2009年8月2日に，VICI社のMeixner社長は，T-Mobile社の社長と法務部門に上記事故を知らせる書簡を送った。この書簡中で，Meixner社長は，レースカーが修理を受けている間45日ないし60日間，レースに参加できないだろうと述べた。T-Mobile社の幹部は，その返信において，修理のせいでT-Mobile社のゲストが，来たるレースにおいてT-Mobileのレースカーの雄姿を目にすることが無いというのは不満であると表明した。

⒟ 契約の終結

2010年1月5日，Meixner社長は，本件契約に基づいて2010年1月1日までに支払われなければならない700万ドルについてT-Mobile社が支払いを怠っている旨を示した催告状をT-Mobile社に送った。2010年1月7日，T-Mobile社は，Meixner社長に当該契約を終了させる書簡を送り，次の理由によりVICI社が重大な契約違反を犯したと主張した。つまり，

> VICI社は，VICI社が，2011年式に始まるtelematicsプログラムのための無線接続性を提供する独占的通信事業者にT-Mobile社がなれるよう，アウディ，フォルクスワーゲン及びポルシェを拘束する権限を有しているという重大な表明及び保証（5.8条）を行っていた。ところが，判明したところによれば，VICI社はそのような権利を付与する権限も持たないし，また，その点についてアウディやフォルクスワーゲンを契約法上拘束する権

110　第2章　不可抗力条項：そのソフトロー性

限も持たないし，かつて持ったこともない。VICI社は，かかる目的を達
成するべくT-Mobile社を支援するための他の真のサポートをT-Mobile
社に，提供したこともない。加えて，特筆すべきこととして，VICI社は，
T-Mobile社がビジネス上のゲストとともに立ち会うはずの，ある重大な
イベントにおいて，なんら正当事由も事前通知もなく，カーレースを行う
ことを怠った。

⒠　**地裁での手続**

2010年9月30日，VICI社は，T-Mobile社を相手に，デラウェア州連邦地裁
で訴訟を起こした。その主張は，T-Mobile社が，2010年1月1日にVICI社に
700万ドルを支払うことを怠ったため契約違反を犯したというもので，損害賠
償として1400万ドルを求めた。

T-Mobile社は，これに対し，積極的抗弁かつ反訴として，VICI社こそ次の
2点において契約上の義務を履行していないと主張した。つまり，⑴
T-Mobile社がスポンサーを務める車が損傷を受けている期間中レースに参加
することを怠ったこと，及び⑵T-Mobile社に自動車メーカー3社に対する
telematicsビジネスを提供することを怠ったことである。T-Mobile社はまた，
VICI社に対して，詐欺的誘因及び衡平法上の詐欺をも申し立てた。

非陪審審理において，VICI社の損害賠償に関する証拠及び主張は，第11.2
条が損害賠償金額を1400万ドルの定額にする約定損害賠償金額条項であると
いう点にのみ専心するものであった。T-Mobile社第11.2条の性質に関する
VICI社の主張について抗わなかった。T-Mobile社は，VICI社が損害を軽減
するのを怠ったという点について，積極的抗弁としても主張しなかったし，事
実審でも主張しなかった。むしろ，T-Mobile社は，契約の第5.8条（telematics
規定）こそがこの契約にとって本質的な重大条件であるという論点に依拠して
いた。即ち，5.8条が執行不能と認定されるなら，その場合はこの契約全体が
執行不能であるというのである。T-Mobile社は，5.8条抜きではこの契約は執
行不能であるので，結果として，地裁は，原状回復的相当額の損害賠償額を認
める必要があると主張した。T-Mobile社はまた，VICI社が，フォルクスワー
ゲン，アウディ及びポルシェからtelematicsビジネスを獲得する権限を同社が
有していると表明したことによって，本件契約締結へと詐欺的に誘引されたと

第2節　不可抗力条項をめぐる裁判例の検討　　111

も主張した[4]。

　2013年2月11日，地裁は，VICI社勝訴の判決を下した。判決に付けられた包括的意見において，地裁は，詳細な事実認定と法的な結論を示した。地裁の判定によれば，T-Mobile社は，2010年1月1日に700万ドルの義務づけられた支払を怠ったことにより契約に違反した。地裁はまた，第5.8条は表面上あいまいであり，そして口頭証拠に照らしてもそのあいまいさは晴れないと結論した。地裁の事実認定によれば，最終の契約が署名される前に，T-Mobile社の内部弁護士，Robert Hines氏が，第5.8条についてMeixner氏と話をしており，Meixner氏の証言によれば，会話中にT-Mobile社のスタッフが説明したところでは，第5.8条はただ，「T-Mobile社がVICI社にとって唯一(exclusive)であって，VICI社はこの点同業者を物色して別の無線通信業者を推すことはできない，そういうこと」[5]を意味するだけである。地裁は次の明確な認定に達した，つまり，第5.8条の文言は「あまりに入り組みすぎて，何らかの単一のはっきりした意味を示せていない」ものであり，「異なった解釈がかなり読み取れる」ものであって，2つ以上の異なった意味を持ち得，そして，契約書の残部を検証しても，第5.8条に含まれる文言の意味をどうにかして明らかにする別規定が見つかるわけでもないということであった。

　このような認定に達したうえで，地裁は，T-Mobile社の主張，つまり，ただ第5.8条を同社が理解するように理解するがゆえに同社は当契約を締結したのであるという主張を斥けた。特に地裁は次の判断を示している。仮に「T-Mobile社の第5.8条に対する主観的理解が真摯なものであるとしても，記録上の証拠によれば，この主観的理解がVICI社に『客観的に明示された』ということ，又は，VICI社がそのことを知っていた，もしくは知るべきであったということは裏付けられていない」。そして，地裁は，本契約の第14.7条（分離可能性条項）に従って，第5.8条を分離した。

　VICI社の方がまず契約違反を犯したのであるというT-Mobile社の主張に対

---

[4]　地裁は，この詐欺的誘因の主張については斥け，T-Mobile社もその判断については上訴していない。

[5]　引用された証言は，本件訴訟におけるT-Mobile社の主張とほぼ間違いなく逆である。契約上の文言に関する両当事者の意思について明らかに矛盾する証言が見られた。

して，地裁は次の判断をした。VICI社は2009年全シーズンにおいてレースをするという義務を果たせなかったけれども，その不作為は契約の不可抗力条項（第13.2条）に基づいて正当化されるとした。その理由としては，レースカーは事故によって損傷を受けており，かつ，VICI社はその旨の通知を行なっていたからであるとした。

損害賠償額に関して，地裁は，T-Mobile社の契約違反を理由に，VICI社に対する700万ドルの期待利益賠償（expectation damages）の支払を認容した。この賠償金支払の根拠として，地裁は，VICI社が，2009年シーズンにおいて発生する残りの費用を賄うため，また，2010年シーズンのための準備費用を賄うため，700万ドルの支払をあてにしていたことを認定した。

当事者が提起した争点ではないけれども，地裁は，T-Mobile社が契約終了通知を送った後，VICI社には損害を軽減する責任があったとも判断した。例えば，2010年シーズン及び2011年シーズンについて，代わりのメインスポンサーを見つけようとする努力を通じてである。かくして，地裁は，VICI社にさらに700万ドルの賠償額を上乗せして授けることは拒否した。地裁が注釈において説明しているところによれば，「準約定損害賠償条項（quasi liquidated damages）」と地裁が呼ぶ第11条に従ってVICI社に1400万ドルが支払われることを認めはしないとしている。その理由は，金額が「不相当に大きく」，執行不能な「懲罰」，または「棚ぼた」となるからというものであった。両当事者は地裁の判決に不服で控訴した。

(3) 当控訴裁判所の裁判管轄権

VICI社の訴状は28U.S.C.§1332に基づく州籍相違連邦管轄権を主張した。T-Mobile社は会社であるので，設立州及び主たる営業所を置く州の州民である。T-Mobile社はデラウェア州で設立され，主たる営業所をワシントン州に置く。したがって，州籍相違管轄権の意味ではデラウェア・ワシントン両州の州民である。VICI社は有限責任法人（a limited liability company）であるので，その社員が州民であるいずれかの州の州民である。VICI社の唯一の社員はRon Meixner氏であり，彼はフロリダ州民である。ゆえに，VICI社は，州籍相違管轄権の意味でフロリダ州民である。係争額は1400万ドルである。両当

事者の州籍は相違しており，係争額は75,000ドルを超えているので，連邦裁判所は本件について事物管轄権を有する。当裁判所は，28U.S.C.§1291に基づき上訴管轄権を有する。

(4) 審査の基準

　非陪審審理からの上訴ということで，当裁判所は，明らかな誤りがあるかどうか地裁の事実認定を審査し，一から地裁の法的結論について審査する。法的問題と事実問題とが混在する問題については，「当裁判所は，明白な誤りという基準を適用するが，ただし，地裁による法律の選択及び解釈については完全な審査に服する」。「地裁の結論が信頼性の判断に基づく限り，当裁判所の審査は特に地裁判断に敬意を示す」。事実認定が「信頼性の様相を示している最低限の証拠による裏付けを完全に欠いているか，あるいは，裏付けとなる証拠データに対して合理的な関連性を欠いている」という場合，事実認定は明らかに誤りであるといえる。

　損害賠償額に関しては，「地裁が法的な意味での契約上の損害賠償額の適正な基準を適用したか否か」を当控訴裁判所が一から審査する。

(5) 責任

(A) T-Mobile社の主張

　地裁は，本件契約の第5.8条が執行不能であると認定し，この規定を契約から分離した。最初の事柄として，当裁判所は，T-Mobile社が，第5.8条が曖昧であるが故に執行不能であるとした地裁の認定[6]について上訴していないことを指摘する。T-Mobile社はむしろ，第5.8条を契約から分離し，契約の残りの部分を執行するという地裁の決定だけについて控訴している。T-Mobile社

---

[6]　地裁は当該規定が曖昧であるという判断に到達するに当たって正しい法理を適用している。その文面上規定が曖昧であると判断した後，地裁は，両当事者の意図を確かめようとして，契約書以外の証拠（parol evidence）を検討した。このアプローチはデラウェア州の最高裁が認めている。*GMG Capital Invs., LLC v. Athenian Venture Partners, I, L.P.*, 36 A.3d 776 (Del. 2012)（「契約があいまいである場合，解釈を行う裁判所は両当事者の意図を確かめるために契約書の文言を超えて探求しなければならない。」）参照。事実認定者として，地裁は，契約書以外の関連証拠を検討したが，外部証拠によっても曖昧さが解消されないと結論した。

114 第2章 不可抗力条項：そのソフトロー性

の主張によれば，地裁は，第5.8条を分離したということで誤った。なぜなら，デラウェア州法の求めるように，第5.8条が全体として契約に必要であるかどうかを検討することを怠ったからであるという。

　特に，T-Mobile社は，分離することが両契約当事者の意思に合致するかどうか検討することを，デラウェア州法が連邦地裁に求めている旨主張した。同社の主張によれば，両契約当事者が分離条項（the severability provision）が無くとも本件契約に署名したかどうか両当事者の意思を分析しなかったうえ，代わりに，当該契約が分離条項を含んでいるという事実のみに依拠しているということである。T-Mobile社は，本件契約に当該条項が存在することは，分離性をめぐる両当事者の意思について，なんらかの指標となるかもしれないが，決定的なことではないとも主張する。同社が主張するところでは，結果として，記録が，当裁判所が破棄理由となる誤り（reversible error）を認定するのに十分であるという。なぜなら，両当事者は，執行可能なtelematics関連条項が無ければ本件契約を締結しなかったであろうと，記録が示しているからだというのである。

　加えて，T-Mobile社は，分離条項の後段に注目する。それは次の通り規定する。即ち，第11条のなんらかの規定が分離された場合，その規定は，「本契約の目的・意図を最も実現する（come closest to the purpose and intent of this Agreement）」規定に「置き換えられるものとする（shall be replaced）」という。分離された条項を，分離された条項と同じ目的・意図を目指す規定に置き換えなかったということによって，地裁は誤りを犯したと，T-Mobile社が断定する。

　T-Mobile社がさらに主張するところによれば，地裁は，次の認定をしたという点でも誤りを犯したとされる。即ち，VICI社のレースカーを損傷した衝突事故の後の2009年のいくつかのレースについて，レースをしなかったことによるVICI社の契約違反が，本件契約の不可抗力条項（the force majeure provision）によって免責されるという認定である。T-Mobile社が主張するところによれば，VICI社は自社の経済的限界に依拠するだけで，別の車でレースをすることはできないと主張するものであり，また，地裁は，不可抗力条項に対して予見可能性要件を推論しないということで誤りを犯したという。

T-Mobil社の審理前の陳述において，同社は決して，本件契約上，不可抗力条項の実行のための要件として予見可能性について触れなかった。

(B) VICI社の主張

VICI社は次の点を強く主張する。地裁は当事者の意図にプライオリティを置きつつ，第5.8条をその言葉通り平易に解釈しようとしたのだが，結局は，この規定があいまいであると認定したという点である。この主張にこだわりつつ，同社は，地裁が外的な証拠を適切に検討はしたものの，それが本件条項の意味を明確にするものではないと認定したのだと論じている。

外的証拠の評価のくだりで，VICI社が指摘するのだが，地裁は，T-Mobile社の第5.8条の解釈を信頼するに足らないと拒絶し，次のように認定した。つまり，たとえT-Mobile社の解釈が誠実になされているとしても，T-Mobile社は，VICI社にその理解を，VICI社が知っていた，あるいは，知るべきであったといえるほど，決して伝えてはいなかったと。

第5.8条を分離し本件契約の残りの部分を有効視する地裁の決定はまた支持されるべきであるとも，VICI社は主張する。同社は，地裁が次の3点を適正に認定したと主張する。つまり，①本件契約の分離可能性条項は，両当事者が分離可能な契約を締結する旨明瞭に意図していたことを示しているという点，②本件契約の残りの部分は執行可能であるという点，及び③記録によれば，第5.8条が本件契約にとって不可欠であるというT-Mobile社の分析は支持されるものではないという点である。

最後に，VICI社は，地裁が分離可能性条項の2番目のパートを無視しているという主張に対して異議を唱える。2番目のパートは，分離された規定は「本件契約の目的・趣旨に最も近くなる（comes closest to the purpose and intent of this Agreement）」有効な条項に置き換えられる旨を規定していた。VICI社によれば，地裁は，検討の上，分離された条項を置き換えようとしたが，「第5.8条のあいまいさのゆえ」に，第5.8条の「本件契約の目的・趣旨」に対する関係を確認することができないと認定した。

VICI社は，地裁が，VICI社自体の契約違反を免責するにあたって，契約の不可抗力条項を適正に適用したとも論じた。VICI社の見解では，T-Mobile社は，不可抗力事由発生後経験した経済的ハードシップを不可抗力事由そのもの

と一緒くたにしている。なぜなら①VICI社は自動車に対する損傷も，その損傷を修理するために取る必要のあるステップについても予見しえなかったからであり，かつ，とにかく②T-Mobile社は，損害に関する自社の控訴上の主張のすべてを放棄した。

当連邦控訴裁判所は，VICI社の交差上訴に関する両当事者の主張を以下の通り再検討する。というのも，VICI社は，地裁が本件事案で同社が請求する1400万ドルの損害賠償額満額の支払を認めるのを拒んだという点で誤りを犯したというのである。

(C) 第5.8条を切り離し契約の残りの部分を有効視したという点で地裁は誤っていない

デラウェア州法は明らかに「他の点で有効な契約の無効な条件は，分離可能であるなら，当該契約を無効化しない」といえる。そして「裁判所は，あやふやな条項を伴う契約について，当該条項が重要または必須の条件でないなら，その契約を執行するだろう」。地裁は，第5.8条があまりにあいまいなので執行不能であると判断をしたが，その際，第5.8条のあいまいさが，契約を全体として無効とするものかどうか検討した。

この問題は両当事者の意図次第である。デラウェア州の諸裁判所は，分離可能な契約を締結する両当事者の意思は，分離可能性条項によって，直接契約の中で表すことができると認めている。

裁判所が，両当事者には契約を分離可能にする意思があったと認定した場合，裁判所は，当該契約が執行できるほど当該契約の残りの条件が十分に明確であるかどうかを決定しなければならない。なぜなら「契約は，執行可能であるために，条件において相当程度明確でなければならない」からである。

本件契約の分離可能性条項は明瞭であり，執行不能な条項は契約から分離され，残りの諸条項は執行されるという両当事者の意思を反映している。関連部分を再掲すると，本件契約は次の通り規定する：

> 本契約の諸規定は分離可能であり，そして，仮に1つ又は複数の規定が……執行不能であると判定された場合，……残りの諸規定はそれでも，……拘束力を有しかつ執行可能であるものとする。当該違法もしくは執行不能な規定は，本契約の目的・趣旨に最も近い意味となる有効な規定に

よって代替されるものとする。

地裁が認定した通り，この規定は，契約中執行不能であるいかなる規定も契約全体を破壊しはしないという，そういう契約を創設しようとする両当事者の意思の明確な表明である。さらに，この契約は，それが執行可能であるために十分明確な文言を含んでいた。

T-Mobile社は，第5.8条が本契約にとって必須であるかどうかについて地裁は判断していないと主張する。T-Mobile社が論じたのかどうかはっきりしないのだが，両当事者が当該規定を分離可能であるものと意図しなかった証拠として第5.8条が必須であるということ，あるいは，第5.8条が無ければ，本契約は両当事者の合意の必須条件をもはや反映しないため，本契約は執行不能であるということを示すという論点がある。しかしその主張は失敗である。

最初の主張に関して，地裁ははっきりと分離可能性条項が曖昧ではないと認定した。上述の通り，地裁の結論には何の誤謬も見当たらない。2番目の主張，契約の残りの部分が執行不能であるという主張に関しても，何の誤謬も見当たらない。地裁は自己の分析を言葉で構成していないけれど，T-Mobile社が控訴審でも事実審でも提示した主張を明確に退けた。つまり，同社が，さまざまな自動車メーカーからテレマティクス（telematics）ビジネスを獲得するがためにのみ，本契約を締結したという主張である。実際，地裁は次の通り結論している。すなわち「T-Mobile社は，テレマティクス・ビジネスを獲得するためにのみスポンサーシップの契約を締結したと繰り返し主張しているけれども……，この意図は本契約の全内容のどこにも反映されていない」。この結論を後押しするものとして，「契約の導入部は契約の目的がレースカーの……スポンサーをすることであると述べている」し，また，「問題のスポンサー契約は8ページの長さであり，300行以上の本文を含むが，その中で，telematicsという言葉はたった1度，3行の規定（第5.8条）に用いられているだけで，**この規定がT-Mobile社にとって取引の基盤であるという示唆は一切見られない**」[7]。上記結論を裏付けるもう1つの理由は，両当事者が，telematicsの定義

---

[7]　地裁は，当該条項の意味を判断するために口頭証拠の検討を続けているけれども，そのことは，telematics条項が両当事者の契約の成立に必須であったわけではないという結論に矛盾するものでも，結論を損なうものでもない。

もせず，また，telematicsの条項がVICI社の義務の一部だと述べるくだりを契約中に挿入もしていないことである。

このように，地裁は，両当事者が執行不能な契約上の条件を当該契約から分離する意図であったこと，及びtelematics条項はスポンサー契約(the Sponsorship Agreement)の必須条件ではなかったことを，適切に判断したうえで，残りの契約諸条件を適切に処理した。

さらに，次のT-Mobile社の主張も首肯できるものとは言えない。つまり，地裁は，第5.8条という分離対象の条項を，本契約の分離可能性条項に沿って「本契約の目的及び意図に最も近接した」別の条項と置き換えはしなかったということによって誤りを犯したという主張である。第5.8条の意味をめぐる解消不能の曖昧さ及び本契約の他の部分にtelematicsに関する議論が何も含まれていないという点を考慮すると，地裁は，telematicsに関して「本契約の目的と性質に近接する」別の規定というものをうまく考案しえなかったのである[8]。

(D) 不可抗力条項によりVICI社の契約違反が免責されるとした点について地裁は誤っていない

当裁判所は，地裁が適切に第5.8条を分離し，契約の残りの部分を有効視したと判断したので，次に，2009年においてVICI社がいくつかのレースにレースカーを参加させなかったことをめぐって，本契約の不可抗力条項がその点を免責するかどうかという問題について検討する。地裁は，当該規定がVICI社の契約違反について免責すると判断した。T-Mobile社はその結論について争っている。

不可抗力条項は契約期間中の不履行を免責しうる事柄の範囲を定義する。地裁が記しているように，「一般論として，不可抗力条項は……一方契約当事者を，当該当事者のコントロールのできない災難の結果から守るべく設けられている」(地裁の引用する判例によれば，不動産開発業者が「基礎部分の工事を妨

---

[8] T-Mobile社は，地裁が約因の可分部分の履行について検討していないとも主張する。即ち，地裁は，この契約が，ある種の約束に対する約因について，その可分部分の履行を認めているかどうか判断していないというのである。当裁判所は次の事実に照らし，この主張を斥ける。つまり，両当事者には，約因の可分部分の履行はどうあれ，契約の特定の執行不能な条項を分離するということを認めたいという意思があり，その意思を反映する分離可能性条項を本契約は有している，という事実である。

げる地下水関連の問題に直面」したが、「それは、（開発業者に）契約履行期日を守れなくした原因ではなく、開発業者は事前に勤勉に行動しなかったために期日を守れなかった」という理由で、不可抗力事象の発生を否定）[9]。しかし、裁判所は、全契約解釈を通して、契約上の文言から両当事者の意思を決定しなければならない。

　地裁は、本契約の諸条件に基づいて、この自動車事故が不可抗力を構成すると認定し、そのうえで、次のように、意見を述べている。

　　当契約の第13.2条を見ると、問題の不可抗力条項は、次の3つの条件が満たされる場合発動しうる。つまり、(1)履行を妨げられた義務は、一方当事者の支配を超える状況のせいで履行を妨げられた非金銭的義務であること、(2)影響を受けた側の当事者は、直ちに障害発生、その性質及び予測される期間について、通知を与えること、並びに(3)妨げられた義務の履行が、当該障害の除去後速やかに再開されることである。

　　諸事実を顧みると、本件において履行を妨げられた義務は確かに非金銭的義務であった。というのも、VICI社は、Lime Rockレースにおける事故によって生じたレースカーへの損傷のせいで、レースすることができなくなったのである。VICI社のレースカーが損傷を被って2週間後、Meixner氏はT-Mobile社の社長と法務部門に対して通知をファックスして、当該レースカーが45日ないし60日間使用不能である旨を説明した。VICI社はMazda Raceway Laguna Secaにおいて2009年10月にレースを再開した。

　　T-Mobile社の主張によれば、VICI社による本契約の不可抗力条項の発動は不当であるという。なぜならVICI社がレースをするのを妨げた障害は財政的なものであったというのである。裁判所としては、上述の根拠に基づくT-Mobile社の法的主張について、取り上げる必要性を認めない。なぜならその主張は事実として不的確であるからだ……。本件障害はLime Rockレースにおける事故で生じた損傷であった。金銭で問題を解決

---

[9]　デラウェア州の裁判所の未公刊の意見は、拘束力のある先例としてではないものの、デラウェア州内で引用可能である。（以下略）

しうるという事実は，金銭の不足によって問題が生じたということを意味するものではない。Meixner氏は，本契約第13.2条に概述されている不可抗力をめぐる手続に忠実に従っているので，当裁判所としては，VICI社が4つのレースにT-Mobile Le Mansカーを出場させなかったことは契約違反ではなかったと認定する。

T-Mobile社は，地裁に対して行ったと同様に，次の通り主張する。つまり，VICI社の不可抗力の主張は経済的なハードシップに依拠していて許されないのであり，それはデラウェア州法上，不履行の免責理由にはなりえないというのである。この主張の裏付けとして，T-Mobile社は，VICI社の代表者の次の証言を指摘する。VICI社がもっと健全な財務状況にあれば，事故直後のレースに出場できていただろうという証言である。だから，単に費用がかさむことは不可抗力を構成するものではないとT-Mobile社は主張する。

地裁の認識は正しいのであるが，T-Mobile社は経済的ハードシップをめぐる不可抗力ルールを誤って解釈している。不可抗力ルールが明言するのは，合理的な範囲の極端ではない経済的ハードシップはそれ自体不可抗力を構成しえないということである。しかし，本件不可抗力は（地裁が認識した通り）経済的ハードシップではなく，むしろ，自動車衝突事故であった（履行を妨げる状況とは「Lime Rockレースにおける事故において生じた損傷であった」と述べる）。このように，T-Mobile社が依拠する唯一の判例はここでは意味を持たない。なぜならそれは，財政的ハードシップ自体は，不可抗力条項に照らして不履行を免責する状況を構成するものではないという一般的定理を支持するものにすぎないからである。

［1］　不可抗力条項が不履行を免責するための要件としての予見可能性について

T-Mobile社は，履行を妨げる状況（レースカーへの損傷）が契約締結時に予見され得なかったということをVICI社は証明していないとも主張する。T-Mobile社の主張によれば，自動車衝突事故とそれによって引き起こされたその後の損傷とが予見され得なかったということを指し示す記録上の証拠は存在せず，ゆえに，不可抗力条項は適用されないという。VICI社は，本件レースカーに対する損傷のタイプも当該損傷の結果必要となる修理のタイプも，そ

のような修理を行う際に必要となる部品の不足も予見不可能であったと応じる。

　予備的なポイントとして，当裁判所は，本件契約の不可抗力条項が3つの条件を課しているということを付言する。つまり，「①履行を妨げられた義務は，一方当事者の支配を超える状況のせいで履行を妨げられた非金銭的義務であること，②影響を受けた側の当事者は，直ちに，障害発生，その性質及び予測される期間について，通知を与えること，並びに③妨げられた義務の履行が，当該障害の除去後速やかに再開されることである」。そのいずれも予見可能性に言及していない。にもかかわらず，いくつかの裁判所が，契約書が何ら言及していない場合でもそのような条件を推論してきた。

　しかし，T-Mobile社は下級審で予見可能性の争点を提示しなかったので，同社はこの争点について上訴による救済を得ることは許されない。上訴において初めて展開された議論は放棄されたものとみなされ，例外的な事情がない限りは，結果として，本裁判所における再審理が許されえないということは自明である。この放棄ルールは，いくつかの重要な司法上の利益に寄与する。例えば，訴訟当事者を不当なサプライズから保護すること，判決の終局性を促進すること及び司法資源を節約すること，並びに，地方裁判所に対して，かつて彼らの面前で訴えかけ議論されたこともない根拠に基づく差戻審が生じることのないようにすることである。T-Mobile社は本件地方裁判所に対して予見可能性をめぐる議論を展開しなかったので，当控訴裁はそれを放棄とみなす。

　仮にT-Mobile社が予見可能性の争点を放棄しなかったとするならば，当控訴裁判所は，デラウェア州最高裁がこの問題についてどのように判決を下すか予測することが求められるだろう。なぜならデラウェア州最高裁はこの問題にまだ取り組んだことがないからである。この話題に取り組んだことのあるデラウェア州の唯一の裁判所は，Stroud事件における大法官裁判所（the Court of Chancery）である。その事案において，大法官裁判所は，建築途中の2棟のタウンハウス型マンションの取得の契約を解釈した。その契約には不可抗力条項が含まれていたのだが，その不可抗力条項は，当該規定の射程内に該当するいくつかのタイプの出来事を列挙する一方でまた，包括文言も含んでいた。即ち，「又は，当事者の支配を超えるその他いかなる理由」という包括文言であ

る。不動産開発業者の主張は，貯水池の検査及び不合格が引き起こした一連の遅延並びに郡による最終承認の遅れを理由とする不履行を，不可抗力条項が免責するというものであった。大法官裁判所はこの主張を斥け，次の通り述べた。かかる遅延は「不動産開発の舞台ではほとんど必然的なもの」であり，そして「ある意味で進捗を『遅れさせた』おのおのの事項は不可抗力条項の本質ではない」と。これらの検討を踏まえて，大法官裁判所は，次の通り判断した。

> 結局のところ，本契約当事者の最も期待しそうなところは，不可抗力条項が，次の2つの概念を包含しているということである。即ち，第一に，遅延を引き起こした出来事が［開発会社の］合理的支配を超えていたということ，そして，第二に，その出来事が，不動産開発の通常の過程において，合理的に予見可能ではなかったということである。

Stroud事件において大法官裁判所は，あらゆる不可抗力条項が予見可能性の概念を内包していると読まれねばならないとは，一言も指摘していない。むしろ，大法官裁判所は，標準的な契約分析に取り組んで，契約両当事者の意図を判断し，そのうえで不動産業界の性質を前提に，両当事者は，不可抗力条項がそのような**概念**を含むと期待したのだと認定した。

免責事由が予見不能でなければならないかどうかに触れていないそのような契約上の不可抗力条項は，予見不能であることを要求しているものと解釈すべきであると認定する裁判所も他には見られる。実際に，Gulf Oil Corp.事件判決（706 F.2d at 453）で，当裁判所は，ガス保証契約における不可抗力条項を検討し，次のように意見を述べている。「保証契約中の不可抗力の定義を裏付けるために，出来事の発生の周りにある不確かさや予想の欠落という要素を重視しなければならず，そのうえでガスの利用可能性や供給へ影響を加味しなければならない」。この結果に到達したうえで，当裁判所は，控訴人の「契約条件は，両当事者を，予見可能な出来事と予見不能な出来事の双方から保護する」という主張を明白に斥けた。この場合もやはり，判決は，「当裁判所の判決は契約の日常的保証に基づいている」とは述べているものの，ガス業界の特殊な環境を重視していた。

Gulf事件で争点となった機械的な故障や保守修繕と同様に，競争的なカーレース中のレースカーの衝突事故は，不可抗力を構成するものとすべきではな

いと示唆するある種の理論的根拠も存在する。というのも，「それらは頻繁に発生し，ほとんど予測可能であることから，不履行を免責する**不可抗力**というものの埒外に置かれるのである」からである。にもかかわらず，契約は予見可能でないことという条件を契約条件に明示に組み入れているわけではないという理由とT-Mobile社は事実審段階でその争点を持ち出していなかったという理由によって，当裁判所としては，ここでその問題に触れることを拒絶する。事実審段階における本件争点に関する十分練りこまれた記録が無いままで，デラウェア州法の未知の領域に踏み込んでいくのは賢明なことではないだろう[10]。例えば，記録上には次の点を示す諸事実がある。つまり，T-Mobile社はVICI社に，T-Mobile社としてはレースをしないことが契約違反を構成すると考えている旨を通知していなかったし，契約違反となるVICI社の不作為が発生したとたんに契約を解約しはしなかった。これらの点は，次のいずれかを示していると言えるかもしれない。T-Mobile社が不履行は重大ではないとみなしていたか，不履行が不可抗力条項によって免責されるとみなしていたかのいずれかである。

　さらに，放棄理論を本件で適用することは上述した3つの司法上の利益を守ることに貢献する。即ち，「訴訟当事者を不当なサプライズから保護すること，判決の終局性を促進すること及び司法資源を節約すること，並びに，地方裁判所に対して，かつて彼らの面前で訴えかけ議論されたこともない根拠に基づく差戻審が生じることのないようにすること」である。

　この種の議論に関する事実記録は十分ではなく，放棄理論によって保護されるべく設計された司法上の利益の観点から見れば，最も良識的な行動方針は，予見可能性の争点は放棄されたとみなすことである。したがって，当裁判所は，この点に関する地裁の認定を是とする。この判示の結果については，のちに，VICI社の交差上訴の部分で触れる。

---

[10]　当裁判所としては，VICI社のある種の主張が次の点を指摘している旨付言する。即ち，両当事者はレースカー事故と生じる結果の可能性について認識していたということである。VICI社の冒頭陳述において，代理人によれば，Ron Meixner氏はT-Mobile社の代表に対して，「我々に1台の車があって，その車に問題があれば，しばらくの間レースを離脱することがありうる」旨説明した。代理人は，加えて，次の点も主張した。事故後，Meixner氏はT-Mobile社に「私はこれが問題となると告げておいた」と告げたということである。

124 第2章 不可抗力条項：そのソフトロー性

(6) 約定損害賠償額

2010年分支払いをT-Mobile社が行わなかったことに基づいて，VICI社への700万ドルの支払いを命じたのは地裁の誤りであると，T-Mobile社は主張する。同社の主張では，2010年分支払額満額の支払を命じたことによって，地裁は，期待利益賠償額の理論を適切に適用していないという[11]。VICI社は，自身の交差上訴において，T-Mobile社が2011年分支払いをしなかったことについて，700万ドルの賠償を命じることを地裁が拒絶したという点で地裁は誤っていると主張する。VICI社の主張によれば，本件契約書の第11.2条は約定損害賠償額条項であって，地裁は，VICI社への1400万ドル（即ち，本契約上T-Mobile社が支払いを怠った金額全額）の支払を命じる以外すべはないという。

当裁判所はまずスポンサー契約の第11.2条が約定損害賠償額条項であるというVICI社の主張について検討する。というのも，この点についてVICI社の主張が正しいと認定すれば損害賠償額に関する更なる議論は実質的に不要となるだろうからである。

地裁は第11.2条を「準約定損害賠償額条項(quasi liquidated damages provision)」と性格づけた[12]。地裁は続けて付言する。もし約定損害賠償金として2回目の700万ドルの支払いを地裁が命じるとすれば，その支払裁定は「不相当に巨額」となり，そのため「懲罰としての公序に照らして執行不能」となるという。当裁判所は改めて最初から，地裁の契約構成(a district court's construction of a contract) を再検討してみる。

デラウェア州では，「契約法は両当事者に，契約の終了の結果として被る現実の損害額を誠実に見積もることのみを許している」。この誠実な見積もりこ

---

[11] T-Mobile社は，地裁は，「提供役務相当金額請求(quantum meruit)」理論に基づいて，VICI社に対する損害賠償ではなく，T-Mobile社に対する損害賠償の支払を認めるべきであったとも主張する。当裁判所としては，両当事者間には拘束力のある契約が存在したと判示するので，T-Mobile社の主張は失当である（提供役務相当金額請求の理論又は法によって黙示された契約の理論に関して，当州の裁判所は永らく，かかる理論に基づく権利回復は，両当事者の関係が明示の契約によって支配されるものではない場合に限って検討されるから）。

[12] 第一に，当裁判所は，地裁による「準約定損害賠償額」理論の黙示的採用に対して反対である。なぜならデラウェア州法上，1つの規定は，約定損害賠償を指示するか，それとも指示しないかのいずれかであるからである。

そが約定損害賠償金として知られる。

　　約定損害賠償金額は，契約締結時点で，契約違反から生じるいかなる損失・損害をも埋め合わせるために支払われうるものとして，契約当事者が合意した金額である。実際にそれは，契約違反によって被る損失額についての両当事者の最善の予測であり，それを用いなければあいまいで，あるいは証明が容易ではない損害賠償額について，一定の確定的金額を提示する1つの方法である[5]。

　ある契約上の規定が約定損害賠償金額を定める規定であるかどうかを判断するために，デラウェア州の諸裁判所は，次の点を問う。つまり，当該規定が，契約違反時に支払われるべき定額を定めるという両当事者の意思を明確に示しているかどうかである。規定が「合理的にあるいは公正に見て異なった解釈が疑われる場合又は複数の異なった意味を持ちうる」場合，文言は曖昧であるといえる。

　「責任の制限」という標題のついた，本件契約の第11条は次の通り規定する。

　　11.1　当事者の一方が損害の可能性の知らせを受けていたとしても，……いかなる損害についても他方当事者に対して有責ではない。……損害には次のものを含むがそれらに限定されるものではない。例えば，特別損害，間接損害，付随的損害，懲罰的損害，派生的損害もしくは三倍賠償，プライバシーの喪失による損害，人身傷害もしくは財産的損害，又は本契約上予想される取引から生じるものであれば**いかなる損害**も含む。

　　11.2　いずれかの当事者の負う総責任の**最大**であって，……いかなるかつあらゆる請求権及び/又は訴因から生じるいかなるかつあらゆる損害，損傷，損失に対して本契約上利用可能な**唯一の救済は50,000ドル又は本契約上出捐可能な金額総計[1400万ドル]のいずれか高い方**に限定されるものとする。

　VICI社は，第11.1条と第11.2条は一緒になって，回復可能な損害賠償額を制限しつつ（第11.1条），約定賠償額をきっかり特定するように（第11.2条）働いているのだと主張する。その解釈に従えば，第11.2条は「唯一の救済」を，即ち，5万ドル又は契約上残存する債務額のいずれか高い方を規定する一方で，第11.1条は「いかなる損害賠償も」禁じている。VICI社はまた，本件契約

126 第2章 不可抗力条項：そのソフトロー性

の残存条項にも依拠している。残存条項は，解釈の補足的サポートとして，第11条が「いかなる理由にせよ，本件契約の終了後も有効に残存する」旨を規定している。

　当裁判所としては，第11.2条が約定損害賠償額条項であるとは納得しない。第一に，第11条の標題は「責任の制限」であって「約定損害賠償金額」とはされていない。規定の標題というものは，分析に際して，解決の手がかりとはならないものとされるけれども，第11.2条の残りの部分は，この条項が実際に責任限定の規定であることを示す言葉に溢れている。まず，第11.2条は，本件契約上の「責任総計の最大」を設定する。責任の最大を制限することは，デラウェア州の約定損害賠償に関する判例法のもとで要求されるような定額（a fixed sum）を設定するものではなくて，単に，損害賠償額の上限を設定するに過ぎない。次に，この規定は，いかなるかつあらゆる損害賠償が「制限されるものとする」と述べるが，この言葉は，責任を制限する紛れもない意思を表示するものであって，定額を設定するものではない。最後に，この規定で予定される支払いも定額を設定してはいない。代わりに，5万ドルか又は「本契約上出捐可能な金額総計のいずれか高い方」の支払いを要求している。

　本件契約の残りの構造も，第11.2条が約定損害賠償金額を規定すべく意図されたものではないという結論を裏付ける。約定損害賠償金額の規定は，契約違反から生じる損害を他の方法では予測したり計算したりするのが困難であるという場合にこそ認められる。しかし，本件契約の第4条に規定された支払日程は，契約違反の際にどんな損害が発生するか，VICI社が予測しうるものをはっきりとさせている[13]。第11条の責任の制限という文言は，第4条と併せて読めば，VICI社にとって援用可能な損害賠償金額の最大額を設定していることは明らかである。したがって，本件契約を参照することによって損害賠償

---

[13]　便宜上，当裁判所はこの規定を再述しておく。
　　第4条　料金とマーケティング・サポート
　　　第4.1条　［T-Mobile社は］VICI社に対し，第一期間中に次のスポンサーシップ料金を支払うことに同意する。
　　　　2009レースシーズン：　2009年4月1日までに100万ドル
　　　　2010レースシーズン：　2010年1月1日までに700万ドル
　　　　2011レースシーズン：　2011年1月1日までに700万ドル

金額が比較的容易に計算できる場合に，ある条項を約定損害賠償金額条項であると解釈することにはほとんど意味がない。

VICI社が認識する通り，第11.2条は「唯一の救済」というフレーズを用いている。そのことは当該規定が約定賠償を予期するものであると示唆することもありうる。しかし，これらの文言のもっと優れた読み方は，T-Mobile社の責任は，5万ドルか当該契約上支払われるべき残債務か，いずれか高い方を支払うことに制限されるということである。当裁判所がこれまで論じてきた通り，これら支払の可能性は必然的に，契約に基づく両当事者の期待を繰り返しているのであって，それは逆に，約定損害賠償金額を規定しているわけではないということである。さらに「唯一の救済」という言葉が，約定損害賠償金額を規定するという読み方を裏付けるとしても，第11.2条の残りの文言はいくらよく見ても曖昧である。デラウェア州法上，約定損害賠償金額条項は明確でなければならない。したがって当裁判所は，地裁の判決を支持し，本件契約が約定損害賠償の救済を規定しているとは解釈しない。

(7) 2010年度分支払いに対する損害賠償額の地裁による計算

第11.2条は約定損害賠償金額条項ではないので，当裁判所は，地裁が本件契約に基づいて期待利益の賠償額（expectation damages）を適正に裁定したかどうか，検証する。

最初に当裁判所は，T-Mobile社が，事実審理前の陳述あるいは事実審で，損害賠償額に関する争点を提示しなかったという点に触れる。地裁が判決を下したあと，T-Mobile社は，連邦民事訴訟規則第50条に従って，損害賠償額に関する裁定が過度であるという理由で再審理の申立（a motion for a new trial）や判決破棄の申立（a motion to set aside the judgment）を提出することもできたはずである。同社はいずれも行っていない。したがって，T-Mobile社は控訴審において損害賠償額に関して論じる権利を保持していない。たとえT-Mobile社の主張が適切に地裁の前で展開されていたとしても，当裁判所としては，実体的事項を欠くものと認定するであろう。

地裁の損害賠償金額の再検討をするに当たって，それは，法律問題と事実問題とが混ざった問題である。損害賠償金額を計算するときに，どのような法的

128 第2章 不可抗力条項：そのソフトロー性

基準を適用すべきかという判断とその基準が適正に適用されたのかどうかということが，法律問題である。この法的基準を適用する事実の判断が事実問題である。したがって，当裁判所は，地裁の認定が明らかに誤りであるというのでないなら，事実審裁判所の時系列又は物語としての諸事実に関する認定を受け容れなければならないが，一方，当裁判所は，地裁による法規範の選択及び解釈並びに時系列的諸事実への当該法規範の適用に対して，十分な再審査を実行しなければならない。

　本件契約違反から結果として生じた損害を評価するに当たって，地裁は，その分析を二手に分けて，2010年分支払と2011年分支払とを怠ったことから生じる損害賠償について，別々にアドレスした。当裁判所は同様の線で当裁判所の分析を構築する。この章，パート7は，T-Mobile社が本件契約に基づく2010年分支払を怠ったことを根拠とする700万ドルの損害賠償支払裁定に焦点を絞る。パート7.A.1では，地裁が，2010年分支払に対する損害賠償額を計算する際に適切な法的基準を用いたと結論する。パート7.A.2では，地裁が，T-Mobile社の契約違反の結果として生じたVICI社の損失及び同社が被らなかった費用について，先の基準を適用するのは誤りではないと結論する。パート7.B.1と7.B.2とは，積極的抗弁としての損害拡大防止の性質を論じる。パート7.B.3では，地裁が，損害拡大防止について顧慮することなくVICI社の損害を計算したことに誤りはないと結論する。理由は，T-Mobile社が積極的抗弁を放棄したからである。パート8では，2011年分支払に関する裁判所の判決にアドレスし，地裁は間違った法的基準を適用し結論に達したと結論する。パート9には簡単な結論を示す。

(A) 期待利益の賠償 (Expectation Damages)

　T-Mobile社は，連邦地裁が，損害賠償の「法的に認められた方法」を何ら適用していないと主張する。同社は，連邦地裁が，同社の契約違反の結果としてVICI社が回避した実費負担を控除せず，また，VICI社が相当の損害軽減の努力をすれば回避しえたであろう費用を控除しなかったとも主張する。

　[1]　2010年分のVICI社の損害額を決定するに当たり連邦地裁は適正な法的基準を用いた

　当裁判所はまず，連邦地裁が期待利益の賠償を認めるに当たって適正な法的

基準を用いたかどうか検証する。契約法第2リステートメント（the Restatement（Second）of Contracts）の§347によれば，期待利益の賠償は次の算式で計算される。即ち，(1) 契約違反者でない側の当事者が被った損失＋(2) 契約違反が生じさせたいかなる損失（間接的損失や結果的損失を含む）−(3) 契約履行の必要が無いことによって契約違反者でない側の当事者が回避した何らかの費用やその他損失。言い換えれば，「期待利益の賠償は，あたかも約束者が契約を履行した場合と同等のポジションに被約束者を置いたとする金額によって算定される」。

期待利益の賠償は，推論的ではありえない。契約違反者側でない当事者が契約違反の結果として被った損失を立証する際に，原告は「金額として測られた，損害の範囲の合理的な見積りの根拠を提示し」なければならない。加えて，原告は，契約違反から予見可能なあるいは導き出せそうな賠償金のみを回復できる。

いったん不履行のせいで発生した損失が決定されたなら，裁判所は，記録上明らかな，契約違反の結果として回避された費用はいかなるものも，控除しなければならない。裁判所は，合理的な努力をすることによって原告が回避しえたはずの損失額を算定損害額から減じもしなければならない。

T-Mobile社は，連邦地裁が，なんら法的に認められた損害賠償金額の算定方法を適用せずに，2010年分につき，700万ドルの賠償をVICI社に認めたと主張する。当裁判所としては賛成しない。連邦地裁は，適正な基準を用いた。その内容には，出費を避けられた実費額を賠償額から控除しなければならないとすることが含まれる。連邦地裁の判決によれば，

　　一般に，違反者側でない当事者は，契約違反から当然に生じる，又は契約時に合理的に予見できる損害額を回復する権利がある。「契約上の損害賠償」は，契約違反のせいで訴訟手続に置かれた被害当事者を，あたかも契約が履行されていたとすればその者が本来置かれていたはずの同等の境遇に置くべく設計されている。そのような損害賠償は棚ぼたとして機能すべきではない。さらに，損害賠償額からは，違反者でない当事者が出費せずに済んだ費用その他損失を減じるべきである。契約法第2リステートメント§350参照。契約当事者は，契約違反に直面した時，自身の履行を差し

130　第2章　不可抗力条項：そのソフトロー性

　控えることによって出費せずに済ませることができ，また代替の手配をすることで損失を避けることができる。また，当事者は，合理的な努力を尽くせば回避できたであろう損失をめぐる賠償を求めることは一般にできない。したがって，被害当事者は自身の費用と損失抑制し最小化する義務を負う。

［2］　連邦地裁は，回避しえた実費に関連して，適正な損害賠償の基準を適用するに当たって誤りもせず，2010年分の損害賠償額を裏付ける事実認定に当たって明確な誤りを犯したわけでもない

　次に，T-Mobile社は，連邦地裁が，記録中の事実に対して正しい法基準を適正に適用していないと主張する。その理由としては，2010年にレースをしなかったことでVICI社が回避した費用を，連邦地裁は控除しなかったということを挙げる。

　期待利益の賠償の基準を適用するに当たって，連邦地裁は，本件契約上，VICI社がT-Mobile社から獲得することを期待したものについて認定をした。連邦地裁は，両当事者の期待に関する最良の証拠として，スポンサー契約の文言に注目し，VICI社が2010年に700万ドルを受け取ることを期待していたと認定した。スポンサー契約の第4条は，VICI社が受け取りを期待し，かつT-Mobile社が支払いを予測する金銭支払いのことを明らかに表現している。T-Mobile社の契約違反のタイミングに基づけば，第4条の支払いのスケジュールが，VICI社が2010年1月1日に700万ドルの支払いを受けることを期待していたという連邦地裁の認定を裏付ける。

　そして地裁は，契約違反の結果としてVICI社が被った費用及び損失について，積極的な認定を行った。例えば，地裁は，車一台の予算の最低ラインは250万ドルだが，通常の予算は500万ドルであるというMeixner氏の証言を信用した。VICI社は，T-Mobile社によって当該年に提供された，削減された2009年予算について，これらの費用の一部を別のスポンサーシップで埋め合わせしつつも，穴埋めすべく2009年の損失をかぶったとも，地裁はまた，認定した。地裁は，VICI社が2009年に，損傷を受けたレースカーに対する追加の費用をも負担したと認定した。そして，VICI社が，2010年のシーズンに向けての準備を賄うための費用を2009年に負担したとも認定した。

地裁による記録の引用は，VICI社が契約違反の結果として損失とコストを負担しているという認定の実質的な裏付けを提示している。これらのコストには次のものが含まれる，つまり，2009年においてチームを走らせるためのローンであって，VICI社が2010年の支払の際に同時に改めて支払われると期待していたもの[14]，さらに2009年の車の修理コスト[15]及び2010年に向けてのレースの準備コスト[16]。

これらの証言の引用と事実認定にも関わらず，T-Mobile社は，地裁が次の点で誤りを犯したと主張する。つまり，地裁は，VICI社が回避した実費について認定しなかったという点とVICI社に認められた損害賠償額からこの実費を控除しなかったという点である。T-Mobile社には，この議論について勝ち目はない。第一に，同社は，審理前陳述において，審理中において，審理後の書類提出においてもまたは審理後の申立ての場面でも，これらの議論に何ら触れていなかった。第二に，地裁は，費用の発生が実際に回避されたこと，この回避された費用とは何であったか，あるいはこの実費が契約違反の結果として生じたVICI社の損失によって相殺されるかどうかといった事柄について明確には述べていなかったけれども，これらの認定を明確に行わなかったことというのは，破棄や差戻しの理由とならない。

T-Mobile社の主張によれば，地裁は，T-Mobile社が契約に基づいて履行をしていたとすればVICI社が2010年に受け取ったはずの金額と同額の700万ドルの賠償をVICI社のために認めたのであるから，VICI社が2010年にレースをしなかったことによって負担せずに済ませた実費の控除を怠ったというのである。地裁は，レースをしなかったことによって回避された実費をめぐって明確な認定をしたりはしなかったけれども，T-Mobile社が，地裁は適正な賠償基準の適用を怠ったとするのは，正しくない。

上記Part7.A.1で引用した通り，地裁は，損害賠償額の計算から回避された

---

[14]　訳注：代理人弁護士とMeixner氏との間の証言の記録が注記されているが省略する。Meixner氏は最後に「なぜなら私は，2010年の1月に支払を受けられるつもりで」と証言している。

[15]　訳注：代理人弁護士とMeixner氏との間の証言の記録が注記されているが省略する。

[16]　訳注：代理人弁護士とMeixner氏との間の証言の記録が注記されているが省略する。「次の，新しいシーズンのために準備を行っていました」といった発言がある。

実費分を控除するという義務について，正しく特定しているし，ゆえに十分認識もしていた。回避された実費分は，VICI社が，被った別の損失をもって相殺されたのであると，地裁は暗に結論付けているというのが，地裁意見に対するより正しい読み方である。

地裁は，VICI社が損害賠償を求める権利を有するというのは本件契約のみを根拠とすると，結論しているわけではなかった。地裁が，2009年及び2010年の間にVICI社が被った追加の損失分のことを検討しているという事実は，当該契約に基づいてVICI社がT-Mobile社から受け取れると期待していた総利益金に加えて，地裁が，別の損益を検討していたということを示している。地裁は，手間をかけて，この損失の例を挙げ，そのうえで，VICI社への700万ドルの損害賠償金支払いを認めることによって，黙示的に次の認定をしたのである。つまり，契約違反の結果としてVICI社が被った損失と比較すれば相対的に回避された実費というものは無いのだという認定である。契約法第2リステートメント347条（次の通り規定する：一方当事者の期待利益は，「他方当事者の不履行によって起きた当該他方当事者履行分の被害当事者にとっての価値の喪失……**プラス契約違反が引き起こしたなんらかの他の損失**」を含む）（強調部追加）。

T-Mobile社が，決してこの争点を事実審理前手続で提起しなかったこと，VICI社は実際にコスト負担を回避したと地裁に対して事実審理でも主張しなかったこと及び事実審理後も地裁の分析に対して異議申し立てしなかったこと，これらの事実を鑑みると，地裁は，回避されたコスト負担について，特定の認定をなす義務を負っていなかった。すなわち，回避された実費はVICI社の損失によって相殺されると明確に認定する必要はなかった。地裁は，VICI社が契約を遂行しようとして被った費用と損失について十分議論している。これらの認定から黙示されることは，結論として，VICI社が2010年にレースをしなかったことによって回避されたコストは，VICI社が被った費用と損失を考慮に入れれば，損害賠償金の裁定において控除を保証するものではないということである。事実審裁判所が認定した積極的事実を全体として解釈するとして，それがもし退けられた論点を否定するのであれば，同裁判所の認定は十分なものである。地裁の積極的認定は次の点を明示的に認定する必要性を省いた

のである。それはつまり，現実に回避されたコストが，契約違反の結果として
VICI社が被った損失よりも大きなものではなかったという点である。したがって，地裁は，回避された実費という点で，VICI社の賠償金を算出するにあたって法的な誤りを犯してはいなかった。

　次に，地裁は，VICI社によって負担を回避された実費が同社の損失と相殺されると判断した際に，事実認定上，明確な誤りを犯してはいなかった。

　VICI社が現実にある種のコストを回避したという証拠が記録上存在する。即ち，VICI社は2010年におけるレースに伴うコストを回避した。既述の通り，地裁が暗に答えを出した問題は，VICI社が被った損失が回避された実費によって相殺されるということであった。2009年のシーズンを賄い，2010年のシーズンに備えるために，2009年と2010年にどれほどの金が使われたかに関しては，記録上，正確な表示は無い。同様に，どのようなコストがレースを行わないことによって実際に回避されたかに関しても，記録上，正確な表示は無い。すべての記録によって明らかであるのは，何らかの損失が生じ，なんらかのコストが回避されたということである。分かるのはその程度の範囲であって，VICI社が，契約上期待した利益及び2010年にレースをしないことによって回避したコストよりも，もっと大きな損失を実際に経験したかどうか記録上，正確な証拠は存在しない。

　事実認定には数学的な正確さは必要ない。地裁は数学的な正確さをもって判決する必要はないのであるから，またT-Mobile社は賠償金額の争点を無視したのであるから，そして，VICI社が，同社が被った損失と同社が2010年に回避したコストの両方に関して証拠を示しているのであるから，回避された実費はどんなものもVICI社の損失によって相殺されるという地裁の黙示の認定は妨げられるに及ばない。事実審裁判所が，競合し矛盾する推理及び結論の中から最も合理的だとみなすものを選択することは，事実審裁判所の機能のまさに核心である。したがって，上訴裁判所は，事実審裁判所の事実認定がなんらかの実質的であるが矛盾する証拠に基づく場合に，事実審裁判所のその事実認定を妨げる権限を有しない。

　証拠についての我々の見解がどうであろうと，また，回避された実費が700万ドルの賠償金支払いの裁定における減額を保証すると我々が信じようと信じ

134　第2章　不可抗力条項：そのソフトロー性

まいと，意見の相違を根拠に，再算出をすべく地裁に差し戻すのは我々の責務
ではない。

　記録を見直したところ，地裁の事実認定は，明確な過ちを免れているだけで
なく，しっかりした証拠によって裏付けられていたということは明らかであ
る。したがって，陪審が下した裁定を問題視できないのと同様，我々は，地裁
の裁定を問題視できない。実際のところ，地裁がその判決意見で示した損害賠
償基準に基づいて陪審に説示を行い，かつ，陪審が記録中の証拠を吟味し，か
つ，その検討に基づいて陪審が700万ドルの賠償裁定が適切であると決定した
とすれば，その陪審の裁定は，上訴における事後の批判によってどうこうされ
るものではない。記録上の証拠を前提とする限り，我々は地裁に対しても陪審
に対するものと同様の敬意を払う義務がある。

　厳密に言えば，当裁判所が地裁の事実認定における過ちを見つけることがで
きるのは次の場合のみである。つまり，地裁の事実認定が「ある種の信頼性を
示す最低限の証拠による裏付けを全く欠いている」場合，又は，地裁の事実認
定が「裏付けとなる証拠データに対してなんら合理的な関係をもたない」場合
である。地裁の判決意見の中の記録の引用によれば，当裁判所は，地裁が明確
に誤っているとは言うことはできない。地裁の認定（たとえ黙示的であるとし
ても）は最低限の証拠による裏付けを完全に欠いているものではないし，裏付
けとなる証拠データと合理的な関係を有している。以上の理由から，我々は，
問題の事実認定を妨げる権限を持たないし，逆のT-Mobile社の主張を退ける
ものである。

⒝　**損害の軽減**

［1］　不履行当事者は損害を軽減する義務を負う

　法科大学院1年生は一般に，契約違反を主張する原告自身は損害を軽減する
義務を負うものと教えられる。11 Corbin on Contracts, §57.11 (1993)（「合理
的な努力をもってなしうる限り損害を軽減するのは被害当事者の『義務』であ
ると言われることはまれではない」）。しかし，この原則はある命題を伴う，つ
まり，「損失が，合理的な努力と費用を費やせば避け得たはずだったというこ
との立証責任は常に，契約違反をした当事者が負わねばならない」。

　デラウェア州法は一貫している。デラウェア州法を適用するにあたりデラ

ウェア州最高裁や当裁判所には明確な先例は無いけれども，デラウェア州の下級審やデラウェア州の連邦地裁は，デラウェア州法を一貫して適用した結果，損害の軽減は積極的抗弁（affirmative defense）であると結論している。さらに，その点とは逆の事例を見出すことはできていない。

デラウェア州最高裁は，「一方当事者は，その者が損害を軽減することが実行可能であるならば，そのようにする一般的な義務がある」と判示したことがある。しかし，損害軽減が必要であるかどうかは事案の状況次第であり，合理性の原則に服する。損害軽減とは，回避できたはずであった損害を回復するという原告の能力に対する制限なのである。

しかし，この損害軽減は行動の責任であり，事実審における立証責任ではない。原告は，損害賠償額を立証しなければならず，そして被告は，原告が合理的な軽減策を取らなかったからその賠償額は制限されるべきであると示すことができる。制限を主張する側の当事者こそが立証責任を負っている。

[2]　損害軽減の懈怠というのは積極的抗弁である

おびただしい数のデラウェア州の控訴裁と地裁の判例が，損害軽減に対する懈怠は積極的抗弁であると判示してきた。それが積極的抗弁であるからこそ，違反当事者は立証責任を負う[17]。

契約法第2リステートメントも，代替取引が可能であったことを示すことについて，違反当事者の方に期待している。Restatement（Second）Contracts §350 cmt.c.「過度のリスク，負担，又は屈辱を伴うことなく被害当事者が避け得たはずの損失については，損害は賠償され得ない」と述べられている。前同§350（1）。注釈が説明するところでは「代替取引が可能である……ということを示す責任は，一般に，違反側当事者に課される」。前同§350 cmt.c。いくつかのデラウェア州の裁判所は，損害軽減義務にアプローチするにあたって350条を肯定的に引用している。

訴訟との関連で考えた場合，被告が損害軽減の懈怠を立証しなければならないということになる。原告には損害の立証責任がある。しかし原告は損害軽減の努力について申し立てる必要はない。むしろ，被告が，その答弁書において

---

[17]　訳注：他州の法が適用された事案の紹介が注記されているが省略する。

損害軽減の懈怠を申し立てなければならない。

　したがって，一旦原告が自身の損害を立証したなら，被告は，原告が原告の損失を軽減するための合理的手段を取るのを怠ったことを理由に，損害賠償額の裁定が制限されるべきである旨立証する責任を負う。この問題は次の問いを検討するものである。つまり，損害軽減が実行可能であったかどうか，損害を制限する手段としてどのような手段が当該状況下で合理的であったのか，そして，原告は損害を軽減するために十分な手段を取ったかどうか，という点である。被告は，原告が回避すべきであった費用の計算を提示する必要はない。しかし，損失を軽減するために当該状況下で合理的であったはずの行動を明示する責任は，被告側にあるとするのが適正である。他の積極的抗弁の場合と同様に，原告は，損害軽減について考えられる理屈の全てを予想し答弁することはできない。被告は，当該状況下で合理的である方策でありながら，しかし，原告が取ることを怠ったと被告が信じる方策とは何かについて，原告に対して，告知をしなければならない。

　以上の原則は，「挙証責任は……主張する側に有りという通常の規範」にも沿うものである。同様に，契約法第2リステートメントのコメンタリーは，「代替取引が可能であることを示すということにつき……その挙証責任は一般に，不履行当事者の側に有る」と規定する。Restatement（Second）of Contracts §350 cmt. c.

　したがって，損害を軽減することの懈怠は積極的抗弁であるということ，及びそれをもとに減じられるべきである原告の損害賠償額を立証する責任は被告が負うということ，これらの点を判示したデラウェア州の諸判例に，当裁判所としては，従わなければならない。訴訟において提示されない積極的抗弁は放棄となる。

　[3]　T-Mobile社は，損害軽減の懈怠という抗弁を放棄している

　T-Mobile社は，自社の訴答においても，審理前の法的論点の陳述（its pre-trial Statement of Disputed Legal Issues）においても，損害軽減の懈怠という点を採り上げなかった。同社は，事実審において，損害軽減の懈怠に関する主張も証拠提示も申し出なかった。T-Mobile社は，契約違反を犯した立場にあるが，VICI社が同社の損失を抑えるために取るべきであった手段，又は

取ることができたはずの手段であって，取らずに済ませた手段に関する証拠や主張を提示しはしなかった。地裁は，損害軽減の懈怠についてT-Mobile社が訴答したり話題にしたりしなかったことに関して何の認定もしていない。記録によれば，T-Mobile社は，事実審理中ずっとこの争点について主張を提示していないことが明らかであり，だから同社は損害軽減の懈怠という抗弁を放棄したのである。

しかし，地裁は，VICI社に，損害を軽減する責任があり，かつ，そのように努力したという証拠を提示する責任があると結論した。地裁は，VICI社がこの責任を果たしていないと認定したうえで，2011年度の支払いをめぐる損害賠償を認めないと決定した。言い換えれば，損害軽減の争点をめぐる地裁の取り扱いは，2011年度の支払いに限定される。当裁判所は，以下のPart8において，その点についての詳細な地裁の理由付けに対して検討する。しかし，2010年度分の損害賠償の認定を再吟味するという目的の上では，次の点が言えれば十分である。つまり，地裁は，VICI社が損害を軽減するのを怠ったかどうかを検討する必要はなかったこと，また，そのような検討に基づいて2010年度分の損害賠償を調整する必要もなかったことである。したがって，地裁が，2010年度分の損害賠償の計算を，T-Mobile社による契約違反の結果としてVICI社に発生した損失と回避された出費とに限定したのであるから，その場合には，地裁に誤りは無かった。

(8) 2011年度分支払いに対する損害賠償額の地裁による計算

先に論じた通り，スポンサー契約の規定によれば，2011年のレースシーズン中，契約上，VICI社は同社の役務の対価として700万ドルの追加支払いを受ける権利があるとされている[18]。VICI社は，同社が同社の訴状において，そして事実審理において主張したのと同様に，同社の交差上訴においても，同社が，2011年に行われるべき2度目の700万ドルの支払いを受ける権利があると主張する。

---

[18]　先に論じた通りVICI社は，車が衝突事故中に負ったダメージのせいで，当該シーズン，車をレースに参加させていなかった。ただし，その不履行は不可抗力規定によって免責されている。

138　第2章　不可抗力条項：そのソフトロー性

　事実審理において，VICI社は，スポンサー契約の約定損害賠償金規定があるので，地裁は2回目の700万ドルの支払いを認める必要があるという主張にだけ依拠していた。この主張を斥けて，地裁は「VICI社は，損害を軽減する責任を有する」と述べた。そして，次の通り述べた。

　　VICI社は，2010年のシーズンと2011年のシーズンについて，主要なスポンサーを見つけるべく努力することによってT-Mobile社の契約違反を軽減しようと努めたという点に関する証拠を提示しなかった。2011年1月1日までに支払うべきとされる，2回目の700万ドルの支払いを認めるとすれば，VICI社に，不当な棚ぼた的利益を与えることになるだろう。

　そして連邦地裁はこの結論について脚注において詳述している。そこで，地裁が述べていることとして，たとえ第11.2条を約定損害賠償条項又は「準約定（quasi-liquidated）」損害賠償条項であると認定したとしても，2回目の700万ドルの支払いを契約違反の主張に抗して認めることは，約定損害賠償を『不当に巨額なもの』とし，かつ『違約金として，公序を根拠に執行不能なもの』とすることになるだろうということである。

　当連邦控訴裁判所は，第11.2条は約定損害賠償条項であるというVICI社の主張を斥けたという点で地裁を支持するけれども，その理由付けは問題をはらんでいる。当裁判所は，第11.2条を「準約定損害賠償」条項として位置付けるという連邦地裁の立場を既に斥けている。前掲注12参照。加えて，連邦地裁の分析は，3つの際立った法概念の適用を誤っている，つまり(1)損害軽減義務，(2)違約金，及び棚ぼた的利益（windfall）についてである。

　地裁は，その損害軽減義務に関する分析において2つの法的な過ちを犯した。1つ目は，VICI社が自社の損失を軽減するための合理的な努力をしたという証拠の提示の責任を，同社に負わせたのは不適当であったということである。前掲Part 7. B.1で論じた通り，損害賠償額の裁定に対して制限を加えることを主張する側の当事者が挙証責任を負うものである。2つ目として，連邦地裁の過ちは，そもそも損害軽減義務の分析をした時点で生じている。というのも，T-Mobile社は，損害軽減義務を積極的防御として申し立てないことによって，損害賠償額を減じる当該根拠を放棄したわけだからである。前掲Part 7. B.2で論じた通り，損害軽減の懈怠は，積極的防御であり，そして，申

し立てられていない積極的防御は放棄されている。

　地裁がもう1つ過ちを犯したのは，2011年度の支払いについて損害賠償を認めることは，賠償の裁定を違約金としてしまうと述べたことである。当裁判所は，約定賠償金の意味合い以外では，違約金の概念を，デラウェア州法上適用している事例を1件も認定していない。当裁判所としては，第11.2条は約定賠償金条項ではないと判断するので，T-Mobile社の2011年度分支払の懈怠の結果として認められうる支払裁定は，違約金ではない。

　結局，地裁は，2度目の700万ドルの支払を裁定することが，結果として不当な棚ぼた的利益となるという自らの結論について，適切な裏付けを行わなかった。デラウェア州の裁判所は，当事者の期待利益を超える損害賠償額を表現するにあたって「windfall（棚ぼた的利益）」という言葉を用いている。

　他の法域においても棚ぼた的利益（windfall）について同種の概念が維持されている。本件では，地裁は，VICI社がその損害を軽減する努力をしたという証拠を提示していないという理由で，2011年度分支払に基づいて，700万ドルの支払いを認めることは，棚ぼた的利益（windfall）又は不当違約罰（penalty）のいずれかにあたると判断した。地裁がこの結論を導くに当って示した理由はただ次の2点に基づいているだけだった。つまり，(1)損害軽減の原則の誤った適用と(2)約定損害賠償規定が存在しない場合における約定賠償の代用についての間違った原則である。地裁は，VICI社が，本件契約違反の結果として，どのような損失を被り，どのような出捐を逃れたのかについて，明示的にしろ黙示的にしろ，認定をなすことなく，本件結論に至っている。棚ぼた的利益（windfall）を認定するためには，地裁は，VICI社の求める損害賠償が，同社の期待利益を上回っていることを認定しなければならない。ゆえに地裁は，2011年度期間についてVICI社の期待利益の損害賠償額を算出するうえで誤りを犯した。以上の理由で，当裁判所は，VICI社の交差上訴に基づいて，地裁判決を破棄する。

　差戻しに基づき，地裁は，第1審において，適切な立証責任ルールを適用して，(出捐を逃れた実費の控除を含め)期待利益の損害賠償に関する適正な基準に基づいて，追加の700万ドル又はそれよりも少ない金額の支払いを認めるかどうか検討することになる。地裁は，VICI社が損害軽減を怠ったという証

拠あるいは主張については，T-Mobile社がこの争点についての権利を放棄したという当裁判所の判断を顧慮し，検討を行ってはならない。

(9) 結論

　700万ドルの支払いを認めた地裁の裁定を支持する。T-Mobile社が2011年分支払いを行わなかったことから生じるVICI社の損害賠償に関する地裁の決定については破棄する。本意見に照らして2011年分損害賠償を再考するため，本件は，当判決をもって差し戻される。差戻審において，地裁は，2011年分損害賠償の争点の再評価の観点から，VICI社に対する弁護士費用の妥当な認定額も検討すべきである。万が一，この問題についてさらに上訴がある場合は，本パネルに付託されるべきである。

3　本判決（第3巡回区連邦控訴裁判所判決）の要点

(1) 訳出を終えて

　以上が判決の拙訳（根拠とされた判例法などを一部省略）である。筆者は，国際ビジネス取引の現実の中で，英文国際契約における一般条項，特に「不可抗力条項（Force Majeure Clause）」が，裁判所によってどのように取り扱われているかに関心があって本判決を訳出した。ゆえに，その点を中心に本件判決の要点をまとめておきたい。

　冒頭で触れたように，本判決は様々な論点を扱っている。LexisNexis社Nexis Uniデータの本件控訴審判決のOVERVIEWによれば，[1]地裁判決は，契約不履行の賠償における期待利益の賠償の算定にあたって，出捐を回避されたコストと余計に発生した損失とを相殺したことを黙示しているので，妥当であること（期待利益賠償の計算という論点），[2]地裁判決は，2011年度分の不払いについて原告（損害賠償請求者）に損害軽減義務を果たしたことの挙証責任を課している点で，誤りであること（さらに，被告（損害賠償被請求者）は，積極的抗弁として主張していないので，権利を放棄していること）（①損害軽減義務履行の挙証責任という論点と②事実審における積極的抗弁不行使の控訴審における意義という論点），[3]地裁判決は，2011年度分の払いを認めることに関して，原告にとって棚ぼた的利益（windfall）となるとするが，その裏付け

を欠いていること (windfall という概念の論点) といった諸点を論じたことが，本件判決の意義であると示されている。しかし，(上記論点について関心のある方々にも本件判決を一読頂きたいが)，本判決は，上記争点に触れる前提として，英文州際契約における一般条項のうちの不可抗力条項，さらに加えて「分離可能性条項 (Severability Clause)」の解釈を行っていて，大変興味深い。

(2) 事実の概略

事実概略を再述すると次の通りである。スポーツカーのレーシング・チームのオーナーである VICI 社と，車載通信サービスを扱う通信会社の T-Mobile 社との間で，T-Mobile 社が VICI 社チームの法人スポンサーとなるというスポンサー契約が結ばれた。2009年，2010年，2011年の3か年について，それぞれ100万ドル，700万ドル，700万ドルの T-Mobile 社による支払いが予定されていた。契約の第5.8条には，VICI 社は，T-Mobile 社に，ポルシェ，アウディ及びフォルクスワーゲン用車載無線接続を提供する独占通信事業者となる権利を付与するものとし，その独占性は本契約の契約期間中ずっと継続する旨が規定されていた (このため T-Mobile 社は訴外3社と取引できるものと期待していたようであるが，この思惑ははずれ，T-Mobile 社の VICI 社に対する不満となっていったようである)。

スポンサー契約には，第13.2条として，次の不可抗力条項が挿入されていた。

　　本契約に基づく非金銭的義務を一方当事者が履行するにあたり，当該当事者の支配を完全に超える状況によって履行が妨げられた場合，影響を受けた当該当事者はその履行義務を免じられるものとする。ただし，影響を受けた当該当事者は，(a) かかる障害の存在，障害の性質，及び予想される障害の期間を，他方当事者に，即座に書面で通知するものとし，かつ，(b) 履行を妨げる状況が去った後直ちに，本契約上の義務の履行を再開するものとする。上記障害の期間中，他方当事者は，本契約上の義務の履行を免じられるものとする。かかる遅滞・不履行は本契約の違反を構成しないものとする。……。

また，スポンサー契約には，第14.7条として，次の分離可能性条項が挿入

されていた。

　　本契約の諸規定は分離可能であり，もし1つ又は複数の規定が，全部または一部分，違法その他執行不能であると判断された場合でも，残りの諸規定と支払いに関する部分的に執行可能な規定は執行可能な範囲で，拘束力を有し執行可能であるものとし，そして違法その他執行不能である当該諸規定は，本契約の目的・意図に最も近い有効な規定によって置き換えられるものとする。

　2009年7月にスポンサー契約の対象であるレースカーが事故によって損傷を受け，2か月程度レースに参加できなくなった。その旨はVICI社社長からT-Mobile社に通知された。一方，T-Mobile社は契約上の期限である2010年1月1日までに，約定の700万ドルを支払わなかったため，VICI社が督促した。これに対し，T-Mobile社は，VICI社が契約違反（VICI社はT-Mobile社が訴外3社に対する独占的無線通信事業者になれるようにする権限を持つという保証の違反及び同目的のための支援義務違反並びにカーレースの懈怠）を犯したことを理由にスポンサー契約を解約する旨の通知をしてきた。VICI社は，T-Mobile社のスポンサー料不払いを理由に1400万ドルを請求して，デラウェア州連邦地裁に提訴したところ，T-Mobile社は，VICI社の方が契約違反をしたと主張して，次の2点を理由に挙げた。（1）T-Mobile社がスポンサーを務める車が損傷を受けている期間中レースに参加することを怠ったこと，及び，（2）第5.8条に基づいてT-Mobile社に訴外3社に対する無線通信ビジネスを提供することを怠ったことである。T-Mobile社は，第5.8条は本質的な規定であり，これが執行不能なら契約全体が無効であると主張した。

　原審で連邦地裁は，VICI社勝訴の判決を下し，700万ドルの賠償を認めた。しかし，更に700万ドル追加して賠償せよというVICI社の主張については，懲罰的あるいは棚ぼたとなるという理由で認めなかった。つまり，地裁は，T-Mobile社の第5.8条をめぐる主張に関しては，第5.8条はあいまいで複数の解釈が可能であるという理由で第14.7条（分離可能性条項）に従って分離し，残りの規定は有効であると判断した。さらに連邦地裁は，VICI社は2009年全シーズンにおいてレースをするという義務を果たせなかったけれども，その不作為は契約の第13.2条（不可抗力条項）に基づいて正当化されると判断し，そ

の理由として，レースカーは事故によって損傷を受けたこと，及びVICI社は
その旨の通知を行なったことを挙げた。そして，損害賠償額に関して連邦地裁
は，T-Mobile社の契約違反を理由に，VICI社に対する700万ドルの期待利益
賠償（expectation damages）の支払のみを認めた。この連邦地裁の判決を不服
として，原被告ともに控訴した。

(3) 分離可能性条項に関する控訴審の判断

　本控訴審判決では，分離可能性条項の発動が不可抗力条項の発動の前提と
なっているので，先に簡単にその点について触れる。控訴裁は，第5.8条を切
り離し契約の残りの部分を有効視したという点では正しいと地裁判決を支持す
る。控訴審判決によれば，デラウェア州法（判例法）に照らして，契約の重要
な規定があいまいであると当該契約は執行されないことはありうるとしつつ，
あいまいな条項が必須の条件でない場合裁判所は当該契約を無効視しないとも
認める。本件で地裁は，第5.8条があまりにあいまいなので執行不能であると
判断をしたが，控訴裁も，第5.8条のあいまいさが，契約を全体として無効と
するものかどうか検討した。それについて控訴裁は，契約上表示されている契
約両当事者の意思次第であるという前提に立つ。控訴裁は，契約を分離可能に
する意思が当事者にあり，契約の残りの部分が執行可能なほど十分明確である
なら，契約は執行可能であると考えた。控訴裁は，本件スポンサー契約の分離
可能性条項をめぐって示された連邦地裁の「契約中執行不能であるいかなる規
定も契約全体を破壊しはしないという，そういう契約を創設しようとする両当
事者の意思の明確な表明である」という解釈を支持し，契約が執行可能である
ために十分明確な文言を含んでいることを認めた。控訴裁は，本件契約の分離
可能性条項は明瞭であり，執行不能な条項は契約から分離され残りの諸条項は
執行されるという両当事者の意思を反映していると認定した。T-Mobile社は，
第5.8条は契約目的上必須で，これが無ければ契約は無効だと主張したが，控
訴裁は，地裁判決を支持して，①分離可能性条項が明確であることと②分離後
の残りの規定が執行可能であれば，分離可能であって契約は有効となる旨示し
ている。契約中における"telematics"という言葉の使われ方などを検証し，控
訴裁は，地裁同様，T-Mobile社が訴外3社相手の無線通信ビジネスを獲得す

144 第2章 不可抗力条項：そのソフトロー性

る目的のためだけにスポンサー契約を結んだとは信じなかった（「第5.8条は契約目的上必須でこれが無ければ契約は無効である」とは認定されなかった）。そして分離可能性条項が機能すると認定された結果，本件スポンサー契約は第5.8条を切り離したうえで有効視されることとなった。

⑷ 不可抗力条項に関する控訴審の判断

T-Mobile社の主張によれば，事故によるレースカーの損傷を理由にVICI社チームがカーレースに参加しなかったことは，VICI社のスポンサー契約違反であり，これが同契約上の不可抗力条項によって免責されるものと認定するのは誤りであるという。つまり，これは，不可抗力条項の発動を制限する主張である。T-Mobile社は，（VICI社が金に糸目をつけなければ）別の車でレースはできたはずであると主張し，また，不可抗力条項を適用するには，予見可能でなかったということ（foreseeability：予見（不）可能性要件）の検証が必要であると主張した。

まず，控訴裁は，「一般論として，不可抗力条項は……一方契約当事者を，当該当事者のコントロールのできない災難の結果から守るべく設けられている」という地裁判決を引用する。経済的なハードシップ（お金の問題）に依拠するのはデラウェア州法上，不履行の免責理由になりえないと，T-Mobile社は主張したが，控訴審判決は，このT-Mobile社の法解釈は誤りであると一蹴し，本件の不可抗力事由は，経済的ハードシップではなくて，自動車衝突事故であったと確認する。

次に，控訴裁は，予見可能性の問題を扱う。本件では，レース事故が予見可能であったという理由で不可抗力条項の発動を阻止できるかどうかという点である。まず，控訴裁は，本件契約の不可抗力条項の文言をチェックし，不可抗力条項には，その発動のために3つの条件が明記されていると指摘する。つまり，「(1) 履行を妨げられた義務は，一方当事者の支配を超える状況のせいで履行を妨げられた非金銭的義務であること，(2) 影響を受けた側の当事者は，直ちに，障害発生，その性質及び予測される期間について，通知を与えること，並びに(3) 妨げられた義務の履行が，当該障害の除去後速やかに再開されることである」。そのいずれも予見可能性に言及していないと一旦，突き放す

（これだけで，契約文言上そういう予見可能性要件が課されていないのは明白であるのでT-Mobile社の主張は通らないと斥ける手もあっただろうと思われる）。しかし，控訴裁は，契約書が何ら言及していない場合でもそのような予見可能性条件を推論する諸判例もあることを認めて，慎重に検討を続けた。控訴裁は先に，T-Mobile社は，原審で予見可能性の争点に触れなかったので，控訴審でその主張を持ち出すことは許されない（権利放棄である）と結論する。その上でさらに，ご丁寧にも（筆者にとってもありがたいことには），仮にその放棄が無かったとすれば，どうなるかを検討している。第3巡回区連邦控訴裁は，デラウェア州最高裁はこの点について判断を下したことがないと述べつつ，デラウェア州法上，デラウェア州最高裁の解釈を推論しようとする。連邦控訴裁は，2004年のStroud事件大法官裁判所判決[6]を参照する。その判決では，不可抗力条項の適用にあたって，出来事が合理的に予見可能であったかが検証されていた。しかし，本件控訴審判決は，「Stroud事件において大法官裁判所は，あらゆる不可抗力条項が予見可能性の概念を内包していると読まれねばならないとは，一言も指摘していない。むしろ，大法官裁判所は，標準的な契約分析に取り組んで，契約両当事者の意図を判断し，そのうえで不動産業界の性質を前提に，両当事者は，不可抗力条項がそのような概念を含むと期待したのだと認定した」と述べる。つまり，契約の文言次第であり，契約の不可抗力条項が予見可能性要件を組み込んだ趣旨かどうかはケースバイケースで判断すべきであるということになろう。また，連邦控訴裁は，Gulf Oil Corp.事件判決[7]を引用し，不可抗力条項が予見可能な出来事と予見不能な出来事の双方から契約当事者を保護するという主張は過去に斥けられているということを指摘し，予見可能性の論点に注意を向けるが，Gulf Oil Corp.事件はガス業界の特殊な事情が影響していることも指摘する。Gulf Oil Corp.事件判決を踏まえて，カーレース中のレースカーの衝突事故は頻繁に発生し，ほとんど予測可能であることから不履行を免責する不可抗力を構成するものとすべきではないという考えもありうるともいうが，結局，本件については「契約は，予見可能でないことという条件を契約条件に明示に組み入れているわけではない」という理由とT-Mobile社は事実審段階でその争点を持ち出していなかったという理由を挙げて，予見可能性に関するT-Mobile社の主張を斥けた。また，本件の

事実として，T-Mobile社はVICI社に，T-Mobile社としてはレースをしないことが契約違反を構成すると考えている旨を通知していなかったことや，契約違反となるVICI社の不作為が発生したとたんに契約を解約しはしなかったことを指摘し，T-Mobile社は，不履行が重大ではないとみなしていたか，不履行が不可抗力条項によって免責されるとみなしていたかのいずれかであろうとも指摘する。

　要するに，デラウェア州法を適用した第3巡回区連邦控訴裁の不可抗力条項に対する考え方としては，予見（不）可能性の要件は不可抗力条項に当然に内包されるものではなく，当事者の意思にそれが含まれていたかどうかケースバイケースで判断されるべきであるということであろう。本判決を逆に解釈すれば，不可抗力条項中に「予見可能でない出来事を不可抗力事由とする」旨明示されてあれば当然，予見不能であることが不可抗力条項発動の条件となるだろう[8]。

注

1　英文国際契約のドラフティングを扱う数多くの文献において，ボイラープレート条項の代表的なものとして不可抗力条項を紹介している。例えば，豊島真「ボイラープレート条項」『BUSINESS LAW JOURNAL』50号，2012年，42頁，46頁。石田雅彦・武田竜太郎「一般条項にみる英米法の基礎概念」『ビジネス法務』17巻6号，2017年，17頁，19頁。中尾智三郎『英文契約の考え方』商事法務，2018年，176頁及び198-205頁。牧野和夫『初めての人のための英文契約書の実務』中央経済社，2016年，112-113頁。岩崎一生『英文契約書―作成実務と法理―［全訂新版］』同文舘，1998年，137頁，143-152頁。

2　一般条項につき，「契約書を検討するとき，これらボイラープレート条項にまではあまり注意が払われないことが多いかもしれない。しかし，一見あまり重要ではないこれらの条項が原因で，しばしば問題も起こっている」（豊島前掲注（1）42頁）とか，「英文契約書の一般条項は，定型的であり，かつ契約の最後に出てくるので，軽視されている場面を見かけることがある。しかし契約の最終部に出てくることは重要性が低いことを意味するものではなく，また一般条項での交渉，確認を怠ったことによって，契約の他の箇所での交渉において勝ち取った条件が水泡に帰すこともある。さらに，英米法上，疑わしきは作成者に不利に解釈すべき（contra proferentem）という考え方もあり，思考停止的にひな型の一般条項をそのまま使用した場合には思わぬ不利益を被ることもある」（石田・武田・前掲注（1）17頁）などとある。

3　判例検索データベースWestlaw Japanで「不可抗力条項」を検索語として検索した場合ヒットするのは，第3章第2節で扱う東京高判平成29年6月29日及びその原判決の1事例のみである（2024年5月11日検索）。

4　VICI Racing, LLC v. T-Mobile USA, Inc., 763 F.3d 273（3rd Cir. 2014）；2014 U.S. App. LEXIS 15506；2014 WL 3930025. 本書においては，頁数の都合で要約としている。本判決全文の抄訳は「不可抗力条項（Force Majeure Clause）に関する米国判例邦訳―VICI Racing, LLC v. T-Mobile USA,

Inc., 763 F.3d 273（3d Cir. 2014）―」同志社商学71巻3号（2019年）149-190頁において確認できる。

5　S.H. Deliveries, Inc. v. Tristate Courier & Carriage, Inc., Case No. 96C-02-086- WTQ, 1997 Del. Super. LEXIS 217, 1997 WL 817883, at 6-8（Del. Super. Ct. May 21, 1997）を引用するDel. Bay Surgical Servs., P.C. v. Swier, 900 A.2d 646, 650（Del.2006）を引用。

6　Stroud v. Forest Gate Dev. Corp., Case Nos. Civ. A.20063-NC and Civ.A.20464-NC, 2004 Del. Ch. LEXIS 66, 2004 WL 1087373（Del. Ch. May 5, 2004）.

7　Gulf Oil Corp. v. F.E.R.C., 706 F.2d 444（3d Cir. 1983）。

8　国際物品売買契約に関する国際連合条約（CISG）の第79条は，債務者の支配を超えた障害による不履行について免責を定めるものとして知られるが，契約締結時における予見不可能性を条件として課しているので，本件契約の不可抗力条項よりは適用されにくいということになる。CISG適用下の条件で本件のような不可抗力条項が問題になった場合は，CISG第6条（オプトアウト）の規定との関連で，CISG第79条を顧慮すべきかどうか（当該不可抗力条項がCISG第79条を排除したものかどうか）について，さらに複雑な議論となろう。

第3章

日本における国際消費者契約問題

第1節　消費者契約を扱う日本の国際裁判例概観

1　はじめに

　国際契約における一般条項に対する関心から，第1章では準拠法条項を，第2章では不可抗力条項を研究の対象とした。本章の次節において，東京高判平成29年6月29日[1]及びその原審判決を検討するが，これも元は不可抗力条項をめぐる判例として着目したものである。ただこの事案は，世界一周クルーズという国際的な消費者契約について生じたトラブルをめぐるものであったため，その後，日本の「『国際的な消費者契約』を扱う判決例」に興味の対象を移した。当初，日本において，「国際的な消費者契約に関する判決例はそれほど多くない」と予想したが，具体的に，判例検索データベースを用いて詳細に検証しようと考えた。結果として，国際契約トラブルとしての日本における消費者契約訴訟の傾向を紹介したいと考える。

2　「国際消費者契約」に関連する日本判例

　Westlaw JAPANの判例検索データベースで「『国際』AND『消費者契約』」を検索語として検索したうえで，そのうち「国際消費者契約」紛争に該当しないと判断されるものを除外すると，別表3-1の通り，合計33件の判決が得られた[2]。

　この33件を概観して，争点に注目し共通部分で分類してみる。まず，気が付くのは，実際の権利義務の争いに行きつく前段階の事柄として，いわゆる広義の国際私法領域の問題が争点として顕れることである。①国際裁判管轄権を

扱うケースや②準拠法を扱うケースがある。

　審理においてこれら国際私法の争点の処置を終えた後，当事者間の権利義務をめぐる請求が争われることになる。多くの場合は債務不履行（契約違反）が請求根拠であるが（「消費者契約」をキーワードにして検索しているので当然であるが），性質上，請求権競合として，不法行為に基づく損害賠償や不当利得返還請求が加わるケースが多い。33件のケースを訴訟当事者の関係に注目すると，③国際的に著名な航空会社を含む外国企業に対して，その商品・サービスを購入した日本の一般消費者が個人的な不満がもとでその品質・サービスの不備を争う事案，④国際的な金融商品取引を行った日本の消費者（個人投資家）が当該金融商品取引に関わる外国企業を訴える（そして場合によっては詐欺的取引であると主張する）事案など日本の消費者が外国企業を訴えるケースが多いが，⑤日本の消費者が日本企業を訴えているものでありながら契約履行地が海外であるというケースや，⑥外国人消費者が日本国内で日本企業を相手に消費者契約法違反を訴えるケースも散見される。

3　「国際裁判管轄」を争うケース

(1)　国際裁判管轄を争うケース概観

　本節別表3-1で挙げる33件のうち，広義の国際私法領域の争点のうち国際裁判管轄（権）を争う事案が，ケース［2］，［3］，［5］，［9］，［10］，［11］，［12］，［13］，［15］，［17］，［19］，［21］，［22］，［23］，［24］，［25］，［26］，［27］，［30］，［31］と相当数見られる。「国際消費者契約中に国際裁判管轄の専属管轄条項が置かれたためにその扱いを争点とするケース」が初期には多い。特に資産運用・金融商品取引をめぐる投資関連の契約の事例である。民事訴訟法改正により第3条の7第5項に国際裁判管轄権に関する合意をめぐる「消費者契約に関する特則」が設けられることとなり，この適用を受けるケースとそれ以前のケースでは扱いが違うため，この時点よりパターンは変化する。また，初期には，国際消費者契約において仲裁合意（仲裁条項の存在）が主張され，事業者側から妨訴抗弁が提出されるケースが見られたが，仲裁法が施行されたため，消費者保護に向けて環境が変化している。

150   第3章　日本における国際消費者契約問題

(2) 資産運用・金融商品取引をめぐる契約中の専属的国際裁判管轄合意

(A) 民事訴訟法改正前のケース

　契約中の専属的国際裁判管轄合意の有効性が争われる事例が多く見られる。民事訴訟法改正により第3条の7第5項[3]の適用が始まる以前は，昭和50年チサダネ号事件最高裁判決[4]が判断の基準となっている。専属的国際裁判管轄合意は原則有効であるが，例外的にはなはだしく不合理で公序に反する場合は無効であるという基準である。地裁レベルでは原則が重視される例が多いが，高裁レベルでは後述の通り，ケース[12]（大阪高判），ケース[13]（東京高判）と，例外が認定され，消費者の日本における提訴が保護される傾向が見られた。

　まずケース[9]（東京地判平成24年 2月14日）[5]では，事業者被告はリヒテンシュタインの銀行である。判決は，原告のうち，契約の当事者である郵便局職員と間接的出資者であるその母について，取り扱いを異にした。つまり，前者については専属的国際裁判管轄合意を，はなはだしく不合理で公序に反するとは言えないと有効視して，訴えを却下したが，後者については　専属的国際裁判管轄合意の効力は及ばないとして，不法行為地管轄を認めて本案前の抗弁を斥けた。

　ケース[10]（東京地判平成25年 4月19日）[6]は，金融商品出資契約をめぐる出資金返還請求であり，事業者被告はスイスの銀行である。口座開設申込書中の専属的国際裁判管轄合意の有効性が問題とされた。同条項は専属管轄地としてスイスのチューリッヒを指定していた。判決は，管轄合意の成立を認め，そのうえで管轄合意の成立及び効力に関する準拠法は，法廷地たる日本の国際民事訴訟法であると判示し，昭和50年チサダネ号事件最高裁判決に沿って，本件管轄合意は原則として有効とした。さらに，はなはだしく不合理で公序に反するかどうか検証するが，チューリッヒが取引地であることなどから合意に一定の合理性を認め，当事者間の格差や被告東京支店の存在に関わらず，公序法に反するとは判定しなかった。加えて，判決は専属的国際裁判管轄合意と消費者契約法10条[7]との関係にも触れているが，準拠法決定については，法例7条の適用を排し法廷地法の適用を宣して消費者契約法10条は適用可能であるとしつつも，本件事情を斟酌して，本件管轄合意は消費者契約法10条に違反しないと判断している。

ケース［11］（東京地判平成26年1月14日）[8]は，ケース［10］とよく似たケースである。ケース［11］も金融商品出資契約をめぐる出資金返還請求であり，事業者被告は米国ネヴァダ州会社で日本に支店と代表者を有していた。金融商品取引契約書中の専属的国際裁判管轄合意の有効性が問題とされた。管轄合意の成立及び効力に関する準拠法は，法廷地法の日本の国際民事訴訟法であるとし，管轄合意が，改正民事訴訟法3条の7施行以前の合意であるとしてその適用を排し，昭和50年チサダネ号事件最高裁判決に沿って判断した。判決は，本件管轄合意は原則として有効とし，米国ネヴァダ州裁判所の管轄に委ねることには合理性があるとして，本件管轄合意は無効とならないと判示している。

なお，ケース［11］の判決は，ケース［10］同様，専属的国際裁判管轄合意と消費者契約法10条との関係にも触れているが，ケース［10］が消費者契約法10条を国際民事訴訟法の性格を持つものとして適用可能としていたのに対し，ケース［11］の判決は，国際民事訴訟法の性格を直接的に有する法規ではないとして適用を検討しなかった。

ケース［11］ではまた，米国訴訟において被告が日本の裁判権を主張して米国の国際裁判管轄を争ったことを，原告側が指摘し，本件訴訟で日本の裁判権を否定する主張を行うことは禁反言法理により許されないと主張したが，判決は，双方の訴訟でとりあえず国際裁判管轄を争うことはやむを得ないとして，原告からの被告の禁反言の主張を認めなかった。

ケース［9］，［10］及び［11］は専属的国際裁判管轄合意を有効視したが，次のケース［12］と［13］（いずれも高裁判決）は合意を無効とした。

ケース［12］（大阪高判平成26年2月20日）[9]では，被控訴人は投資家から出資金を集めファンド資産の運用管理する日本の投資法人であり，控訴人たる投資家（会社及びその代表取締役）は出資契約に基づく出資金の返還を求めた。出資契約にはタイ国バンコク都裁判所を指定する専属的国際裁判管轄条項があり，その有効性が争われた。原判決は裁判管轄条項を有効視し，日本の裁判所は管轄権を有しないとして訴えを却下した。大阪高裁は，原判決を覆し，管轄条項を無効と判示し，大阪地裁が管轄権を有するから訴えは適法であると判示した。判決は，昭和50年チサダネ号事件最高裁判決に沿って，タイ裁判所が同国の法律上管轄権を有するかという点と本件管轄合意が甚だしく不合理で公

序法に違反するものであるかを検討した。判決は，タイ裁判所が法定の管轄権を有すると認めたうえで，管轄合意が公序法に反するかどうかについて，取引に関係を有するのは日本のみでタイ王国とは何の関係もないため，契約に関する紛争についてタイの裁判所を管轄裁判所とすべき合理的理由はないということ，本件管轄合意の効力を認めた場合，タイ裁判所での訴訟の提起，遂行を余儀なくされることによる控訴人らの負担が非常に大きいものであることを理由に挙げて，管轄合意は，甚だしく不合理であり，公序法に違反し，無効と解するのが相当であると判示した。

ケース[13]（東京高判平成26年11月17日）[10]は，ケース[11]の控訴審である。判決は，1人について管轄合意の存在を否定したことを除き，他の控訴人について，昭和50年チサダネ号事件最高裁判決に照らし，はなはだしく不合理で公序法に反するかを検証した。被控訴人の不行跡・義務違反，日米両訴訟において管轄不存在の主張をしていること，証拠が米国に遍在するわけではないこと，控訴人が個人でありネヴァダ州裁での審理に対応するには大きな負担を伴うことを挙げ，日本の裁判所での審理の途を絶つことは，はなはだしく不合理であり，公序法に反すると判示した。また，被控訴人の国際的二重起訴の主張も斥けられた。

(B) 民事訴訟法改正後のケース

ケース[15]（東京地判平成27年1月27日）[11]の事実関係は，民事訴訟法改正前のケース[11]及びその控訴審[13]に類似する。そして，民事訴訟法改正後のケース[22]，[23]，[24]，[25]，[30]及び[31]の事実関係もケース[15]に類似する[12]。被告はいずれも，米国ネヴァダ州ラスヴェガスに所在する会社で，診療報酬請求債権を投資対象とする金融商品を扱っており，原告の訴えはいずれも，出資金の返還を求めるものである。

ケース[15]の東京地判においては，原告の1人につき，改正民訴法施行後の国際裁判管轄合意には，民訴法3条の7第5項が適用されるとして，管轄合意の効力を認めず，民訴法3条の4第1項[13]に基づき日本の裁判所に訴えを提起できると認めた。さらに別の原告について，判決は，他の出資契約者がネヴァダ連邦地裁にクラスアクションを提起しており，その訴訟で被告が，日本の裁判所の管轄に同意していると述べたことをとらえ，日本の裁判所を管轄裁判所と

第1節　消費者契約を扱う日本の国際裁判例概観　153

する旨の合意が成立していると認定し，合意管轄（民訴法3条の7第1項）を認めた。

　後続のケース［22］，［23］，［24］，［25］，［30］及び［31］（いずれも東京地判）を比較すると，ケース［22］（東京地判平成29年1月19日）[14]は，ケース［15］と同じ理由付けで，専属的管轄合意があるものの米国クラスアクション上の被告主張を根拠に付加的管轄合意（民訴法3条の7第1項）が成立したとして，専属的管轄合意を無力化し日本の裁判所の管轄を認めた。

　ケース［15］や［22］と異なりケース［23］，［24］，［25］，［30］及び［31］は専属的管轄合意の効力を否定している。

　ケース［23］（東京地判平成29年3月22日）[15]は，原告を消費者としたうえで，改正民訴法施行以降に出資契約を締結している場合と以前に締結している場合に分け，前者については，国際裁判管轄条項は効力を有さず（民訴法3条の7第5項）[16]，日本の裁判所に訴えを提起できる（民訴法3条の4第1項）と判示した。後者に関しては，チサダネ号事件最高裁判決を引用して国際裁判管轄条項が公序法に反し無効か否かについて検討し，「①被告は，原告らに対して，エスクロー社が出資金を厳重に管理する旨の虚偽の事実を述べて勧誘し，②米国に本件に関する証拠が偏在しているとはいえず，③本件条項の有効性を認めると，原告に過大な負担が生じることに照らすと，本件条項に基づいて，原告らに日本の裁判所での審理の途を絶つことは，はなはだしく不合理であり，公序法に反する」として日本の国際裁判管轄（民訴法3条の4第1項）を認めた。ケース［24］（東京地判平成29年3月30日）[17]とケース［31］（東京地判平成30年8月22日）[18]も同様である。

　ところで，ケース［23］において判決が挙げた，専属的管轄合意の公序法違反の理由の第一は「出資金を厳重に管理する旨の虚偽の事実を述べて勧誘」したことであった（ケース［31］も同じく，虚偽の事実陳述による勧誘を挙げる）。専属的国際裁判管轄合意の有効性という国際民事手続法上の問題の判断に当たって，当事者間の公平・便宜，裁判の適正・迅速といった政策考慮を離れて，勧誘が虚偽の事実に基づくことや運用が行き詰っていたのに勧誘を続けたことという事実を根拠とすることに若干の疑問を感じる。ケース［24］では，「被告は平成20年頃から本件金融商品の運用が行き詰まっていたにもかかわら

154　第3章　日本における国際消費者契約問題

ず，本件金融商品の勧誘を続ける一方，本件管轄合意の定めを設けたこと」に
変遷している（ケース［25］や［30］も）。より詐欺的意図及び管轄合意と詐欺的
行為との連動が指摘されているように見え，管轄合意自体の欺瞞性を問題とし
ているのでこちらの方が理由としては首肯しやすい。

　ケース［30］（東京地判平成30年7月11日）[19]は，契約締結時期についての場
合分けを行っていない（ケース［25］（東京地判平成29年5月25日）[20]も同様だが
原告は1人で出資契約締結日は平成24年3月20日以前と認定されている）が[21]，
判決中の理由付けは，ケース［23］の改正民訴法施行以前に出資契約を締結し
ている場合に対する理由付けと変わらない。

　ケース［30］で，判決は，「……本件金融商品の新たな出資金で他の投資家の
元利金を支払うなど，本件金融商品の運用が行き詰まり，投資家との紛争が潜
在的に生じていた状況において，あえて本件管轄合意の定めを置いたこと，被
告は，日本で本件金融商品の勧誘及び販売をしていたものであり，原告らの請
求を判断するのに必要な証拠がアメリカ合衆国に偏在しているとはいえず，日
本の裁判所で審理することが，被告に不合理で過大な負担を強いるものではな
いのに対し，アメリカ合衆国の裁判所で審理することは，原告らにとって大き
な負担となることの各事情が認められ，これらの事情を勘案すると，本件管轄
合意は，はなはだしく不合理であり，公序法に違反する」と判示し，専属的管
轄合意は無効であるとした。上述の通り詐欺的意図と管轄合意との関連性を1
つ目の理由として挙げている。

　なお，ケース［24］及び［25］では，被告が別件訴訟において日本の裁判所で
の審理を認める旨主張していることも，当該専属管轄合意が公序法に反し無効
である理由に加えている。

(3)　詐欺的な国際金融関連取引における仲裁合意と妨訴抗弁

　ケース［2］（札幌地判平成15年5月16日）[22]と［3］（札幌地判平成15年6月25
日）[23]は，FX金融商品取引に関する争いであるが，当事者たる事業者が同一で
ほぼ同様のケースである。契約締結時に仲裁同意書が交付されたということで
事業者被告側から仲裁合意の存在を盾に妨訴抗弁が主張された。原告は仲裁合
意の不存在及び仲裁合意の錯誤による無効・詐欺による取消しを主張した。判

決は，仲裁同意書に署名捺印すると日本の裁判所で訴えを提起できなくなるとの説明がないとして，特にケース[2]の判決では，最判昭和56・6・26，裁集民130号35頁の中村治朗裁判官の意見（我が国では欧米諸国と違い，仲裁契約の意義と妨訴抗弁の効果が知れ渡っているとは言えないという趣旨）を引用しつつ，妨訴抗弁を斥けている。つまり，自己の国際裁判管轄権を認めた。ケース[3]の控訴審であるケース[5]（札幌高判平成16年2月27日）[24]でも，控訴人による妨訴抗弁の主張は斥けられている。札幌高裁は，消費者契約における仲裁合意が有効であるための基準として「私人間の紛争処理について，裁判による解決と並列して仲裁機関による解決方法を選択し得る旨の合意がなされた場合と異なり，裁判による解決方法を排斥してもっぱら仲裁機関のみによる解決方法を合意する場合には，紛争の性質や仲裁機関の組織等に照らし，仲裁機関のみにより解決することについて合理性があること，仲裁機関による解決方法が特定されるだけでなく，裁判による解決方法を排斥するということについて，当事者間に明示的な意思の合致が認められることを要すると解すべき……」と判示している。

　ケース[2]と[3]・[5]では，JCAAの仲裁とICCの仲裁とが言及されているが[25]，いずれも国際ビジネスで普通に用いられ，国際的に信用のおける仲裁であり，国の裁判と比べて消費者にとってことさら不公正・不利ということはないはずである。JCAAの仲裁で仲裁地が日本ということであれば消費者の負担は日本の裁判所で訴訟追行するのと大差ないと思われる。日本の裁判所で訴えを提起できなくなるとの説明がないと仲裁合意に効力を認めないというルールを打ち立てようとする姿勢には，仲裁への偏見が感じられ，賛同できない。また，ケース[5]の高裁判決は，訴訟と仲裁との選択の余地があるならまだしも，紛争解決を仲裁に絞るなら，①仲裁機関のみにより解決することについての合理性と②裁判を排斥する明示的意思の合致という条件を満たすよう要求している。これには，民事裁判制度が仲裁制度よりもはるかにすぐれているので消費者にそれを保障しなければならないといった，仲裁という制度を否定するがごとき不信感が感じられる。札幌高裁は，訴訟と仲裁との選択を許すという条件ならばよいという提案をしているかのようにも受け取れるが，国際ビジネス契約における紛争解決条項においてこの二者の選択を一方当事者に許すという例

を筆者は知らない。この選択は，事業者側にも許しては，両当事者の主張がちぐはぐになることがありうるから，消費者側当事者にのみ選択権を与えるという趣旨であろうか。

　ところで，ケース[2]と[3]・[5]は平成16年2月以前の判決である。その後，仲裁法が平成16年3月1日から施行されており，その施行附則によれば，消費者契約法2条1項に規定する「消費者」と同条2項に規定する「事業者」の間の将来において生ずる民事上の紛争を対象とする仲裁合意（「消費者仲裁合意」と呼ばれる）であって，仲裁法施行後に締結されたものに関しては，消費者は消費者仲裁合意を解除することができるとされている（仲裁法附則3条2項。自ら仲裁申立人となった場合は除く。同項ただし書）。附則4条が個別労働関係紛争を対象とする仲裁合意を一律無効としているのに対して，消費者仲裁合意については，消費者に選択権が与えられた形となっている[26]。

(4)　その他の国際裁判管轄をめぐるケース

(A)　外国不動産の登記抹消手続に関するケース

　ケース[16]（東京地判平成27年3月31日）[27]は，豪州銀行が日本在住の夫妻に，外国にある不動産を担保として金銭を貸し付けたケースで，夫妻が子に対して行ったフランス不動産の譲渡が詐害行為かどうか争われたケースである。事業者が顧客を訴えたケースであり，被告は，取引に含まれる通貨転換条項を消費者契約法10条により無効であるとの主張も行った。結局，東京地裁は詐害行為取消権行使を認め，豪州銀行が夫妻から子への贈与を取り消し，登記の抹消手続を求めることができると判示した。この際，国際裁判管轄は争点とされず，裁判所は，管轄があるものとして本案について判断しているが，被告の一般管轄権（民訴法3条の2第1項[28]）は認められるものの，登記の抹消手続については，民訴法3条の5第2項[29]の解釈として，フランスの専属管轄を肯定して訴えを却下すべきであったと批判が多い[30]。

(B)　個人事業者とグーグルとの広告報酬に関するケース

　ケース[17]（東京地判平成27年9月8日）[31]は，日本居住のウェブサイト設営者が広告報酬支払いを求めてグーグル・アイルランド社を訴えたケースである[32]。Googleの標準契約条件には，米国カリフォルニア州サンタクララ郡裁判

所を指定する専属的国際裁判管轄条項が含まれていた。契約は民訴法改正前のものであるが，原告は，合意によるサンタクララの裁判所の管轄は原告にとって一方的に不利で公序良俗に反すると主張し，公序良俗に反するか否かは民訴法3条の7第5項の基準で判断されるべきであるとも主張した。判決は，専属的管轄条項があり，無効であるとする理由はないとして，日本の国際裁判管轄を否定し訴えを却下した。

(C) **海外就労に関するコンサルティング契約のケース (契約書言語による渉外性認定)**

ケース［19］（東京地判平成28年3月23日）[33]は海外での就労に関するコンサルティング契約のケースである。控訴人（1審原告）はカナダでの家事使用人としての就労に関する契約を被控訴人（1審被告）のコンサルティング会社と結んだ。控訴人は，被控訴人に教育訓練費用及び仲介手数料を支払ったが，カナダのビザの取得前に解約し，支払済みの金銭について不当利得の返還を請求して提訴した。原審東京簡裁は原告の請求を棄却した。東京地裁は，契約書の原文が中国語であったことから本件を渉外事件と判示し，書面による管轄合意の存在を認め，日本の国際裁判管轄を認めた（民訴法3条の7第1項及び2項）。国際裁判管轄については当事者間で争点とされているわけではなかったが，判決は前提として国際裁判管轄について判断を行った。なお，判決は，「本件契約書の原文は中国語であることからして本件は渉外事件である」と判示し，「国際裁判管轄及び準拠法」の検討に入っているが，契約書言語が外国語であれば渉外事件であるという基準の設定は疑問である。

(D) **海外旅行に関する外国会社のケース**

ケース［21］（1審）と［26］（控訴審）[34]では，地球一周の船旅に応じた乗客が船舶のエンジントラブルのため不快な思いをし，船旅を企画実施した日本の旅行会社と船舶所有者の親会社である香港法人を訴えた事案である。1審は，債務履行地管轄（民訴法3条の3第1号）を認め，また被告香港法人の主張する特別の事情（民訴法3条の9）の存在を認めず，日本の裁判所の管轄を肯定した。控訴審判決もこれを支持した。

(E) **外国発行債券の償還請求のケース**

ケース［27］（東京地判平成30年3月26日）[35]はアルゼンチン共和国発行の円

158　第3章　日本における国際消費者契約問題

建て債券の債権者の任意的訴訟担当者として，日本の銀行3行（三菱東京UFJ，みずほ，新生）がアルゼンチン共和国を訴えた事案である。訴訟当事者関係は，銀行対外国であるが，銀行は外国発行円建て債券の債権者の訴訟担当者として活動しているので，本節における国際消費者契約訴訟の分類に加えた。争点はアルゼンチン共和国の裁判権免除であり，ケースは「外国等に対する我が国の民事裁判権に関する法律」施行前のものである。判決は，最判平成18年7月21日（民集60巻6号2542頁）を踏まえたうえで，本件債権発行について，私人でも行うことが可能な商業取引であると認定し，私法的ないし業務管理的な行為に当たるとし，さらに裁判権免除条項によって被告は裁判権免除の利益を放棄したと判示して，裁判権免除を否定した。

4　「準拠法」について検討するケース

(1)　準拠法を検討するケース

　国際的事案であるからといって，取り上げたケース全てで準拠法が検討され判断されているわけではない。本案前の抗弁として国際裁判管轄権のみが争点であるケース（[11]，[12]，[13]，[17]）を除けば，準拠法に触れているのは，33件のうち，ケース[1]，[6]，[10]，[16]，[19]，[21]，[22]，[24]，[25]，[26]，[27]及び[28]の12件である。準拠法の判断に触れず日本法が適用されているケース，不明なケースも散見される（ケース[2]，[3]，[4]，[5]，[7]，[8]，[9]，[14]，[15]，[18]，[20]，[23]，[29]，[30]，[31]，[32]及び[33]）。「言わずもがな」ということで触れていないというケースであろうが，いずれも渉外（国際）的要素の含まれるケースであるので，準拠法決定という手順を省くことについては慎重であるべきであろう。なお，ケース[28]は，日本在住者と日本のカード会社との間のクレジット決済に関するもの（主位的請求は不当利得返還請求，予備的請求は債務不履行・不法行為に基づく損害賠償請求）であるが，わざわざ，「本件カード取引の準拠法は，日本法である（規約27条）」と規約（準拠法合意）を示して，本件カード取引の準拠法は日本法であるという点に触れており，慎重さが見られる。

第1節　消費者契約を扱う日本の国際裁判例概観　159

⑵　管轄合意の準拠法

　ケース［10］では，既述の通り，専属的国際裁判管轄の合意に消費者契約法
10条が適用され合意が無効となるかが問題となり，その国際裁判管轄の合意
の効力に関する準拠法について判断が示されている。判決は，法廷地法である
日本法が管轄合意の準拠法であると判断している。管轄合意の問題は手続であ
り，「手続は法廷地法による」という不文の原則に従うところである。既述の
通り，金融商品出資契約をめぐる出資金返還請求であるケース［11］もそうで
ある。ケース［11］では，金融商品取引契約書中の専属的国際裁判管轄合意の
有効性が問題とされたが，管轄合意の成立及び効力に関する準拠法は，法廷地
法の日本の国際民事訴訟法であるとしている。

⑶　改正ワルソー条約・モントリオール条約

　ケース［1］（仙台地判平成15年2月25日）[36]では，当事者間に準拠法をめぐる
争いがあるわけではないが，運送人と旅客との運送契約の準拠法の検討がなさ
れ，判決は，法例7条1項のもと当事者の意思が示されていないことから2項
を適用し，行為地（契約地）法の日本法を準拠法としたうえで，日本の批准す
る改正ワルソー条約と，同条約に抵触しない範囲で運送約款をケースに適用
し，原告の一方に対する不履行責任を認めたが，他方に対しては認めなかっ
た。

　ケース［6］（東京地判平成19年4月23日）[37]は，犬のブリーダーが，輸送途中
に高級犬が死亡したため，空輸を行ったシンガポール・エアラインズを訴え
た。賠償額の制限を内容として含むモントリオール条約の適用が争点の1つと
なっている（ただし，判決はその点に触れていない）。

⑷　明示の準拠法指定条項

　米国ネヴァダ州裁判所を専属的合意管轄裁判所とする国際裁判管轄条項が問
題となったケース［13］の場合，契約書中に，準拠法は米国法及びネヴァダ州
法とする旨の規定が含まれていた。判決は，国際裁判管轄を扱うケース［11］
の控訴審であり，準拠法について判断していない。これとケース［24］と［25］
は類似のケースであるが，出資契約の準拠法について，準拠法条項により準拠

160 第3章 日本における国際消費者契約問題

法はネヴァダ州法と認定する一方，各出資者はいずれも個人，被告は法人であることが認められるから，各出資契約は，法の適用に関する通則法11条1項にいう消費者契約に当たり，消費者である原告らが常居所地法中の特定の強行法規である民法96条1項を適用すべき旨の意思を事業者である被告に表示したことも明らかであるから，本件各出資契約の効力については，同条項の適用についても判断すべきことになる旨判示している。

　次節で扱うケース［21］とその控訴審［26］とは，既述の通り，地球一周の船旅に応じた乗客が船旅を企画実施した日本の旅行会社と船舶所有者の親会社である香港法人を訴えた事案である。後述の通り，法人格否認の法理の準拠法についても扱われたが，前提として，明示の準拠法指定条項の有効性も問題となっている。運送契約中に準拠法条項があり，英国法の明示の指定があったが，消費者原告らは，旅客運送約款について説明を受けておらず，準拠法についての合意は成立していないから，法適用通則法11条2項[38]により消費者の常居所地法たる日本法を適用すべきであると主張し，また，仮に準拠法合意が成立していても，準拠法合意は信義則に反して消費者の利益を一方的に害する規定であって無効であり（法適用通則法11条1項，消費者契約法10条），結局，消費者の常居所地法の日本法が準拠法となると主張した。この点について，1審判決は，船舶による旅客運送契約は約款取引となるのが通常であること，チケットには運送その他のサービスは船舶所有会社の約款に従う旨記載されていて，消費者はこのチケットを受領したうえで旅行に参加していることからすると，本件運送契約が約款取引であることについて明示又は黙示に同意して旅行に参加したものといえること，旅客運送契約は約款として不合理であると認めることはできないこと，運送約款は営業所に備え置かれていていつでも内容を確認できたことなどを理由に挙げて，消費者原告は，旅客運送約款の個別規定を具体的に認識しなくても，約款に拘束されるというべきであると判示した。また，消費者契約法10条違反により準拠法条項は無効であるという主張について，さらに1審判決は，準拠法条項によって契約準拠法が英国法とされるからといって，一律に消費者である原告らの権利を制限したり，義務を加重したりするものであるということはできないと述べ，加えて，本件旅行が世界一周で船舶所有会社がパナマ法人であることを考慮すれば，契約準拠法を日本法で

なく，英国法とすることが民法1条2項の信義則に反するとは言えないから，本件準拠法条項は消費者契約法10条に違反するものであるとは言えないと判示している。控訴審判決（ケース[26]）も原判決を支持しながら，「本件旅客運送約款について，被控訴人……に情報提供義務違反はなく，同約款を営業所に備え置いて控訴人らが求めればいつでもその内容を把握できる状態にし，クルーズチケットには，『運送約款については当社または取扱旅行者にご確認ください』などと記載されていたこと，本件旅客運送約款の内容が不合理であるということができないことは，上記で引用した原判決が説示するとおりである。そこで，旅行者において，本件運送契約の締結に当たり，約款内容の具体的な認識を欠いていたとしても，その効力を否定することはできず，本件運送契約における準拠法は，契約当事者の選択があったものとして，本件旅客運送約款で定められた英国法となる」と判示した。控訴審判決は「控訴人らは，法人格否認の法理が適用されない限りにおいて本件旅客運送約款23条は，消費者契約法10条に違反して無効であると主張するが，準拠法を定める約款の効力は，契約ごとに有効無効を判断すべきであって，英国法を準拠法とすることが直ちに消費者の権利を制限し義務を加重することになるものではない」と述べる。

　一般に，日本の消費者になじみのない外国法を，消費者契約の準拠法として明示的に指定する当該契約中の準拠法条項は，消費者の利益を一方的に害する規定として扱われるわけではないことが理解できる。

(5)　明示の準拠法指定がない場合

　ケース[19]（海外での就労に関するコンサルティング契約のケース）では，既述の通り，判決は，契約書の原文が中国語であったことから本件を渉外事件と判示し，書面による管轄合意から日本の国際裁判管轄を認め，さらに，準拠法の検討に入っている。純国内事案（当事者が日本在住の日本人同士で，契約締結地，契約履行地などが日本である場合）でも契約書言語が中国語や英語であることがないとは言えないから，契約書言語が外国語であれば渉外事件であるという基準の設定は疑問である。さてケース[19]は消費者契約の事案であるが，当事者間に準拠法選択の明示の合意が無いため，法適用通則法11条2項を適用して準拠法を日本法であると判断した。そのうえで，50万円を差し引

162　第3章　日本における国際消費者契約問題

く契約規定は（違約金条項であるという理由で）消費者契約法9条1号[39]によって無効であるとの主張を斥けている。

(6)　詐害行為取消権の準拠法

　既述のケース［16］は，豪州の銀行と貸付債務者夫妻との間の貸付金返還請求の事案であるが，夫妻がその子に対して行った不動産譲渡が詐害行為かどうか争われた。そこで詐害行為取消権の準拠法について判断が示されている。判決は，通説の立場を踏まえ[40]，被保全債権である債権の準拠法と取消しの対象となる法律行為の準拠法とを累積的に適用するものとしている。その結果，詐害行為取消権行使を容認した。詐害行為取消権の準拠法について論じた最初の裁判例であるとされる。判決は効果の点で日本法に拠るが，累積適用を支持しつつ「日本法の効果の方が強力であり，累積的適用によっても端的に詐害行為の準拠法によっても，本件ではフランス法の効果に従うべきであった」との批判もある[41]。

(7)　法人格否認の法理の準拠法

　上述のケース［21］とその控訴審［26］とは，既述の通り，地球一周の船旅に応じた乗客が船旅を企画実施した日本の旅行会社と船舶所有者の親会社である香港法人を訴えた事案であるが，直接の契約当事者でない親会社に責任を問うに当たり，日本法上の法人格否認の法理が持ち出され，法人格否認の法理の準拠法がポイントとなった。1審判決は，親会社の責任は運送契約に由来する，原告と訴外船舶所有会社との間の権利義務関係に関するものであるから，法人格否認の法理の適用の有無の判断は，運送契約の契約準拠法によってなされるべきであり，準拠法条項の指定によれば，契約準拠法は英国法であるから，日本法上の法人格否認の法理の適用はない（英国法においては法人格否認の法理は採用されていない）と判示した。控訴審（ケース［26］）も同様に，運送約款中の準拠法条項を有効視し，法人格否認の法理の適用を否定した。

(8)　強行法規の特別連結理論，外国の支払延期措置に対する事実上の考慮

　既述のケース［27］は，アルゼンチン共和国発行の円建て債券の償還の事案

である。アルゼンチン共和国の裁判権免除も大きな争点であったが，被告のアルゼンチン共和国はさらに，支払延期措置や国家緊急事態法及び予算法は絶対的強行法規であり，強行法規の特別連結理論によって適用されると主張した。また，第三国の強行法規の適用がないとしても，契約準拠法上，第三国法の影響を事実上考慮すべきであると主張した。なお，円建て債券発行の管理委託契約には，日本法を準拠法とする準拠法規定が含まれていた。判決は，契約準拠法が明確に取り決められているにもかかわらず，第三国の法律を適用することがあり得ると解釈し得るような手がかりは見当たらないと述べ，「立法経過からしても，第三国の強行法規の適用が予定されていたとは解し難い。そうすると，第三国の絶対的強行法規を解釈上適用すべき旨の被告の主張は，採用することができない」と判示した。また，日本法の解釈における事実上の考慮について判決は，「被告が自ら定めた本件支払延期措置によって支払が不能となった状態を考慮して被告の抗弁を認めることは，金銭債務については不可抗力をもって抗弁とすることができない趣旨を定めた民法419条3項の法意に，正面から抵触する」と述べ，被告が主張する「事実上の考慮」の実質は，日本法の適用を排除して第三国法をそのまま妥当させることであって，準拠法である日本法の否定であるとして，被告主張を斥けた。

5　本案における請求のパターン

(1)　個人消費者対外国企業

(A)　国際航空企業

ケース [1] は，国際線に登場した日本乗客2名が手荷物を受け取れなかったことを理由に，オランダの航空会社KLMを訴えた。手荷物の引渡しの遅れの程度の違いにより，1名の請求は一部認容されたが，もう1名の方は認められていない。

ケース [6] は，日本在住の犬のブリーダーが輸送途中に高級犬が死亡したため，空輸を行ったシンガポール・エアラインズを訴えた。判決は，被告航空会社にケージの輸送につき，気温・通風・設置場所等について必要な管理義務を尽くしたとして，原告の請求を認めなかった。

これらは，企業側がどれほど義務履行の努力を尽くしたかを個別に検証して

いる。

　ケース［33］（東京地判平成31年2月26日）[42]は，東京在住の個人が大韓航空を訴えたケースである。原告は，札幌在住の妻子（搭乗予定者）のために，自身のクレジットカードを使用して航空券を購入した（代金は原告の預金口座から引き落とされた）ところ，被告航空会社が運航スケジュールを変更しソウル・アムステルダム間の航空便を欠航としたため妻子が旅行に参加できなくなった。このため被告航空会社に対し民法415条及び消費者契約法8条を根拠に債務不履行に基づく損害賠償を請求した。一方，被告航空会社は，原告の妻が契約者であるので，原告との間で国際航空旅客運送契約が締結された事実はないと主張した。判決は，原告・被告間に契約が不存在であるから原告本訴請求に理由が無いとして請求を棄却している。判決は，本件航空券は，原告の妻を契約者とするJTBとの間の手配旅行契約の方法で購入されたものであり，本件航空便についての国際航空旅客運送契約は，原告の妻子と被告との間で締結されたと認定した。つまり，原告がJTBとの手配旅行契約手続をし，原告のクレジットカードが用いられたとしても，被告としては，原告の存在を認識しえず原告からの申込みを受けたとしてこれに対する承諾をすることはないと認定している。なお，原告に当事者適格があるかどうかも争われたが，判決は，当事者適格は認めた。

　上述のように，国際的航空会社を被告とする，利用者からの提訴が若干数見られるが，消費者側が不当に扱われたという事案ではなさそうである。ケース［1］の乗客のうちの1人の手荷物の遅れが大きいこと以外は，航空会社は，妥当な契約履行をしているように見受けられる。

(B)　金融商品取引に関わる外国企業

　金融商品取引については，虚偽の説明や説明義務違反で，個人投資家側が勝訴する事案が見られる。その中では，消費者契約法違反の主張も含まれる。しかし，裁判所が事実を検証した結果，個人投資家の主張を斥けるケースも少なくない。

　ケース［9］では，被告事業者はリヒテンシュタインの銀行であった。既述の通り，原告の内，外国債券購入の直接の当事者については，国際的専属管轄合意が存在するため訴え却下となったが，間接出資者たるその母については，不

法行為地管轄が認められ，本案審理が認められた。しかし，違法な投資勧誘・運用があったという不法行為の主張は認められず請求は棄却されている。

(2) 日本人消費者対日本事業者

ケース［4］（東京地判平成16年1月28日）[43]は，日本の個人旅行者が日本の旅行会社を訴えている。被告主催の「西トルキスタン・大シルクロード」ツアーが，米国の同時多発テロの影響で途中中止されたため，旅行会社の義務違反が争われた。対象の旅行は海外旅行であるが，当事者が日本人原告と日本企業被告であり，渉外性は認識されず，国際裁判管轄・準拠法は問題にならず，旅行会社の解除条項説明義務違反が認定されている。

ケース［28］（東京地判平成30年3月27日）[44]は，日本の個人旅行者が日本のクレジットカード会社を訴えているもので，イスタンブールで発生したクレジットカード不正利用に関するケースである。日本人・日本会社間の争いでありながら，国内よりリスクの多い外国における詐欺・強迫によるカード取引について，カード利用者（消費者）がカード会社（事業者）にどこまで責任を問えるかを検証した事案ということになる。原告は，欧州旅行中イスタンブールで知り合った外国人に脅される等して，クレジットカードを使用させられ，原告の銀行口座から利用金額（約88万円）が引き落とされたとして，主位的請求において，クレジット決済は，詐欺ないし強迫により取消され，又は錯誤により無効であって，原告は引き落とし相当額の損失を被り，被告は同額の利得を得たとして，不当利得の返還を求めた。また，予備的請求において，被告は，適切に決済を行い，会員に損害を被らせないようにする注意義務等があるにもかかわらず，これに反して，クレジットカードの決済を行い，原告に利用金額相当額の損害を被らせたとして，債務不履行又は不法行為に基づき，損害賠償を求めた。判決は，原告の供述証拠の信用性を検討のうえ，概ね採用できるとはしたが，被告における利得の有無について，利得は被告ではなく加盟店に生じていることになるとして，主位的請求は理由がないと判示した。被告の注意義務違反については，海外の仲介者と業務提携をしたことをもって直ちに注意義務違反があるということはできないし，事前に被告が情報を持っていたという証拠はないから，被告に与信時の注意義務違反があるとはいえないと判示し

た。暗証番号の入力を拒否しなかったことなど経緯に照らせば，原告に過失が
なかったとは言えないため，原告の損失をてん補しないことが救済義務に違反
するものとはいえないと判示している。

ケース［14］（東京地判平成26年12月24日）[45]は，日本からのゴルフ留学に関
する契約の不履行が争われた事案で，パンフレット記載内容と実際との齟齬が
問題となった。原告は日本人X1（留学の費用負担者。親族と思われるがX2と
の関係不明）とX2（留学する本人）で，被告は留学の関わる業者（日本会社）と
その紹介をした日本人である。契約履行地はオーストラリアである。債務不履
行のほか不法行為・不当利得や消費者契約法4条1項1号[46]違反が主張された
が，X1は契約当事者ではないと判断され，X2の請求については，留学期間中
の状況とパンフレットの内容とを比較し重要な点で相違は無かったとして，い
ずれの請求も斥けられた。

(3) 在日外国人消費者対日本事業者

ケース［7］（東京地判平成21年 4月14日）[47]は，外国人の預金口座の開設に当
たって，外国人登録証明書の写しの提出がないことを理由に，日本の銀行が開
設しなかったことが不法行為に当たるかが争われた。請求の根拠は不法行為で
あるが，消費者契約法に基づく主張も展開されている。判決は，金融機関には
本人確認について広い裁量権があるとして，消費者契約法違反その他不法行為
には該当しないと判示した。

ケース［18］（東京地判平成27年10月29日）[48]では，日本に滞在する中国人原
告が在留資格変更許可申請の書類作成を被告行政書士に依頼し契約を結んだ。
その際，一旦支払われた金員の返金には応じないという返金免除合意を含む確
認書に署名押印した。その後，申請が不許可になったため，原告は，消費者契
約法4条に基づき，契約を取り消し，不当利得返還及び重要事項不実告知によ
る職務上の注意義務違反（不法行為）に基づく損害賠償を請求して訴えを起こ
した。被告は嫌がらせ目的の不当訴訟であると反訴を提起した。判決は，消費
者契約法4条1項1号及び2号により契約は失効したと認め，また，返金免除合
意は消費者契約法10条により無効であると判示した。また被告の重要事項に
関する不実告知は職務上の注意義務違反で不法行為を構成すると判示した。

ケース［20］（東京地判平成28年 7月11日）[49]も，ケース［18］同様，在留資格
に関わる外国人と行政書士との争いであった。ただし，本訴原告は行政書士側
である。本訴被告（反訴原告）の韓国人依頼主は在留期間更新許可申請書類の
作成を行政書士（本訴原告・反訴被告）に依頼したが，申請は不許可となった。
依頼主はその原因が行政書士の書類の不備によるものであると東京都行政書士
会に苦情を申し立てたところ，当の行政書士が申立てを名誉毀損であると賠償
を求めて訴えた。本訴被告たる依頼主は，準委任契約の解除による原状回復な
いし不当利得の返還，並びに，本訴提起が不当訴訟として不法行為に基づく慰
謝料支払いを求め，反訴を提起した。判決は，在留期間更新不許可は，本訴原
告の行政書士としての注意義務違反によるとして行政書士の債務不履行を認
め，また，準委任契約上の既払報酬の返還請求を遠慮されたいとの文言は消費
者契約法10条に基づき無効であると判示した。行政書士による名誉棄損の主
張を認めずに本訴請求を棄却する一方，韓国人依頼主側の反訴請求を認容し
た。ただし，名誉棄損訴訟提起を不法行為であるとは認めなかった。

ケース［29］（東京地判平成30年 4月23日）[50]は，ベトナム人生徒からの途中
退学の場合における納付済授業料の不当利得返還請求のケースである。原告
は，被告の設置する専門学校の元生徒であったベトナム人で，被告は専門学校
を設置する学校法人である。原告は専門学校を中途退学し，支払済み授業料・
設備費のうち在籍期間に対応する部分を控除した残余50万円余を返還請求し
た。専門学校の学生心得には，退学の場合，学費は返還されない旨の規定があ
り，また，原告は，個人的な理由により退学する場合は納入済みの学費につい
てその返還を求めない旨の誓約書を差し入れていた（「不返還合意」）。原告は，
不返還合意は，消費者契約法9条1号に違反しており無効であると主張した。
判決は，結論として請求を棄却している。判決は，被告としては，授業料等収
入の逸失を平均的な損害の認定に当たって考慮することは相当であり，年度途
中で生徒が退学したときには，これにより被告に生ずる平均的な損害は，生徒
が当該年度に納付すべき授業料等に相当する額となるから，不返還合意は有効
であり，被告は授業料等の返還義務を負わないと判示した。ベトナム人原告の
感覚では，不返還合意は不合理と思えたのかもしれないが，日本法上は相当な
ものと判断された。異文化，価値観の違いが生じさせた国際的消費者契約紛争

168　第3章　日本における国際消費者契約問題

の一例といえるかもしれない。

　ケース［32］（東京地判平成30年11月27日）[51]は，ニュージーランド人からの不動産売買契約の手付金返還請求のケースである。原告は中国語を母国語とする中国系ニュージーランド人であり，被告は日本企業大手5社である。原告は，日本の不動産の購入を希望し，被告会社社員から契約内容・重要事項の説明を受けたうえ（通訳あり），売買代金10％の1280万円の手付金を支払った。この後，売買契約が締結されたが，契約中に融資利用の特例条項（19条）があり，提携フラット35融資などの提携融資を利用する場合に，融資額の一部が利用できないことが確定したときは売主・買主いずれも契約を解除できること（売主は受領済み金員全額を無利息で返還）が規定されていた。外国人は提携フラット35等の提携融資を利用できず外国人には本件契約19条の適用が全くないのであるが，後日，原告は契約19条に基づき契約を解除するという意思表示をした。被告らは売買残代金の支払いを催告したが支払われなかったため，被告は原告に解除の意思表示をし，手付金を違約金として没収すると通知した。原告は，契約19条の解釈を争い，錯誤無効，債務不履行を主張して提訴した。主たる争点は，売買契約19条の解釈で，原告の主張としては，外国人は提携融資を利用できず19条の適用が全くなく，外国人であることを理由にローンが下りない場合に手付金を没収し売主に利得を生じさせるのは不合理で，19条は消費者の利益を一方的に害する条項で，消費者契約法10条に基づき無効であるから，提携融資を一般の融資に読み替えて適用すべきであると主張し，被告は19条についての説明が不十分で，原告母国語の中国語の重要事項説明書を交付していないと主張した。また，19条の適用があると信じて契約を締結しており19条適用について錯誤があり，契約は無効であるとも主張した。判決は請求を棄却した。判決は，19条は，代金不払いの場合に手付金相当額を違約金として支払うという原則上の義務を，特例として，提携融資を申し込んだがそれが実行されない場合の買主について免れさせる条項であり，「信義則に反して買主を害する」，「不合理・不当な差別」とは評価できないとし，消費者契約法違反と評価すべき事情は無いと判示した。判決は，契約の錯誤無効や被告の債務不履行（ローン特約を付すべき義務，並びに19条や手付金に関する説明義務違反及び中国語の重要事項説明書交付義務違反など）の主張

も斥けた。このケースも，日本法上の手付金に対する理解をめぐって，異文化，価値観の違いが生じさせた国際的消費者契約紛争の一例といえるかもしれない。

⑷ 外国居住者対日本事業者

ケース[8]（東京地判平成22年9月1日）[52]は，スペイン居住者による，日本の貸金業者に対する債務不存在確認請求訴訟であるが，かつて行なった訴訟上の和解における合意の違反をめぐる争いの後の債務承認の有効性が争われた。この中で債務承認が消費者の利益を一方的に害するもので消費者契約法第10条違反であるとの主張がなされたが，判決は，本件債務承認が原告の利益を一方的に害するものとは言えないと判示し，原告の主張を斥けた。

6 おわりに

本節では，日本における国際消費者契約に関わる判例を並べて，どのような点を争うケースが見られるかを概観した。全体として，思いのほか国際的な消費者契約に関連する判決の数が少ないため，はっきりとした傾向を示せてはいないかもしれない。強いて挙げれば，国際私法領域の論点は消費者にとって理解しづらく，そのため，国際契約中の専属的国際裁判管轄条項や仲裁条項並びに準拠法条項が消費者の提訴を阻むツールとして利用されるという一面が見られたと言えなくもない。しかし，それらについても，改正民事訴訟法や仲裁法，法の適用に関する通則法といった立法で，問題の解消が図られていることも分かる。

判例の集積に関しては，国際性，つまり，当事者の本拠地（常居所地）間の距離，言語，司法システムの差，弁護士活用のしにくさ（国際弁護士や外国弁護士へのアクセスの困難性）といった環境が提訴を難しくしているのであろうとも想像されるが，今後，消費者の権利意識の向上が予想されるので，関連判例の数は増加するだろうし，それにつれて環境も改善されるだろう。

全体（別表3-1）を通して，消費者契約法がよく活用されているように思える。消費者契約法のおかげで，消費者が勝訴する事案が増えたというふうには一見見えないが，請求・主張の根拠として「消費者契約法」を挙げる原告は多

いことがわかる。国際消費者契約紛争において，紛争の解決手段としては訴訟のほか交渉による和解や調停なども考えられることから，（請求の根拠法規を数多く列挙することが極端に重要であるというわけではないが）消費者契約法を提訴時の請求の根拠として用いられれば，同法は，消費者にとって，訴訟追行上強力な武器と言えないまでもかなり有用であるだろう。逆に，事業者側にとっては少なくとも非常に厄介なプレッシャーであると言えるだろう。企業やその法務部門にとっては，国際的な提訴の根拠となる法規の存在は脅威であり，その適用の事例は今後も研究の必要があるだろう。

注

1　事件番号平29（ネ）709号，Westlaw JAPAN 文献番号 2017WLJPCA06296007。

2　最初の検索で108件の判決がヒットした（2019年3月31日検索）。どのような事案を取り上げ，除外するかは筆者の主観による判断だが，国際消費者契約として扱うには，当事者の国籍が異なる，国際契約に固有の国際裁判管轄条項や準拠法条項が含まれる，契約履行地が外国である（その点が問題にとって重要である），といった点を考慮した。「国際」を検索語として使用しているので，108件の判決にはなんらかの国際性が含まれるはずだが，当事者の名前に「国際」という語が含まれているだけであるなど，判決文中に含まれる「国際」の語に重要な意味がない場合は除外している。事案に関連する商品が「外貨」「外債」であるような場合も，取引が実質的に国内取引であれば除外している。また，国際契約の関わる事案でも，当事者が企業対企業の場合は，消費者契約ではないので，原則として除外している。結果として，108件のうち別表3-1掲載の33件を取り上げ，75件を除外した。除外した75件については，本節では記載を割愛するが，吉川英一郎「国際消費者契約を扱う日本の裁判例概観」『同志社商学』72巻4号（2021年）1頁，59頁にリストしてある。

3　民事訴訟法　第3条の7　当事者は，合意により，いずれの国の裁判所に訴えを提起することができるかについて定めることができる。
　2　前項の合意は，一定の法律関係に基づく訴えに関し，かつ，書面でしなければ，その効力を生じない。
　3（略）
　4（略）
　5　将来において生ずる消費者契約に関する紛争を対象とする第1項の合意は，次に掲げる場合に限り，その効力を有する。
　　一　消費者契約の締結の時において消費者が住所を有していた国の裁判所に訴えを提起することができる旨の合意（その国の裁判所にのみ訴えを提起することができる旨の合意については，次号に掲げる場合を除き，その国以外の国の裁判所にも訴えを提起することを妨げない旨の合意とみなす。）であるとき。
　　二　消費者が当該合意に基づき合意された国の裁判所に訴えを提起したとき，又は事業者が日本若しくは外国の裁判所に訴えを提起した場合において，消費者が当該合意を援用したとき。

4　最判昭和55年11月28日，民集29巻10号1554頁，判時799号13頁，判タ330号261頁。

5　東京地判平成24年2月14日，事件番号平22（ワ）7042号，Westlaw JAPAN文献番号 2012WLJPCA02148003。評釈として，山田恒久「不法行為地の裁判籍を理由に国際裁判管轄が認められた一事例」『ジュリスト』1463号，2014年，123頁（なお，この評釈は，不法行為地管轄の問題を主に

扱っている）。

6 東京地判平成25年4月19日，事件番号平23（ワ）17514号，Westlaw JAPAN文献番号 2013 WLJPCA04198001。評釈として，加藤紫帆「消費者契約に関する国際的専属的管轄合意が有効とされた事例」『ジュリスト』1462号，2014年，128頁，及び高杉直「消費者契約中の外国裁判所の専属管轄合意を認めた事例」『WLJ判例コラム』9号，2013年，Westlaw JAPAN文献番号 2013WLJCC009。

7 消費者契約法　第10条　消費者の不作為をもって当該消費者が新たな消費者契約の申込み又はその承諾の意思表示をしたものとみなす条項その他の法令中の公の秩序に関しない規定の適用による場合に比して消費者の権利を制限し又は消費者の義務を加重する消費者契約の条項であって，民法第1条第2項に規定する基本原則に反して消費者の利益を一方的に害するものは，無効とする。

8 東京地判平成26年1月14日，判タ1407号340頁，判時2217号68頁，Westlaw JAPAN文献番号 2014WLJPCA01148001。評釈として，安達栄司「出資金返還請求事件において米国ネヴァダ州裁判所を専属的合意管轄裁判所と指定する合意が有効だとされた事例」『私法判例リマークス』50号（2015〈上〉），146頁，山田恒久「国際裁判管轄の合意を理由に訴えが却下された事例」『法学セミナー増刊（新判例解説Watch）』15号，2014年，345頁，長谷川俊明「（渉外判例教室）　米国ネヴァダ州裁判所の専属的管轄合意に基づき日本の裁判所に提起した訴えを却下した事例」『国際商事法務』42巻8号，2014年，1218頁。岩田合同法律事務所「3116　アメリカ合衆国ネヴァダ州裁判所を第1審の専属的合意とする合意が有効に成立しているとして，東京地方裁判所に提起された訴えが却下された事例（新商事判例便覧 No.662）」『旬刊商事法務』2039号，2014年，53頁。

9 大阪高判平成26年2月20日，判時2225号77頁，判タ1402号370頁，Westlaw JAPAN文献番号 2014WLJPCA02207001。評釈として，中野俊一郎「タイ裁判所を指定する国際的専属管轄合意の有効性」『ジュリスト』臨時増刊1479号（平成26年度重要判例解説），2015年，302頁，植松真生「バンコク裁判所の専属管轄の合意が無効とされた事例」『私法判例リマークス』51号（2015〈下〉）148頁，長谷川俊明「（渉外判例教室）　タイの裁判所を専属管轄裁判所とする合意が公序良俗に違反するので無効とされた事例」『国際商事法務』42巻10号，2014年，1538頁。

10 東京高判平成26年11月17日，判タ1409号200頁，判時2243号28頁，消費者法ニュース104号384頁。Westlaw JAPAN文献番号 2014WLJPCA11179002。評釈として，紀鈞涵「米国ネヴァダ州裁判所の専属管轄合意が無効とされた事例」『ジュリスト』1504号，2017年，119頁，加藤紫帆「ネヴァダ州裁判所を指定する国際的専属的管轄合意を無効とした事例」『ジュリスト』1484号，2015年，143頁，西口博之「MRI出資金返還訴訟――平成26年11月17日控訴審判決を中心に」『NBL』1040号，2014年，11頁，小田司「54　一　アメリカ合衆国ネヴァダ州裁判所を専属的合意管轄裁判所とする国際的専属的裁判管轄の合意が公序法に違反するとして無効とされた事例　二　特別の事情による訴えの却下の主張が認められなかった事例」『判例時報』2265号，2015年，165頁（『判例評論』680号35頁），山田恒久「ネヴァダ州裁判所の管轄合意」『私法判例リマークス』52号（2016〈上〉）142頁，渡部美由紀「（第14回国債民事執行・保全法裁判例研究）米国ネヴァダ州裁判所を専属的合意管轄裁判所とする国際的専属的裁判管轄の合意が公序法に違反するとして無効とされた事例（東京高判平成26年11月17日平成26（ネ）623号，判時2243号28頁）」『JCAジャーナル』62巻7号，2015年，18頁，村上正子「米国州裁判所を専属的合意管轄裁判所とする合意が公序法に違反して無効とされた事例」『法学教室』426号別冊付録（『判例セレクト2015［Ⅱ］』，2016年，36頁，早川吉尚「外国裁判所を指定する専属的国際裁判管轄合意を無効とした事例」『法学セミナー増刊（新判例解説Watch）』20号，2017年，329頁，山木戸勇一郎「［下級審民訴事例研究73］一　アメリカ合衆国ネヴァダ州裁判所を専属的合意管轄裁判所とする国際的専属的裁判管轄の合意が公序法に違反するとして無効とされた事例　二　特別の事情による訴えの却下の主張が認められなかった事例」『法学研究』（慶應義塾大学）89巻9号，2016年，107頁，石丸信「日本の裁判権を排除しアメリカ合衆国ネヴァダ州裁判所を第1審の専属的管轄裁判所と指定する国際専属的裁判管轄合意が無効であるとした事例」『消費者法

ニュース』102号，2015年，134頁，長谷川俊明「(渉外判例教室) 米国ネヴァダ州裁判所の専属的裁判管轄合意が公序法違反で無効とされた事例」『国際商事法務』43巻5号，2015年，648頁。

11 東京地判平成27年1月27日，事件番号平26(ワ)8305号，Westlaw JAPAN文献番号2015WLJPCA01278021。評釈として，金彦叔「消費者契約における管轄合意」『ジュリスト』1510号，2017年，138頁。

12 ケース[30]の原告の請求原因の陳述の中には，「被害者は，日本国内のみで約8700人，投資資産の合計額は約1365億円に達する極めて巨大な投資被害事件である。」との主張が見られる。

13 民事訴訟法 第3条の4 消費者(個人(事業として又は事業のために契約の当事者となる場合におけるものを除く。)をいう。以下同じ。)と事業者(法人その他の社団又は財団及び事業として又は事業のために契約の当事者となる場合における個人をいう。以下同じ。)との間で締結される契約(労働契約を除く。以下「消費者契約」という。)に関する消費者からの事業者に対する訴えは，訴えの提起の時又は消費者契約の締結の時における消費者の住所が日本国内にあるときは，日本の裁判所に提起することができる。
2 (略)
3 消費者契約に関する事業者からの消費者に対する訴え及び個別労働関係民事紛争に関する事業主からの労働者に対する訴えについては，前条の規定は，適用しない。

14 東京地判平成29年1月19日，事件番号平28(ワ)29349号，Westlaw JAPAN文献番号2017WLJPCA01198012。

15 東京地判平成29年3月22日，事件番号平28(ワ)30219号，Westlaw JAPAN文献番号2017WLJPCA03228010。

16 判決は，「原告X1……及び同X16については，平成24年4月1日以降に被告との間で本件各出資契約を締結しているところ，平成23年改正法附則2条2項によれば，平成23年改正法が施行された平成24年4月1日以降の国際裁判管轄合意である本件条項はその効力を有さない(民訴法3条の7第5項)。」と述べている。

17 東京地判平成29年3月30日，事件番号平28(ワ)38168号，Westlaw JAPAN文献番号2017WLJPCA03308004。

18 東京地判平成30年8月22日，事件番号平30(ワ)5617号，Westlaw JAPAN文献番号2018WLJP-CA08228001。

19 東京地判平成30年7月11日，事件番号平30(ワ)10465号，Westlaw JAPAN文献番号2018WLJPCA07118014。

20 東京地判平成29年5月25日，事件番号平28(ワ)38168号，Westlaw JAPAN文献番号2017WLJPCA05258019。

21 判決データでは，別紙出資目録に記載されているという原告らの出資契約締結日を確認できない。

22 札幌地判平成15年5月16日，金融・商事判例1174号33頁，先物取引裁判例集34号268頁。Westlaw JAPAN文献番号2003WLJPCA05160001。評釈として，瀬戸和宏「(説明義務違反・情報提供義務をめぐる判例と理論)『外国為替証拠金取引』を行うことを内容とする金融派生商品の販売取引につき，説明義務違反の不法行為が認められた事例」『判例タイムズ』臨時増刊1178号，2005年，87頁。

23 札幌地判平成15年6月25日，先物取引裁判例集34号367頁，Westlaw JAPAN文献番号2003WLJPCA06256004。

24 札幌高判平成16年2月27日，先物取引裁判例集36号211頁，Westlaw JAPAN文献番号2004WLJPCA02276001。

25 仲裁機関の指定が一貫していないため，食い違いが原告による仲裁合意の無効という主張の根拠の1つとされている。

第1節　消費者契約を扱う日本の国際裁判例概観　173

26　近藤昌昭・後藤健・内堀宏達・前田洋・片岡智美『仲裁法コンメンタール』商事法務，2003年，305-311頁，特に307-308頁。

27　東京地判平成27年3月31日，事件番号平24（ワ）30809号，Westlaw JAPAN文献番号 2015WLJP-CA03318016。評釈として，嶋拓哉「詐害行為取消権の準拠法，外国不動産の抹消登記請求と専属管轄条項の関係」『ジュリスト』1494号，2016年，123頁，西谷祐子「詐害行為取消権の準拠法」『ジュリスト』臨時増刊1492号（平成27年度重要判例解説），2016年，296頁，的場朝子「国際民事執行・保全法裁判例研究（19）　フランス所在不動産の贈与が詐害行為にあたるとして贈与の取消しと所有権移転登記の抹消登記手続請求が認容された事例（東京地判平成27年3月31日判例集未搭載）」『JCAジャーナル』63巻10号，2016年，20頁，小梁吉章「東京地判平成27年3月31日に見る市場の急変と与信管理」『国際商事法務』44巻9号，2016年，1343頁。

28　民事訴訟法　第3条の2　裁判所は，人に対する訴えについて，その住所が日本国内にあるとき，住所がない場合又は住所が知れない場合にはその居所が日本国内にあるとき，居所がない場合又は居所が知れない場合には訴えの提起前に日本国内に住所を有していたとき（日本国内に最後に住所を有していた後に外国に住所を有していたときを除く。）は，管轄権を有する。
　2　裁判所は，大使，公使その他外国に在ってその国の裁判権からの免除を享有する日本人に対する訴えについて，前項の規定にかかわらず，管轄権を有する。
　3　裁判所は，法人その他の社団又は財団に対する訴えについて，その主たる事務所又は営業所が日本国内にあるとき，事務所若しくは営業所がない場合又はその所在地が知れない場合には代表者その他の主たる業務担当者の住所が日本国内にあるときは，管轄権を有する。

29　民事訴訟法　第3条の5　会社法第7編第2章に規定する訴え……その他これらの法令以外の日本の法令により設立された社団又は財団に関する訴えでこれらに準ずるものの管轄権は，日本の裁判所に専属する。
　2　登記又は登録に関する訴えの管轄権は，登記又は登録をすべき地が日本国内にあるときは，日本の裁判所に専属する。
　3　（略）

30　西谷・前掲注（27）297頁，嶋・前掲注（27）126頁及び的場・前掲注（27）24-25頁が訴えの却下を主張する。

31　東京地判平成27年9月8日，事件番号平26（ワ）1590号，Westlaw JAPAN文献番号 2015WLJPCA09088006。

32　このケースは，厳密には事業者対事業者で消費者契約ではないが，原告が民訴法3条の7第5項を用いて消費者としての立場を主張しているので挙げた。このケースについては第4章第1節で詳しく扱う。

33　東京地判平成28年3月23日，事件番号平27（レ）1062号，Westlaw JAPAN文献番号 2016WLJPCA03238031。

34　前掲注（1）参照。

35　東京地判平成30年3月26日，事件番号平28（ワ）19581号，Westlaw JAPAN文献番号 2018WLJPCA03268007。評釈として，加藤紫帆「円建て債券を発行した外国国家の裁判権免除と支払延期措置の効力」『ジュリスト』1540号，2020年，111頁。

36　仙台地判平成15年2月25日，判タ1157号157頁，Westlaw JAPAN文献番号 2003WLJPCA02250007。評釈として，藤田勝利「受託手荷物の延着による航空運送人の責任」『私法判例リマークス』31号（2005〈下〉），82頁。

37　東京地判平成19年4月23日，事件番号平18（ワ）7043号，Westlaw JAPAN文献番号 2007WLJPCA04238002。

38　法の適用に関する通則法　第11条　消費者（個人（事業として又は事業のために契約の当事者とな

174 第3章 日本における国際消費者契約問題

る場合におけるものを除く。)をいう。以下この条において同じ。)と事業者(法人その他の社団又は財団及び事業として又は事業のために契約の当事者となる場合における個人をいう。以下この条において同じ。)との間で締結される契約(労働契約を除く。以下この条において「消費者契約」という。)の成立及び効力について第7条又は第9条の規定による選択又は変更により適用すべき法が消費者の常居所地法以外の法である場合であっても,消費者がその常居所地法中の特定の強行規定を適用すべき旨の意思を事業者に対し表示したときは,当該消費者契約の成立及び効力に関しその強行規定の定める事項については,その強行規定をも適用する。

2　消費者契約の成立及び効力について第7条の規定による選択がないときは,第8条の規定にかかわらず,当該消費者契約の成立及び効力は,消費者の常居所地法による。

3　消費者契約の成立について第7条の規定により消費者の常居所地法以外の法が選択された場合であっても,当該消費者契約の方式について消費者がその常居所地法中の特定の強行規定を適用すべき旨の意思を事業者に対し表示したときは,前条第1項,第2項及び第4項の規定にかかわらず,当該消費者契約の方式に関しその強行規定の定める事項については,専らその強行規定を適用する。

4　消費者契約の成立について第7条の規定により消費者の常居所地法が選択された場合において,当該消費者契約の方式について消費者が専らその常居所地法によるべき旨の意思を事業者に対し表示したときは,前条第2項及び第4項の規定にかかわらず,当該消費者契約の方式は,専ら消費者の常居所地法による。

5　消費者契約の成立について第7条の規定による選択がないときは,前条第1項,第2項及び第4項の規定にかかわらず,当該消費者契約の方式は,消費者の常居所地法による。

6　前各項の規定は,次のいずれかに該当する場合には,適用しない。

　　一　事業者の事業所で消費者契約に関係するものが消費者の常居所地と法を異にする地に所在した場合であって,消費者が当該事業所の所在地と法を同じくする地に赴いて当該消費者契約を締結したとき。ただし,消費者が,当該事業者から,当該事業所の所在地と法を同じくする地において消費者契約を締結することについての勧誘をその常居所地において受けていたときを除く。

　　二　事業者の事業所で消費者契約に関係するものが消費者の常居所地と法を異にする地に所在した場合であって,消費者が当該事業所の所在地と法を同じくする地において当該消費者契約に基づく債務の全部の履行を受けたとき,又は受けることとされていたとき。ただし,消費者が,当該事業者から,当該事業所の所在地と法を同じくする地において債務の全部の履行を受けることについての勧誘をその常居所地において受けていたときを除く。

　　三　消費者契約の締結の当時,事業者が,消費者の常居所を知らず,かつ,知らなかったことについて相当の理由があるとき。

　　四　消費者契約の締結の当時,事業者が,その相手方が消費者でないと誤認し,かつ,誤認したことについて相当の理由があるとき。

39　消費者契約法　第9条　次の各号に掲げる消費者契約の条項は,当該各号に定める部分について,無効とする。

　　一　当該消費者契約の解除に伴う損害賠償の額を予定し,又は違約金を定める条項であって,これらを合算した額が,当該条項において設定された解除の事由,時期等の区分に応じ,当該消費者契約と同種の消費者契約の解除に伴い当該事業者に生ずべき平均的な損害の額を超えるもの　当該超える部分

　　二　当該消費者契約に基づき支払うべき金銭の全部又は一部を消費者が支払期日(支払回数が2以上である場合には,それぞれの支払期日。以下この号において同じ。)までに支払わない場合における損害賠償の額を予定し,又は違約金を定める条項であって,これらを合算した額が,支払期日の翌日からその支払をする日までの期間について,その日数に応じ,当該支払期日に支払うべき額から当該支払期日に支払うべき額のうち既に支払われた額を控除した額に年14.6パーセント

第1節　消費者契約を扱う日本の国際裁判例概観　175

の割合を乗じて計算した額を超えるもの　当該超える部分

40　詐害行為取消権の準拠法について学説上は，累積適用説のほかに，対象財産の準拠法に拠るという説，法廷地法説（本件評釈のうち嶋・前掲注（27）125-126頁及び的場・前掲注（27）23-24頁）が見られる。

41　西谷・前掲注（27）297頁。

42　東京地判平成31年2月26日，事件番号平30（ワ）24524号，Westlaw JAPAN 文献番号 2019WLJPCA02268025。

43　東京地判平成16年1月28日，判タ1172号207頁，判時1870号50頁，Westlaw JAPAN 文献番号 2004WLJPCA01280014。評釈として，江上千惠子「旅行業者の説明義務——東京地判平成16・1・28」『NBL』812号，2005年，4頁，Westlaw JAPAN「新判例解説406号」Westlaw JAPAN 文献番号 2004WLJCC112。

44　東京地判平成30年3月27日，事件番号平29（ワ）359号，Westlaw JAPAN 文献番号 2018WLJPCA03278027。

45　東京地判平成26年12月24日，事件番号平24（ワ）28177号，Westlaw JAPAN 文献番号 2014WLJPCA12248030。

46　消費者契約法　第4条　消費者は，事業者が消費者契約の締結について勧誘をするに際し，当該消費者に対して次の各号に掲げる行為をしたことにより当該各号に定める誤認をし，それによって当該消費者契約の申込み又はその承諾の意思表示をしたときは，これを取り消すことができる。

　　一　重要事項について事実と異なることを告げること。　当該告げられた内容が事実であるとの誤認

　　二　物品，権利，役務その他の当該消費者契約の目的となるものに関し，将来におけるその価額，将来において当該消費者が受け取るべき金額その他の将来における変動が不確実な事項につき断定的判断を提供すること。　当該提供された断定的判断の内容が確実であるとの誤認

　2　消費者は，事業者が消費者契約の締結について勧誘をするに際し，当該消費者に対してある重要事項又は当該重要事項に関連する事項について当該消費者の利益となる旨を告げ，かつ，当該重要事項について当該消費者の不利益となる事実（当該告知により当該事実が存在しないと消費者が通常考えるべきものに限る。）を故意又は重大な過失によって告げなかったことにより，当該事実が存在しないとの誤認をし，それによって当該消費者契約の申込み又はその承諾の意思表示をしたときは，これを取り消すことができる。ただし，当該事業者が当該消費者に対し当該事実を告げようとしたにもかかわらず，当該消費者がこれを拒んだときは，この限りでない。

　（3項～6項）略。

47　東京地判平成21年4月14日，事件番号平19（レ）467号，Westlaw JAPAN 文献番号 2009WLJPCA04148006。

48　東京地判平成27年10月29日，事件番号平26（ワ）9296号，Westlaw JAPAN 文献番号 2015WLJPCA10298008。

49　東京地判平成28年7月11日，事件番号平25（ワ）29182号，Westlaw JAPAN 文献番号 2016WLJPCA07118004。

50　東京地判平成30年4月23日，事件番号平29（ワ）20807号，Westlaw JAPAN 文献番号 2018WLJPCA04238002。

51　東京地判平成30年11月27日，事件番号平29（ワ）19757号，Westlaw JAPAN 文献番号 2018WLJPCA11278022。

52　東京地判平成22年9月1日，事件番号平21（ワ）40202号，Westlaw JAPAN 文献番号 2010WLJPCA09018009。

176　第3章　日本における国際消費者契約問題

別表3-1　国際消費者契約判例一覧
（Westlaw JAPANのデータベース上「国際」&「消費者契約」で検索33件）

---

[1]　仙台地判平成15年2月25日，平13（ワ）310号，文献番号2003WLJPCA02250007。
　　判タ1157号157頁。評釈：藤田勝利・リマークス31号82頁（2005年下）。

○**債務不履行又は不法行為に基づく損害賠償事件。**

事実概要：原告は乗客2名（X1：大学研究室室員，X2：弁護士）で，被告はオランダ法人の
国際的航空運送会社のKLMである。X1はイタリア視察旅行往路（千歳-アムステルダム・ス
キポール乗換-ミラノ）において到着地ミラノに手荷物が到着しなかったため，衣類等を購入
し費用12万6000リラを支払った（手荷物は5日後に滞在先ホテルに配送された）。後日被告
はX1に15,000円を補償金として支払った。X2はオランダ視察旅行復路（コペンハーゲン-ス
キポール乗換-関西国際空港）において到着地関西国際空港に手荷物が到着せず翌日配送され
た。被告の定める運送約款には責任制限規定がある（受託手荷物の紛失・損害・遅延につき
1Kgあたり17SDRを限度とする等）。

争点：債務不履行又は不法行為責任の成否。準拠法の決定とワルソー条約の適用。

判決：海外旅行の際，預けた手荷物を予定どおり受取ることができなかった場合，諸事情等に
照らして客観的に相当な期間を経過して手荷物が運送された場合には，航空会社は債務不履行
責任を負うと判示。準拠法を法例7条2項により日本法とし，ワルソー条約の適用を認めた。
X1につき請求認容。

　(1)　準拠法とワルソー条約の適用：　「運送人と旅客との間の運送契約の準拠法は，法例7
条1項により，まず，当事者の意思に従ってこれを定めるべきところ，本件運送約款上は特に
準拠法の指定がなく，他にかかる指定や合意の存在も窺われないから，本件各運送契約の準拠
法は，同条2項により，行為地（契約地）になる。……本件各運送契約の締結地は日本と認め
られる。したがって，本件各運送契約に係る法律関係については，日本法が準拠法になる」。
「日本，オランダ及びイタリアはいずれも旧ワルソー条約及びヘーグ議定書を批准している。
したがって，本件各運送契約は……改正ワルソー条約1条2項前段の国際運送に該当し，各契
約の法律関係についてはそれぞれ改正ワルソー条約が適用される。……改正ワルソー条約は同
条約1条及び2条に該当する国際航空運送の法律関係について直接に適用される……」。

　(2)　債務不履行責任について：　「改正ワルソー条約23条1項は，運送人の責任を免除し，又
はこの条約で定める責任の限度よりも低い限度を定める約款は無効とする旨規定している。した
がって，本件各運送契約には，同条約に抵触しない範囲で本件運送約款が適用される」。「原告
らは，それぞれ，特に本件運送約款によらない旨の意思を表示することなく本件各運送契約を
締結したことが認められるから，同契約の締結に当たり，同約款による意思で契約を締結した
ものと推定される」。「……本件運送約款9条4項（e）は，『運送人は，同じ航空便で旅客と手
荷物を運送するよう，一般的な努力をする義務を負います。同じ航空便で手荷物が運送されな
かった場合には，適用法令により通関手続きに旅客の立ち会いが要求される場合を除き，可能
な限り早急に旅客に引き渡します。』と規定する。同約款の文言を，同条約よりも運送人の責
任を軽減するものとして解釈すれば，同約款は同条約に抵触して無効となるから，その文言が
同条約との関係でどのような趣旨を有するか問題となる」。「……同条約19条は，受託手荷物
が同じ航空便で運送されることまで求めているものと解することはできない。……運送約款10

条1項によれば，運送人は合理的な範囲内で旅客又は手荷物を旅行日において有効なスケジュールどおりに運送することに最大限努力をすることとされ，同約款9条4項（e）によれば，運送人は同じ航空便で旅客と手荷物を運送するよう一般的な努力をする義務を負い，同じ航空便で手荷物が運送されなかった場合には，可能な限り早急に旅客に引き渡すこととされていることに鑑みれば，本件運送約款は，……等に照らして，客観的に相当な期間を超えて運送された場合にこれを免責する趣旨とは解されず，同条項（e）は，上記のような客観的に相当な期間を超えて運送された場合には，運送人としての責任を負うことを規定したものと解するのが相当であり，上記のような客観的に相当な期間を徒過した場合に，同約款20条の免責要件が存在しないにもかかわらず，運送人が責任を免れる趣旨の条項ではないというべきである」。「……旅客と手荷物の所在，両者の地理的関係，その地域における航空機の運航状況その他の交通事情，航空会社の運送処理体制等に照らして，旅客が運送された時から客観的に相当な期間を経過して手荷物が運送された場合には，被告は債務不履行責任を負うが，運送人が無過失であることを立証したときは責任を免れる……。もっとも，手荷物を預託した旅客は，当該手荷物が旅客と同時に運送されることを期待し，これを前提にして目的地到着後の行動を予定するのが通常であるから，同時に運送されなかったのが運送人の故意又は重過失による場合には，信義則上，客観的に相当な期間の経過の有無を問わず当該手荷物が旅客と同時に運送されなかったことによる損害について責任を負うと解するのが相当である」。「……被告は，原告X1に対し，手荷物Aの延着について債務不履行責任を負う……」。「原告X2について……同原告が仙台に到着した翌日の午後には，同原告の下に届けている。……原告X2に対する手荷物Bの運送は，客観的に相当な期間を超えているものと認めることはできない……。……被告の故意又は重過失に基づくものと認めるのも困難である。……被告は，原告X2に対して，手荷物の延着責任を負わない……」。

（3）不法行為責任について：「手荷物の延着の場合に被告が負う責任は，本件各運送契約からはじめて発生するものであり，同契約を離れて，一般的に延着を生ぜしめてはならないという義務まで被告に認められるわけではない。本件では，被告従業員の何らかの違法行為によって手荷物……の延着が生じたという具体的事実の主張がない。したがって，被告は……不法行為責任を負うものではない」。

（4）損害賠償額について：「原告X1は，……計12万6000リラを支払っている。……日本円に換算すると約6730円であると認められる……。……同原告が被った精神的苦痛を慰謝するためには4万円が相当である」。「……原告X1に過失相殺すべき事情はない。」「……運送約款16条3項（a）は，手荷物に関する被告の責任限度を……1キログラムあたり計17SDRと規定している。……手荷物の上限は20キログラムで……責任限度額は340SDRであり……日本円に換算すると合計5万4987円となる。……原告X1に認められる損害の……合計は4万6730円であり，上記責任限度額以下であるから，同条項（a）の適用は問題とならない」。「……1万5000円は損害賠償の内金として支払われたものとみるべきであり，原告X1の損害合計4万6730円……から既払金1万5000円を控除した残金3万1730円が本件における認容額となる」。

[2] 札幌地判平成15年5月16日，平14（ワ）559号，文献番号2003WLJPCA05160001。
金商1174号33頁，先物取引裁判例集34号268頁。評釈：瀬戸和宏・判タ臨増1178号87頁（説明義務違反・情報提供義務をめぐる判例と理論）。

178　第3章　日本における国際消費者契約問題

○外国為替証拠金取引の仲介に関する不法行為に基づく損害賠償・不当利得返還請求。控訴審：札幌高判平成16・2・26，平15（ネ）278号。

事実概要：原告Xは札幌の高校卒業後，製本業を営んでいたが後に廃業した無職の58歳。被告コスモフューチャーズ社（以下Y社）は先物取引・外国為替取引売買の媒介，取次，代理等を業とする日本の株式会社で，ワールド・ワイド・マージンFXなる外国為替証拠金取引を扱っていた。Y社の仲介でXがオーストラリア法人サマセット社との間で外国為替証拠金取引をし，XはY社に証拠金2700万円を交付し，Y社はこれをサマセット社に送金した。

　Xは，Y社の行為について，（ア）ワールド・ワイド・マージンFXは外国為替証拠金取引でなく私設賭博・ノミ行為である事，（イ）ワールド・ワイド・マージンFXが利益相反する取引であることを隠蔽している事，（ウ）スワップ金利が架空のものである事，（エ）スワップ金利についてドル売建玉の際高金利を支払うことになる等，十分説明していない事，（オ）Y社が双方代理をしている事，（カ）不適格者勧誘をした事，（キ）サマセット社がオーストラリア認可商業銀行であると虚偽の説明をした事，（ク）完全分離保管制度があると説明している事，（ケ）仕組み及び危険性について説明していない事，（コ）断定的判断を提供した事，（サ）一任取引をさせた事，（シ）買建玉・売建玉を同時期にさせた事，（セ）無断売買をした事を理由に，不法行為及び金融商品販売法4条に基づいて，弁護士費用を含め，2970万円の損害賠償を求めた。また，Xはワールド・ワイド・マージンFX基本契約が公序良俗違反で無効である，詐欺によって取消可能である，又は消費者契約法によって取消可能であるとして，2970万円の不当利得返還請求を行った。

　これに対し，Y社は反駁するとともに，本件契約締結時に，「仲裁同意書」を交付し，X/Y社間で発生した問題については社団法人国際商事仲裁協会（JCAA）の仲裁で解決する旨の仲裁合意があると妨訴抗弁を提示した。それに対しXは，（ア）仲裁合意は不成立である，（イ）仲裁同意書にはJCAAの仲裁が指定されているが，引用している（X・サマセット社間の）基本契約書14.A項はICCの仲裁を指定しており，仲裁機関が異なるから合意は不成立である，（ウ）本件仲裁合意は渉外仲裁契約であるのに，紛争は日本人Xと日本法人Y社との金融商品販売紛争であり，それは渉外仲裁契約によって処理されるべきでなく，原被告間には適用されない，（エ）基本契約書14.A項はXとサマセット社間の仲裁契約条項であり，原被告間には仲裁合意は無い，（オ）ワールド・ワイド・マージンFXは違法であり，本件仲裁契約はその違法性の主張をさせないようにするためのもので公序良俗に反し無効である，（カ）仲裁同意書の内容がY社との関係にも適用されること，裁判を受ける権利が制限されることなどの説明がなかったので仲裁合意は錯誤により無効，又は詐欺により取り消せるなどと主張した。

争点：仲裁合意の有効性，被告行為の違法性と被告の責任。

判決：仲裁合意によって原告が，原被告間の紛争に関して日本の裁判所で訴えを提起できなくなることに同意したと認めることはできないと認定し，妨訴抗弁を認めず。金融派生商品の販売取引につき，商品取引業者の説明義務違反による不法行為責任が認められた。請求認容。

　妨訴抗弁について次のように判示された。「本件仲裁同意書には，原告とサマセット社及び被告との間の法的な紛争に関して日本の裁判所で訴えを提起することができない旨が明記されていないところであって，本件仲裁同意書の上記記載から，その旨が一義的に明らかにされているものとは言い難い。そして，証人Cの証言によれば……『サマセットアンドモーガン若しくはうちの会社で何かトラブルなりがあった場合には，代わりに第三者機関の国際商事仲裁協

会というところに仲裁してもらう，こういう機関がありますということで，これは飽くまで任意ですけども，もし手間暇を省くためにそういうところに頼むのであれば書いてください』と説明したこと，本件仲裁同意書に署名捺印すると被告に対して日本の裁判所で訴えを提起できなくなるということは説明していないことが認められる……。以上の事実に……（原告の年齢・性別・経歴・職業・家族関係・病状など）を併せみると，原告は，本件仲裁同意書に署名捺印したことによって，原告と被告との間の法的な紛争に関して日本の裁判所で訴えを提起することができなくなることを同意したと認めるには足りず，他に原告がその旨の同意をしたことを認めるに足りる証拠はない（なお，最高裁判所昭和53年（オ）第1426号・昭和55年6月26日第一小法廷判決［裁集民130号35頁，判例時報979号53頁］中の中村治朗裁判官の意見が次のとおりであることを参照。「思うに，民訴法の定める仲裁契約，それが成立しているときは，その対象とされている事項について当事者の一方が他方を相手として訴を提起しても，相手方が右契約の存在をもつて抗弁すれば，前記のように訴が不適法として却下されるという極めて重大な効果を生ずるものである。しかるに，わが国においては，仲裁手続に関し多年の歴史と経験を有する欧米諸国とは異なり，右制度の導入後もこれが利用された実績に乏しく，法曹人すら，紙の上の知識としてその意義と効果を知っているだけで，実際にこれについての実務上の経験をもつていない者の方がむしろ多いのではないかと思われるし，まして一般国民の間では，仲裁手続なるものの存在やその意義と効果についての知識を全くもたず，むしろ仲裁という名称からは紛争解決のためのあつせんや調停に類したものとしてこれを受けとつているというのが実情であろうと推察されるのである。」）。そうすると，本件訴えが訴訟要件を欠いているため不適法である旨の被告の主張は，採用することができない」。

　不法行為の成否と被告の責任について，判決は，「被告が原告に対してしたワールド・ワイド・マージンFXについての説明は，虚偽の事実の説明であったことになり，このような説明は，原告に対する不法行為に該当するというべきである」「これらの事実によれば，被告は，サマセット社の実態を知りながら，敢えてサマセット社について上記のように説明を受けた者をしてサマセット社を過大に信用させることになる説明をしたものと推認するのが相当である。そうすると，被告が原告に対してしたサマセット社及び完全分離保管制度についての説明は，虚偽であるとは断ずることができないとしても誇大広告に類する説明であったことになり，このような説明は，原告に対する不法行為に該当するというべきである」。「原告は被告に対し，民法の不法行為に基づく損害賠償請求権に基づき，損害金2970万円及びこれに対する……遅延損害金を支払うことを求めることができる」。

[3]　札幌地判平成15年6月25日，平14（ワ）848号，文献番号2003WLJPCA06256004。
　　　先物取引裁判例集3号367頁。

○外国為替証拠金取引の仲介に関する不法行為に基づく損害賠償・不当利得返還請求。ケース[5] 原審。
事実概要：原告Xは札幌市在住の女性投資家。被告コスモフューチャーズ社（以下Y社）は福岡市所在の先物取引・外国為替取引売買の媒介，取次，代理等を業とする日本会社で，ワールド・ワイド・マージンFXなる外国為替証拠金取引を扱っていた。Y社は，Xら顧客から預かった証拠金をオーストラリアの「サマセット社」に送金し，顧客はサマセット社と為替相場の相対取引を行い，被告はその売買の取次を行い，サマセット社から手数料を受領することに

より利益を得ていた。Xは合計2200万円を支払ったが530万円余の返還を受けたものの1670万円弱の損失が発生した。

Xは，本件のワールド・ワイド・マージンFXが私設賭場であって違法であり，そこにおけるスワップ金利という金員のやり取りも違法であり，またそれらについての十分な説明も欠いており，勧誘・説明の方法や取引のやり方（一任取引など）も違法であるなどと主張して，Y社に対し不法行為（Y従業員の行為に対する使用者責任）に基づく賠償を求め，また公序良俗違反による無効又は詐欺もしくは消費者契約法違反による取消しに基づく不当利得返還を請求した。

これに対し，Y社は反駁するとともに，本件外国為替取引を開始するにあたり，契約書とは別に「仲裁同意書」という標題で，問題が生じた場合において問題解決の場所として社団法人国際商事仲裁協会（JCAA）を指定する仲裁合意があると妨訴抗弁を提示した。それに対しXは，仲裁同意書にはJCAAの仲裁が指定されているが，リンクしている契約書英文はICCの仲裁を指定しており両者は矛盾していて無効である，仲裁合意はノミ行為の違法性の主張を原告にさせないことを目的とし公序良俗違反である，仲裁契約の説明がなかったので仲裁合意は錯誤により無効，又は詐欺により取り消せるなどと主張した。

争点：仲裁合意の有効性，被告行為の違法性と被告の責任。

判決：仲裁合意の有効性を否定，妨訴抗弁を認めず。金融派生商品の販売取引につき，商品取引業者の説明義務違反による不法行為責任が認められた。請求認容。

判決は，妨訴抗弁について，まず仲裁同意書と契約書日本文がともにJCAAを指定することを認定したが「本件仲裁同意書には，原告とサマセット社及び被告との間の法的な紛争に関して日本の裁判所で訴えが提起できない旨が明記されていないところであり，本件仲裁同意書の上記記載から，日本の裁判所で訴えが提起できないことが一義的に明らかにされているものとは言い難い。……原告は，本件仲裁同意書に署名押印したことによって，原告と被告との間の法的な紛争に関して日本の裁判所で訴えが提起できなくなることに同意したと認めるには足りず，他に原告がその旨の同意をしたと認めるに足りる証拠はない。そうすると，本件訴えが訴訟要件を欠いているために不適法である旨の被告の主張を採用することはできない」と判示した。

そのうえで判決は次の通り判示してXの請求を認めた。「以上の事実及び被告がサマセット社の代理店であり，サマセット社から得る手数料が本件取引における被告の唯一の収入であることからすれば，被告は，原告の相対取引の相手方であるサマセット社が確実に利益を挙げられるように，すなわち，原告が為替相場の変動による差損，ドル売りによるスワップ金利の支払，委託手数料の支払という形で，確実に損失を拡大し，その分サマセット社の収入になるように原告の取引を拡大させていたと推認することができる。そして，被告が，原告に対して，サマセット社が銀行でないこと，原告がサマセット社に預託する金員が証拠金であって，銀行が運用する金員ではないこと，原告が預託した金員の何十倍もの金額の取引が行われていることを説明し，原告がそれを理解したならば，原告は本件取引を開始しなかったと推認することができる。また，ドル売りを建てた場合のスワップ金利について被告が真実を説明していれば，原告が両建を行うこともなかったと推認される。そうすると，これらの説明をせず，むしろ，上記のとおり虚偽の説明をして原告をしてその旨誤信させたことは，被告の従業員であるB

別表 3-1　国際消費者契約判例一覧　　181

が被告の事業の執行につき原告に対してした不法行為になるというべきである。そして，この不法行為がなければ，原告は本件取引を開始しなかったと推認されるから，本件取引によって生じた差損，手数料，スワップ金利の支払によって生じた 1669 万 7725 円の損害は，全て，Bの不法行為と相当因果関係にある損害であるというべきである。……原告の請求は理由があるから認容する」。

[4]　東京地判平成 16 年 1 月 28 日，平 14（ワ）13827 号，文献番号 2004WLJPCA01280014。判タ 1172 号 207 頁，判時 1870 号 50 頁。評釈：江上千恵子・NBL 812 号 4 頁，Westlaw JAPAN・新判例解説 406 号（2004WLJCC112）。

○旅行契約に関する債務不履行又は不法行為に基づく損害賠償請求。控訴審：控訴棄却
事実概要：日本人個人旅行者（原告選定当事者兼選定者 2 名及び選定者 6 名）と日本の株式会社たる旅行会社（被告）との争い。原告らは，被告の主催した「西トルキスタン・大シルクロード」と称する旅行に参加したが，米国において 2001 年 9 月 11 日発生した同時多発テロに伴い，旅行先として予定されたトルクメニスタン共和国内に外務省の海外危険情報が発出され，これにより本件旅行が途中で中止され，同共和国内等を観光できずに帰国した。本件旅行の中止について，被告は①出発前に米国同時多発テロによる旅行の中止が予測され，取消料の負担なしに旅行契約の解除を認める旅行約款条項が適用されたとして，同条項に基づく解除を認める取扱いをする義務及び同解除ができることを説明する義務，②海外危険情報の発出の有無及びその内容を説明する義務をいずれも尽くさず，これにより原告らは，中止を余儀なくされた本件旅行に参加させられ，少なくとも旅行代金相当額 57 万 3000 円の財産の損害及び精神的損害が生じたとして，いずれも債務不履行又は不法行為による損害賠償請求権に基づき 57 万 3000円及び遅延損害金の支払を求めた。
争点：旅行約款解除条項の適用の可否，同条項に関する説明義務違反の有無。なお契約履行地は海外であるものの当事者関係は日本人原告対日本会社被告。
判決：旅行会社の旅行約款条項に関する説明義務違反を認定。
　判決は旅行約款解除条項の適用の可否について「本件解除条項は……天災地変，戦乱，暴動，運送・宿泊機関等の旅行サービスの提供の中止，官公署の命令等の一定の事由により『旅行の安全かつ円滑な実施が不可能となるおそれが極めて大きいとき』には，旅行者が取消料を支払うことなく旅行契約を解除することができる旨規定している。本件解除条項の適用の可否については，旅行の日程及び内容，旅行先の外国地域の政治・社会情勢及びその変化の見通し等の諸事情を総合的に勘案して，旅行の安全かつ円滑な実施が不可能となるおそれが極めて大きいと認められるかどうかにより判断すべきである。また，上記各事情は，旅行者及び旅行会社の情報収集能力に限りがあることを考慮すると，我が国内で旅行者及び旅行会社が収集，確認しうる資料や情報等を根拠とするもので足りるというべきである」「……本件旅行の出発の時点においては，さらにアフガニスタン情勢の悪化を伝える報道がされており，本件旅行の催行中に，アメリカ合衆国による軍事報復活動を懸念して，外務省により本件旅行先を含むアフガニスタン周辺国につき海外危険情報（危険度 2 以上）が早晩発出され，ひいては本件旅行の旅程どおりの実施が不可能となるおそれが高く，被告においてもその予測が十分可能であったと認められ，本件解除条項の適用があったというべきである」と判示した。
　判決は旅行約款解除条項に関する説明義務違反の有無について「原告らにおいても，遅くと

も本件旅行の出発時において，本件旅行が予定どおり催行されるか不安を抱き，取消料の負担なしの解除が可能であれば，本件旅行契約の解除を希望する者がいたと推認される。そして，本件旅行については，すでに説示したとおり，アフガニスタン情勢の悪化により途中で中止せざるを得ないことが予測され，その中止理由が旅行先地域の治安状況という旅行者の生命及び身体の安全に関わることを考慮すると，本件旅行を解除するかどうかを選択判断する機会を与える意味においても，被告は，遅くとも本件旅行の出発時において，原告らに対し，本件旅行につき取消料の負担なしの解除ができることを説明する義務を負っていたというべきである。……原告の前記主張のうち，本件解除条項に基づき取消料の負担なしの解除を認める取扱いをする義務については，その義務違反があったとは認められないものの，上記解除ができることを説明する義務については，その義務違反があったと認められる」。「ところで，原告らの主張中には，被告の原告らに対する前記各説明義務違反の事実について，消費者契約法4条2項所定の不利益事実の不告知であると主張する部分があり，同条項に基づく本件旅行契約の取消及びこれによる不当利得返還請求権として，旅行代金相当額の返還を求める趣旨とも解されるが，原告らは，①本件旅行契約の締結に際する説明義務違反（前記4（1））については，同項にいう『当該消費者の利益となる旨を告げ』の要件に該当する具体的事実について主張されておらず，②その余の説明義務違反については，いずれも契約締結後の債務不履行の事実をいうにすぎないのであって，いずれも主張自体失当である」。

[5]　札幌高判平成16年2月27日，平15（ネ）307号，献番号2004WLJPCA02276001。
**　　　先物取引裁判例集36号211頁。**

○個人投資家対先物取引仲介業者の紛争。外国為替証拠金取引の仲介に関する不法行為に基づく損害賠償請求事件ケース[3]の控訴審。
事実概要：被控訴人が，控訴人の仲介によって外国法人との間で外国為替に関連する金融派生商品に関する取引を開始したものの，控訴人が同取引の実態を秘し被控訴人に損害を被らせたとして不法行為に基づいて損害賠償を求めた事案。控訴人と被控訴人の間で紛争解決の仲裁同意書があるため本件訴えは不適法という控訴人の妨訴抗弁あり。
争点：仲裁合意の有効性，控訴人行為の違法性とその責任。
判決：仲裁同意書には裁判による解決方法を排斥する旨の記載がないことから妨訴抗弁を認めず。被控訴人の請求を認容した原判決を支持，控訴を棄却。
　判決は，訴えの適否（妨訴抗弁の正当性）に次のように判示した。「私人間の紛争処理について，裁判による解決と並列して仲裁機関による解決方法を選択し得る旨の合意がなされた場合と異なり，裁判による解決方法を排斥してもっぱら仲裁機関のみによる解決方法を合意する場合には，紛争の性質や仲裁機関の組織等に照らし，仲裁機関のみにより解決することについて合理性があること，仲裁機関による解決方法が特定されるだけでなく，裁判による解決方法を排斥するということについて，当事者間に明示的な意思の合致が認められることを要すると解すべきところ，本件仲裁同意書には，裁判による解決方法を排斥する旨の記載が見当たらない。したがって，本件仲裁同意書に被控訴人が署名・捺印したことのみをもって，控訴人主張に係る仲裁合意が成立したと認めることはできない」。「……によれば，本件仲裁同意書では，『契約書第14.Aの項に従い』仲裁の合意をする旨記載されているが，契約書第14.Aの項に記載された仲裁機関である『the Arbitration Panel of the International Chamber of Com-

merce』とは，国際商業会議所（the International Chamber of Commerce，通称 ICC）の紛争仲裁機関（Coute［ママ］of Arbitration）を指し，他方，本件仲裁同意書記載の仲裁機関である社団法人国際商事仲裁協会（the Japan Commercial Arbitration Association，通称 JCAA）は日本の機関であり，両者は別の機関であることが認められ，本件基本契約書の条項に従う旨の本件仲裁同意書の記載部分と仲裁機関として社団法人国際商事仲裁協会を指定する部分とは整合しない。したがって，本件仲裁同意書による仲裁機関の指定は本件基本契約書の条項と矛盾する」。「……尋問の結果によれば，被控訴人は……3時間にわたって小●●●から本件 FX 取引の勧誘を受け，取引を始めることにしたものであるが，被控訴人には民事紛争における仲裁合意についての基礎的理解や知識はなかったこと，他方，小●●●にも本件仲裁同意書の具体的内容や法律的効果についての知識はなかったことが認められる」。「以上によれば，本件仲裁同意書については，本件基本契約書との整合性を含めた説明が小●●●から被控訴人に対してなされたとは到底認められず，被控訴人が本件仲裁同意書の内容を具体的に認識した上で，かつ，裁判による解決方法が排斥されることまで理解して署名・捺印したものではないと認めるのが相当である。したがって，本件仲裁同意書による合意に基づいて，被控訴人による本件訴訟提起の適法性を否定することはできない」。

判決は，控訴人の欺罔行為について次の通り判示した。「これまでに認定した，控訴人が作成したパンフレット類の記載内容，本件 FX 取引の投機性や危険性，サマセット社の預金預け入れを業とする銀行としての不適格性，被控訴人の本件 FX 契約時の資産状況並びに被控訴人の本件 FX 取引及びサマセット社に対する理解状況と小●●●の被控訴人についての認識状況及びその能力等に照らすと，控訴人は，被控訴人を含む顧客に対し，本件 FX 取引があたかも外国銀行による資金運用を内容とする安全な金融商品であるかのように装って敢えてサマセット社の銀行業務資格を顧客に誤認させるとともに，いわゆる『スワップ金利』といった高度に変動性や投機性に富んだ金利間差損益についての十分な説明をしないまま外務員である小●●●に被控訴人を勧誘させ，あたかも外貨建ての銀行預金類似の金融商品であると誤信した被控訴人をして証拠金名下に 400 万円を支払わせた上，引き続いて手仕舞いの機会を与えないまま合計 2200 万円を支払わせたものと認めるのが相当であり，仮に，控訴人又は小●●●ら控訴人の外務員において，上記欺罔又は騙取の故意があったとまでは認められないとしても，控訴人には，本件 FX 契約に先立って，被控訴人に対し，サマセット社の実態を含む本件 FX 取引の重要事項について十分な説明を尽くして被控訴人の理解を得た上で本件 FX 契約を締結すべき義務があった（金融商品販売法 3 条参照）にもかかわらず，そうした説明を小●●●にさせることなく，被控訴人をして本件 FX 契約を締結するに至らせたことは不法行為（民法 709 条）に該当し（……控訴人の業務の執行についてなされたものと認められるから……民法 715 条の使用者責任を免れない。），控訴人は，本件 FX 契約によって被控訴人が被った損害を賠償する義務がある」。

判決は被控訴人の過失について「本件において，被控訴人は本件 FX 取引の実態を理解していなかったし，小●●●らによってそうした状態に置かれ続けていたと認められることは既に判示したところであり，そうした状況にあった被控訴人に対し，本件 FX 取引の最中にその危険性を的確に認識することを求めることは背理である。以上要するに，被控訴人の本件 FX 契約に至る経緯やその後の事情に鑑みると，被控訴人は本件 FX 契約における一方的被害者であると認められ，これに過失相殺を適用することは相当でないし，他に被控訴人に対し過失相殺

184 第3章 日本における国際消費者契約問題

を適用すべき事情があったことを認めるに足りる証拠はない」と判示した。

[6] 東京地判平成 19 年 4 月 23 日, 平 18 (ワ) 7043 号, 文献番号 2007WLJPCA04238002。

○運送契約上の債務不履行又は不法行為に基づく損害賠償請求。

事実概要：犬の繁殖等を行う日本在住の個人（原告）と国際的航空運送会社たるシンガポール・エアラインズ（被告）との紛争。原告が, 高級犬（ゴールデンレトリバー）の米日間（ロサンゼルス・成田間）の航空運送を被告に依頼, 契約したところ, 同犬が航空機内のケージ内で, 心不全で死亡した。原告は, 被告には, 犬の健康状態を維持して目的地に到着するように, 貨物室の温度等の管理, 貨物の搭載量の調節, ケージの搭載場所を適切に選択すべき管理義務があるのに, 被告はこれを怠ったため, 犬を熱中症（による心不全）によって死亡させたとして, 本件運送契約による債務不履行ないし不法行為による損害賠償請求権に基づき財産的価値 700 万円, 慰謝料 200 万円, 弁護士費用相当損害金 100 万円の合計 1000 万円と遅延損害金の支払を求めた。被告は, 管理義務を尽くしているので運送契約につき債務不履行責任及び不法行為責任を負わないとし, また, 本件運送契約に関する運送約款では, 被告には航空運送につき, 本件犬の死亡について一切責任を負わないとされているし, 犬の死亡について責任を負うとしてもモントリオール条約 22 条 2 項によって賠償額は 1000SDR に限定されていると主張した。

なお, 原告は, 被告の免責約款による免責の主張に対して, 運送契約が英文で原告は内容を理解しえないとも, モントリオール条約に照らして無効であるとも主張したほか, 「原告は, 飼い犬であるストーム号をアメリカのコンテストに出場させるために, 被告との間で本件運送契約を締結したのであって, 事業として又は事業のために契約の当事者となったのではないから, 消費者契約法 2 条 1 項の定める消費者に該当する。また, 本件約款条項は, 消費者の利益を不当に害する条項であるから, 消費者契約法 8 条 1 項 3 号により無効である」, 「被告は, 日本語を用いて集客をしながら, 他方で本件約款の文言を英語として, 日本語訳を作成せず, 英文の約款を顧客に示すこともしなかったので, 被告に有利な約款の内容を抗弁として主張することは権利の濫用である」と主張した。

争点：航空会社の責任（債務不履行の有無, モントリオール条約及び航空運送約款免責規定の適用）。

判決：請求棄却。判決はモントリオール条約及び航空運送約款免責規定の適用に関しては判断をしなかった。判決は, 証拠から本件犬の「ストーム号は正常な状態で搭載され, 貨物室の温度調整は 25 度に設定され, 機長へ搭載場所等の報告を完了し, 本件航空機の機長からの報告によると, 本件航空機の貨物室の温度は終始 20 度ないし 22 度位とのことであった。……本件ケージとともに搭載されていた本件他犬ケージ内の犬は熱中症を含め, 異常は認められなかった」, 犬「の肺組織及び肝組織につき……病理組織診断……肺及び肝臓に高度なうっ血が認められ, 心不全により死亡したものと思われるとし, 心不全の原因は熱中症と思われるとされているが, 心不全が熱中症に起因する理由については確たる記述がない」と認定した。そのうえで「被告は本件ケージの輸送につき……気温, 通風, 本件ケージの設置場所の選択につき必要な管理義務を尽くしていたものと認めるのが相当である」「……犬の熱中症の原因とメカニズムに関し, 短吻種犬あるいは体質的に呼吸機能に問題のある犬が, 高温多湿の室内, 車内に放置されていると, 体に熱がこもるばかりで体温が上昇し, 脱水症状がひどくなり, 血液の濃度が濃くなって血液の循環が悪くなり, 酸欠状態になってチアノーゼ, ショック状態で死に至る

別表 3-1 国際消費者契約判例一覧　　185

とされている……ストーム号は短吻種犬に属さず，呼吸機能に格別問題があったとの形跡もないこと，……本件ケージが設置されていた……は，密閉された空間ではあったとはいえ，気温は 22 度程度で高温とまでは言い難いし……ストーム号とほぼ同一環境下に置かれていたものと考えられる本件他犬ケージ内の他犬は熱中症を発症していないことなどに照らして，本件ケージの設置状況は前記熱中症の発症機序に沿わず，ストーム号の心不全の原因は熱中症によるものとも認め難い……」「本件ケージと本件他犬ケージの設置環境が，搭載されている犬の生命を左右するほどの差異のある状況にあったことを窺わせる事実は見あたらない。……他犬が小型犬であることから，熱中症を発症しにくいとは言い難い」と判示し，「被告は，本件ケージの設置，管理義務を履行したものと認められ，前記義務を怠った過失ないし重過失があることを認めるに足りない」と結論した。

---

[7]　**東京地判平成 21 年 4 月 14 日，平 19（レ）467 号，文献番号 2009WLJPCA04148006。**

○不法行為に基づく損害賠償請求。

事実概要：外国籍で東京在住の個人（控訴人・1 審原告）とスルガ銀行（被控訴人・1 審被告）との間の紛争。被控訴人は，内部規定において外国籍を有する者が預金口座を開設する際，本人確認書類として外国人登録証明書の写しの提出をも要求していたが，そのインターネット上の支店のウェブサイトにおいてはその旨を表示していなかった。控訴人が，被控訴人銀行に対して普通預金口座開設の申込みを行った際に，被控訴人は，申込書・印鑑届・運転免許証の写しのほかに，外国人登録証明書の写しを要求した。その後，控訴人から外国人登録証明書の写しが提出されなかったため，口座を開設しなかった。控訴人（1 審原告）はこの預金口座の不開設は違法である（憲法 14 条 1 項，13 条，「国際人権 B 規約」26 条，個人情報保護法 16 条，18 条，消費者契約法 10 条，民法 1 条 2 項，同条 3 項，90 条等に違反）として，不法行為に基づく損害賠償を請求した。原審（立川簡裁判決平成 19（ハ）146）は請求棄却。

争点：不法行為責任の成否。

判決：被控訴人の控訴人に対する取扱いが，消費者契約法 10 条違反その他不法行為に該当するとは認めず。控訴棄却。

　判決は以下の通り判示した。「一般に，私企業である金融機関が，本人確認法に規定されている本人確認書類のうちどのような書類に基づいて本人確認を行うかについては，各金融機関の裁量に委ねられているものと解され，本人確認法施行規則 4 条 1 号ホには外国人登録証明書が本人確認書類の一つとして定められていること，同法には外国籍を有する者に対し，本人確認書類として 2 種以上の書類の提出を要求することを禁止する規定はないこと，外国人登録証明書は，運転免許証などの取得に一定の条件が要求される書類とは異なり，日本に居住する外国人であって，居住する市区町村において外国人登録をした者であれば当然に所持しているものであること，口座開設申込者は，被控訴人以外の他の金融機関において預金口座を開設することが可能であること等に照らすと，外国籍の申込者に対し，本人確認書類として運転免許証等に加えて外国人登録証明書（写し）の提出を要求する旨の本件内部規定は社会的に許容しうる限度を逸脱して控訴人の法的利益を侵害するものとまでは認められず，被控訴人が本件内部規定に基づいて控訴人に対して本人確認書類として外国人登録証明書（写し）の提出を要求したこと，及び，控訴人からこれが提出されなかったために，控訴人の預金口座を開設しなかったことが違法，不当であるとは認められない」。「上記……によれば，本件内部規定及びこれに基づく被控訴人の取扱い

が，社会的に許容しうる限度を超えて，控訴人の法的利益を侵害するものとまでは認められず，本件内部規定及びこれに基づく被控訴人の取扱いが消費者契約法10条，民法1条2項，同条3項，90条，その他の法令，ガイドライン等に違反するということはできず，控訴人の主張を採用することはできない」。

[8]　東京地判平成22年9月1日，平21（ワ）40202号，文献番号2010WLJPCA09018009。

○債務不存在確認等請求及び反訴請求（抵当権設定契約に基づく本登記手続請求）。

事実概要：スペイン居住者（原告）と日本の貸金業者（被告）との紛争。かつて原被告は訴訟上の和解をしたことがあり，原告が被告に対し5億円の支払義務を負うこと，うち90万ユーロを6回に分割して支払うこと，1度でも支払を遅滞したときは期限の利益を失うこと，分割金の支払を遅滞なく完了したときは残額の支払義務を免除すること等を合意した。原告は1回目の分割金を期限までに支払ったが，2回目の分割金について，2004年12月30日に8万ユーロ支払うべきところ，12月29日にスペインの銀行に8万ユーロの送金を依頼し同銀行は30日に送金手配をしたが，ドイツ銀行を経由したため，その金は手数料100ユーロが差し引かれ，2005年1月4日に入金され，追って同月14日に100ユーロが入金された。被告は，2回目の分割金の支払が遅滞したから，原告は期限の利益を失い，また，債務免除の効果は発生しないと主張するのに対し，原告は，期限の利益は失われておらず，また，債務免除の効果が発生したと主張したが，その後，原告と被告は，原告が期限の利益を失い，未払残元本が4億76百万円余となったこと等を承認し，これを担保するために原告所有の不動産に抵当権を設定すること等が記載された契約書を作成し，抵当権設定仮登記がされた。ところが，本件訴訟において，原告は，期限の利益は失われておらず，債務免除の効果が発生したと主張して，債務承認に基づく債務が存在しないことの確認，抵当権設定仮登記の抹消登記手続等を求めた（本訴請求）。被告はこれに対し本登記手続を求めた（反訴請求）。原告は，送金は期限までに支払われた，仮に遅滞があるとしても原告の責めによるものではない，被告の主張は信義則違反・権利濫用である，債務承認は錯誤によるもので，無効で，その債務を被担保債権とする本件抵当権も存在しないと主張し，その中で，債務承認は消費者の利益を一方的に害するもので消費者契約法10条により無効であるとも主張した。

争点：分割金支払の遅滞の有無，信義則違反・権利濫用の有無，本件債務承認の有効性。

判決：本訴請求棄却，反訴請求認容。債務承認は消費者の利益を一方的に害するもので消費者契約法10条により無効であるとの原告主張は斥けられた。

　判決は，分割金の支払遅滞があったことを認定した。さらに，「原告は……遅滞について責めに帰すべき事由がなく，被告が期限の利益の喪失と本件免除の効果の不発生を主張することは，信義誠実の原則に反し，権利の濫用であるし，そうでないとしても，被告は，原告に対し，期限を再度付与したものというべきであると主張する。しかし，外国（スペイン）から我が国の銀行預金口座への送金に相当の日数を要する場合があり得ることは，容易に想像できることであり，そのことを考慮に入れて送金の手続をとれば，入金の遅れを避けることは十分に可能であるから，本件指定口座への入金が遅れたことについて，原告に責めに帰すべき事由がないとはいえない。……原告は，被告に対し，本件2回目の分割金の支払を遅滞したことを前提として，本件債務承認をした。そして……本件債務承認が無効であるとか，被告が本件債務承認に基づく債権を行使することができないとは認められない」「原告は，本件契約書の記載が形

だけのものではなく，本件2回目の分割金の支払に遅滞があったことを理解した上で，本件契約書を作成したものと認められるから，原告に錯誤があったともいえない」「原告は，被告が本件債務承認に基づく債権を行使することは，信義誠実の原則に反し，権利の濫用であると主張するが……そのように解することはできない」「原告は，被告は貸金業者であるところ……貸金業者が『偽りその他不正又は著しく不当な行為』をすることを禁じた貸金業法12条の6第4号に違反すると主張する。しかし……『偽りその他不正又は著しく不当な行為』に当たるということはできない。また，原告は，本件債務承認は，消費者の利益を一方的に害するものであるから，消費者契約法10条により，無効であると主張する。しかし，上記説示に照らすと，本件債務承認が民法1条2項に規定する基本原則に反して原告の利益を一方的に害するものとはいえない」と判示した。

[9]　**東京地判平成24年2月14日，平22（ワ）7042号，文献番号2012WLJPCA02148003。**
　　　評釈：山田恒久・ジュリ1463号123頁。

○資産運用・金融商品取引をめぐる不法行為に基づく損害賠償請求。
事実概要：個人投資家2人（郵便局職員X2とその母X1）対リヒテンシュタインのY銀行。原告らはY銀行東京事務所において口座を開設し，Yの担当者の助言のもと，外国債券等を購入したが元本割れを起こし預託金の一部しか返金されなかったため，資産運用に関連してYらの不法行為を主張し，使用者責任に基づき，損害賠償を求めた。なお，原告のうちX2について，契約中に，リヒテンシュタイン公国裁判所を第一審の専属管轄裁判所とする専属的国際裁判管轄条項がある。
争点：日本の裁判所の国際裁判管轄権（専属的管轄合意の有効性及び不法行為管轄の成否）。
判決：X2につき専属的国際裁判管轄合意がある（改正民訴法3条の7第5項の適用を否定）として訴え却下。X1については，不法行為地管轄を認めた結果，請求棄却。

　X2の訴えについて，判決は，昭和50年チサダネ号事件最高裁判決を踏まえ，同判決の示す要件を満たす場合，専属的国際裁判管轄の合意は原則として有効であるとする。そしてX2が英文の口座開設申込書に署名したこと，及び申込書及び約款にファドゥーツが排他的裁判管轄を有する旨の条項があったこと等を認定し，X2が本件管轄条項に合意したと認める。そのうえで判決は，「本件訴えは，日本の専属的な裁判権に服する事件ではなく，また，被告の普通裁判籍（本店所在地）であるファドゥーツを管轄する裁判所を第一審の専属的管轄裁判所とする本件管轄条項による専属的国際裁判管轄合意がはなはだしく不合理で公序に反すると認めるに足りる主張立証はない」とし，「……『改正民訴法』……3条の7第5項の施行後は，将来において生ずる消費者契約に関する紛争を対象として日本の国際裁判管轄を排除する専属的国際裁判管轄合意は原則として効力を有しないことになるが，同項は改正民訴法施行前に提起された訴えには適用がなく（改正民訴法13条，附則2条2項），本件管轄条項が現時点で公序に反するとまでは認められず，上記判断を左右しない」とし，「……X2の本件各口座に関する紛争を対象とする本件訴えについては，本件管轄条項により……当裁判所に国際裁判管轄はなく，不適法であるから，却下すべきことになる」と判示した。

　X2の訴えについて，判決は，「原告X1の主張する請求原因は必ずしも明確ではないが……違法な投資勧誘・運用等をした不法行為により，原告X1に損害を与えたと主張して，不法行為に基づく損害賠償を請求する趣旨と解される」ところ「改正民訴法施行前の現時点において

は……国際裁判管轄の存否は当事者間の公平や裁判の適正・迅速の理念により条理に従って決定すべきであり……民訴法の規定する裁判籍のいずれかが日本にあるときは，日本で裁判を行うことが当事者間の公平，裁判の適正・迅速の理念に反する特段の事情がない限り，日本の裁判所に国際裁判管轄を認めることが相当である」とし「……日本に住所等を有しない被告に対し提起された不法行為に基づく損害賠償請求につき，民訴法の不法行為地の裁判籍の規定（民訴法5条9号）に依拠して日本の裁判所の国際裁判管轄を肯定するためには，原則として，被告が日本においてした行為により原告の法益について損害が生じたとの客観的事実関係が証明されれば足りると解される（最高裁平成13年6月8日判決・民集55巻4号727頁参照）」と述べ，諸事実を検証したうえで「……被告が間接出資者にすぎない原告X1に対して不法行為責任を負うのは，被告又はBの行為に故意及び強度の違法性が認められる極めて例外的な場合に限られると解される。とはいえ，当時被告の被用者であったBの被告東京事務所における説明・助言等と，これを参考とした原告X2による金融商品の購入及びその元本割れに伴い原告X1が原告X2から預託金を事実上一部回収できなくなった損害との間に間接的とはいえ一応の因果関係が認められる以上，被告又はその被用者の日本における行為により原告X1に経済的損害が生じたとの客観的事実関係は否定できないから，民訴法の不法行為地の裁判籍の規定（民訴法5条9号）に照らし，原告X1の本件訴えにつき日本の裁判所に国際裁判管轄が認められる」と判示した。X1と専属的裁判管轄合意との関係については「……裏面には排他的裁判管轄はファドゥーツとする旨の文言がそれぞれ英文で記載されていることが認められるが，原告X1の本件訴えは必ずしも引出権限に基づく請求ではなく，専属的国際裁判管轄合意の効力が及ぶとは解されない」としてX1の訴えに関する本案前の抗弁を斥けた。

そのうえで判決はX1の主張する不法行為の成否について検討したが，無登録投資顧問営業及び無認可投資運用業の事実を認めず，又，適合性原則違反の主張についても「本件各商品の購入経緯及びその後の運用状況に照らしても，Bが，原告X2の意向及び実情に反して明らかに過大な危険を伴う取引を積極的に勧誘したとは認められず，適合性の原則から著しく逸脱した取引を勧誘したとも認めるに足りない」と判示し，又，説明義務違反についても，一部について義務の存在を否定するとともに，外国投信・外国債券の販売に関連し「Bが，原告X2に対し，本件各商品につき市場・為替リスクにより元本欠損が生ずるおそれがあることを説明しなかったと認めるに足りない」と判示した。さらに判決は，一任勘定取引違反・合理的根拠の法理違反・損失保証に基づく不法行為の成立についても否定し，X1の請求は理由が無いとして棄却した。

[10] 東京地判平成25年4月19日，平23（ワ）17514号，文献番号2013WLJPCA04198001。評釈：加藤紫帆・ジュリ1462号128頁，高杉直・WLJ判例コラム9号（文献番号2013WLJCC009）。

○金融商品出資契約をめぐる満期到来による出資金返還請求。
事実概要：原告は日本在住の個人X1及びX2であり，被告はスイス・チューリッヒに本店を有する（東京都に支店を有する）銀行であるスイス連邦法人Yである。X1及びX2は，英文の口座開設申込書に署名し，Yとの間で口座開設契約を締結したうえで，Yに金銭を預託した。X1及びX2は，Yの担当者の勧誘を受け株式の購入をしたところ，株式の価値が下落したため，勧誘行為が金融証券取引法等に基づく適合性原則・説明義務違反であるとして，不法行為

別表3-1　国際消費者契約判例一覧　　189

に基づく損害賠償請求訴訟を提起した。なお，口座開設契約申込書には，「一般条件及び管轄地」として，「本契約および/または宣言は，スイス法に排他的に準拠し，それに従って解釈する。」との条項，及び「すべての債務の履行地，債務回収地（後者はスイス以外に居住する顧客についてのみ），および本契約および/または宣言から，または本契約および/または宣言に伴って生じる紛争の専属管轄地は，チューリッヒとする。しかし，UBS（被告）は，顧客の住所の管轄当局およびその他の権限ある当局の前において下記署名人（原告ら）に対する訴訟を起こす権利を留保し，その場合，スイス法が依然として排他的に適用になる。」との条項があった。被告は，本案前の抗弁として，管轄地をスイス・チューリッヒとする専属的管轄合意が成立しているので，日本の裁判所は国際裁判管轄を有しないから訴えは却下されるべきであると主張した。

争点：専属的国際裁判管轄条項の有効性（日本の裁判所における国際裁判管轄権の存在）。

判決：専属的国際裁判管轄条項の有効性について，改正民訴法の適用はないとして，民訴法3条の7を適用せず条理で判断し，有効と判示し，日本の裁判所に国際裁判管轄権が無いとして，訴えを却下した。

　判決は，まず諸事実を検証したうえで「原告らと被告との間で，本件各口座開設契約に関連して発生する紛争について，我が国の裁判権を排除し，スイスのチューリッヒの裁判所を第一審の専属的管轄裁判所とする本件管轄合意が成立している」と認めたうえで，その合意の有効性について，「……国際的専属的管轄合意の成立及び効力に関する準拠法は，法廷地たる我が国の国際民事訴訟法を意味すると解するのが相当である」とし，昭和50年チサダネ号事件最高裁判決が示した形式的要件及び「①当該事件が我が国の裁判権に専属的に服するものではないこと，②指定された国の裁判所が，その外国法上，当該事件につき管轄権を有することという2個の要件」を満たす限り原則として有効であるとし，「本件管轄合意は，いずれも被告の本店所在地であるチューリッヒを専属的管轄地とすることを明示した書面（本件各申込書）に原告らがそれぞれ署名することにより成立している。また，本件訴訟について我が国の裁判所が専属的な管轄を有することはない。そして，被告の本店所在地であるチューリッヒの裁判所が本件訴訟について管轄を有することも明らかであるから，本件管轄合意は原則として有効」と判示した。

　その上で「国際的専属的裁判管轄の合意もはなはだしく不合理で公序法に違反するときは無効となる」として「この点，①被告はスイスのチューリッヒに本店を置く銀行であること……，②本件各口座開設契約により，原告らは日本からチューリッヒの被告本店に口座を開設していること……，③本件各取引は，原告らが上記口座に預託していた金銭を用いて本件株式を購入したというものであること……，④本件各口座開設契約では準拠法がスイス連邦法とされていること……からすると，本件各口座開設契約及び本件各取引の取引地であるチューリッヒを専属的管轄地と定めた本件管轄合意には，一定の合理性が認められる。もっとも，原告らは日本在住の一個人である一方，被告は世界的規模の金融機関であって……両者の間には，資力，情報及び交渉力に格差が存在し，原告らが，現実にチューリッヒで訴訟を提起してこれを追行しようとすれば，我が国で訴訟追行するよりも大きな負担を伴うとはいえる。しかし……その資力からすれば，日本の弁護士を介するなどの方法により，チューリッヒにおいて訴訟追行することも著しく困難であるとまではいえない……。これらからすると，チューリッヒの裁判所で訴訟追行することが，訴訟の著しい遅滞を招くとか，原告らに著しい損害を与えるとか，

190　第3章　日本における国際消費者契約問題

原告らが負担しきれないほどの経済的困難を課すおそれがあるとは認められない。……口座開設契約の締結の際，原告らが本件管轄合意条項を認識・理解する機会や可能性を十分に与えられていたことは……検討したとおりであって，本件各申込書の作成経緯や本件管轄合意条項の記載に照らしても，原告らが我が国の強行法規を潜脱する意図で，原告らと被告との格差に乗じ，また原告らが英語の読解能力を有さないことを殊更に利用するなどして，原告らに不利な条項である本件管轄合意条項を一方的に定めたとか，その内容を意図的に秘匿したり，説明を拒んだなどという事実も認められない。……被告は，口座を開設する顧客の利益について，一定の配慮をしていることがうかがわれる。……チューリッヒの裁判所が原告らに対し，不公正な裁判をするおそれがあるなどの事情を認めるに足る証拠もない。……原告らは，被告の原告らに対する本件各取引の勧誘には，適合性原則違反や説明義務違反など，原告らに対する重大な不法行為があったと主張するが，本件管轄合意の有効性は，本件管轄合意それ自体の内容，趣旨目的及び成立経緯などの事情により判断されるべきものであって，その後の被告による本件株式取得の勧誘に……違法があったか否かは，本件管轄合意の有効性に影響を与える事情ではない……。以上によれば，原告らと被告との格差や，被告が東京支店を有することを考慮しても，本件管轄合意が，原告らにとって著しく不公平，不公正であるとまでいうことはできず，公序法に違反するとはいえない」とした。

本件管轄合意に消費者契約法10条が適用され無効となるかどうかという点について，判決は「……申込書には，本件各口座開設契約の準拠法はスイス連邦法とする旨の条項があるが……国際裁判管轄の合意の効力に関する準拠法は，法廷地法である日本法であると解するのが相当であり，法例7条は適用されない。そして，原告らは一個人であって……被告は法人であるから，本件管轄合意は，消費者契約に該当し，消費者契約法……10条が適用されるというべきである」としつつ，「……一切の事情を総合すると，本件管轄合意は，消費者契約法の趣旨に照らし，なお原告らの利益を一方的に害し，信義則上原告らと被告との間の衡平を損なう程度に原告らの保護法益を侵害するとはいえない。……消費者契約法10条に違反しない」とし，「本件管轄合意は，公序にも，消費者契約法10条にも違反せず，有効に成立している」と結論付けた。

[11]　東京地判平成26年1月14日，平25（ワ）15015号，文献番号2014WLJPCA01148001。判タ1407号340頁，判時2217号68頁。評釈：岩田合同法律事務所・新商事判例便覧3116号（旬刊商事法務2039号），安達栄司・リマークス50号146頁，山田恒夫・法セ増（新判例解説Watch）15号345頁，長谷川俊明・国際商事法務42巻8号1218頁。

○金融商品出資契約をめぐる出資金返還請求。ケース[13]の原審。
事実概要：原告は日本居住の投資者X1乃至X9であり，被告は，米国ネヴァダ州に本店を置くネヴァダ州会社のMRI社（日本に支店と代表者を有する）で，同社は，診療報酬請求債権を投資対象とする金融商品を扱っている。被告は，原告らとの間で，金融商品取引契約書をもって本件金融商品を購入する契約を締結し，被告名義口座に出資金を振込送金した。契約書は表面は英語で，裏面は日本語で記載されており，日本国内向けの広告宣伝やパンフレット表記が日本語でなされている。契約内容として，出資者は米国市民又は米国居住者でないことの保証が求められていた。又，契約書11条には，「本契約の準拠法はアメリカ合衆国法及びネヴァダ州法とし，本契約から生じる一切の紛争については，米国ネヴァダ州裁判所を専属的合

別表 3-1 国際消費者契約判例一覧　　191

意管轄裁判所とする」旨の規定があった。関東財務局が金融商品取引法 52 条 1 項 9 号に該当
するなどとして被告に対する第 2 種金融商品取引業登録を取消し，同法 51 条に基づき業務改
善命令を発した。なお，本件訴訟提起後に米国ネヴァダ地区連邦地裁に，本件原告同様の日本
人出資者によるクラスアクションが提起されている。

　原告は，本件出資につき，約定の満期が到来したとして，出資金の返還を請求した。被告は
本案前の抗弁として，専属的管轄合意の存在と国際的二重起訴を理由に，国際裁判管轄権を
争った。

争点：専属的国際裁判管轄条項の有効性（日本の裁判所における国際裁判管轄権の存在）。
判決：専属的国際裁判管轄条項を有効視し，日本の裁判所に国際裁判管轄権は無いと判示して
訴えを却下した。

　「国際的裁判管轄の合意の成立及び効力については，法廷地である我が国の国際民事訴訟法
を準拠法として判断すべきところ，……民事訴訟法 3 条の 7……は……『本件改正法』……施
行日……平成 24 年 4 月 1 日前にした特定の国の裁判所に訴えを提起することができる旨の合
意については適用されない（本件改正法附則 2 条 2 項）。本件……契約が締結されたのは，平
成 19 年……から平成 23 年……までにかけてであるから，本件管轄合意に民事訴訟法 3 条の 7
の規定は適用されない。そうすると……成文法規は存在しないことになるが……条理によって
判断するのが相当である（最高裁昭和 50 年 11 月 28 日第三小法廷判決・民集 29 巻 10 号 1554
頁……参照）」。裁判所は，本件契約書が昭和 50 年チサダネ号事件最高裁判決の要件を満たす
とし，本件管轄合意が国際的専属的裁判管轄の合意に当たるとしたうえで，「①当該事件が我
が国の裁判権に専属的に服するものではなく，②指定された外国の裁判所が，その外国法上，
当該事件につき管轄権を有することの 2 要件を満たす限り，我が国の国際民事訴訟法上，原則
として有効であると解すべきである（大審院大正 5 年 10 月 18 日判決・民録 22 輯 1916 頁，前
掲昭和 50 年最判参照）」と判示し，本件について，①本件訴訟は我が国の裁判権に専属的に服
するものではないこと及び②「被告……の普通裁判籍の所在地を管轄するアメリカ合衆国ネ
ヴァダ州裁判所に土地管轄があることは明らかで……事物管轄を否定すべき理由も見出せず
……合衆国ネヴァダ州裁判所に本件訴訟の管轄権が認められる」とし，本件管轄合意は原則と
して有効であると認定した。

　更に裁判所は「国際的管轄合意が，はなはだしく不合理で公序法に違反するときには無効と
なる余地もあると解されるため（前掲昭和 50 年最判参照），この見地から更に検討する」とし
て，①証拠の日本国内偏在，②英語を母国語としない一般消費者たる原告の不便宜，③本件金
融書品が日本人顧客のみを対象とすることなどを検討したものの，公序法違反に対する根拠性
を認めず，逆に，「本件契約書は日本語で記載され……原告らには，本件管轄合意の存在を認
識し，理解する機会は十分にあった……。……準拠法は……合衆国法及びネヴァダ州法とされ
ているところ（本件契約 11 条，法の適用に関する通則法 7 条），……合衆国法及びネヴァダ州
法の解釈適用における便宜を考えても，本件訴訟を……合衆国ネヴァダ州裁判所の管轄に委ね
ることには合理性がある」と述べ「本件管轄合意が公序法に違反し，無効となるとはいえない」
と判示した。なお，本件管轄合意は消費者契約法 10 条により無効であるという主張に対して
は，「消費者契約法 10 条の規定が国際民事訴訟法としての性格を直接的に有する法規であると
解することはできない」としてそれを斥けた。また，米国訴訟において，被告が日本の裁判権
を主張してアメリカ合衆国の国際裁判管轄を争ったことに照らし，本件訴訟で日本の裁判権を

否定する主張を行うことは禁反言法理により許されないという主張に対しては,「被告の立場
として,同種の請求を含む本件請求と米国訴訟を,我が国とアメリカ合衆国のそれぞれの裁判
所で応訴せざるを得なくなる負担を回避すべく,双方の訴訟でとりあえず国際裁判管轄を争う
ことは,ある程度やむを得ない」と認めなかった。

[12] 大阪高判平成 26 年 2 月 20 日,平 25(ネ)1031 号,文献番号 2014WLJPCA02207001。
判時 2225 号 77 頁,判タ 1402 号 370 頁。評釈:中野俊一郎・ジュリ臨増 1479 号 302 頁
(平 26 重判解),植松真生・リマークス 51 号 148 頁,長谷川俊明・国際商事法務 42 巻
10 号 1538 頁。

○ファンド契約出資金等返還請求。

事実概要:日本会社及び代表者(原告・控訴人)対日本投資会社(被告・被控訴人)の事案な
がら,出資契約中のタイ国バンコク都裁判所を指定する専属管轄条項の有効性が争われた。被
控訴人 Y 社は投資家から出資金を集めファンド資産の運用管理する日本の投資法人(タイに本
社を置く B 社とともに A 事業グループの 1 事業体)であり,控訴人は中古車販売会社 X1 社と
その代表取締役 X2 である。控訴人らは出資契約を締結し出資金を払った。出資契約には,
利益の分配やプレミア 6%(契約期間延長分については 8%を付加)といった内容のほか「本
件各契約に関して紛争が生じた場合にはタイ国バンコク都裁判所を専属的第 1 審管轄裁判所と
する」旨の専属的管轄合意が含まれていた。出資額に対する年 6%のプレミアは支払われたが,
期間延長に伴う 8%のプレミアが支払われなかったとして,控訴人は,出資金とプレミア相当
分の支払いを求めて提訴した。1 審被告(被控訴人)は,本案前の抗弁として,国際的専属的
裁判管轄の合意を主張した。原判決は裁判管轄条項を有効視し,日本の裁判所は管轄権を有し
ないとして訴えを却下した。

争点:日本の裁判所における国際裁判管轄権の存在(専属管轄条項の有効性)。

判決:原判決を覆し,管轄条項を無効と判示し,大阪地裁が管轄権を有するから訴えは適法で
あるとして差戻し。

判決は,昭和 50 年チサダネ号事件最高裁判決に沿って国際的専属的裁判管轄の合意につい
て「①当該事件が日本の裁判権に専属的に服するものではなく,②指定された外国の裁判所が,
その外国法上,当該事件につき管轄権を有する場合は,上記管轄の合意が甚だしく不合理で公
序法に違反するとき等を除き,原則として有効である」とし,日本の裁判権に専属的に服する
ものではないとしたうえで,タイ裁判所が同国の法律上管轄権を有するかという点と本件管轄
合意が甚だしく不合理で公序法に違反するものであるかという点につき検討した。判決は,タ
イ王国法を検討し,1 審被告の取引活動等を根拠に,タイ裁判所が法定の管轄権を有すると認
め,さらに「本件管轄合意は,『タイ国バンコク都裁判所』を第 1 審の専属的管轄裁判所に指
定しているところ,タイ王国には上記名称の裁判所は存在しないが,バンコク都所在の……第
1 審裁判所は 4 つ存在し……そのうち Civil Court の管轄に属する……。……本件管轄合意は
……適式なもの」であると判断した。

そのうえで判決は,管轄合意の公序法違反の有無について,「本件各契約の当事者は,いずれも日
本人又は日本法人であり,契約が締結された地も日本である。……控訴人らの出資金支払義務,被
控訴人の分配金支払義務の履行地も日本……である。これらの契約当事者,契約締結地,義務履行
地のいずれの観点からみても,関係を有するのは日本のみであり,タイ王国とは何らの関係も見出し

得ない」「……投資対象が日本法人の株式等であれば，運用の状況や運用実績等は日本において被控訴人が把握できるはずであり，本件各契約に関する法的紛争についてタイ王国の裁判所を管轄裁判所とすべき合理的理由はない」「他方……本ファンドの投資対象がタイ国法人のA.P.F. Holdings Co., Ltd. であるとしても……日本法人である被控訴人が，本件各契約に基づく出資を受けて組成する本ファンドの投資の状況やその実績を日本において把握し，これを控訴人らに報告することに特段の支障もないと考えられる。……この場合でも，本件各契約に関する法的紛争についてタイ王国の裁判所を管轄裁判所とすべき合理的理由はないというべきである」「被控訴人は，被控訴人や A.P.F. Holdings Co., Ltd. はタイ王国を拠点として同国法に基づいて投資活動を行っており，出資者が多国籍であるから……法務リスクを一元的に管理することが……必要かつ合理的であると主張する。しかし，A.P.F. グループには多数の法人が所属し，その中には日本法人もタイ国法人も含まれ，また，被控訴人が取り扱っている投資に関する契約も投資対象が様々であることが窺われるところ，同グループの全容や取り扱う投資案件の全体像も不明であり，被控訴人のいう法務リスクの一元的管理の具体的内容も明らかではない。国際的専属的合意管轄の必要性，合理性については，個々の法律関係ごとに検討すべきであるところ……法務リスクの一元的管理の具体的内容が明らかでない以上，本件各契約における本件管轄合意の必要性，合理性を判断するに当たって，同主張を斟酌することはできない」。「以上によれば，契約当事者，契約締結地，義務履行地，投資対象のいずれの点からも，本件各契約に関する紛争について日本の裁判所の管轄を排除し，タイ王国の裁判所のみを管轄裁判所とすべき合理的理由は何ら見出し得ない。これに加えて，本件管轄合意の効力を認めた場合，タイ王国の裁判所での訴訟の提起，遂行を余儀なくされることによる控訴人らの負担が非常に大きいものであることは容易に推認することができる。したがって，タイ王国の裁判所を国際的専属的合意管轄裁判所とする本件管轄合意は，甚だしく不合理であり，公序法に違反し，無効と解するのが相当である」と判示し，管轄合意の効力を否定した。

---

[13] 東京高判平成 26 年 11 月 17 日，平 26（ネ）623 号，文献番号 2014WLJPCA11179002。判タ 1409 号 200 頁，判時 2243 号 28 頁，消費者法ニュース 104 号 384 頁。評釈：紀鈞涵・ジュリ 1504 号 119 頁，加藤紫帆・ジュリ 1484 号 143 頁，西口博之・NBL 1040 号 11 頁，小田司・判評 680 号 35 頁（判時 2265 号 165 頁），早川吉尚・法セ増（新判例解説 Watch）20 号 329 頁，山木戸勇一郎・法学研究（慶應義塾大学）89 巻 9 号 107 頁，山田恒久・リマークス 52 号 142 頁，石丸信・消費者法ニュース 102 号 134 頁，渡部美由紀・JCA ジャーナル 62 巻 7 号 18 頁，長谷川俊明・国際商事法務 43 巻 5 号 648 頁，村上正子・法教別冊 426 号 36 頁（付録・判例セレクト 2015 Ⅱ）。

○金融商品出資契約をめぐる出資金返還請求。

事実概要：控訴人（1 審原告）は日本居住の投資者 X1 乃至 X9 であり，被控訴人（1 審被告）は，米国ネヴァダ州に本店を置くネヴァダ州会社の MRI 社（日本に支店と代表者を有する）で，同社は，診療報酬請求債権を投資対象とする金融商品を扱っている。被控訴人は，控訴人らとの間で，金融商品取引契約書をもって本件金融商品を購入する契約を締結し，被控訴人名義口座に出資金を振込送金した。契約書は，表面は英語で，裏面は日本語で記載されており，日本国内向けの広告宣伝やパンフレット表記が日本語でなされている。契約内容として，出資者は米国市民又は米国居住者でないことの保証が求められていた。又，契約書 11 条には，「本

契約の準拠法はアメリカ合衆国法及びネヴァダ州法とし，本契約から生じる一切の紛争については，米国ネヴァダ州裁判所を専属的合意管轄裁判所とする」旨の規定があった。関東財務局が金融商品取引法52条1項9号に該当するなどとして被控訴人に対する第2種金融商品取引業登録を取消し，同法51条に基づき業務改善命令を発した。本件訴訟提起後に米国ネヴァダ地区連邦地裁に，本件控訴人同様の日本人出資者によるクラスアクションが提起されている。控訴人らは，本件出資につき，約定の満期が到来したとして，出資金の返還を請求した。被控訴人は本案前の抗弁として，専属的管轄合意の存在と国際的二重起訴を理由に，国際裁判管轄権を争った。原判決が専属的国際裁判管轄条項を有効視し日本の裁判所に国際裁判管轄権が無いとして訴えを却下したため，1審原告が，1審における請求に加え選択的に不法行為に基づく損害賠償請求を追加したうえで，控訴。

争点：日本の裁判所における国際裁判管轄権の存在。

判決：本控訴審は，原判決を覆し，控訴人の1人につき管轄合意の存在を否定し，その他の控訴人については，専属的国際裁判管轄条項を公序に反し無効であると判示。原判決を取消して差戻し。

　控訴人X2に関して控訴審判決は「被控訴人が平成19年に用いていた契約書には，本件管轄合意の定めはない……。控訴人X2は……本件管轄合意の定めがない契約書に基づいて本件金融商品を購入した……から……本件管轄合意をしたとは認められない」とし，民訴法3条の9の特別の事情の主張も斥けた。残りの8控訴人について，控訴審判決は，本件専属管轄合意の存在を認定し，「選択的併合請求として追加した不法行為に基づく損害賠償請求にもその効力が及ぶ」としたうえで，本件管轄合意は改正民訴法施行日以前になされていて民訴法3条の7の適用が無く条理によって決すべきとして，昭和50年チサダネ号事件最高裁判決に照らして，方式及び「①当該事件が日本の裁判権に専属的に服するものではなく，②指定された外国の裁判所が，その外国法上，当該事件につき管轄権を有することの二要件」を満たすから，本件管轄合意は原則として有効であるとした。しかし，同最高裁判決に照らして「なはだしく不合理で公序法に違反する場合には，その効力が否定される」として，その検証を行い，被控訴人の不行跡・義務違反を指摘し，日米両訴訟において管轄不存在による却下を主張していることを指摘し，証拠の内「本件金融商品の勧誘・販売状況に係るものは日本国内に存する」から「必要な証拠が，専らアメリカ合衆国に偏在するとはいえない」と判示した。また，被控訴人は「日本に支店を有し，日本における代表者及び従業員を擁し，日本で本件金融商品を勧誘及び販売をしていた法人であるから……日本の裁判所で応訴することが不合理で過大な負担をもたらすとはいえない」一方，「控訴人らは，日本に在住する個人であり，本件金融商品の理解に乏しく，英語に堪能していないことや，裁判制度の違い，日本とアメリカ合衆国の距離等に照らすと，アメリカ合衆国ネヴァダ州裁判所における審理に対応するには大きな負担を免れない」と判断し，「本件管轄合意に基づいて控訴人ら8名に日本の裁判所での審理の途を絶つことは，はなはだしく不合理であり，公序法に違反するから許されない」と判示した。被控訴人の国際的二重起訴の主張も斥けた。

[14]　東京地判平成26年12月24日，平24（ワ）28177号，文献番号2014WLJPCA12248030。

〇不法行為・債務不履行に基づく損害賠償請求（主位的請求）及び不当利得返還請求（予備的請求）。

別表 3-1　国際消費者契約判例一覧　　195

事実概要：原告 X1 は被告 Y3 に対し，国外のゴルフ練習施設でゴルフの練習ができる留学先の紹介を依頼し，被告 Y3 は被告 D 社及び被告 Y1 を紹介した。原告 X2 は，被告 D 社に対し特待生制度に関する資料を請求するなどした。原告 X1 が，被告 D 社と原告 X2 のゴルフ留学に関する契約を締結し，D 社に対して X2 の留学費用として 340 万円を X1 名義で振り込み支払った。X2 は，オーストラリアの被告 D 社の施設で居住し，ゴルフ練習施設で練習したが，2 週間足らずで帰国し，ゴルフ留学を断念した。原告は，約束した役務が提供されないとして，D 社及び D 社代表者 Y1（口頭弁論終結時には故人）を被告に，不法行為，債務不履行，消費者契約法 4 条 1 項 1 号違反に基づく損害賠償又は不当利得返還請求をした。さらに，原告は被告 Y2 に対し，Y2 がゴルフの指導をしていないのにしているという事実に反する説明の行われているパンフレットの配布を D 社に容認したことが不法行為であると主張し，また被告 Y3 と Y3 が代表取締役を務める被告 S カントリークラブに対し，Y1 及び D 社の現状について何ら調査せず紹介して契約に至らせたことが不法行為であると主張した。また，本件契約に基づきゴルフ留学した原告 X2 が，被告らの行為によって精神的苦痛を受けたとして，不法行為に基づく損害賠償を請求した。契約履行地はオーストラリアだが，ほぼ国内事案である。

争点：契約の当事者。契約上の義務として提供されるべき役務内容。不法行為，債務不履行，消費者契約法違反，不当利得の存在。

判決：パンフレット内容と重要な部分で相違があったとはいえないとして請求棄却。

　判決は，契約当事者について，入学願書及びコース誓約書の氏名欄に X2 とあり，X1 の氏名の記載がないことを指摘し，留学費用 340 万円が X1 名義で支払われ，出捐をしたのが X1 であるとしても契約は X2 と D 社との間で，X2 が 1 年間ゴルフ留学するという内容で締結されたと認定し，X1 が契約当事者であることを前提とする X1 の請求に理由が無いと判示した。

　判決は，契約上の役務について，被告らは D 社がパンフレット送付時に，パンフレットにはアップデートされていない過去の情報も含まれており，随時アップデートされている D 社のホームページの閲覧を促す旨の送付状を送ったということ，および Y1 が原告らに対し，口頭でパンフレットでなくホームページが最新情報であると伝えたという被告らの主張を斥け，本件契約に係るゴルフ留学についての原告らの説明はパンフレットを中心に行われたことを前提に検討すべきとした。そのうえで，パンフレットの内容と留学期間中の状況とでは，「主として，インストラクターが日本人ではなく外国人であったこと，宿舎が本件センター内のロッジではなかったことにおいて相違があった」としつつ，「ただし，インストラクターについては，本件パンフレット②にも，L という外国人が記載され（甲 2），被告 Y2 が直接教えると明記されているものではなく，Y2 ティーチングチームが指導する旨記載されていることからすると，外国人がインストラクターであることも，原告 X2 においてある程度，予測できたということができる」と判示しその他の点も検討したうえで，判決は，「原告 X2 の留学期間中の状況であっても，本件各パンフレットによって紹介された内容と，重要な部分で相違があったとまでいうことはできない」と述べ，また，原告 X2 は「12 日間でオーストラリアから帰国しており，残りの留学期間の留学ができていないが，これは，本件パンフレット②にも練習が厳しい旨の記載があり，原告 X2 は，これを承知で留学したにもかかわらず，自らの意思で留学を中止して帰国したことによるものである」と認定した。また判決は，「原告らは，被告 Y2 が直接指導していないことについて債務不履行である旨主張するが，本件パンフレット②にも被告 Y2 自身が直接指導するとまでは明記されていない上，被告 Y2 はヘッドインストラクターとしての

196　第3章　日本における国際消費者契約問題

立場は継続しており（被告 Y2）……被告 Y2 が直接指導することが本件契約の内容にまでなっていたということはできない」と判示し，原告の主張を斥けた。結局，判決は，被告らの責任について，原告 X2 の留学期間中の状況が，本件各パンフレットの内容と重要な部分で相違があったとはいえず被告 D 社や Y1 に不法行為，債務不履行又は消費者契約法 4 条 1 項 1 号違反があったということはできないとし，コース誓約書で本件契約内容となっているスクール規約によれば，受講開始後に自己都合で受講を取り消す場合は，100 パーセントの割合でキャンセル料を徴収するとされていて原告 X1 に不当利得返還請求権も発生していないと判示した。また，被告 Y2，被告 Y3 及び被告 S カントリークラブにも不法行為又は消費者契約法 4 条 1 項 1 号違反があったということはできないとした。

[15]　**東京地判平成 27 年 1 月 27 日，平 26（ワ）8305 号，文献番号 2015WLJPCA01278021。**
　　　評釈：金彦叔・ジュリ 1510 号 138 頁。

○金融商品出資契約上の詐欺による契約取消に基づく出資金不当利得返還請求。
事実概要：原告は日本居住の投資者 X1 及び X2 であり，被告は，米国ネヴァダ州ラスヴェガスに所在する MRI 社（日本に支店と代表者を有する）で，同社は，診療報酬請求債権を投資対象とする金融商品を扱っている。被告は，原告 X1・X2 との間でそれぞれ 2 件，合計 4 件の出資契約を締結したが，原告は，契約が詐欺により締結されたから民法 96 条 1 項によりこれを取り消す，又は重要事実について不実告知とそれに伴う事実誤認があるから消費者契約法 4 条 1 項 1 号により契約を取り消すと主張して，不当利得に基づき，出資契約の一金の支払いを求めた。尚，締結に当たり被告が作成した本件金融商品取引契約書 11 条には，「本契約の準拠法はアメリカ合衆国法及びネヴァダ州法とし，本契約から生じる一切の紛争については，米国ネヴァダ州裁判所を専属的合意管轄裁判所とする」旨の規定があった。被告は，適式の呼出しを受けながら口頭弁論期日に出頭せず，答弁書その他の準備書面も提出していない。
争点：国際裁判管轄（専属的国際裁判管轄条項の有効性）。専属的国際裁判管轄合意がある場合の付加的管轄合意の認定（別件訴訟における主張に基づく合意管轄の成立）。
判決：専属的管轄合意があるものの米国クラスアクション上の被告主張を根拠に付加的管轄合意が成立している（民事訴訟法 3 条の 7 第 1 項）。被告は，口頭弁論期日に出頭せず答弁書他準備書面も提出しないから詐欺に係る請求原因事実を争うことを明らかにしないものと認め，自白を擬制。請求認容。
　国際裁判管轄に関して，判決は，出資契約締結の際に交付された金融商品取引契約書の第 11 条に専属的裁判管轄条項が存在する事実を認めつつ，出資契約ごとに次の 2 つに分けて判断する。
　(1)　消費者契約管轄と併合管轄：「……平成 23 年法律第 36 号（以下「平成 23 年改正法」という。）附則 2 条 2 項によれば，平成 23 年改正法が施行された平成 24 年 4 月 1 日以降の国際裁判管轄合意には，平成 23 年改正法による改正後の民事訴訟法（以下「民訴法」という。）3 条の 7 第 5 項が適用される」とし，本件の原告 X1 の第 2 出資契約については，改正民事訴訟法を適用して，「本件管轄合意は効力を有しない」として，同法 3 条の 4 第 1 項（消費者契約に関する訴えの管轄権）により，日本の裁判所に訴えを提起することができると判示。さらにそれに関連付けて，原告 X1 の第 1 出資契約に係る請求と第 2 出資契約に係る請求とが共に「同様の契約に対する同様の詐欺行為又は重要事実の不実告知を主張するものである」という

理由から密接な関連があると認め，民訴法3条の6本文により併合管轄を認めた。ただし，原告X2の請求については，同条ただし書を適用し併合管轄を認めず次の（2）の検討に含める。

（2）米国クラスアクション中の主張に基づく日本裁判所を管轄裁判所とする合意管轄の成立
証拠及び弁論の全趣旨から次の認定をした。①本件各出資契約と同様の出資契約を締結した者ら（原告を含まず）は被告に対し意図的詐欺に基づく懲罰的損害賠償及び不当利得返還請求等を求めるクラスアクション訴訟をアメリカ合衆国ネヴァダ地区連邦地方裁判所に提起したこと，②クラスアクションの原告らが代表するクラスは，被告の不法な「ポンジスキーム」の結果損害を受けた全てのMRI投資家であり，「ポンジスキーム」とは，MRI社が「医療口座からの受領」や診療報酬債権を購入する合法的なビジネスを行うと顧客を偽ったことを意味するものであること，③被告は，別件クラスアクションに対し，書面で，「本件においては，被告は日本の裁判所の管轄に同意し，日本での訴訟に全面的に関与している。」と主張したこと，④原告らは，本件訴訟を提起して訴状等が被告に送達され，合計3回の口頭弁論期日が開かれたが，被告は出頭も準備書面の提出も行わなかったこと。判決は，以上を踏まえて次の通り判示する。別件クラスアクションの原告らが代表するクラスには原告らが含まれ，原告らは，別件クラスアクションでクラス認証がされれば，脱退をしない限り，別件クラスアクションの効力が及ぶことになるから，被告の別件クラスアクションにおける「日本の裁判所の管轄に同意している」との主張は，「被告の原告らに対する，本件各出資契約に関する損害賠償請求訴訟又は不当利得返還請求訴訟について日本の裁判所を管轄裁判所とすることに合意する旨の意思表示であるということができる」。本件訴訟の提起は，「原告らの被告に対する本件訴訟について日本の裁判所を管轄裁判所とすることに合意する旨の意思表示であるといえるから，原告らと被告の間には，本件訴訟の訴状及び訴えの変更申立書が送達された同日に，本件訴訟について日本の裁判所を管轄裁判所とする旨の合意が成立したと認められる」。「被告が，いずれの期日にも出頭せず，国際裁判管轄について争っていないことは，上記合意が成立していることを基礎付けるものといえる」。本件訴えは，民訴法3条の7第1項（合意管轄）により，日本の裁判所に管轄を認めることができる。「管轄合意の書面は，1通の書面であることを要せず，申込みと承諾を別個の書面ですることもできると解されるから，上記合意が同条2項により効力を否定されることはない」。

「本件訴えは，いずれの請求についても，日本の裁判所に管轄が認められる。なお，別件訴訟（ネバダ）は，いまだ確定しておらず，原告らの請求権が確定していない以上，別件訴訟（ネバダ）の存在をもって，本件訴えの日本における管轄が否定されるものではない」。

---

[16] 東京地判平成27年3月31日，平24（ワ）30809号，文献番号2015WLJPCA03318016。
評釈：嶋拓哉・ジュリ1494号123頁，西谷祐子・ジュリ臨増1492号296頁（平27重判解），的場朝子・JCAジャーナル63巻10号20頁，小梁吉章・国際商事法務44巻9号1343頁。

○豪州銀行対貸付債務者夫妻及び子という貸付金返還請求。
事実概要：豪州法人X銀行が日本在住夫妻Y1/Y2に，外国にある不動産を担保として金銭（約1億3千万円）を貸し付けた。この消費貸借契約には日本法を準拠法とする準拠法条項が含まれる。その後さらに多額の追加融資がなされた。その後Y1/Y2は，フランスに保有する不動産を担保として提供することを拒否し，これを子のY3/Y4/Y5（日本在住の未成年者）に

フランス民法に基づいて贈与したうえ所有権移転登記を終えた。X はその直前に支払催告を行い，約定に基づいて貸付金残高を円からユーロに変更した。Y1/Y2 の貸付金弁済がないため，貸付金残高及び遅延損害金の支払いを求めて X は提訴し，また，Y1/Y2/Y3 に対して，主位的に本件不動産贈与がフランス民法上無効であることの確認を，予備的に日本民法上の詐害行為取消権に基づいて贈与取消及び登記の抹消登記を求めた。

争点：夫妻が子に対して行った不動産譲渡が詐害行為かどうか及びその準拠法が争われた。

判決：請求認容。判決は，被告夫妻の期限の利益の喪失及び本件通貨転換の有効性を認めるとともに，原告は，日本民法及びフランス民法の規定により詐害行為取消権を行使することができる（日本民法の詐害行為取消権の効果の限度でその効果を認めるのが相当）として原告の請求を認容した。

被告夫妻は，通貨転換条項が被告夫妻に一方的に不利益を与えるものとして消費者契約法第10条の規定により無効であると主張したが，認められなかった。この点について，判決は，「確かに，ユーロによる資金需要に対して円建てによって借入れをし，円高・ユーロ安が進んだ後の転換レートによって円からユーロへの通貨の転換がされると，当初の資金需要よりも多額のユーロを返還しなければならなくなるという点においては，借主に不利に作用することになることもあり得るものの，それは，結局のところ，為替相場という不確実な要素の変動による結果にすぎず，通貨転換条項自体による不利益ということはできない。そして，被告 Y1 は，投資会社の取締役という地位にあったものであり……，為替リスクを認識し，理解するに足りる十分な能力を有していたものと推認することができるところ，被告夫妻は，本件貸付けに係る借入れをするに当たり，為替リスクの存在を理解していることを表明しており……，為替リスクを受け入れていたと考えることができる……。そうすると，通貨転換条項が被告夫妻に一方的に不利益を与えるものであるとまではいうことができないから，通貨転換条項が消費者契約法第10条の規定により無効であるということは，困難である」と判示した。

詐害行為取消権の準拠法に関して，判決は，「法の適用に関する通則法……においては，詐害行為取消権の準拠法についての明文の規定はない。……詐害行為取消権は，債権の内容の実現のために，責任財産の保全を図るという制度であるから，被保全債権である債権の準拠法によって取消しを認めることができるものである必要があると考えられる。これに加えて，取消しの対象となる行為が債務者と第三者である受益者との間の法律行為であることに鑑みると，当該第三者の利益をも考慮する必要があるから，取消しの対象となる法律行為の準拠法によってもその取消しを認めることができるものでなければならないというべきである。そうすると，詐害行為取消権の準拠法については，被保全債権である債権の準拠法と取消しの対象となる法律行為の準拠法とを累積的に適用し，双方の法律が認める範囲内において，その行使や効果を認めるのが相当である」と判示し，「本件貸付けにおいては，日本法を準拠法とすることとされているから，被保全債権である貸金返還請求権の準拠法は，日本法である。そこで，まず，我が国の民法第424条第1項に規定する詐害行為取消権が成立するかどうかについて，検討する。……以上のとおり，被告夫妻は，平成24年6月分及び同年7月分の弁済を怠り，かつ，本件不動産の他にみるべき資産がない状態であったから，このような状態においてされた本件贈与は，客観的にみて債権者である原告を害する詐害行為であり，かつ，債務者（及び受益者の代理人）である被告夫妻において原告を害することを知っていたと認めるのが相当である。したがって，原告は，本件贈与について，民法第424条第1項の規定に基づく詐害行為取消権を行使することができる」と判示し，さらに「本件贈与がフ

別表 3-1　国際消費者契約判例一覧　　199

ランス民法第935条の規定により行われていることからすると，取消しの対象となる行為である本件贈与の準拠法は，フランス法ということになる。そこで，次に，フランス民法の規定する詐害行為取消権が成立するかどうかについて，検討する。……フランス民法第1167条に規定する詐害行為取消権の要件は，ア債権者が債務者に対して債権を有すること，イ債務者が不動産に損害を及ぼす行為を行ったこと及びウその行為が債権者に有害であることであるものと認めることができる。……本件贈与に関し，上記のアからウまでの各要件を満たすことは，明らかである……原告は，本件贈与について，フランス民法の上記規定に基づく詐害行為取消権を行使することができる」と判示し，さらに「……原告が我が国の民法及びフランス民法の規定によって本件贈与について詐害行為取消権を行使することができることになるので，その行使の効果について，検討する。……フランス民法における詐害行為取消権の効果は，債権者が詐害行為を無視して当該行為が存在しなかったかのように行動することができるというものであると認めることができる。そして，我が国の民法第424条第1項の規定による詐害行為取消権の効果は，債務者と受益者との間でされた法律行為を取り消し，受益者又は転得者に対して当該法律行為の目的物の債務者への返還を求めることができるというものである（大審院明治44年3月24日民事連合部判決・民録17輯117ページ参照）。そうすると，被保全債権である債権の準拠法である日本法と取消しの対象となる法律行為の準拠法であるフランス法を累積的に適用し，双方の法律が認める範囲内においてその効果を認めるとすると，結論においては，我が国の民法第424条第1項の規定による詐害行為取消権の効果の限度で，その効果を認めるのが相当である……」として，「……原告は，被告子らに対し，本件贈与を取り消し，本件登記の抹消登記手続を求めることができる」と結論している。

[17]　**東京地判平成27年9月8日，平26（ワ）1590号，文献番号2015WLJPCA09088006。**

○ウェブサイトによる広告の報酬請求事件。
事実概要：原告の管理するウェブサイトに被告による広告を設置するという内容の契約に基づく広告報酬を求める事案であり，原告は日本居住のウェブサイト設営者，被告はグーグル（アイルランドに本拠を有するグーグル・アイルランド社）である。原告と被告とはウェブサイト等での広告配信サービスに関する契約を締結し，その内容は Google AdSenseTM Online 標準契約条件記載の内容であって，その概要は，「原告の管理するウェブサイトに被告による広告を設置し，ウェブサイトを閲覧した者が広告をクリックするごとに，被告は原告に支払うべき収益を加算して原告に申告する。各月の収益はその月の月末から30日以内に被告から原告に支払われる。」というものであった。この標準契約条件には，カリフォルニア州サンタクララ郡の裁判所以外の裁判所の管轄権を排除する専属的な管轄合意条項があった。
争点：国際裁判管轄の有無（管轄合意の有効性と消費者契約における消費者住所地管轄の準用）。
　原告は次の通り主張した。（1）管轄合意条項は専属的ではない。（2）サンタクララ郡の裁判所の管轄は，米国法に反する。（3）サンタクララ郡の裁判所で裁判を行うとの契約は，原告にとって一方的に不利であり，公序良俗に反し無効である。
判決：カリフォルニア州裁判所を指定する専属的管轄条項があり，公序良俗に反して無効であるとする理由はないとして，日本の国際裁判管轄を否定して訴えを却下した。
　判決は，チサダネ号事件最高裁判決（最判昭和50年1月28日，民集29巻10号1554頁）を踏

まえて，国際的専属的裁判管轄の合意は，原則として有効であると述べ，①本件は日本の裁判権に専属的に服するものではないことを確認したうえで，②サンタクララの裁判所が管轄を有するかについて確認をした。判決は，「米国法上，カリフォルニア州の裁判所は，外国当事者のみが関与する事件についても管轄権を有しており，実際にもそのような事件について審理をしているものと認められる。これに対し，原告は，米国の判例（インターナショナル・シュー事件。甲18）を引用して反論するが，同判例は，当事者間に管轄合意が存しない場合について判断したものと認められ……，本件のように管轄合意が存する場合に妥当するものとは解されない」と述べている。また，国際的専属的裁判管轄の合意が甚だしく不合理で公序法に違反するときに該当するかどうかに関し，「一概にウェブサイト運営者が被告と比べて圧倒的に弱い立場にあるということはできない」と判示した。判決は，被告が，同裁判所の管轄区域内には被告の関連会社を有すること，ウェブサイト等での広告配信サービスに関する契約に基づき被告がウェブサイト運営者に対して損害賠償請求をするなどの場合もあることも検討して，「本件規定が公序良俗に反して無効であるとする理由はない」と判示した。

[18]　東京地判平成 27 年 10 月 29 日，平 26（ワ）9296 号，文献番号 2015WLJPCA10298008。

○不当利得返還請求・（職務上の注意義務違反による）不法行為損害賠償請求本訴事件，（不当訴訟による）不法行為損害賠償請求反訴事件。

事実概要：日本行政書士（本訴被告・反訴原告）と中国人依頼主（本訴原告・反訴被告）の争い。本訴原告は，中国人夫の家族として家族滞在の在留資格を有していたが離婚を考えているため，在留資格変更許可申請につき本訴被告に相談した。本訴被告は在留資格を定住者に変更すればよいと助言した。本訴原告は，在留資格変更許可申請書類作成を本訴被告に依頼する契約を，本訴被告との間で締結し，代金を支払った。なお，契約中に「いったん納入された料金の返却は理由の如何を問わずご遠慮ください。」との記載があり，また，本訴原告は，いったん支払われた金員の返金には応じない旨の記載がある確認書へ署名押印した（「返金免除合意」）。本訴原告は，東京入国管理局長に対し，離婚に伴い在留資格を家族滞在から定住者に変更する旨の許可申請をしたが，同申請は不許可となり，本訴原告は，在留資格を短期滞在に変更する旨の許可申請をしその許可を得た。原告は，被告に対し本訴状の送達をもって，消費者契約法 4 条に基づき，本件契約締結の意思表示を取り消す旨の意思表示をしたうえで，不当利得の返還及び不法行為（重要事項に関する不実告知による職務上の注意義務違反）に基づく損害賠償の請求をした。これに対して本訴被告が本訴について，本訴原告による逆恨みに基づく嫌がらせ目的の不当訴訟であると主張して反訴を提起した。

争点：契約取消の有効性，返金免除合意の有効性，本訴の不当訴訟性。

判決：本訴請求認容，反訴請求棄却。判決は，本訴原告による本件契約締結の意思表示の取消については「消費者契約法 4 条 1 項 1 号，2 号の要件を充足しており，これにより本件契約は効力を失ったというべきである」と判示している。本件返金免除合意については，「消費者の利益を一方的に害する内容であることが明らかであるから，消費者契約法 10 条により無効というべきである」と判示した。なお，判決は，本訴請求について，本訴原告は「人文知識・国際業務の在留資格を有する中国国籍の夫の配偶者として，家族滞在の在留資格を有していたところ，同人と離婚した上で定住者の在留資格への変更許可申請をし，同許可を得ることは，定住者告示等に照らしても，ほぼ不可能であったといわざるを得ない。そうすると，前記在留資

格変更の実現の困難性からして，被告は，原告に対し，本件契約の締結に際し，前記変更を実現するためにはどのような要件を充足する必要があるかといった事項について具体的かつ明確に説明をし，原告の場合は同要件の充足がほぼ不可能であることを説明しなければ，原告の理解は深まらず，同人において契約を締結するか否かにつき適切な判断はなし得なかったというべきところ，本件全証拠によっても，被告が原告に対しそのような説明をしたとは認められない」「原告は……在留資格をどうしたらよいかを相談したところ，被告から，就労は大学を卒業していないこと，日本人との結婚はその予定がないことから，当該各在留資格への変更は無理であるが，定住者の在留資格に変更できるとの助言を受け，同変更は大丈夫であるとの断定的な判断を受けたことにより，同変更が可能であると誤認して本件契約を締結したこと，しかし，実際には同変更は許可されず，前記要件の充足も不可能であると理解して，本訴を提起し，本件契約締結の意思表示を取り消すに至ったことが認められる」と認定している。

　本訴における不法行為の主張について判決は，次の通り判示してこれを認めた。「被告が，原告に対し，重要事項について不実の告知をし，不確実な事項につき断定的な判断を提供したことは，被告が行政書士として依頼者の権利を侵害することのないようにすべき職務上の注意義務に違反したものであり，不法行為を構成すると解される。……原告は，被告の前記不法行為により，定住者の在留資格への変更ができるものと誤認し，夫と離婚した上で同変更許可申請をしたにもかかわらず不許可となり，精神的にも不安定となり苦痛を受けたことが認められる……」と判決は述べている。なお，本訴における原告主張には相応の根拠があるとして，反訴請求は斥けられた。

[19]　東京地判平成 28 年 3 月 23 日，平 27（レ）1062 号，文献番号 2016WLJPCA03238031。
　　　＊原審事件番号：東京簡裁平 26（ハ）33415 号。

○コンサルティング契約解除に伴う不当利得返還請求控訴事件。
事実概要：控訴人（1 審原告）は世田谷区に住所を有する個人（国籍不明）であり，被控訴人（1 審被告）は千代田区に営業所を有するコンサルティング会社である。控訴人は，被控訴人との間で，カナダでの家事使用人としての就労に関する契約を締結した。契約書の原文は中国語であり，契約の内容は，被控訴人が控訴人に対し，カナダにおける雇用の情報の提供，日本国内での教育訓練，出国手続の協力指導などを提供するというものであった。なお，契約書には，控訴人がカナダビザの取得ができない場合，被控訴人が基本サービス料及びカナダ教育機関の登録費用を含め，合計 10 万円を控除し，残りの費用を払い戻す旨の規定があり，また，控訴人がビザの申請を放棄し又はあきらめて「本契約を中止」したなどの場合，被控訴人は控訴人が支払った 50 万円を差し引く旨の規定があった。控訴人は，被控訴人に教育訓練費用及び仲介手数料を支払ったものの，カナダのビザを取得する前に被控訴人に解約の意思表示をした。そのうえで解約・既払金の不当利得返還請求を求めて提訴したが，原審が請求棄却したため控訴した。
争点：国際裁判管轄の存在，準拠法の確定，契約において約定解除権・解約権付与の合意があったか，消費者契約法 9 条 1 項により本件契約の一部は違約金条項として無効か。
判決：控訴棄却。判決は，「本件契約書の原文は中国語であることからして本件は渉外事件である」と判示して契約書言語から渉外性を認め，書面による管轄合意の存在を認め日本の国際裁判管轄を認めた（民訴法 3 条の 7 第 1 項及び 2 項）。準拠法については，当事者間に準拠

202　　第3章　日本における国際消費者契約問題

法選択の主張立証はないとする一方，本件契約が，控訴人が消費者にあたる消費者契約であり，控訴人の常居所地を日本国内であると認定して，本件契約の成立及び効力についての準拠法は日本法である（法適用通則法 11 条 2 項）と判示した。判決は，本件契約において約定解除権・約定解約権付与の合意があったか否かという点については，「『当該消費者契約の解除に伴う損害賠償の額を予定し，又は違約金を定める条項』と解されるとしても」と仮定したうえで，消費者契約法 9 条 1 項により本件契約の一部は違約金条項として無効か否かという争点について，「本件条項の定める 50 万円が，同号でいう『『当該条項において設定された解除の事由，時期等の区分に応じ，当該消費者契約と同種の消費者契約の解除に伴い当該事業者に生ずべき平均的な損害の額を超えるもの』であると認めるに足る主張立証はない」と判示した。判決は，証拠及び弁論の全趣旨から，被控訴人において控訴人に対し，およそ 5 か月間，毎週土曜日の 13 時から 18 時まで月 4 回（月間 20 時間計 100 時間）英語勉強会及びカナダの現況等に関する教育指導を実施したこと，カナダの訓練学校から配信される情報その他関係する情報を種々の方面から収集して取りまとめ，口頭又は書面で情報提供したこと，カナダ国エドモントン所在の訓練学校との間でカナダに渡航するための段取りを整えたこと，ソーシャルメディアを介して頻繁に連絡を取ったこと，対価総額は 150 万円であって 50 万円はその 3 分の 1 であること，本件契約から控訴人の「解約」通知まで 1 年以上が経過していることを認定し，本件条項の定める 50 万円は上記「平均的な損害の額」を超えないと判断して，控訴人の本件条項の一部が消費者契約法 9 条 1 項によって無効であるとの主張には理由がないものと判示している。

[20]　東京地判平成 28 年 7 月 11 日，平 25（ワ）29182 号，文献番号 2016WLJPCA07118004。

○行政書士依頼主が行政書士作成の書類不備について行政書士会に苦情を申し立てたことが名誉棄損であるとする行政書士の損害賠償請求（本訴）並びに本訴被告による準委任契約解除による原状回復又は不当利得返還請求及び本訴提起を不法行為とする損害賠償請求（反訴）。

事実概要：日本の行政書士本訴原告・反訴被告と韓国人依頼主本訴被告・反訴原告の争いで，本訴原告は，本訴被告から在留期間更新許可申請書類の作成等を依頼されたが，東京入国管理局長からこの申請は不許可とされた（なお，本訴被告はこの後他の行政書士に依頼して更新許可を得ている）。本訴被告は，この不許可は本訴原告作成の申請書類の不備によるものであるとして東京都行政書士会に苦情を申し立てた。本訴原告には，この苦情申立が名誉毀損である旨主張して損害賠償を求めた。これに対し本訴被告は本訴原告に対し，上記書類作成の準委任契約の解除による原状回復ないし不当利得として既払報酬の返還等を求めるとともに，本件本訴の提起が不当訴訟だとして不法行為に基づく慰謝料及び弁護士費用の支払等を求めて反訴を提起した。

争点：準委任契約の不履行の有無。既払報酬返還請求拒絶文言の有効性。依頼主の苦情申立が名誉棄損となるか。名誉棄損訴訟提起は不法行為となるか。

判決：書類不備による在留期間更新不許可は，本訴原告（反訴被告）による行政書士としての注意義務違反によるとして（反訴被告の）債務不履行を認め，また，準委任契約上の既払報酬の返還請求を遠慮されたいとの文言は消費者契約法 10 条に基づき無効と判示し，名誉棄損を認めずに本訴請求を棄却し，反訴請求を認容。ただし，名誉棄損訴訟提起を不法行為とは認めず。

　判決は，準委任契約上の債務不履行を検討して，以下の通り判示した。「……本件申請書類のうち

被告の在留資格に適合する就労先としての現職場の事業実態に関する部分の信憑性の欠如が，専ら本件申請の不許可の理由となったものと認めるのが相当である。……したがって，原告が作成した本件申請書類のうち現職場の事業実態に関する部分は，被告の在留資格に適合する就労先の実態を有することの資料としては不十分であったというべきである……」「……被告は，本件申請より以前に在留期間更新が不許可になったことはなく，本件申請が不許可となった後に他の行政書士に書類作成を依頼してした再申請も許可となったというのであり，原告に本件申請書類の作成を依頼した本件申請に限って不許可となったことが認められるし，これまでに多数の在留期間更新許可申請に長年携わってきた原告にとって，これら本件申請書類の不備は，行政書士として職務上要求される注意義務を履践すれば容易に判明するものであった……。そうすると，原告には本件契約上の善管注意義務違反の債務不履行が認められ……原告は，被告による本件契約の解除に当たって，履行の割合に応じた報酬を請求することができず，被告に対し，原状回復ないし不当利得として，既払報酬……を返還する義務を負う……」。

　既払報酬返還請求拒絶文言について判決は消費者契約法に従って無効であると判示した。すなわち，「本件依頼書に記載された既払報酬の返還請求を遠慮されたいとの文言は，その旨を原告が要求しているにすぎず，同文言の記載をもって，原告に債務不履行があった場合にも報酬返還を求めないことに被告が合意したとは認められないし，理由の如何を問わず報酬返還を認めないとすることは，事業者たる原告が消費者たる被告の権利を一方的に制限するものであって，信義則に反して被告の利益を一方的に害するものというべきであるから，消費者契約法 10 条により無効と解するのが相当」であるとしている。

[21]　東京地判平成 29 年 1 月 13 日，平 25（ワ）19090 号，文献番号 2017WLJPCA01136014。

○ケース［26］の原審判決。
本書第 3 章第 2 節　及び吉川英一郎「国際消費者契約をめぐる裁判例に関する考察—東京高判平成 29 年 6 月 29 日及びその原判決について—」『同志社商学』71 巻 1 号，2019 年，65-104 頁 参照。

[22]　東京地判平成 29 年 1 月 19 日，平 28（ワ）29349 号，文献番号 2017WLJPCA01198012。

○金融商品出資契約をめぐる詐欺・不実告知による契約取消に基づく出資金不当利得返還請求。
事実概要：原告は日本居住の投資者 X1～X23 であり，被告は，米国ネヴァダ州ラスヴェガスに所在する会社（日本に営業所と代表者 B を有する）で，同社は，病院，診療所，調剤薬局の診療報酬請求債権を投資対象とする金融商品を販売するところ，原被告間でその出資契約を締結したが，原告は，契約が詐欺により締結されたから民法 96 条 1 項又は消費者契約法 4 条 1 項 1 号によりこれを取り消すと意思表示した。原告は，不当利得に基づき，出資契約の一部金の支払いを求めた。尚，本件金融商品取引契約書は，契約から生じる一切の紛争について米国ネヴァダ州裁判所を専属的な合意管轄裁判所とする旨の裁判管轄条項と，本契約の準拠法はアメリカ合衆国法及びネヴァダ州法とする旨の準拠法条項を含んでいた。被告は，口頭弁論期日に出頭せず，答弁書その他の準備書面も提出していない。
争点：専属的な国際裁判管轄合意がある場合の付加的管轄合意の認定。ネヴァダ州法を準拠法とする準拠法条項の適用に基づく詐欺による取消し。
判決：専属的な管轄合意があるものの米国クラスアクション上の被告主張を根拠に付加的管轄合意が成立した（民事訴訟法 3 条の 7 第 1 項）とし，準拠法条項に基づいて準拠法をネヴァダ州

204　第3章　日本における国際消費者契約問題

法とし，同法上，詐欺に基づく取り消しを認めた。被告は出頭せず請求認容。

　国際裁判管轄に関して，判決は，専属的裁判管轄条項の存在を認めつつ，米国におけるクラスアクションが別に存在することに基づき，証拠及び弁論の全趣旨から次の認定をした。①本件各出資契約と同様の出資契約を締結した者らは被告に対し意図的詐欺に基づく懲罰的損害賠償及び不当利得返還請求等を求めるクラスアクション訴訟をアメリカ合衆国ネヴァダ地区連邦地方裁判所に提起したこと，②クラスアクションの原告らが代表するクラスは，被告の不法な「ポンジスキーム」の結果損害を受けた全ての投資家であり，「ポンジスキーム」とは，被告が医療口座からの受領や診療報酬債権を購入する合法的なビジネスを行うと顧客を偽り，又は断定したことを意味するものであること，③被告は，別件クラスアクションにおいて，書面で，「本件においては，被告は日本の裁判所の管轄に同意し，日本での訴訟に全面的に関与している。」と主張したこと，④原告らは，本件訴訟を提起して訴状等が被告に送達されたこと。判決は，これを踏まえて次の通り判示した。「……①②によれば，別件クラスアクションの原告らが代表するクラスには原告らが含まれるものといえ，原告らは，別件クラスアクションでクラス認証がされれば，脱退をしない限り，別件クラスアクションの効力が及ぶことになる。そうすると……③の日本の裁判所の管轄に同意している旨の被告の主張は，本件訴訟について，日本の裁判所を管轄裁判所とする付加的管轄合意の申入れであると評価することができる。

　そして……④の原告らによる本件訴訟の提起は，上記の被告による管轄合意の申入れに対する承諾であると評価することができるから，原告らと被告との間には，本件訴訟に係る訴状等が被告に送達された日に，本件訴訟について，日本の裁判所を管轄裁判所とする付加的管轄合意が成立したと認められる。……よって，原告らによる本件訴訟は，民事訴訟法3条の7第1項により，日本の裁判所に管轄を認めることができる」。

　準拠法について判決は，金融商品取引契約書には，「本契約の準拠法は，アメリカ合衆国法及びネヴァダ州法」とする旨との規定があると認定し，さらに，「ネヴァダ州法上，詐欺により契約を締結した場合，被欺罔者は，詐欺を理由として，当該契約を取り消すことができると解釈されている」と判示した。

[23]　**東京地判平成29年3月22日，平28（ワ）30219号，文献番号2017WLJPCA03228010。**

○金融商品出資契約をめぐる詐欺・不実告知による契約取消に基づく出資金不当利得返還請求。
事実概要：原告は日本居住の投資者X1〜X20であり，被告は，米国ネヴァダ州ラスヴェガスに所在するMRIインターナショナル社（日本に営業所と代表者Bを有する）で，同社は，病院，診療所，調剤薬局の診療報酬請求債権（MARS）を投資対象とする金融商品を販売する。原被告間で出資契約を締結したが，出資金は，MARSに対する投資のみに充てられるという被告の説明に反して，他の顧客への配当金に流用されていたことが判明し，被告の勧誘が詐欺及び重要事項に関する不実告知に該当するとして，原告は，出資契約を取り消したと主張して不当利得返還請求権に基づき，出資契約の一部金の支払いを求めた。尚，本件金融商品取引契約書は，契約から生じる一切の紛争について米国ネヴァダ州裁判所を専属的合意管轄裁判所とする旨の裁判管轄条項が含んでいた。
争点：専属的国際裁判管轄条項は有効か。
判決：専属的国際裁判管轄条項を無効と判示。被告は出頭せず請求認容。
　専属的裁判管轄条項に関して，判決は，原告らは改正民訴法3条の4第1項の「消費者」に，

別表 3-1　国際消費者契約判例一覧　　205

被告は「事業者」該当し，他に障害事由がない限り，日本の裁判所に管轄があるとし，改正民訴法施行の平成 24 年 4 月 1 日以降に出資契約を締結している場合と以前に締結している場合に分け，前者については，本件国際裁判管轄条項は効力を有さない（民訴法 3 条の 7 第 5 項）とし，日本の裁判所に訴えを提起することができる（民訴法 3 条の 4 第 1 項）と判示した。後者に関しては，本件条項が公序法に反し無効か否かについて検討したが，まずチサダネ号事件最高裁判決（最判昭和 50 年 11 月 28 日，民集 29 巻 10 号 1554 頁）を引用して「特定の外国の裁判所を第 1 審の専属的管轄裁判所と指定する国際的専属的裁判管轄の合意は，同管轄の合意がはなはだしく不合理で公序法に違反する場合には，その効力が否定されると解すべきである」と述べたうえ，「①被告は，原告らに対して，エスクロー社が出資金を厳重に管理する旨の虚偽の事実を述べて勧誘し，②米国に本件に関する証拠が偏在しているとはいえず，③本件条項の有効性を認めると，原告に過大な負担が生じることに照らすと，本件条項に基づいて，原告らに日本の裁判所での審理の途を絶つことは，はなはだしく不合理であり，公序法に反するというべきで……したがって，本件条項はその効力を有さず……日本国内に裁判管轄がある（民訴法 3 条の 4 第 1 項)」と判示した。

[24]　東京地判平成 29 年 3 月 30 日，平 28（ワ）38168 号，文献番号 2017WLJPCA03308004。

○金融商品出資契約をめぐる詐欺・不実告知による契約取消に基づく出資金不当利得返還請求。
事実概要：原告は日本居住の投資者 X1〜X19 であり，被告は，米国ネヴァダ州ラスヴェガスに所在する MRI インターナショナル社（日本に営業所と代表者 B を有する）で，同社は，病院，診療所，調剤薬局の診療報酬請求債権（MARS）を投資対象とする金融商品を販売する。原被告間で出資契約を締結したが，原告は，契約が詐欺により締結されたから民法 96 条 1 項によりこれを取り消す，又は重要事項に関する不実告知に該当するから消費者契約法 4 条 1 項 1 号によりこれを取り消すと主張して不当利得返還請求権に基づき，出資契約の一部金の支払いを求めた。尚，本件金融商品取引契約書は，契約から生じる一切の紛争について米国ネヴァダ州裁判所を専属的合意管轄裁判所とする旨の裁判管轄条項を含んでいた。
争点：専属的国際裁判管轄条項を公序に反し無効か。ネヴァダ州法を準拠法とする準拠法合意がある場合の法適用通則法 11 条 1 項の適用。
判決：専属的国際裁判管轄条項を無効と判示。ネヴァダ州法を準拠法とする準拠法合意に対し法適用通則法 11 条 1 項を検討。被告は出頭せず請求認容。

　専属的裁判管轄条項に関して，判決は，原告らは改正民訴法 3 条の 4 第 1 項の「消費者」に，被告は「事業者」該当し，他に障害事由がない限り，日本の裁判所に管轄があるとし，改正民訴法施行の平成 24 年 4 月 1 日以降に出資契約を締結している場合と以前に締結している場合に分け，前者については，本件国際裁判管轄条項は効力を有さない（民訴法 3 条の 7 第 5 項）とした。後者に関しては，本件条項が公序法に反し無効か否かについて検討したが，まずチサダネ号事件最高裁判決（最判昭和 50 年 11 月 28 日，民集 29 巻 10 号 1554 頁）を引用して「本件管轄合意は，①本件訴訟が我が国の裁判権に専属的に服するものではなく，②指定された外国の裁判所であるアメリカの裁判所がアメリカ法上，本件訴訟につき管轄権を有するから，原則として有効であると解されるが，このように外国裁判所にのみ専属的裁判管轄を認める合意については，当該外国裁判所を専属的管轄裁判所とすることが消費者と事業者間の衡平を著しく害するなどの事情があるため公序法に違反すると認められるときは無効であるというべきで

206   第3章　日本における国際消費者契約問題

ある」と述べたうえ、「①被告は平成20年頃から本件金融商品の運用が行き詰まっていたにもかかわらず、本件金融商品の勧誘を続ける一方、本件管轄合意の定めを設けたこと、②本件金融商品の勧誘及び販売に関する証拠は専ら日本に存在していること、③本件を日本の裁判所で審理することは被告にとって過大で不合理な負担を強いるものとは言えないことに対し、本件をアメリカで審理することは原告らにとって大きな負担であること、④被告は別件訴訟において日本の裁判所での審理を認める旨主張していることなどからすれば、本件管轄合意は消費者である原告らと事業者である被告間の衡平を著しく害するなどの事情があるため公序法に違反するといえるから、無効というべきで……」「平成24年4月1日以前に締結した各出資契約に係る請求についても日本の裁判所に国際裁判管轄が認められる」と判示した。

　準拠法については、「本件出資契約には、『本契約の準拠法は、アメリカ合衆国及びネヴァダ州法とし……』との規定があるので、準拠法はアメリカ合衆国及びネヴァダ州法ということになる。しかしながら、弁論の全趣旨によれば、本件各出資者はいずれも個人、被告は法人であることが認められるから、本件各出資契約は、法の適用に関する通則法11条1項にいう消費者契約に当たり、消費者である原告らが常居所地法中の特定の強行法規である民法96条1項を適用すべき旨の意思を事業者である被告に表示したことも明らかであるから、本件各出資契約の効力については、同条項の適用についても判断すべきことになる」と判示した。

[25]　東京地判平成29年5月25日、平28（ワ）38168号、文献番号2017WLJPCA05258019。

○金融商品出資契約をめぐる詐欺・不実告知による契約取消に基づく出資金不当利得返還請求。

事実概要：原告は横浜居住の投資者Xであり、被告は、米国ネヴァダ州ラスヴェガスに所在するMRIインターナショナル社（日本に営業所と代表者Bを有する）で、同社は、病院、診療所、調剤薬局の診療報酬請求債権（MARS）を投資対象とする金融商品を販売する。原被告間で出資契約を締結したが、原告は、契約が詐欺により締結されたから民法96条1項によりこれを取り消す、又は重要事項に関する不実告知に該当するから消費者契約法4条1項1号によりこれを取り消すと主張して不当利得返還請求権に基づき、出資契約の一部金の支払いを求めた。尚、本件金融商品取引契約書は、契約から生じる一切の紛争について米国ネヴァダ州裁判所を専属的合意管轄裁判所とする旨の裁判管轄条項を含んでいた。

争点：専属的国際裁判管轄条項を公序に反し無効か。ネヴァダ州法を準拠法とする準拠法合意がある場合の法適用通則法11条1項の適用。

判決：専属的国際裁判管轄条項を公序法に反し無効と判示。ネヴァダ州法を準拠法とする準拠法合意に対し法適用通則法11条1項を検討。被告は出頭せず請求認容。

　専属的国際裁判管轄条項に関して、判決は、「①被告は平成20年頃から本件金融商品の運用が行き詰まっていたにもかかわらず、本件金融商品の勧誘を続ける一方、本件管轄合意の定めを設けたこと、②本件金融商品の勧誘及び販売に関する証拠は専ら日本に存在していること、③本件を日本の裁判所で審理することは被告にとって過大で不合理な負担を強いるものとは言えないことに対し、本件をアメリカで審理することは原告にとって大きな負担であること、④被告は別件訴訟において日本の裁判所での審理を認める旨主張していることなどからすれば、本件管轄合意は消費者である原告と事業者である被告間の衡平を著しく害するなどの事情があるため公序法に違反するといえるから、無効というべきで……」「原告による本件請求について日本の裁判所に国際裁判管轄が認められる」と判示した。

準拠法については，「本件出資契約には，『本契約の準拠法は，アメリカ合衆国及びネヴァダ州法とし……』との規定があるので，準拠法はアメリカ合衆国及びネヴァダ州法ということになる。しかしながら，弁論の全趣旨によれば，本件出資者はいずれも個人，被告は法人であることが認められるから，本件出資契約は，法の適用に関する通則法11条1項にいう消費者契約に当たり，消費者である原告が常居所地法中の特定の強行法規である民法96条1項を適用すべき旨の意思を事業者である被告に表示したことも明らかであるから，本件出資契約の効力については，同条項の適用についても判断すべきことになる」と判示した。

[26]　東京高判平成29年6月29日，平29（ネ）709号，文献番号2017WLJPCA06296007。

○ケース [21] の控訴審判決。本書第3章第2節　及び　吉川英一郎「国際消費者契約をめぐる裁判例に関する考察—東京高判平成29年6月29日及びその原判決について—」『同志社商学』71巻1号，2019年，65-104頁参照。

[27]　東京地判平成30年3月26日，平28（ワ）19581号，文献番号2018WLJPCA03268007。
　　　評釈：加藤紫帆・ジュリ1540号111頁。

○アルゼンチン共和国発行円建債券の債権者の任意的訴訟担当者たる銀行が同国を相手に債権の償還を求めた。
事実概要：原告は，日本の銀行3社（三菱東京UFJ，みずほ，新生）で，被告は対アルゼンチン共和国である（以下，「ア国」）。被告ア国は日本において円建て債券を発行したが，この際原告を管理会社とする管理委託契約を締結した。同契約には，日本法を準拠法とする準拠法規定及び裁判権免除を取消不能の形で放棄する規定が含まれていた。ア国はその後，本債権を含めて公的債務の元利金について一時支払停止を宣言するに至り，公的債務の支払期限を順次繰り延べている。さらに，本債権と，新規に発行する債券との交換を申し出たところ，債権者の一部はこれに応じなかった。その債権者から訴訟追行権を授与された訴訟担当者として，原告3銀行はア国に対し，本債権の償還を求めて提訴した（尚本件訴訟以前に原告の任意的訴訟担当者としての原告適格を最高裁が肯定しており（最判平成28年6月2日民集70巻5号1157頁），本件は差戻審である）。
争点：ア国の裁判権免除（「外国等に対する我が国の民事裁判権に関する法律」施行前），外国の強行的適用法規の適用，準拠実質法下での外国法の事実的影響の考慮，本訴請求債権の消滅時効。
　被告は，本件が私法的ないし業務管理的行為に当たらないこと，裁判権免除法規条項は予測不可能な国家の緊急事態下の立法措置等といった主権的行為に及ばないことなどを述べて裁判権免除を主張した。また，支払延期措置や国家緊急事態法や予算法は絶対的強行法規であり，明文が無くても，強行法規の特別連結理論に照らして適用されるため支払期限は未到来であると主張した。また，被告は，第三国の強行法規の直接適用がないとしても，契約準拠法上，第三国法が事案に与える影響を事実上考慮すべきであると主張した。時効について被告は，商事消滅時効の適用により5年経過で時効消滅したと主張した。
判決：請求認容。判決は裁判権免除について，「外国国家は，①主権的行為以外の私法的ないし業務管理的な行為については，我が国による民事裁判権の行使が当該外国国家の主権を侵害するおそれがあるなどの特段の事情がない限り，我が国の民事裁判権から免除されないと解するのが相当であり，そうでないとしても，②私人との間の書面による契約に含まれた明文の規定により当該契約か

ら生じた紛争について我が国の民事裁判権に服することを約することによって，我が国の民事裁判権に服する旨の意思を明確に表明した場合には，原則として，当該紛争について我が国の民事裁判権から免除されないと解するのが相当である。そして，上記①の点については，外国国家の行為が，性質上，私人でも行うことが可能な商業取引である場合には，その行為は，目的のいかんにかかわらず，私法的ないし業務管理的な行為に当たるというべきである」と最判平成18年7月21日（民集60巻6号2542頁）を踏まえたうえで，本件債券発行につき「債券を発行して資金調達することは，今日の国際社会において金融取引として幅広く行われている経済活動であって，その性質上，私人でも行うことが可能な商業取引であるから，本件債券に関する取引行為は私法的ないし業務管理的な行為に当たるというべきである」と判示し，裁判権免除放棄条項につき「被告は，本件債券の内容等を定めた本件要項において，本件債券に係る債務について裁判権免除を取消不能の形で放棄する旨書面により約しているところ（本件放棄条項），この条項に不明瞭な点はなく，被告は，本件債券に関する紛争について我が国の民事裁判権に服する旨の意思を明確に表明していたと認められる。しかも，この表明については何らの留保や例外も付されていない。……被告は，本件支払延期措置が執られるような事態も十分に想定した上で，そのような場合について特段の留保を定めることなく，本件放棄条項を定めたものとみるのが相当である。……明示的な裁判権免除の放棄の効力を覆すと，上記放棄を前提として国家と契約する私人の契約内容に対する合理的な期待が害され，ひいては法的安定性が阻害される。したがって，被告は本件放棄条項によって包括的にその裁判権免除の利益を放棄したというべきである」と判示し，さらに裁判権免除が認められるべき特段の事情があるかどうかも検討するが，「本件支払延期措置……この行為自体は銀行等も行い得るのであって，国家特有の政治的判断等が介在しているとはいい難い。実際上も，ある行為を行う手段として立法等を行わなければならないということのみをもって，当該行為を主権的行為と見なければならないというのでは，例外が認められるべき場面が広くなりすぎ，前述した判断基準が実質的に没却されることとなり，妥当ではない。以上によれば，裁判権免除を認めるべき特段の事情の存在を認めるに足りない」と判示して，裁判権免除を否定した。

　強行法規の特別連結理論により被告の法を適用することの可否については，法適用通則法7条，11条，12条に言及したうえで「それ以外の場合に，契約準拠法が明確に取り決められているにもかかわらず，第三国の法律を適用することがあり得ると解釈し得るような手がかりは見当たらない」と述べ，「立法経過からしても，第三国の強行法規の適用が予定されていたとは解し難い。そうすると，第三国の絶対的強行法規を解釈上適用すべき旨の被告の主張は，採用することができない」と判示した。

　日本法の解釈における事実上の考慮の可否については，「被告が自ら定めた本件支払延期措置によって支払が不能となった状態を考慮して被告の抗弁を認めることは，金銭債務については不可抗力をもって抗弁とすることができない趣旨を定めた民法419条3項の法意に，正面から抵触する」と述べ，「被告が主張する『事実上の考慮』の実質は……日本法の適用を排除して第三国法をそのまま妥当させることにほかならない。……準拠法である日本法の否定であるから……本件において当該法理によって抗弁が成り立つ余地はない」と被告主張を斥けた。

　消滅時効の主張については，旧商法316条の趣旨を汲んで「社債は，資金調達の一環で広く一般公衆に対して発行されることが多く，取引の目的物として転々流通する性質を有することから，時効期間を5年とすると短期にすぎ，社債権者の保護に欠ける」と述べ，本件債権は

別表 3-1　国際消費者契約判例一覧　　209

「社債の場合と特に異なるところはない」として「本件債券の償還等請求権の消滅時効期間は，旧商法 316 条の類推適用によって 10 年であるというべき」として，本件請求が時効消滅したとの主張を斥けた。

[28]　**東京地判平成 30 年 3 月 27 日，平 29（ワ）359 号，文献番号 2018WLJPCA03278027。**

○イスタンブールで発生したクレジットカード不正利用に関する不当利得返還請求。

事実概要：原告は日本人旅行者で被告は三井住友カード社である。原告は，欧州旅行の帰途一時滞在したイスタンブールで知り合った外国人（巨体の自称キプロス人ら）に脅される等して，商品や役務の提供を受けていないにもかかわらず，クレジットカードを使用させられ（暗証番号も入力）（店名から KITA 取引と呼ぶ），原告の銀行口座から利用金額として 88 万円余円が引き落とされたとして，主位的請求において，上記のクレジット決済（立替払い契約）は，詐欺ないし強迫により取消され，又は錯誤により無効であって，原告は引き落とし相当額の損失を被り，被告は同額の利得を得たとして，不当利得の返還を求め，また，予備的請求において，被告は，適切に決済を行い，会員に損害を被らせないようにする注意義務等があるにもかかわらず，これに反して，クレジットカードの決済を行い，原告に利用金額相当額の損害を被らせたとして，債務不履行又は不法行為に基づき，損害賠償を求めた。

争点：被告の利得の有無並びに注意義務違反及び救済義務違反の有無。

判決：請求棄却。判決は，原告の供述証拠の信用性を検討のうえ，概ね採用できるとはした。判決は，被告における利得の有無について，「個別の立替払契約である KITA 取引が無効であっても，被告がした立替払は，原告と被告間の基本契約であるクレジット契約に基づくものであり，この基本契約であるクレジット契約は，第三者を介しての給付に係る不当利得における補償関係となるから，利得は，被告ではなく，KITA 取引の加盟店に生じていることになる……」（最判平成 10 年 5 月 26 日，民集 52 巻 4 号 985 頁，最判平成 28 年 6 月 16 日，民集 7 巻 6 号 629 頁を参照）と述べ，「被告が KITA 取引の加盟店に支払いをした（弁論の趣旨）以上，被告には利得がないことになるから……原告の主位的請求は理由がない」と判示した。被告の注意義務違反については，「オフ加盟店について，発行者に何ら情報がなく，過失の評価の根拠となる事実がない場合においても，海外の仲介者と業務提携をしたことをもって，直ちに注意義務違反があるということはできない。本件では，KITA 取引の加盟店について，事前に被告が情報を持っていたとの事実を認めるに足りる証拠はないから，被告に与信時の注意義務違反があるとはいえ……ない」と判示した。また，救済義務違反についても，「暗証番号が入力された場合は，会員保障制度による損失のてん補ができない旨の規約がある以上，そのことに言及するのは当然であり，そのことに言及することが救済義務に反するともいえない。そもそも，被告においては，原告主張の事実が存するか否かについては……は，原告の主張以外に何らの証拠もなく……暗証番号が使用されていて会員保障制度の対象とならない可能性が相当程度あった事情の下では……海外の提携先の加盟店（オフ加盟店）について，具体的な調査を開始すべき義務が生じたというには疑問がある……。……被告は，不正利用された会員の救済については，規約 14 条により会員保障制度を設けている。規約 14 条は，13 条のクレジットカードを紛失・盗難・詐取・横領等……により他人に不正使用された場合を受けて，会員の損失をてん補する規定であるところ，……不正使用されるまでの経緯において，会員側に相当程度の落ち度がある場合も，補償しなければならないとするのは相当ではなく，『横領等』の『等』

210　第3章　日本における国際消費者契約問題

には強迫が含まれると解すべきである」「……規約 14 条の適用があるか否かを検討する。規約
14 条 3 項（6）号は，暗証番号の入力を伴う取引についての損害については，会員に故意又は
過失がないと被告が認めた場合以外は，損害の填補をしない旨を規定している（過失がなかっ
たことの立証責任は原告にある。）。KITA 取引の経緯については，……説示したとおり，強迫
的言辞がなかったにもかかわらず，暗証番号の入力を拒否しなかったこと，必ずしも治安が良
いとはいえない外国で見知らぬ外国人と飲食を共にして，KITA 取引に至った経緯に照らせば，
原告に過失がなかったと断ずることはできない。したがって，原告の損失をてん補しなかった
ことが救済義務に違反するものとはいえない」と判示した。

[29]　東京地判平成 30 年 4 月 23 日，平 29（ワ）20807 号，文献番号 2018WLJPCA04238002。

○専門学校途中退学の場合の納付済授業料の一部に関する不当利得返還請求。
事実概要：原告は，被告の設置する専門学校の元生徒であったベトナム人 X で，被告は専門学
校を設置する学校法人 Y である。原告は専門学校を中途退学し，支払済みの授業料・施設設備
費のうち在籍期間に対応する部分を控除した残余が被告の不当利得に当たるとして 50 万円余
を返還請求した。専門学校の学生心得には，退学の場合，学費は返還されない旨の規定があり，
また，原告は，個人的な理由により退学する場合は納入済みの学費についてその返還を一切求
めないことを記載した誓約書を差し入れた（これらの合意を「不返還合意」とする）。原告は，
本件専門学校においては，教員や施設は生徒個別に提供されているわけではなく複数の学科に
共通であり生徒の退学によって「平均的な損害」は発生しないから，また，中途退学から生じ
る「逸失利益」は「平均的な損害」に含まれるべきものではないから，本件不返還合意は，消
費者契約法 9 条 1 号に違反しており無効であると主張した。
争点：授業料等の不返還合意は，消費者契約法 9 条 1 号の「平均的な損害の額」を超える損害
賠償額の予定又は違約金として，無効となるか。
判決：不返還合意は有効であるとして請求を棄却。判決は次の通り述べる。「本件専門学校に
おいては，生徒が納付する授業料等は，教職員の給料，施設の維持管理費等の専門学校におけ
る経費の財源となるものであり，年度が開始した時点では，当該年度に新たに生徒が入学する
ことがなくなり，新たに授業料等の収入が得られなくなることを併せて考えると，被告におい
て，当該年度において生徒が納付した授業料等が学校経営の経費に充てられることについて合
理的な期待が生じている状況となっている。そうすると，被告としては，本件専門学校の生徒
が年度途中で退学したときには，授業料等を返還すべきものとすると，授業料等が経費に使用
できないことになり，これにより，原則として，生徒が当該年度に納付すべき授業料等に相当
する損害を被るものというべきであり，これが被告に生ずる平均的な損害ということができる。
……原告は，逸失利益を平均的な損害に含むことはできない旨主張するが……授業料等収入の
逸失を平均的な損害の認定に当たって考慮することは相当である。……本件においては，年度
途中で本件専門学校の生徒が退学したときには，これにより被告に生ずる平均的な損害は，生
徒が当該年度に納付すべき授業料等に相当する額となるのであり，この額は原告が納付した授
業料等を下回るものではない。そうすると，本件不返還合意は有効であり，被告は原告に対し
て，授業料等の返還義務を負わない」。

[30]　東京地判平成 30 年 7 月 11 日，平 30（ワ）10465 号，文献番号 2018WLJPCA07118014。

○金融商品出資契約をめぐる詐欺・不実告知による契約取消に基づく出資金不当利得返還請求。

別表 3-1 国際消費者契約判例一覧　　211

事実概要：原告は日本居住の投資者 X1〜X24 であり，被告は，米国ネヴァダ州ラスヴェガス
に所在する Y 社（日本に営業所と代表者 A を有する）で，同社は，病院，診療所，調剤薬局
の診療報酬請求債権（MARS：Medical Account Receivables）を投資対象とする金融商品を販
売する。
＊原告の請求原因の陳述中には，「被害者は，日本国内のみで約 8700 人，投資資産の合計額は
約 1365 億円に達する極めて巨大な投資被害事件である。」との主張が見られる。
争点：米国ネヴァダ州裁判所を専属的合意管轄裁判所とする裁判管轄条項が，公序に反して無
効か。
判決：専属的国際裁判管轄条項を公序に反し無効と判示した。被告は口頭弁論期日に出頭せず，
答弁書その他の準備書面も提出しなかったので原告らの請求は認容された。
　国際裁判管轄に関して，以下の通り判示された。「本件金融商品の取引において，原告らは
『消費者』であり，被告は『事業者』である。そして，本件訴え提起時において原告らの住所
は日本国内にあることから，原告らと被告との間で締結された本件各出資契約に関する原告ら
からの被告に対する本件訴えについては，他に障害事由が存しない限り，日本の裁判所に管轄
がある（民事訴訟法 3 条の 4 第 1 項）。裁判管轄に関し，平成 20 年作成の本件各出資契約に係
る金融商品取引契約書 11 条には，『本契約から生じる一切の紛争については，アメリカ合衆国
ネヴァダ州裁判所を専属的合意管轄裁判所とする。』との定めがある……。……被告は，原告
らの本件各出資契約中，最も契約締結日が早い同年の時点で，本件金融商品の新たな出資金で
他の投資家の元利金を支払うなど，本件金融商品の運用が行き詰まり，投資家との紛争が潜在
的に生じていた状況において，あえて本件管轄合意の定めを置いたこと，被告は，日本で本件
金融商品の勧誘及び販売をしていたものであり，原告らの請求を判断するのに必要な証拠がア
メリカ合衆国に偏在しているとはいえず，日本の裁判所で審理することが，被告に不合理で過
大な負担を強いるものではないのに対し，アメリカ合衆国の裁判所で審理することは，原告ら
にとって大きな負担となることの各事情が認められ，これらの事情を勘案すると，本件管轄合
意は，はなはだしく不合理であり，公序法に違反するから無効というべきである。したがって，
本件については，日本の裁判所に管轄があると認められる。」

[31]　東京地判平成 30 年 8 月 22 日，平 30（ワ）5617 号，文献番号 2018WLJPCA08228001。

○金融商品出資をめぐる詐欺・不実告知による契約取消に基づく出資金不当利得返還請求。
事実概要：原告は日本居住の投資者 X1〜X19 であり，被告は，米国ネヴァダ州ラスヴェガス
に所在する MRI インターナショナル社（日本に営業所と代表者 B を有する）で，同社は，病
院，診療所，調剤薬局の診療報酬請求債権（MARS）を投資対象とする金融商品を販売する。
原被告間で出資契約を締結したが，出資金は，MARS に対する投資のみに充てられるという被
告の説明に反して，他の顧客への配当金に流用されていたことが判明し，被告の勧誘が詐欺及
び重要事項に関する不実告知に該当するとして，原告は，出資契約を取り消したと主張して不
当利得返還請求権に基づき，出資契約の一部金の支払いを求めた。尚，本件金融商品取引契約
書は，契約から生じる一切の紛争について米国ネヴァダ州裁判所を専属的合意管轄裁判所とす
る旨の裁判管轄条項が含んでいた。
争点：米国ネヴァダ州裁判所を専属的合意管轄裁判所とする裁判管轄条項は，公序に反して無
効か。

212 第3章 日本における国際消費者契約問題

判決：専属的国際裁判管轄条項を公序に反し無効と判示。被告は口頭弁論期日に出頭せず，答弁書その他の準備書面も提出しなかったので原告らの請求は認容された。

専属的裁判管轄条項に関して，判決は，原告らは改正民訴法3条の4第1項の「消費者」に，被告は「事業者」該当し，他に障害事由がない限り，日本の裁判所に管轄があるとし，X5，X12及びX14については，改正民訴法施行の平成24年4月1日以降に出資契約を締結しているので本件国際裁判管轄条項は効力を有さない（民訴法3条の7第5項）とした。その他の原告に関しては，本件条項が公序法に反し無効か否かについて検討したが，まずチサダネ号事件最高裁判決（最判昭和50年11月28日，民集29巻10号1554頁）を引用して「ある訴訟事件について我が国の裁判権を排除し，特定の外国の裁判所を第1審の専属的管轄裁判所と指定する国際的専属的管轄の合意は，同管轄の合意がはなはだしく不合理で公序法に違反する場合には，その効力が否定されると解すべき」だと述べたうえ，①本件事実に関連して「顧客からの出資金は，エスクロー社が開設している本件口座で被告から委託を受けた同社が厳重に管理しているため，被告は本件口座の資金をMARS事業以外に用いることができない旨を説明しており，顧客に対して安全に運用される措置が講じられている旨の虚偽の事実をもって，日本の顧客らに，出資に対する安心感を生じさせ，顧客を勧誘していながらも，同措置を講じていなかった。……顧客からの出資金を他の顧客への元利金の支払に充てるなど本来の用途・説明とは異なる用途に供している。……被告は上記虚偽の事実をもって顧客を勧誘し，本件条項を本件各出資契約中に盛り込んでいた……」と認定し，また，②「被告は，日本に支店を置いて，日本国内で本件商品の勧誘をしていたところ，原告らによる不当利得返還請求に係る詐欺及び重要事項の不実告知に関する勧誘や販売状況に関する証拠は，日本国内に存するといえ，米国に証拠が偏在するとはいえない」と述べ，さらに，③「いずれも日本国内に住所を有する個人である原告らにとって，遠方である米国ネヴァダ州裁判所における審理に対応することは過大な負担であるのに対し，米国内に一定の証拠があるとしても，被告の日本支店が存在することを考慮すれば，被告にとって，日本の裁判所で応訴することが不合理で過大な負担をもたらすとはいえない」と認定して，「本件条項に基づいて，原告らに日本の裁判所での審理の途を絶つことは，はなはだしく不合理であり，公序法に反するというべきである」と判示し，日本の国際裁判管轄を認めた。

[32]　東京地判平成30年11月27日，平29（ワ）19757号，文献番号2018WLJPCA11278022。

○不動産売買契約の手付金返還請求。

事実概要：原告は中国語を母国語とする中国系ニュージーランド人であり，被告は日本企業大手5社（鹿島建設，三菱地所レジデンス，住友商事，野村不動産，三井不動産レジデンシャル）である。原告は，日本の不動産の購入を希望し，三井不動産レジデンシャル社員から契約内容・重要事項の説明を受けたうえ（通訳役社員も居る），売買代金10%の1280万円の手付金を支払った。この後，売買契約が締結されたが，契約中に融資利用の特例条項（19条）があり，提携フラット35融資等提携融資を利用する場合に融資額の一部が利用できないことが確定したときは売主・買主いずれも契約を解除できること（売主は受領済み金員全額を無利息で返還）が規定されていた。後日，原告は契約19条に基づき契約を解除するという意思表示をした。被告らは売買残代金の支払いを催告したが支払われなかったため，被告は原告に解除の意思表示をし，手付金を違約金として没収すると通知した。原告は，契約19条の解釈，錯誤無効，三井不動産レジデンシャルの債務不履行を主張して提訴した。

争点：主たる点は，売買契約19条の解釈である。

　原告の主張としては，外国人は提携融資を利用できず19条の適用が全くなく，外国人であることを理由にローンが下りない場合に手付金を没収し売主に利得を生じさせるのは不合理で，19条は消費者の利益を一方的に害する条項で，消費者契約法10条に基づき無効であるから，提携融資を一般の融資に読み替えて適用すべきであると主張し，被告は19条についての説明が不十分で，原告母国語の中国語の重要事項説明書を交付していないと主張した。また，19条の適用があると信じて契約を締結しており，手付金が戻ってこないのであれば，契約は締結しておらず，19条適用について錯誤があり，契約は無効であるとも主張した。被告は，原告は提携融資を利用していないので19条は本件には適用されないと主張した。

判決：請求棄却。判決は，19条は，代金不払いの場合に手付金相当額を違約金として支払うという原則上の義務を，特例として，提携融資を申し込んだがそれが実行されない場合の買主について免れさせる条項であり，「信義則に反して買主を害する」，「不合理・不当な差別」とは評価できないとし，消費者契約法や憲法14条違反と評価すべき事情は無いと判示した。特に判決は「原告は，提携融資を利用することができない日本に永住権を有しない外国人に融資利用の特例の適用の余地がないことを問題視するが，そのような者が日本において日本に所在する不動産を購入する際，特段の事情がない限り，売主が，法や商慣習が日本とは異なる可能性がある国に居住する当該買主の売買代金支払債務の履行の確実性等につき，不安を抱くのは当然であり，融資利用の特例を付さずに契約の原則どおりに契約の効力を確保することについて不合理であると断じることは困難である……」と述べている。判決は，その他，契約の錯誤無効や三井不動産レジデンシャルの債務不履行（原告の資金計画を知っていたわけだから金融機関を限定しないローン特約を付すべき義務がありその違反，並びに19条や手付金に関する説明義務違反及び中国語の重要事項説明書交付義務違反など）の主張も斥けた。

---

[33]　東京地判平成31年2月26日，平30（ワ）24524号，文献番号2019WLJPCA02268025。

○国際航空旅客運送契約不履行。

事実概要：原告は搭乗予定者（消費者）の夫・父，被告は大韓航空。原告のクレジットカード（家族カード）を使用して，妻子を搭乗者とする航空券が購入され，原告預金口座から代金が引き落とされたことを理由に原告が提訴した。被告航空会社が運航スケジュールを変更しソウル・アムステルダム間の航空便を欠航としたため妻子が旅行に参加できなくなった。このため被告航空会社に対し民法415条及び消費者契約法8条を根拠に債務不履行に基づく損害賠償を請求した。被告は，原告の妻が契約者であるので，原告との間で国際航空旅客運送契約が締結された事実はないと主張。

争点：原被告間の国際航空旅客運送契約の存在が争われた。

判決：請求棄却。判決は，本件航空券は，原告の妻を契約者とするJTBとの間の手配旅行契約の方法で購入されたものであり，本件航空便についての国際航空旅客運送契約は，原告の妻子と被告との間で締結されたと認定した。また，判決は，原告がJTBとの手配旅行契約手続をし，原告のクレジットカードが用いられたとしても，被告としては，原告の存在を認識しえず原告からの申込みを受けたとしてこれに対する承諾をすることはないと認定した。原告・被告間に契約が不存在であるから原告本訴請求に理由が無いとして請求棄却。なお，原告に当事者適格があるかどうかも争われたが，判決は，当事者適格は認めた。

214 第3章 日本における国際消費者契約問題

第2節 国際消費者契約をめぐる裁判例
（東京高裁平成29年6月29日判決）の検討

1 はじめに

「国際的な消費者契約」を扱う日本の判決例について第1節で網羅的に扱ったが，本節ではその中から，東京高判平成29年6月29日及びその原審判決を具体的に検討する[1]。この判決は，世界一周クルーズという国際的な消費者契約について生じたトラブルをめぐって下された判決である。国際契約上の法的リスクを考える上で重要であろうと思われる。本ケースは，国際商取引契約上の紛争特有の論点として，国際裁判管轄，国際契約をめぐる準拠法の決定，国際契約約款の解釈，特に準拠法条項や不可抗力条項[2]などの問題を含んでいるのでそれらを検討する。

2 事実の概要

本事件の控訴人は，地球一周の船旅に応じた乗客35人（1審原告としてX1～X35，いずれも日本在住）のうちの20人である。被控訴人（1審被告）は，地球一周の船旅を企画実施したY1社と，船舶を所有するとされる会社の親会社であるY2社である。Y1社は，東京都新宿区に営業所を有し，日本の旅行業法に基づき旅行業，外航旅客海運業などを営む，観光庁長官の旅行業登録を受けた日本会社である。Y2社は中華人民共和国香港特別行政区に本店を有する香港法人であり，全世界規模で客船運行を行なっている。

問題の世界一周旅行に使用された船舶は，パナマ共和国法人であるA社によって所有されている。A社は，本件船舶を所有するためだけにY2社によって設立されたワンシップオーナーであって，Y2社はA社の親会社である。そしてY1社は，A社との間で，平成21年4月16日から本件船舶を傭船する旨の傭船契約を結んでいた[3]。それはボルチック国際海運協議会統一定期傭船契約書（2001年改定）準拠の内容であった[4]。

この世界一周旅行は，（国連の特別協議資格を持つ国際交流NGOである）

ピースボートが企画し，Y1社が募集型企画旅行として，平成24年1月24日から5月4日までを旅行期間として実施したものである。

この世界一周旅行企画は，第66回（平成21年4月出航）以降，今回の第75回（平成24年1月出航）まで継続的に本件船舶によって実施されていた。なお，第66回のクルーズにおいて本件船舶にエンジントラブルが生じ，修理のうえ旅程を完了するということがあった。

Y1社は，旅行参加者を募集するのに際し，パンフレットを作成・配付し，後述の旅行業約款や旅客運送約款を東京・大阪の営業所に備え置いていた。パンフレットには「心にも体にもやさしい旅がここにあります」，「XX号クルーが快適な旅をお手伝いします」，「快適な船内生活を過ごすことができる外航客船です」などのうたい文句，本件旅行の旅程情報，船室がシャワー・トイレ完備であることなどの船室の情報，スポーツジム等の船内施設の情報，旅行代金額の情報，本件船舶の総トン数，全長，全幅，乗客定員等の情報が示されていた。また，Y1社は，東京及び大阪の営業所でいつでも情報提供を行う態勢をとるとともに，全国各地で説明会を行い，本件旅行の参加に先立ち，本件船舶を見学することが可能な機会を提供していた。

1審原告X1乃至X35はそれぞれ，Y1社との間で募集型企画旅行契約を締結した。この契約は，Y1社の旅行業約款（募集型企画旅行契約の部）に基づいており，Y1社旅行業約款には次の規定があった[5]。

Y1社旅行業約款

ア 「募集型企画旅行」とは，Y1社が，旅行者の募集のためにあらかじめ，旅行の目的地及び日程，旅行者が提供を受けることができる運送又は宿泊のサービスの内容並びに旅行者がY1社に支払うべき旅行代金の額を定めた旅行に関する計画を作成し，これにより実施する旅行をいう。（2条1項）

イ Y1社は，本件旅行契約において，旅行者がY1社の定める旅行日程に従って，運送・宿泊機関等の提供する運送，宿泊その他の旅行に関するサービス（以下「旅行サービス」という。）の提供を受けることができるように，手配し，旅程を管理することを引き受ける。（3条）

ウ（ア） Y1社は，本件旅行契約の履行に当たり，Y1社又はその手配代

行者が故意又は過失により旅行者に損害を与えたときは，損害発生の日の翌日から起算して2年以内にY1社に対して通知があった場合に限り，損害を賠償する。（27条1項）

（イ）　旅行者が天災地変，戦乱，暴動，運送・宿泊機関等の旅行サービス提供の中止，官公署の命令その他のY1社やその手配代行者の関与し得ない事由により損害を被ったときは，Y1社は，27条1項の場合を除き，損害賠償責任を負わない。（27条2項）

エ（ア）　Y1社は，旅行開始後に以下の契約内容の重要な変更（天災地変，戦乱，暴動，官公署の命令，運送・宿泊機関等の旅行サービスの提供の中止，当初の運航計画によらない運送サービスの提供，旅行参加者の生命又は身体の安全確保のため必要な措置による変更及び本件旅行業約款所定の解除権の行使による解除された部分に係る変更を除く。）が生じた場合には，旅行代金の2パーセント以上の変更補償金を，旅行終了日の翌日から起算して30日以内に支払う。ただし，当該変更についてY1社に27条1項に基づく責任が生じることが明らかである場合には，この限りでない。（旅程保証特約・29条1項）

①　契約書面に記載した運送機関の等級又は設備のより低い料金のものへの変更（変更後の等級及び設備の料金の合計額が契約書面に記載した等級及び設備のそれを下回った場合に限る。）

なお，上記運送機関が宿泊設備の利用を伴う場合には，1泊につき1件として取り扱う。（別表第二・3号，注3）

②　契約書面に記載した宿泊機関の客室の種類，設備，景観その他の客室の条件の変更

なお，上記変更が1泊の中で複数生じた場合であっても，1泊につき1件として取り扱う。（別表第二・8号，注5）

（イ）　Y1社が支払うべき変更補償金の額は，旅行者1名に対して1募集型企画旅行につき旅行代金の15パーセントを限度とする。（29条2項）

Y1社は，本件旅行契約を締結した1審原告らに対し，本件旅行開始前に，確定した集合場所や旅程等が記載された最終旅行日程表のほか，クルーズガイ

ドブックを交付した。クルーズガイドブックの記載は，持参すべき荷物の内容など，本件旅行への参加が前提となっている記載のほか，船内設備として，本件船舶は冷暖房が完備され，インターネット接続，国際電話が可能であることなどの記載があり，パンフレットよりも多少具体的であった。

　船会社のＡ社は，乗客の1審原告らX1乃至X35との間で，旅客運送契約を締結し，旅行業者Y1社を通じ旅行開始日の約1週間前にクルーズチケットを送付した。クルーズチケットには，Ａ社の旅客運送約款に基づいて，本件船舶を用いて本件旅行に伴う運送を行う旨が記載されていた。ただし，クルーズチケットには，「運送約款については当社または取扱旅行社にご確認下さい。本契約は，旅客とＡ社（運航会社）との間で締結されます。」などと記載されているだけで，本件旅客運送約款の内容は記載されておらず，チケットの発行者（運送人）についても，大雑把な略称が記載されているのみで，Ａ社の具体的な会社名や連絡先は記載されていなかった[6]。この点に関し，1審判決の認定によれば，国土交通省大臣官房総合観光政策審議官の日本旅行業協会会長宛て通達[7]や日本旅行業協会及び全国旅行業協会による「旅行広告・取引条件説明書面ガイドライン」によれば，運送機関の名称を記載することが求められていた。

　さて，Ａ社の旅客運送約款には，責任の免除・制限に関する運行会社の権利が以下の通り規定されていた[8]。18条・19条はＡ社の免責条項（19条は不可抗力条項）である。また，第23条の準拠法条項は，英国法を準拠法として指定していた。

　　Ａ社旅客運送約款
　　　ア　Ａ社は，輸送の不履行又は不適切な履行に伴う責任については，当該不履行又は不適切な履行がＡ社の過失又は輸送の一部を構成する業務の供給者の過失なしに生じたものであって，かつ，以下の事由に該当する場合には，損害賠償責任を負わない。
　　　（ア）　旅客に責任がある場合
　　　（イ）　予約された輸送の一部を構成する業務の提供者ではない第三者に責任があり，かつ，予見や回避が不可能である場合
　　　（ウ）　Ａ社の支配の及ばない異常状況又は予見不能状況に原因があり，その結果の回避があらゆる相当な注意を払っても不可能である場

合，又はＡ社若しくは輸送業務一式に含まれる業務の提供者が予見・防止できない事由による場合（異常天候や海上状態の影響を含み，これに限定されない。）（18条）

イ　不可抗力，海事的危険や海難事故，本件船舶の航海・管理における不具合，Ａ社の支配の及ばない原因，政府や当局による指示の遵守，本件船舶の衝突・座礁・沈没，発生原因の時期や場所に関わらない本件船舶自体・船体・機械類又は付属品の故障・損傷，Ａ社の船長・乗組員又は他の使用人や敵対者・海賊・強盗・盗賊による悪行，窃盗・抜荷・強留・抑止・捕獲・拿捕・抑留，種類を問わない干渉，諸侯・支配者・政府又は何らかの権力を有する人々による行為，暴動・ストライキ・ロックアウト・ピケ，Ａ社の従業員その他による労働停止又は労働紛争，燃料の不足・欠乏などに起因する本件運送契約履行の遅延や履行不能を含むあらゆる請求，及びそれらに起因する疾病・死亡又は身体傷害に対しては，その発生した状況や場所にかかわらず，Ａ社は，いかなる資格においても責任を問われないものとする。また，上記に制限されることなく，過失の立証責任は過失ありと主張する当事者側にあり，かつ，請求の原因となる事実や状況があったことを理由として，過失推定はなされないことに合意する。本件運送契約に係るクルーズチケットが発行されたとき，又は運送が開始されたときに，戦争や他の原因による危険やそのような状況が実在するか予期される場合においても，Ａ社は，本件運送契約に基づく全ての免責の権利を与えられるものとする。（19条）

ウ　本契約に起因・帰属する全ての訴訟・請求・紛争及び訴訟手続は英国法と慣例に基づいて解釈され，かつ，同法と慣例のみに基づいて審理され，他国の法律は排除されるものとする。（23条）

　本件旅客運送約款は，その頭書において，同約款には，Ａ社の責任の免除と制限に関する規定があることを注意喚起するとともに，1974年旅客及びその手荷物の国際運送に関するアテネ条約（以下「アテネ条約」）の存在に言及していた[9]。

　本件旅行では，地球上を東回りでほぼ一周することが予定されていた。旅程

第 2 節　国際消費者契約をめぐる裁判例（東京高裁平成 29 年 6 月 29 日判決）の検討　219

では，平成 24 年 1 月 24 日に横浜港を出発し，タヒチ，ペルー，キューバ，セ
ネガル，スペイン，フランス，トルコ，ウクライナ，エジプト，インド，シン
ガポール，台湾等を経由して，5 月 3 日に横浜港に到着することとなっていた。

　本件船舶は，参加者 896 名を乗せて予定通り横浜港を出発した。ところが，
4 月 13 日午後 6 時頃から 4 月 15 日午後 1 時頃までの間，電気系統の故障によっ
て船舶のエンジンが停止したため，ソマリア沖に停泊することとなった。さら
に，4 月 26 日午前 10 時頃から 4 月 28 日午前 1 時頃までの間も，電気系統の故障
によって本件船舶のエンジンが停止したため，南シナ海沖に停泊することと
なった。原告らは，本件船舶の電気系統の故障による停電で調理設備が使用不
能となったため，質素な食事しかとることができず（1 回目の停泊については 4
月 14 日の昼食から 4 月 16 日の夕食まで，2 回目の停泊については 4 月 26 日の夕
食から 4 月 27 日の夕食まで，質素な食事が提供された。），また，当時の気温は
30 度を超えるものであったにもかかわらず，エアコンを使用できなかった。
このほか，非常灯，シャワー，トイレ，インターネット接続，国際電話等の船
内設備を使用できない時間帯もあった。さらに，ソマリア沖は，海賊が出没す
る海域であったことから，当時，同海域に海賊対策で派遣されていた海上自衛
隊の護衛艦が救難要請を受けて，停泊中の，本件船舶の護衛に付く一方，窓が
ある舷側の客室の一部では，用心のために窓蓋を閉鎖した。その後，本件船舶
は復旧し，予定より 1 日遅れで 5 月 4 日に横浜港に帰港した。

　旅行終了後平成 24 年 7 月頃までに，Y1 社と 1 審原告らの一部との間で，和
解契約が締結された。それは，本件旅行の一切の解決金として，現金 1 万円及
び Y1 社の企画実施するクルーズについての優待券 5 万円分を Y1 社が支払うこ
とを内容とするものであった。

　1 審原告らは，主位的請求として，1 審被告 Y1 社に対して，①旅行契約に伴
う手配債務の不履行，② Y1 社は傭船者であるから商法 704 条 1 項[10]の類推適用
により船舶の所有会社が負う原告らとの間の運送契約上の債務又は堪航性保持
義務を同様に負うとしてこれらの不履行，③旅行業者として負うべき情報提供
義務の不履行を主張し，また，1 審被告 Y2 社に対して，法人格否認の法理に
より船舶の所有会社が負う運送契約上の債務又は堪航性保持義務の不履行責任
を同様に負うと主張した。また，1 審原告らは，予備的に，1 審被告 Y1 社に対

して，旅行契約中の宿泊設備等に関する旅程保証特約に基づき変更補償金・遅延損害金の支払をも求めた。

3 第1審における争点と判旨

まず，第1審（原審）を概観する。　原告らの請求について，1審の東京地裁は請求をいずれも棄却した。第1審で争われた点は次の諸点である。

(1) 本件訴訟に対する日本の裁判所の管轄権の有無（本案前の争点）

(A) Y2社の主張[11]

1審被告Y2社の主張は次の①及び②の通りであった。

① 民事訴訟法第3条の3第1号及び第3条の4第1項の不適用[12]

香港に本店を有する外国法人であるY2社を当事者とする本件訴訟については，原則として，日本の裁判所に管轄権は認められないから，日本の裁判所の管轄権を認める要件該当性は，厳格に判断されるべきである。本件運送契約は，本件船舶の発着港が横浜港だとしても，約100日間にわたり外洋を航海するものであること，本件船舶のエンジンが停止したのは日本国内ではないこと，A社もY2社も外国法人であることからすると，本件運送契約の債務の履行地が日本国内にあるとはいえず，民訴法3条の3第1号に基づく日本の裁判所の管轄権は認められない。

海運業については，ワンシップオーナー制という，1つの会社が1つの船舶のみを所有することで各事業の賠償責任の限定を行う慣習が確立しているから，法人格否認の法理の適用が排除されるべきである。そうすると，契約当事者ではなく，法人格否認の法理の適用によって初めて責任を負うことになる1審被告Y2社に対する本件訴訟については，民訴法3条の4第1項に基づく日本の裁判所の管轄権は認められない。

② 民訴法3条の9規定の特別の事情の存在[13]

仮に，本件訴訟について日本の裁判所が管轄権を有するとしても，本件においては，原告らは，パナマ法人であるA社のソマリア沖や南シナ海上における債務不履行を前提として，香港法人である1審被告Y2社に対し法人格否認の法理を主張しているところ，かかる債務不履行に関する訴訟資料は日本には

存在しないこと，Y2社は，日本に事務所も営業所も所有していないにもかかわらず，法人格否認の法理という例外的な事由により，本件運送契約の当事者ではないのに日本の裁判所での応訴を余儀なくされること，原告らは，外国船舶に乗船する以上，その紛争解決に際して一定の負担を予測し得たこと，本件はおよそ法人格否認の法理が適用される事案ではないことからすると，日本における裁判は当事者間の衡平を失し，裁判の適正・迅速性を害するものであるといえる。したがって，特別の事情（民訴法3条の9）が認められ，本件訴訟は却下されるべきである。

(B)　第1審の判断[14]

これに対して，1審東京地裁は次の①及び②の通り判断し，1審被告Y2社に対する部分についても，日本の裁判所が管轄権を有するものと判決した。なお，民事訴訟法第3条の4第1項については論じていない。

①　民事訴訟法第3条の3第1号の適用

「原告らとA社との間の本件運送契約は，横浜港を出港し，横浜港に帰港するという世界一周旅行（本件旅行）をその内容とするものであるから，本件運送契約上の義務履行地は，日本国内に所在するものである。そして，本件訴訟における被告Y2社に対する訴えは，法人格否認の法理を介して，本件運送契約上の債務不履行による損害賠償請求を目的とするものであるから，民訴法3条の3第1号により，日本の裁判所が管轄権を有するものであり，これに反する被告Y2社の主張は採用することができない」。

②　民訴法3条の9規定の「特別の事情」の不存在

本件船舶は，A社が本件船舶の所有権を取得した後，継続的に本件旅行を含む一連のクルーズの利用に供されているところ，「これらはいずれも日本において1審被告Y1社により参加者の募集がされている以上，参加者の多くが日本に居住する者となることは初めから想定されていたといえる。そうすると，本件船舶の運航に関して紛争が生じた場合に，訴訟が日本の裁判所に提起されるであろうことは当然に予測されていたことであり，このことは，本件運送契約の当事者であるA社にとってだけでなく，ワンシップオーナー制を採用し，A社を子会社として事業を展開している1審被告Y2社にとっても同様である」。

「……被告Y2社の責任の有無の判断に際しては，その前提として，本件運送契約上のA社の債務不履行責任の有無が争点となるところ，本件運送契約に係る債務の履行状況についての重要な証拠資料といえる原告らの供述については，原告らが日本国内に居住する個人であることからすると，海外においてこれらの証拠資料の提出を行うことは容易ではないと考えられる。他方，A社及び被告Y2社の保有する証拠資料については，本件船舶の運航業務の一環として収集されている書証が中心であると考えられること，被告Y2社は，世界規模で事業を行う法人であり……資力を有していると考えられることからすると，日本の裁判所において証拠資料を提出することにさほど困難があるとは考えられない。なお，被告Y2社は，法人格否認の法理に基づく請求であることを理由として『特別の事情』がある旨を主張するが，かかる主張は，単に原告らの請求が認められるべきではないとする本案上の主張にすぎないものといわざるを得ない」。

「そうすると，本件訴訟を日本の裁判所が審理及び裁判をすることが当事者間の衡平を害する，又は適正かつ迅速な審理の実現を妨げるといった『特別の事情』は認められ……」ない。

(2) 法人格否認の法理の適用の可否（準拠法の問題）

(A) 1審原告の主張[15]

1審被告Y2社がA社と同様の損害賠償責任を負うかどうかにつき，1審原告らは次の通り主張した。

A社には，本件運送契約上の債務の不履行及び堪航性保持義務違反があった。A社の責任の免除と制限に関する本件旅客運送約款19条は，法の適用に関する通則法11条1項[16]，消費者契約法10条[17]により無効である。

A社と1審被告Y2社は役員が重複していること，両社に資本関係があること，Y2社は，便宜置籍船国としてパナマを選択してA社を設立したものであり，A社はペーパーカンパニーにすぎないことなどからすると，A社の法人格は形骸化しているものといえるから，1審被告Y2社は，法人格否認の法理に基づき，A社と同様の責任を負う。なお，1審原告らは，日本法上の法人格否認の法理の主張のみを行うものである。

正義・衡平の観点から導かれる法人格否認の法理については，債務不履行責任の追及をする場合には，当該債務に係る契約の準拠法に従うべきである。その上で，1審被告Y2社は，本件運送契約の準拠法は英国法であり，日本法上の法人格否認の法理の適用はないと主張するが，原告らは，本件旅客運送約款について説明を受けておらず，準拠法について合意は成立していないから，法の適用に関する通則法11条2項により，原告らの常居所地法である日本法の適用がある。仮に，本件旅客運送約款23条により，本件運送契約の準拠法を英国法とする旨の合意が原告ら・A社間で成立していたとしても，上記条項は民法1条2項[18]の基本原則（信義則）に反して消費者の利益を一方的に害する規定であって無効である（法の適用に関する通則法11条1項，消費者契約法10条）から，結局，原告らの常居所地法である日本法が準拠法となる（法の適用に関する通則法11条2項）。

⒝ **第1審の判断**[19]

これに対して，1審東京地裁は次の通り判断し，準拠法を英国法として，法人格否認の法理が適用される余地は無く，Y2社に対する請求は前提を欠くと判決した。

「原告らは，A社の損害賠償責任を，日本法上の法人格否認の法理に基づき，被告Y2社に対して追及しているものである。しかしながら，原告らの主張するA社の責任原因は，①本件運送契約上の債務不履行及び②堪航性保持義務違反であるところ，①についてはもちろん，②についても，A社に堪航性保持義務違反があったとした場合に原告らに対する損害賠償責任が生じるのは，本件運送契約があることが理由となるものであるから，いずれの責任原因を理由とする場合であっても，原告らの請求は，本件運送契約に起因する，原告らとA社との間の権利義務に関するものであるということができる。そうすると，法人格否認の法理の適用の有無の判断は，本件運送契約の契約準拠法によってなされるべきであるところ，本件旅客運送約款23条によれば，本件運送契約の契約準拠法は英国法であるから，日本法上の法人格否認の法理の適用はないといわざるを得ない（なお，英国法においては法人格の形骸化を理由とする法人格否認の法理は採用されていないと認められる……）」。

これに対し，原告らは，本件旅客運送約款23条（準拠法条項）については，

「何の説明も受けておらず，その存在を認識していなかったところ，本件運送契約に際して同条項についての合意があったとはいえないから，同条項は適用されない旨主張する。しかしながら，本件旅行のような船舶による旅客運送契約は，約款取引となることが通常であること，本件運送契約に係るクルーズチケットには，A社による運送その他のサービスは，A社の約款（本件旅客運送約款）に従うと記載されており，原告らは，上記クルーズチケットを受領した上で本件旅行に参加していることからすれば，原告らも，本件運送契約が約款取引であることについては明示又は黙示に同意して，本件旅行に参加したものといえる。そして，本件旅客運送約款は，海事弁護士がその内容を確認しており，約款全体として不合理であると認めることはできないこと……，本件旅客運送約款は，被告Y1社の営業所に備え置かれており，原告らは，被告Y1社への問合せを含め，いつでも内容を確認することが可能であったこと……からすると，原告らは，本件旅客運送約款の個別的な規定を具体的に認識していなくとも，同約款に拘束されるというべきであるから，この点に関する原告らの主張は採用することができない」。

「さらに，原告らは，法人格否認の法理の適用を制限することになる本件旅客運送約款23条は，消費者契約法10条違反により無効である旨主張する。しかしながら，上記条項により，契約準拠法が英国法とされるからといって，一律に消費者である原告らの権利を制限したり，義務を加重したりするものであるということはできないし，本件旅行は世界一周旅行であり，日本国外を広く航海するものであること，A社はパナマ法人であって日本法人ではないことも考慮すれば，本件運送契約の契約準拠法を日本法ではなく英国法とすることが民法1条2項の基本原則（信義則）に反するものであるともいえないから，本件旅客運送約款23条が消費者契約法10条に違反するものであるとはいえない」。

「そうすると，原告らの被告Y2社に対する請求について，日本法上の法人格否認の法理が適用される余地はないから，原告らの上記請求はその前提を欠くこととなり，これを認めることができない」。

(3) Y1社の手配債務の不履行の有無

(A) 1審原告の主張[20]

1審被告Y1社の責任をめぐって，1審原告らは次の通り主張した。

Y1社が本件旅行を企画・募集し，本件船舶は専ら本件旅行の利用に供されており，Y1社が本件船舶を備船していることから，経済的利益状況としては，Y1社は自ら旅客運送人となる場合と同一であるから，運送内容についても，Y1社はA社と同等の高度な注意義務を負う。Y1社は，パンフレットやガイドブックで快適な船内生活を送れる旨記載していたのだからそのような手配を行う義務がある。本件では快適な船内生活とはならなかったのであるから手配債務の不履行がある。

Y1社は，運送人の手配に関し，遭遇する危険を排除するための合理的な措置を取るべき安全確保義務があるのに，本件運送人のA社はペーパーカンパニーであり，人的・財産的基盤が薄弱で，責任財産の保全が困難であるから，A社を運送人として手配したY1社に義務違反がある。

本件船舶のエンジン停止の原因は，配電設置に関する船舶安全法・船舶設備規程違反によるものであるから，A社は船舶所有者として堪航性保持義務に違反したものといえ，Y1社はそのような不堪航の船舶を手配したことについて，手配債務の不履行がある。

Y1社は，A社が旅客運送約款19条（不可抗力条項）に基づき債務不履行責任を負わないため，Y1社自身も手配債務違反の責任を負わないと主張するが，当該条項は，①本件船舶自体・船体・機械類又は付属品の故障・損傷については船主が責任を負わないとされている点，②過失の立証責任を旅客が負わされている点について，民法1条2項の基本原則（信義則）に反して消費者の利益を一方的に害する規定であるから無効である（法の適用に関する通則法11条1項，消費者契約法10条）。本件船舶は以前にも不具合を生じさせていたからA社の債務不履行を予見できたからY1社には過失もある。

(B) 第1審の判断[21]

これに対して，1審東京地裁は次の通り判断し，Y1社の手配債務の不履行を認めなかった。

「……被告Y1社は，本件旅行の企画・募集者及び本件船舶の備船者ではあ

るが，本件運送契約の当事者ではなく，本件船舶による旅客運送自体は，本件運送契約に基づきA社が行うものである」。傭船契約の一部規定からすると，「Y1社は，傭船者として本件船舶の運航を管理する地位にあったようにも思われる」が，「……本件船舶の運営，航行等に関する全ての権限は船長に留保されており……，船長その他の船員の採用に関する権限及び義務はA社に留保されている……ことなどを踏まえると，被告Y1社は，本件船舶の目的地，航路，到着日時の設定など，本件傭船契約の性質上当然に認められる一般的指示権を有していたにすぎないと解され，傭船者としても本件船舶の運航を管理する地位にあったとまでいえない」。

Y1社の利益は「旅行者との旅行契約に由来するものであって，A社のように本件船舶の運航自体に由来するものではない」。Y1社は「本件船舶の運航にのみ関与しているわけではない……」。したがって，「被告Y1社とA社とは立場を異にしており，経済的に同一の利益状況にあるということはできず，被告Y1社が本件旅行の手配に関し，自らが旅客運送人となる場合と同様に，快適な船内生活の提供を含む運送内容についてまで，A社と同等の注意義務を負うとはいえない」。

諸事情を考慮すると，「……本件船舶及びA社が本来的に快適な船内生活の提供に適合していないものとは考えられない。被告Y1社としては，本件船舶及び運送人としてのA社を手配したことをもって，本件旅行において，原告らが快適な船内生活を送れるようにするための必要な手配を行ったというべきである。……上記の点につき，被告Y1社に……手配債務の不履行があったとは認められない」。

次に……人的・財産的基盤が薄弱な会社を運送人として手配したことについて，被告Y1社に手配債務の不履行があるかというと，旅行業者が運送人を手配するに当たり，「旅行参加者に損害が生じた場合の責任財産の保全等まで考慮すべき義務があるとは一概にいい難い」。また，「……本件船舶という……財産を有していたことからすると，A社が財産的基盤を有しない会社であると直ちにいうことはできない」。「……ワンシップオーナーを運送人として手配することが直ちに不合理な判断であるとはいえない」。この点についても手配債務の不履行は認められない。

さらに本件船舶の配電盤の設置に関連して，船舶設備規程に不適合であるとは言えない。「この点から直ちに本件船舶が不堪航であるということはできず，他に本船が不堪航であることをうかがわせる事情は認められない」。「……A社に堪航性保持義務違反があったとはいえず，これを前提とする被告Y1社の手配債務の不履行も認められない」。

(4)　Y1社の商法第704条第1項類推適用に基づく責任の有無

(A)　1審原告の主張[22]

1審被告Y1社の責任をめぐって，1審原告らは次の通り主張した。

Y1社は，本件船舶を備船し，本件船舶の船長に対して指示を与えていること等からすると，本件船舶を自身の企業組織の一部として，継続的かつ排他的・独占的に使用して事業を行っていたといえるから，商法704条1項類推適用により，本件船舶の所有者であるA社と同様の責任を負う。

A社は，本件運送契約に基づき，原告らに対し快適な船内生活を送らせる義務を負っていたにもかかわらず，できなかったから，運送契約上の不履行があり，Y1社も同様の責任を負う。

(B)　第1審の判断[23]

これに対して，1審東京地裁は次の通り判断した。

「商法704条1項の規定の趣旨は，通常は，船舶の所有者が当該船舶を航海の用に供し，海上で企業活動を営んでいるところ，所有者ではなく賃借人が同様の活動を営んでいる場合には，むしろ，当該賃借人についてこそ海上における企業主体性を認め得るから，所有者の代わりに，賃借人に第三者との関係の権利義務を負わせることが相当であるということにあると解される[24]。そうすると，備船者に対する同条項の類推適用の可否の判断に当たっては，当該備船者につき，所有者に代わる海上における企業主体性を認め得るか否かを個別具体的に検討するべきである」。

「……A社は，本件船舶を所有しているものの，本件船舶は……，Y1社が旅行業者として手配したものである。Y1社は，……本件船舶を備船し，……航路を船長に指示したほか，本件船舶の内装やロゴマーク塗装を含む外装についても一定の権限を有するもので……本件船舶の運航について一定の関与をして

228　第3章　日本における国際消費者契約問題

いる。しかしながら，本件旅行においては，本件船舶の所有者であるＡ社が自ら本件運送契約を締結し，同契約に基づく債務を直接に負担するものである一方，被告Ｙ1社は，Ａ社との間で本件傭船契約を締結して本件船舶を傭船しているものの，本件運送契約の当事者ではない。また，被告Ｙ1社は，旅行業者にすぎず，本件船舶の運航についてのノウハウを有しているとは考えにくい一方で，Ａ社は，その親会社である被告Ｙ2社が全世界規模で客船運航を行っており，……Ａ社が本件船舶の運航の指示を行う方が自然である。本件傭船契約上も，Ａ社が，船長以下の船員を手配するとされており……航行自体について船長に指示を行えるのはＡ社である上，全てのホテル運営サービス等を供給するのもＡ社とされている……。これに対し，被告Ｙ1社は，一般的な指示権を有していたにすぎず，本件船舶の運航を管理する地位にあったとまではいえない……。……本件船舶の運航の実態としても，Ａ社が主体的に行っていたものと考えられ，本件傭船契約上，被告Ｙ1社が航路について船長に指示をし，内外装について一定の権限を有するなどの点は，旅行業者として，本件旅行内容の実現のための手配を行う一態様にすぎないと評価すべきものである。……本件船舶を航海の用に供し，海上で企業活動を営んでいるといえるのは，所有者のＡ社というべきであり，傭船者たる被告Ｙ1社につき，所有者に代わる海上における企業主体性を認めることはできないというのが相当である。したがって，被告Ｙ1社につき，商法704条1項を類推適用することはできないというべきである……」。同様に，上記類推適用を前提に，被告Ｙ1社に対して堪航性保持義務違反の責任を問うこともできない。

(5)　Y1社の情報提供義務違反の有無

(A)　1審原告の主張[25]

1審被告Ｙ1社の責任をめぐって，1審原告らは次の通り主張した。

被告Ｙ1社は，本件旅行契約を締結した旅行業者として，旅行業法に基づき，「顧客である原告らに対し，本件旅行契約の付随義務として，本件旅行について適切かつ十分な情報提供をすべき義務を負っていた」。しかし，「Ｙ1社は……①本件旅行にとって重要である運送人たるＡ社について，会社名等を知らせることなく，クルーズチケットの交付により……不正確な情報を伝えた

にとどまり，A社が便宜置籍船国であるパナマの法人であり，資力の乏しいペーパーカンパニーである旨を伝えなかったこと，②責任制限の規定が存在している本件旅客運送約款も交付せず，その内容について十分に説明していなかったこと，③本件船舶の船齢の説明をしなかったことからすると，Y1社には上記情報提供義務違反がある」。

(B) **第1審の判断**[26]

これに対して，1審東京地裁は次の通り判断した。

「通常，本件旅行に参加しようとする者の関心の多くは，本件旅行の内容自体に集中していると考えられるところ，本件旅行の内容は，主として本件船舶の設備やその旅程等に依存しているといえ，運送人についての詳細な情報と本件旅行の内容との関連性は必ずしも強いものではない。現に，原告らは……被告Y1社対し，運送人の詳細な情報について開示するよう求めるなどしていないことからすると……，原告ら自身も，かかる情報をさほど重要視していなかったものと考えられる。そもそも，旅行業法及び……ガイドラインは，企画旅行契約締結時に交付すべき取引条件説明書面に運送機関の名称を記載することを要求しているが，新幹線等の一般に知られた呼称であればそれで足りることとするなど，運送機関の会社名を常に明示することを要求しているものではなく，その他の企業情報についての記載を要求するものでもない……。そうすると，旅行会社が，一般に，旅行参加者に対し，手配した運送機関の会社につきその名称その他詳細な情報を提供する義務があるということはできない。さらに，A社は本件船舶という財産を有しており，単なるペーパーカンパニーということはできず，ワンシップオーナーが運送人であることも直ちに不合理であるとはいえないし……，運送人がパナマ法人であり，本件船舶がパナマ船籍であることが船舶運航の安全性に影響を与えるということもできない。そうすると，運送人がA社であり，本件船舶がパナマ船籍である本件旅行につき，被告Y1社に特別の情報提供の義務があるということもできない」。「……運送機関については，パンフレット等により……基本情報が明らかにされ，希望者には，事前に実際に本件船舶を見学する機会が提供されており……，運送人については，……被告Y1社が営業所において問い合わせに対応可能な態勢をとっていたことなどを踏まえると，被告Y1社は，運送機関に関して必要な情

230　第3章　日本における国際消費者契約問題

報提供を行っていたといえ，事前にA社の正確な会社名や資産状況等を明らかにしていなかったことにつき情報提供義務違反があったとはいえない」。

「……原告らは，A社の本件旅客運送約款に責任制限の規定があることを被告Y1社が説明しなかった点に，情報提供義務違反がある旨主張する」が，「……本件旅客運送約款は，A社が作成したものであるところ，A社はパナマ法人であること，本件旅客運送約款の準拠法が英国法であることからすると，日本の旅行業者である被告Y1社が，その約款の内容を詳細に把握し，その適法性や妥当性を審査することは困難であるといわざるを得ないから，そのような詳細な調査を前提とした情報提供の義務まで認めることは相当でない。また，被告Y1社は，本件傭船契約を締結……するに当たり，海事弁護士に依頼して本件旅客運送約款の内容の妥当性を確認し……本件旅客運送約款に合理性があると判断したものである」。「実際のところ，A社の責任の制限と免除に関しては，本件船舶の船籍国であるパナマがアテネ条約の当事国である場合，本件船舶の出発地又は到着地……がアテネ条約の当事国である場合等には，アテネ条約が優先して適用され，そうでない場合には，本件旅客運送約款が優先して適用されることになるが……，責任の制限と免除に関する規定が一般的に許されないものではないこと，アテネ条約が優先して適用される場合であっても[27]，旅客の死亡・傷害又は船室持込手荷物の滅失・損傷が難破・衝突・座礁・爆発・火災若しくは船舶の欠陥等により生じたときやその他の手荷物の滅失・損傷が生じたときに限り運送人等の過失が推定されるものであって，これら以外では過失の立証責任は損害賠償請求者が負うこと……，本件旅客運送約款18条の存在及び内容……に照らし，A社の責任の免除に関する19条……1文はいわゆる不可抗力条項と解されることなどを踏まえると，同文や過失の立証責任を損害賠償請求者に負わせる同条2文の存在及び内容が直ちに不合理なものとはいい難い[28]。そして，他に本件旅客運送約款の内容が何らかの法令に抵触するといった事情も認められない。そうすると，上記責任制限の規定を含め本件旅客運送約款の適法性・妥当性につき，海事弁護士による確認等を経て問題がないとした被告Y1社の判断は合理的なものであったというべきである。被告Y1社は，以上のような認識の下で，本件旅客運送約款を営業所に備え置き，原告らが求めれば，いつでもその内容を把握することができる状態に

していたものであり……，クルーズチケットには，『運送約款については当社または取扱旅行社にご確認ください』などと記載されていたのであって……，このことからすると，原告らに対して必要な情報提供を行っていたものというのが相当である。したがって，被告Y1社に，上記の点についての情報提供義務違反があったとは認められない」。

　本件船舶の船齢についてY1社の情報提供義務違反があるという点については，「……一般的には，船齢が古い船舶の方が安全性に問題がある傾向にあるものと認められるから，船齢についての情報は一定の重要性を有するものではある」が「……，船舶の安全性は，船舶の保守管理の状況等にも影響されるものであり……，一概に船齢のみで考えることはできない。……旅行業法及び旅行業者等が旅行者と締結する契約等に関する規則に関する日本旅行業協会宛て通達……ガイドライン……においても，運送機関の製造年月の記載は求められていないと認められることからすると，特に船齢に限定して情報提供をする義務があるというべきではなく，運送機関である本件船舶全体について，必要な情報提供を行えば足りるというのが相当である」。

　Y1社は，「……本件旅行への参加を検討する者に対し，本件船舶に関する基本的な情報を提供し，希望者には，事前に実際に本件船舶を見学する機会を提供していたこと……からすると，必要な情報提供を行っていたものといえるから，被告Y1社に，この点についての情報提供義務違反があったとは認められない」。

(6)　Y1社の変更補償金支払義務の有無
(A)　1審原告の主張[29]
　1審被告Y1社の責任をめぐって，1審原告らは次の通り主張した。
　「被告Y1社は，A社に対し，本件旅行についての損害を求償可能であるし，消費者保護の必要もあるから，被告Y1社の変更補償金支払義務は広く認められるべきである」。「……被告Y1社は，快適な船内生活を保証していたのに，洋上で本件船舶のエンジンが停止し，各種設備が使用できず，食事も質素なものになるなど，8日間にわたって快適な船内生活を送ることができなかったことからすると，実質的に運送機関の等級を変更したといえるから，旅行代金の

2パーセントの8日分である16パーセントのうち，上限である15パーセント分の支払義務を負う」。「……被告Y1社は，全室シャワー・トイレ完備，船上でのインターネット接続可能，冷暖房及び船内・国際電話使用可能を保証していたのに，原告らは，8日間にわたってこれらの設備を使用できなかったところ，消費者にとっては，設備が使用できないことは設備がないことと同じであるから，実質的には，宿泊機関の客室の設備の変更にあたるといえ，旅行代金の2パーセントの8日分である16パーセントのうち，上限である15パーセント分の支払義務を負う」。一部の原告との関係では，「平成24年4月13日及び同月14日，本件船舶が停泊した海域が海賊の出る地域であったため，船室の窓を施錠せざるを得ず，海を眺めることができなくなったから，実質的には，オーシャンビューであるはずの客室の景観の変更にあたるといえ，旅行代金の2パーセントの2日分である4パーセント分の支払義務を負う」。

⒝　**第1審の判断**[30]

これに対して，1審東京地裁は次の通り判断した。

原告らの主張は，「……本件船舶の設備を使用できなかったことを主張するにすぎず，設備自体が変更されているものではないことからすると，本件旅行契約の文言上，変更補償金支払事由には該当しない」。「……変更補償金制度は，旅行業者に無過失責任を負わせるものであり，……運送機関や客室の設備等の変更について旅行業者が補償すべき場合とその額を明確にし，全ての旅行者に対して公平・透明かつ迅速な補償を実現することを目的とするものと解される……。そうすると，仮に，旅行者及び旅行業者に対し，変更補償金の支払事由の判断につき，設備等の使用不能という実質的な判断を求めれば，旅行者や旅行業者の主張・判断により補償内容が異なる，支払事由該当性の判断が困難である場合に支払が遅延するなどの可能性が生じ，上記の変更補償金の目的に合致しないこととなる。したがって，変更補償金の支払事由該当性につき，実質的に判断すべきであるとの原告らの主張は採用できず，本件において，変更補償金の支払事由は認められない」。

⑺　**原判決のまとめ**

上述の原判決（東京地判平29年1月13日）の要点は次のようにまとめられる。

即ち，

①　Y2社に対する国際裁判管轄については，民事訴訟法第3条の3第1号の債務履行地管轄に基づいてこれを認め，管轄権行使を止まらせる「特別の事情」（民事訴訟法第3条の9）の存在は認めなかったということ。つまり，Y2社に対する日本の国際裁判管轄権行使を認めたこと。

②　運送契約の契約準拠法は同契約の準拠法条項に基づき英国法であり，Y2社に対する日本法上の法人格否認法理の適用はないと判断したこと。

③　Y1社が旅行業者として，本件船舶及び運送人としてのA社を手配したからと言って，手配債務の不履行はなかったと判断したこと。

④　商法第704条第1項の類推適用をめぐって，本件事情を個別具体的に検討したうえ，傭船者たるY1社に船舶所有者に代わる企業主体性を認めず，商法第704条第1項の類推適用を否定したこと。

⑤　Y1社が旅行業者として，旅行契約の付随義務としての情報提供義務の違反はしていないと判断したこと。

⑥　船舶の設備を使用できなかったとしても，旅行契約の文言上，変更補償金支払事由には該当しないと判断したこと。

　結局，Y2社に対する日本裁判所の管轄権は認められたものの，原告らの請求について，1審の東京地裁は請求をいずれも棄却した。このため，1審原告35名のうち20名が控訴することとなった。

4　控訴審裁判所の判断

　控訴審において東京高裁は，控訴をいずれも棄却し，原審東京地裁の判断を支持した。以下，争点ごとに，控訴審判決を確認する。

(1)　本件訴訟に対する日本の裁判所の管轄権の有無

　被控訴人・1審被告Y2社について本件訴訟に対する日本の裁判所の管轄権の有無をめぐっては，控訴審判決は，原判決の「事実及び理由」欄の「第3　当裁判所の判断」の6を引用するだけで，特に説明を付していない。原審の東京地裁の判断を支持した。

234 第3章 日本における国際消費者契約問題

(2) 法人格否認の法理の適用の可否（準拠法の問題）

控訴審判決は，本件運送契約における運送約款の適用を有効とし，英国法を準拠法として指定する「運送約款中の準拠法条項」を有効としたうえで，法人格否認の法理の適用を否定した。また，法人格否認の法理の根拠が民法第1条であるからといって，法人格否認の法理が強行法規であるとは言えないと判断した。

控訴審判決は，原判決の「事実及び理由」欄の「第3　当裁判所の判断」の7を引用する一方，次の通り説明を追加している[31]。

　　控訴人らは，本件旅客運送約款には拘束力が認められないので，準拠法を英国法とする合意には効力がなく，旅行者である控訴人らは日本に住所があるので，通則法11条2項によって，日本法が準拠法となり，法人格否認の法理が適用されると主張する。また，もともと法人格否認の法理は，民法1条2項，3項に基づくものであるが，これらの条項は強行法規であるから，通則法11条1項によって法人格否認の法理が適用されるところ，その上で，商法786条が739条及び590条を準用し，590条1項は旅客に関する責任について無過失の立証責任を運送人側に負わせており，739条は強行法規であるから，通則法11条1項が適用されて，船舶所有者の免責約款が制限され，被控訴人Y2社はその責任を免れることができないと主張する。

　　本件旅客運送約款について，被控訴人Y1社に情報提供義務違反はなく，同約款を営業所に備え置いて控訴人らが求めればいつでもその内容を把握できる状態にし，クルーズチケットには，「運送約款については当社または取扱旅行者にご確認ください」などと記載されていたこと，本件旅客運送約款の内容が不合理であるということができないことは，上記で引用した原判決が説示するとおりである。そこで，旅行者において，本件運送契約の締結に当たり，約款内容の具体的な認識を欠いていたとしても，その効力を否定することはできず，本件運送契約における準拠法は，契約当事者の選択があったものとして，本件旅客運送約款で定められた英国法となるので，法人格否認の法理の適用がないといわなければならない。

　　控訴人らは，法人格否認の法理が民法1条を根拠としていることから，

強行法規であると主張するが，同法理は，具体的な事案の下で，形式上の法人格とその実体をなす個人又は別法人を同一視して法律関係を捉えることを内容とするものであって，実定法上の根拠を一般条項に求めたものにすぎないから，民法1条を根拠とするからといって，それ故に同法理が直ちに強行法規性を帯びるものではない。

また，控訴人らは，法人格否認の法理が適用されない限りにおいて本件旅客運送約款23条は，消費者契約法10条に違反して無効であると主張するが，準拠法を定める約款の効力は，契約ごとに有効無効を判断すべきであって，英国法を準拠法とすることが直ちに消費者の権利を制限し義務を加重することになるものではないから，控訴人らの上記主張は理由がない。

(3) Y1社の手配債務の不履行の有無

控訴審判決は，原判決の「事実及び理由」欄の「第3 当裁判所の判断」の2を引用しつつ，「本件船舶の規模や性能，船内設備の状況，これまでの運航実績等に照らし，世界周遊の運航とその間の旅行者へのサービス提供が可能であると判断したことが不適切であったということはできない」[32]，「本件船舶は，第66回のクルーズ以降，本件旅行まで継続的に用いられており，運航上のトラブルに見舞われることもあったが，毎回全旅程を無事に運航していたのであるから，ワンシップオーナーの船舶を利用することが，運送に不適切な船舶会社を選択したものとして，直ちに手配債務の不履行になるものではない」[33]と（原判決に補正を加える旨）判示したうえで，人的・財産的基盤が薄弱なA社[34]を運送人として手配したことが手配債務の不履行に当たるかどうかについて，次の通り説明を追加している[35]。

……旅行業者として，運送人を選択するに当たり，企画した旅行目的に従った運送業務を滞りなく遂行することができる人的，財産的基盤を備えていることを考慮する必要があるが，それを超えて，旅行者に旅程で損害が生じた場合の責任財産の保全等まで考慮すべき義務があるとは言い難いというべきである。ところで，……本件船舶の所有者は，A社であったと認めることができる。そうすると，本件船舶について，A社は，いわゆる

236 　第3章　日本における国際消費者契約問題

ワンシップオーナーの所有形態を採っているが，被控訴人Y1社において，本件船舶の規模や性能，船内設備の状況，これまでの運航実績等に照らし，世界周遊の運航とその間の旅客へのサービス提供が可能であると判断され，実際に本件旅行までの間も，世界周遊の船旅に継続的に用いられて，毎回全旅程を無事に運航していたのであるから，A社を運送人に選択することが，旅客運航に不適切な船舶会社を選択したものとして，直ちに手配債務の不履行とはならないことは，上記で引用した補正後の原判決が説示するとおりである。また，本件船舶の登録上の船主がA社でなく，被控訴人Y1社の関連会社ともいえるB社であったことによって，旅行の円滑な実施や旅行者の利便性を損ねるおそれを生じさせるわけではないから，そのことをもって，手配債務の不履行があるということはできない。

(4)　Y1社の商法第704条第1項類推適用に基づく責任の有無

被控訴人Y1社が本件旅行を企画し実施したものであるから海上における企業主体性があり商法第704条第1項を類推適用してY1社は船主と同様の責任を負うべきであるという控訴人の主張に対して，控訴審判決は，原判決の「事実及び理由」欄の「第3　当裁判所の判断」の3を引用する一方，次の通り説明を追加して，控訴人の主張を退けた[36]。

　　……A社は，被控訴人Y1社との本件船舶の傭船契約に基づき，本件船舶を提供して，船長以下の船員や乗員を手配し，全旅程の運送業務のみならず，その間の船上での旅客へのサービス提供業務を行っていたことは，上記で引用した補正後の原判決が認定するとおりであって，被控訴人Y1社は，旅行業者として企画した旅程を管理する立場にあり，寄港地での観光等の手配や船内催事の運営などを担当していたものの，あくまで本件船舶の運航とその間の旅客へのサービス提供という船旅での主たる業務は，A社が主体的に行っていたというべきであるから，傭船者である被控訴人Y1社を船舶所有者と同一に見ることはできず，商法704条1項を類推適用することはできないというべきである。

第2節　国際消費者契約をめぐる裁判例（東京高裁平成29年6月29日判決）の検討　237

(5)　Y1社の情報提供義務違反の有無

　控訴審判決は，原判決の「事実及び理由」欄の「第3　当裁判所の判断」の4を引用する一方，Y1社に，A社の免責に関する情報提供義務違反があるかどうかについて次の通り補正している[37]。

　　　A社の責任の制限と免除に関しては，……本件旅客運送約款19条1文は，いわゆる不可抗力条項と解され，船舶を構成する極めて多数に上る機械類の「故障・損傷」等については免責する一方，同条2文において，過失の立証責任を損害賠償請求者に負わせ，過失が立証されれば責任を負うこととしているのであって，これらの条項は，運送人に無過失の立証責任を負わせる商法590条1項より運送人の責任を軽減しているということができる。そのため，本件旅客運送約款の準拠法の規定にかかわらず，通則法11条の規定による本件旅客運送約款の規定の適用の制限も考えられるが，だからといって，本件旅客運送約款の内容が不合理であるということはできず，これをそのまま控訴人らにおいて把握することを可能にすることが情報提供義務に違反することになるものでもない。

　さらに，被控訴人Y1社が，運送人のA社の社名や準拠法が英国法であることが分かるように情報提供すべき義務があるかどうかという点に関し，控訴審判決は，次の通り判示している[38]。

　　　……被控訴人Y1社では，本件船舶に関する各種情報を記載したパンフレット（記載内容から本件船舶が外国船であり，乗員に外国人がいることも分かる。）を配布するほか，東京及び大阪の営業所には本件旅行業約款及び本件旅客運送約款を備え置いていたこと，募集に際しては，全国各地で説明会を催し，本件船舶を見学する機会を設けるほか，質問があれば各営業所の係員が対応し，必要な情報提供を行う態勢を整えていたこと，本件旅行の参加者に対して，事前に旅程等が記載された最終旅行日程表やクルーズガイドブックが送付され，出発1週間前に交付されたクルーズチケットには，本件運送契約がチケット名義人と運航会社のA社との間で締結され，運送その他のサービスは本件旅客運送約款に従うものとし，本件旅客運送約款はA社又は取扱旅行社に確認されたい旨の記載があることは，上記引用に係る原判決が認定するとおりである。そうすると，運送

238 第3章　日本における国際消費者契約問題

人の表記が正確とはいえず連絡先の記載はないものの，被控訴人Y1社とは別会社が運航する外国の旅客船……を利用するものであることは，容易に知り得るところであり，参加を希望する者で必要があれば，随時，本件運送契約について更に説明を求め，本件旅客運送約款を見ることが可能な機会が提供され，本件旅客運送約款を見れば準拠法についても知ることができたのであるから，被控訴人Y1社が，運送人に関する情報提供義務を怠っていたとまでは言い難い。

(6)　Y1社の変更補償金支払義務の有無

旅行者の立場から見れば，設備が設けられていなかった場合と，設備が備わっていたが故障して使用できなかった場合とでは，設備を利用できないという意味で同じであるから，変更補償金の支給対象とすべきであるという控訴人の主張に対して，控訴審判決は，原判決の「事実及び理由」欄の「第3　当裁判所の判断」の5を引用する一方，次の通り述べて，控訴人の主張を斥けた。

　　……旅行の目的地の変更，あるいは運送機関や宿泊機関の種類，等級，設備の変更といった，あらかじめ旅行契約で定められた旅程に変更が生じた場合に旅行者への補償を行う変更補償金制度は，契約書面に記載された旅行条件の変更という形式的な基準によって，旅行代金を基礎とした一定割合の変更補償金を支払うという画一的な処理を予定しているものであるから，設けられた設備が一時的に使用できないといった実質的な評価を要する場合は含まれないと解するのが相当であり，本件において，船内の設備が一時的に使用できなかったり，窓蓋の閉鎖によって一時的に客室内からの眺望を妨げられたといった事情は，変更補償金の支払事由に該当しないというべきである。

5　論点1　船舶所有会社の外国親会社をめぐる争いに対する国際裁判管轄の有無

本件では，船舶を所有するパナマ法人A社の親会社たる香港法人Y2社をめぐる争いに関して，日本の国際裁判管轄権が争われた。第1審の東京地裁は，債務履行地管轄を認めたうえで「特別の事情」の不存在を確認して，日本の裁

第 2 節　国際消費者契約をめぐる裁判例（東京高裁平成 29 年 6 月 29 日判決）の検討　239

判所の国際裁判管轄権の存在を認定した。控訴審の東京高裁も特段意見を示すことも無く，原判決を支持した。結論として妥当であろうと思われる。

　民訴法 3 条の 3 第 1 号が「契約上の債務の履行の請求を目的とする訴え又は……契約上の債務の不履行による損害賠償の請求その他契約上の債務に関する請求を目的とする訴え」について日本の裁判所の国際裁判管轄を規定している。そして本件は，Y2 社の子会社 A 社と旅客との間の，世界一周クルーズという運送契約をめぐって，「ソマリア沖及び南シナ海沖で船舶のエンジンが停止して停電となったため旅客にとって満足のいく船旅ではなかった」という不履行責任を問う損害賠償請求訴訟である。本件旅客運送は，日本の横浜港を出発し，世界各地を周遊の後，最終的に横浜港に戻ってくるという点が特徴的である。

　民訴法第 3 条の 3 第 1 号は，「契約において定められた当該債務の履行地が日本国内にあるとき，又は契約において選択された地の法によれば当該債務の履行地が日本国内にあるとき」に日本の管轄を認める[39]。

　民訴法改正前の議論では，損害賠償請求訴訟について，契約上の本来の義務を基準とするだけでなく，損害賠償債務も基準としてその履行地にも国際裁判管轄を認めるという考え方が判例によって支持されていた。しかし，現民訴法 3 条の 3 第 1 号では，契約上の本来の義務が転化した損害賠償債務の履行地（本件では日本となる）ではなく，契約上の本来の義務が管轄の基準となっている[40]。ゆえに，本件世界一周クルーズという運送契約上の義務の履行地を検討することになる。

　ある一国内を運送する，例えば，ペナンからクアラルンプールまでの乗客を安全に運送するという航空旅客運送契約の場合であれば，その債務不履行の損害賠償請求訴訟における当該「契約上の本来の義務」の履行地は，マレーシアであって，日本ではないと即断できよう。本件では，日本の横浜港において 1 審原告ら旅客を搭乗させ，世界各地を周遊のうえ，日本の横浜港に戻ってきて旅客を降ろすというのであるから，やや議論の余地はある。

　先に結論を述べれば，旅の目的は何であれ，債務の履行地は日本にあると言わざるを得ないように思われる。周遊の旅というのは，世界各地を観光で周ることを目的とするのでそれらの地に安全快適に寄港することも義務の重要な部

分であろうが，旅客運送契約上の義務としてはそれにとどまらず，安全に乗客を乗船させ，周遊後に安全に帰港し乗客を下船させることも重要な部分と言える。横浜港で乗客を乗船させ，世界一周後，横浜港に帰着して乗客を下船させるというのであるから，契約当事者の予測可能性や公平性の観点から見ても，本件運送契約の義務履行地は日本にあるという原審判決及びそれを支持する控訴審判決は妥当であろう[41]。

　Y2社は，「本件運送契約は，本件船舶の発着港が横浜港だとしても，約100日間にわたり外洋を航海するものであること，本件船舶のエンジンが停止したのは日本国内ではないこと，A社もY2社も外国法人であることからすると」本件運送契約の債務の履行地が日本国内にあるとはいえないと主張する。これは，世界一周クルーズという運送契約に含まれる債務を，「周遊」としてひとまとめにせず，細かく裁断し，「日本の領海内で乗客を安全快適に過ごさせる債務」，「ソマリア沖で乗客を安全快適に過ごさせる債務」，「南シナ海沖で乗客を安全快適に過ごさせる債務」などと分離し，本件債務不履行に関連する債務を局部的に限定したうえで，その債務の履行地にのみ国際裁判管轄を認めるべきであるという主張であるように思われる。つまり，本件では，ソマリアやソマリア沖界隈，南シナ海界隈の国が債務履行地国であるので，日本を債務履行地国としてその国際裁判管轄を認めるのは不当であるという主張ではあるまいか。

　たしかに，学説においても，契約上複数の義務が存在する場合については，当該訴訟において争われる義務を基準とすべきであるという考え方が有力である[42]。また，契約上複数の義務が存在する場合，特徴的な義務にスポットライトを当てて基準とする考え方もありえよう[43]。しかし，本件契約の場合は，外洋を航海し世界各地を周遊している際のエンジントラブルをめぐる争いに関して，周遊という特徴に重きを置いたり，各地ごとに細分された「乗客を安全快適に過ごさせる債務」を認定したりして，そのそれぞれの債務について債務履行地管轄を割り振り，国際裁判管轄の認定を狭く限定するような発想は，いたずらに手続を混乱・不明瞭化させ，訴訟当事者の予測可能性を損なうように思われる。

　本件については，外洋を航海し周遊するという特徴的な面はあり，また，周

遊先各地において乗客を安全快適に過ごさせるという債務はあるが，それは，周遊という連続する切れ目のない債務であると言えそうであり，少なくとも，「安全快適に外洋を航海し周遊するという一体としての債務」の履行地の一部が日本にあるということは言えそうに思われる。それで，日本の国際裁判管轄を認めるには十分ではないだろうか。Y2社の「本件運送契約は，本件船舶の発着港が横浜港だとしても，約100日間にわたり外洋を航海するものであること，本件船舶のエンジンが停止したのは日本国内ではないこと」という主張は，「安全快適に外洋を航海し周遊するという一体としての債務」の履行地の一部が日本国外にもあることを示すだけで，債務の履行地の一部が日本国内にもあることを否定するものにはなっていないはずである。エンジンの停止した場所が海外であることをことさら捉えるのは，不法行為における不法行為地管轄と視点を同じくしていて，契約当事者の予測ということを重視する「契約債務履行地管轄」の考え方の基本に沿ってはいないとも言えそうである。

　また，見方を変えれば，以上のように，Y2社の主張（日本の国際裁判管轄の否定）を妥当ではないものとして扱うとき，本件事案は，「契約上複数の義務が存在する場合については，当該訴訟において争われる義務を基準とすべきである」という考え方が妥当しない場合があることを示していると言えるかもしれない。同様に，本件は，「周遊」が特徴であると捉えると，特徴的給付の理論をもって国際裁判管轄における債務履行地の決定を行うという考え方にも不都合を提示することになるだろう。こう考えると，周遊のごとく契約上の義務が連続する行為で成り立つ場合は，国際裁判管轄の基準となる債務を細分化して考えるべきではなく，一連の行為を全体として見たうえで，日本が債務履行地としてどの程度当該契約と関わっているか（国際裁判管轄の基準となる程，当事者の予測の範囲なのか）をもって判定すべきであるということになるのではないだろうか[44]。

　Y2社は「A社及びY2社が外国法人である」という主張もしているが，その主張は，民訴法3条の3第1号の要件充足を妨げるものではない。むしろ，後述の民訴法3条の9の検討の場面の問題と言える。

　なお，本件国際裁判管轄をめぐる争点をめぐって，1審原告は，本件運送契約は消費者契約であるので，日本国内に住所がある1審原告らからY2社に対

242 第3章 日本における国際消費者契約問題

して提起された本件訴訟については，民訴法3条の4第1項[45]に基づき，日本の裁判所に国際裁判管轄がある旨の主張をしている。しかし，控訴審判決も原審判決もこれについて触れていない。こちらを適用しても国際裁判管轄の問題は処理可能だったと思われる。

　本章の最後に，民訴法3条の9の規定する「特別の事情」に関する検討にも触れておく。民訴法改正前には，判例法として発展した「逆推知説＋特段の事情論」によって国際裁判管轄の問題が処理されていたが，改正後は，民訴法3条の9が，「特別の事情」によって日本の国際裁判管轄権行使の調整を図る。訴えについて日本の裁判所が管轄権を有することとなる場合であっても，日本の裁判所による裁判が，当事者間の衡平を害し，適正・迅速な審理の実現を妨げることとなる特別の事情があるときは，訴えの全部又は一部を却下することができる。当事者間の衡平，適正・迅速な審理という目標実現のため，列挙されている考慮事項は，事案の性質，応訴による被告の負担の程度，証拠の所在地，その他の事情である。

　本件1審判決（控訴審も支持）は，①本件旅行が日本においてY1社により参加者募集がされているから，参加者の多くが日本に居住する者となることは初めから想定されていたことを指摘し，紛争が生じた場合に，訴訟が日本の裁判所に提起されることは，A社及びその親会社Y2社に予測されていたと指摘する[46]。また，1審判決は，②被告Y2社の責任の有無の判断に際しては，A社の債務不履行責任の有無が争点になるが，運送契約の履行状況について，原告らの供述が重要な証拠資料であると指摘し，日本国内に居住する原告らの供述を海外において提出を行うのは容易ではないと述べる。1審判決はまた，③A社及び被告Y2社の保有する証拠資料は書証が中心である（から日本における提出は容易である）ことを指摘し，併せて，④被告Y2社は，世界規模で事業を行う法人であり，資力を有しているから，日本の裁判所で証拠資料を提出することに困難はないと述べた。①において，消費者契約という本件の性質と契約当事者の予測可能性とを踏まえ，当事者間の衡平を考慮し，②③④において，証拠所在地を踏まえ訴訟当事者の証拠提出の困難さの程度を比較し，当事者間の衡平と裁判の適正・迅速を考慮して，本件には，日本の国際裁判管轄権を否定すべき特別の事情は認められないと判断しているが，これは妥当であろ

第2節　国際消費者契約をめぐる裁判例（東京高裁平成29年6月29日判決）の検討　243

う[47]。

6　論点2　附合契約中の準拠法条項の有効性

　控訴審判決も第1審判決も，本件運送契約における運送約款の適用を有効とし，英国法を準拠法として指定する「運送約款中の準拠法条項」を有効とした。そのうえで，法人格否認の法理の適用を否定した。英国法を準拠法として認めたという結果については賛同する。項目6と7とでは，その準拠法決定に至るプロセスについて改めて検討をしたい。

　まず附合約款中の準拠法条項の効力についてである。

　本件においては，A社と乗客との間で，旅客運送契約が結ばれており，それが訴訟の中心となっている。Y1社を通じてA社から乗客に対して交付されたクルーズチケットには，A社の旅客運送約款に基づいて本件船舶を用いて運送を行う旨の記載があったが，旅客運送約款自体は付いておらず，旅客運送約款は旅行社かA社に照会しないと入手できない状態であった。また，チケットの発行者たる運送人に関して，A社の具体的名称・連絡先の記載は無かった。そのうえでそのA社の旅客運送約款中の第23条には，「本契約に起因・帰属する全ての訴訟・請求・紛争及び訴訟手続は英国法と慣例に基づいて解釈され，かつ，同法と慣例のみに基づいて審理され，他国の法律は排除されるものとする。」という準拠法条項が含まれていた。

　1審において原告らは，第1に，本件旅客運送約款について説明を受けておらず，準拠法について合意は成立していないと主張した。そして，そのうえで，法の適用に関する通則法7条による準拠法の選択がないときとして，同法11条2項の消費者契約の場合の「消費者の常居所地法」が，つまり日本法が，準拠法であると主張した。さらに第2に，仮に旅客運送契約第23条によって準拠法を英国法とする合意が契約当事者間で成立していたとしても，この準拠法条項は，日本民法上の信義則に反し消費者の利益を一方的に害する規定であって無効であり，法の適用に関する通則法11条1項によって，消費者常居所地の強行規定を適用すべきであるから，1審原告らの常居所地法である日本法を準拠法とすべき旨主張した。

　1審東京地裁は，請求の対象である損害賠償責任が原告・A社間の本件旅客

運送契約に起因するものとし，契約準拠法の決定にあたって旅客運送契約第23条にただ依拠するのみである。

1審東京地裁は原告らの主張に対して，本件旅行のような船舶による旅客運送契約は，約款取引となることが通常であるとし，クルーズチケットには，A社による運送その他のサービスは，A社の約款（本件旅客運送約款）に従うと記載されており，原告らは，クルーズチケットを受領した上で本件旅行に参加していることからすれば，原告らも，本件運送契約が約款取引であることについては明示又は黙示に同意して，本件旅行に参加したものといえるとする。本件旅客運送約款は，海事弁護士がその内容を確認しており，約款全体として不合理であると認めることはできないし，本件旅客運送約款は，Y1社の営業所に備え置かれており，原告らはいつでも問い合わせることができたと指摘した。そして，1審東京地裁は，原告らが本件旅客運送約款の個別的な規定を具体的に認識していなくとも，同約款に拘束されるというべきであるとした。つまり，準拠法条項が約款に含まれる以上，それに拘束されると判断した。

また，1審東京地裁は，原告らの本件旅客運送約款23条が消費者契約法10条違反により無効であるという主張に対して，「契約準拠法が英国法とされるからといって，一律に消費者である原告らの権利を制限したり，義務を加重したりするものであるということはできないし，本件旅行は世界一周旅行であり，日本国外を広く航海するものであること，A社はパナマ法人であって日本法人ではないことも考慮すれば，本件運送契約の契約準拠法を日本法ではなく英国法とすることが民法1条2項の基本原則（信義則）に反するものであるともいえないから，本件旅客運送約款23条が消費者契約法10条に違反するものであるとはいえない」とした。つまり，附合約款に，準拠法条項が含まれているとしても，附合約款が確認可能であれば，当該準拠法条項は有効に機能すると判断している。

控訴審・東京高裁も1審判決を支持しつつ，「旅行者において，本件運送契約の締結に当たり，約款内容の具体的な認識を欠いていたとしても，その効力を否定することはできず，本件運送契約における準拠法は，契約当事者の選択があったものとして，本件旅客運送約款で定められた英国法となる」と論じている。また，東京高裁は，「控訴人らは，法人格否認の法理が適用されない限

りにおいて本件旅客運送約款23条は，消費者契約法10条に違反して無効であると主張するが，<u>準拠法を定める約款の効力は，契約ごとに有効無効を判断すべきであって，英国法を準拠法とすることが直ちに消費者の権利を制限し義務を加重することになるものではないから</u>，控訴人らの上記主張は理由がない」と論じた（強調下線は筆者）。

弱者たる消費者を保護しようとする昨今の社会的趨勢から見ると，企業体が押し付ける附合約款中の準拠法条項を無効化しようとする消費者側の試みに有望さがありそうな気もするが，附合約款中の準拠法条項の有効性については，長く論じられてきて，一応の決着がついているように思われる[48]。その根拠は，現代の自由資本主義社会においては，企業による大量契約の統一的処理を可能にすることによって，消費者もまた，安価な商品・サービスを享受できるのであるから，著しく不当でない限りは，消費者も附合約款を受け入れるべきであるという点にある。また，本件の控訴審判決・1審判決共に示しているように，準拠法自体は中立的であり，日本法の適用が必ずしも日本の消費者に有利であるというわけではないし，外国法の適用が日本の消費者に不利というわけではない[49]。

松岡博『国際取引と国際私法』晃洋書房，1993年，172-173頁は以下の通り論じる[50]。

　　問題となるのは，保険契約や銀行取引にみられるような附合契約中の準拠法約款の効力である。附合契約では，経済的に優位にある企業が一方的に作成する標準約款を包括的に受けいれるか，拒否するかの選択しか顧客には存在しない。そこで附合契約中に準拠法約款が含まれていても，そこに両当事者の合意を擬制するのは虚構であり，それにもかかわらず，準拠法約款を有効とし当事者を拘束すると解することは不平等な交渉力しか有しない顧客にきわめて不利益な結果をもたらすから，附合契約中の準拠法約款は有効でない，との考えもある。

　　しかし，附合契約中の準拠法約款の効力を全面的に否認するのが適切とは思われない。まず附合契約には大量契約としての統一的処理の必要がある。保険，運送，銀行取引など多数の顧客を相手にする企業は統一的計算と計画に基づいて事業を遂行しなければならない。標準約款の解釈と効力

が，当事者の国籍や住所，契約の締結地，履行地，法廷地を異にするに従って異なった法によって規律されるとすれば，集団的取引の画一的処理という要請は確保されないことになろう。しかも，附合契約中の準拠法約款に指定された法の適用が弱者である一方当事者に不利な結果をもたらすとは限らない。その法の内容いかんによってはかえって有利な場合もありうる。このように考えると附合契約における準拠法約款は原則として一応は有効とし，準拠法約款に指定された法の適用の結果が顧客にきわめて不利な結果をもたらし不当であるときは，不当な手段により準拠法約款が得られたと解して，その効力を否定すべきである。

附合契約中の準拠法条項の有効性について，同書第3章(235頁以下)が，米国国際私法判例を検証し詳述している。特に力説するところは，国際通商の安定性に加え，「統一性の確保という要請」が附合契約における準拠法条項の有効性の後ろ盾になるということである[51]。同書は，準拠法約款の適用が不公正の結果を生ぜしめるときは，例外的に効力を否定することも認める。事業者側の法律回避的な準拠法指定を問題視するとともに，附合契約性の程度にもよるとしている。契約の種類，例えば，強制の働く強制的責任保険契約か，選択の自由が残る運送契約かによっても異なると指摘し，顧客が約款の開示を受けたかどうかといった具体的状況も考慮されるべきであるというが[52]，本件では，裁判所は附合約款の閲覧可能性を吟味し，一応その点も考慮したと言えよう。

なお，昨今，国際的に事業展開する企業については，消費者向けの契約に挿入する準拠法条項に，「当該条項が指定する準拠法が適用されない場合はユーザーの国の法が適用される」という文言を加える傾向が見られる。これは，先手を打って，準拠法条項全体が無効視されるのを防ぐ努力をしているように映る[53]。そのような場合，どのように解釈されるか検討すべきであろうが，そのような準拠法条項は，上述の判例・通説の意向に矛盾するものではないので，公法による排除か公序による排除か理由はともかく，準拠法指定の排除が必要な範囲では，示された文言通り適用されるだろう。また，裁判所によって排除されないならば，契約当事者による準拠法指定が依拠されるべきものとして，現に存在するのであるから，上述の「極めて不当でなければ附合契約の準拠法条項も有効である」とする通説・判例の立場に影響するものではないように思

第2節　国際消費者契約をめぐる裁判例（東京高裁平成29年6月29日判決）の検討　247

われる。

　さらに，上述の論点に関連する事柄として，本件では，Y1社の情報提供義務の一部として，旅行参加者に対して「準拠法が英国法であること」が分かるように情報提供する義務があるかどうかも争われたが，控訴審の東京高裁は，旅客運送約款を確認できる態勢が整えられているのであれば（旅客運送約款を見れば）準拠法についても知ることができるのだから，情報提供義務を怠っていたとまでは言い難いと判断した[54]。つまり，控訴審判決によれば，旅行業者は「附合約款の規定によれば，準拠法は日本法ではなくて英国法ですよ」と，消費者にわざわざ警告する必要はないのである。これはビジネス実務者にとって留意しておきたい点である。

7　論点3　法人格否認の準拠法決定とその適用

(1)　法人格否認の準拠法決定と法適用通則法上の消費者保護

　先述の通り，1審原告・控訴人が「運送約款中の準拠法条項」が無効であると主張したことに対し，1審判決も控訴審判決も，「運送約款中の準拠法条項」を有効とした。そのうえで，1審判決も控訴審判決も，法人格否認の法理の適用を否定した。英国法を準拠法として認めたという結果については賛同する。その準拠法決定に至る理論について改めて検討をしたい。

　1審東京地裁は，請求の対象である損害賠償責任が原告・A社間の本件旅客運送契約に起因するものとし，Y2社に対する法人格否認の法理の適用の有無も当該契約準拠法に支配されるとする。控訴審の東京高裁も，本件旅客運送契約の内容は不合理ではなく有効で，その準拠法は，契約当事者の選択があったものとして，本件旅客運送約款で定められた英国法となるので，法人格否認の法理の適用がないと述べている。

　1審・控訴審両判決は，法人格否認に関する判定を下すための準拠法として，A社と乗客（控訴人・1審原告）との間の旅客運送契約の準拠法条項に基づく契約の準拠法を用いているが，それについて特に検討はしていない。この点については，学説上，議論が見られる。

　法人格否認について明示的に判断した裁判例はまだ無いとされるが[55]，法人格否認の法理を契約準拠法によって判断したと見ることのできる判決例は，東

京地判平22年9月30日[56]，東京地判平22年7月13日[57]，東京高判平14年1月30日[58]，東京地判平10年3月30日[59]，東京地判昭63年3月16日[60]などが見られ，本件控訴審判決及び1審判決もそうであり，多数と言えよう。

学説上は，「法人格の有無・発生・消滅等の準拠法は，一般的には，会社の従属法（設立地法ないし属人法）によるとするのが通説」であるとされ，法人格否認の法理も，法人の従属法を準拠法とすべきであるという見解が見られる[61]。法人格否認の法理の準拠法に関しては，具体的な紛争の中で法人格を否認する必要が生まれるので，一律に法人の従属法によるのではなく，問題に応じて準拠法を決定すべきであり，特に，契約については，契約の準拠法に支配させるという考え方[62]が多数であるように思われる[63]。学説の議論に加えて，実務上の当事者自治に対する期待も併せて考慮すべきではないだろうか。契約紛争に関して，当該契約の準拠法条項（準拠法の合意）は，紛争が生じた場合に当該指定の契約準拠法だけで紛争の全てが解決できるのが便宜的であるという契約当事者の期待を担っている。言い換えれば，準拠法条項に合意した契約当事者は，法人格否認の争点において，「法人格否認の準拠法が何であるかを改めて検討しなければならないという煩瑣さ」を事前に覚悟はしていないはずである。ゆえに，契約に関しては，準拠法の合意の射程を広く捉えることが望ましいと思われる。

本件についても，契約準拠法の英国法に照らして，法人格否認について判定したことについては，賛同できる。

本件では，控訴人は，法人格否認の法理が民法1条2項・3項に基づくもので，これらが強行法規であることから，法適用通則法11条1項によって（消費者契約の場合，消費者常居所地中の特定の強行規定の適用の主張が可能であるから）法人格否認の法理が適用されると主張したが，本件控訴審判決は，法人格否認の法理は「具体的な事案の下で，形式上の法人格とその実体をなす個人又は別法人を同一視して法律関係を捉えることを内容とするものであって，実定法上の根拠を一般条項に求めたものにすぎないから，民法1条を根拠とするからといって，それ故に同法理が直ちに強行法規性を帯びるものではない」と判示しているが，法適用通則法11条1項の「常居所地法中の特定の強行規定」の「強行規定」が何を指すかを量るうえで参考になろう。

法適用通則法11条1項の「強行規定」が何を指すかについては，「任意規定の対概念であり，当該実質法上，当事者がその意思によって適用を排除できない規範を指す」とされ，「通常の国内的強行法規のみならず，いわゆる『強行的適用法規』の双方が含まれ」，「日本法上は，民法および消費者契約法のほか，割賦販売法……等のいわゆる『業法』も，私法上の効力をもつ限りは，すべて対象となる」とされる[64]。

日本法上の「法人格否認の法理」が強行規定であるかという議論に関連して，「法人格否認の法理は，『契約準拠法のいかんに関わらず適用されるべき法廷地の強行法規』である」という見解もある[65]。だが，本件控訴審判決及びその原判決はその見解を否定した形ともなっている。

⑵　「法人格否認の否定」という結論（外国法の解釈への疑問）

本件では，控訴審判決も1審判決も，英国法を準拠法として，日本法に見られる「法人格否認の法理」は英国法には認められないとして，Y2社への請求を斥ける結論となっているが，英米法にも"Lifting of Corporate Veil"（会社法人格の剥奪）理論があり，結論に疑問を抱く。

控訴審判決も1審判決も，本件運送契約における運送約款の適用を有効とし，英国法を準拠法として指定する「運送約款中の準拠法条項」を有効としたうえで，法人格否認の法理の適用を否定した。1審判決は「英国法においては法人格の形骸化を理由とする法人格否認の法理は採用されていないと認められる」と述べている。ところが，英米法にも，"disregard of corporate entity"（法人格の否認）[66]の考えは認められ，米国判例法理では"piercing corporate veil"として，英国では特に，"lifting the（corporate）veil"として知られる[67]。裁判所は，職権で，英国法上の「法人格の形骸化を理由とする法人格否認の法理」をどのように調べたのか判決文中でもう少し詳細に触れるべきであった。日本法が準拠法となれば日本法上の法人格否認の法理を適用できるところ，準拠法が英国法であるので適用できないというだけでは不十分である。A社の法人格を否認してY2社を捕捉したい当事者である控訴人（1審原告）は，英国法上の"lifting the（corporate）veil"理論を主張立証していないのかどうか判決文からは不明である。

250　第3章　日本における国際消費者契約問題

　この点については，国際私法上，外国法の内容をどのように認定するかについて，外国法というものを事実であると捉えるか，法として捉えるかという議論があり，前者と理解すれば当事者に立証責任があるが，後者と理解すれば裁判所が職権で探知しなければならない[68]。

　今回のケースでは，準拠法を英国法としたうえで，英国における「法人格否認の理論」の有無について，外国法の解釈の誤りがあったとすれば，影響は大きい。なぜならA社こそが今回の旅客運送契約の不履行の中心に居る存在で（なぜA社が被告とされていないのかは不明だが本来A社が共同被告とされるべきで），法人格否認の法理が認められれば，A社に代わってY2社を責任の主体として捕捉できるからである[69]。なお，外国法の解釈・適用に誤りがあった場合，それが上告理由になるかどうかについても議論があるが，通説・判例は外国法も民事訴訟法にいう「法令」にあたるとして上告理由を認める[70]。

8　論点4　旅行業者（傭船者）の責任と附合契約中の不可抗力条項

　本件は，国際的な消費者契約に含まれる不可抗力条項（Force Majeure Clause）について，裁判所が解釈を示したという点でも貴重な事案であろう。準拠法条項に関する議論でも示したように，消費者契約に見られる附合約款は，経済的に優位にある企業が一方的に作成するもので，顧客たる消費者には，それを受けいれるか，取引自体を断念するかの選択しか存在しない。そこに両当事者の合意を擬制するのは虚構ではないかという準拠法条項をめぐる疑問と同様の疑問が生じ得る。特に，準拠法条項は，いずれの国の法が準拠法となったとしても，必ずしも消費者に不利とは限らない中立的面があるのに対し，不可抗力条項は，一方的に債務者たる企業の契約上の責任を免じる効果があるので，より一層疑問は深いはずである。

　本件においては，1審原告がY1社の手配債務の不履行及び情報提供義務の不履行を主張した際に，Y1社は，A社が前掲の旅客運送約款19条という不可抗力条項に基づいて債務不履行責任を負わないことを援用して，Y1社も責任を負わないと主張した。これに対して，消費者たる1審原告らはこの不可抗力条項が民法1条2項の信義則に反して消費者の利益を一方的に害することから無効であるとの主張を展開し，法適用通則法11条1項及び消費者契約法10条

の適用を主張した。

1審東京地裁は，情報提供義務の不履行の問題を判断するにあたり，A社の旅客運送約款に触れ，旅客運送約款に責任制限の規定があることを説明しなかったとしても，詳細な調査を前提とした情報提供の義務を認めるのは相当ではないと判断した。さらに，旅客運送約款が適用される場合に，責任の制限・免除に関する規定が一般的に許されないものではないことを指摘し，A社の責任の免除に関する19条第1文は，不可抗力条項と解されることなどを踏まえると，同文や過失の立証責任を損害賠償請求者に負わせる同条第2文の存在及び内容が直ちに不合理なものとはいい難いと述べた。19条が不可抗力条項と解されたらなぜ不合理なものといい難いのかの説明は無い。不可抗力条項が有効であることは当然のものとして処理している。

控訴審の東京高裁は，この情報提供義務の不履行の問題について，原審判決を支持・引用しつつ，「A社の責任の制限と免除に関しては，……本件旅客運送約款19条1文は，いわゆる不可抗力条項と解され，船舶を構成する極めて多数に上る機械類の『故障・損傷』等については免責する一方，同条2文において，過失の立証責任を損害賠償請求者に負わせ，過失が立証されれば責任を負うこととしているのであって，これらの条項は，運送人に無過失の立証責任を負わせる商法590条1項より運送人の責任を軽減しているということができる。そのため，本件旅客運送約款の準拠法の規定にかかわらず，通則法11条の規定による本件旅客運送約款の規定の適用の制限も考えられるが，だからといって，本件旅客運送約款の内容が不合理であるということはできず，これをそのまま控訴人らにおいて把握することを可能にすることが情報提供義務に違反することになるものでもない」と判示し，不可抗力条項に対して法適用通則法11条が働く余地（本件では約款中の英国法の準拠法指定に関わらず，消費者が消費者の常居所地法に含まれる特定の強行規定の適用を求めることによって不可抗力条項の効力が影響を受けることはありうるという考え）を示すものの，旅客運送約款の内容は不合理とは言えず，それをそのように情報伝達することに情報提供義務違反は無いと判断している。不可抗力条項は，準拠法や消費者常居所地法の特定の強行規定によって，制限を受ける可能性はあるとしても，契約中の不可抗力条項は原則として有効であるという判断である。事業者を免責

252　第3章　日本における国際消費者契約問題

しているという理由で不可抗力条項の効力をただちに否定するという考えは見られないことが改めて確認できる。不可抗力条項はどの国際契約にも通常挿入されている，まさに当たり前の一般条項の1つであるが，そうであるからといって司法が当該条項をいつも有効なものとして扱う保証はないのであるが，本件控訴審判決は，国際附合契約の不可抗力条項について，その挿入に意義がある旨を，日本の裁判所が改めて示した判決であるということもできるだろう。

9　おわりに

　本節では，東京高判平成29年6月29日 及びその原審判決たる東京地判平29年1月13日を検討した。事実関係と1審判旨，控訴審判旨をまとめて示したうえで，①船舶所有会社の外国親会社をめぐる争いに対する国際裁判管轄権の有無，②附合契約中の準拠法条項の有効性，③法人格否認の準拠法決定とその適用，④旅行業者（傭船者）の責任と附合契約中の不可抗力条項といった論点について，考察し，本件が国際的な消費者契約をめぐって重要な意義のある判例であるということを示した。

　昨今は消費者保護重視の社会的傾向が見られるが，本判決を見る限り，附合契約をめぐる争いにおいては，自由資本主義社会の中で進展した大量の取引処理の必要性から統一性の確保という価値が重視されていることが確認でき，少なくとも国際契約中に通常みられる準拠法条項や不可抗力条項については，附合約款中のそれらの条項があるがまま有効視されるようである。ただ，日本の国際契約，特に附合約款を扱った裁判例はそれほど多く見られないので，もう少し数多くの裁判例の検証を試みる必要があるだろう。

注

1　事件番号平29（ネ）709号，Westlaw JAPAN 文献番号 2017WLJPCA06296007（原審判決は東京地判 平29年1月13日，事件番号平25（ワ）19090号，Westlaw JAPAN 文献番号 2017WLJPCA01136014，LEX/DB 文献番号 25538545）。評釈として，神前禎「通則法11条による法人格否認の法理の適用の可否」『ジュリスト』臨時増刊1531号（平成30年度重要判例解説），2019年，302-303頁。神作裕之「20　法人格否認の法理」道垣内正人・中西康編『別冊ジュリスト国際私法判例百選［第3版］』256号，2021年，42-43頁。

2　Westlaw Japan の判例検索データベースで「不可抗力条項」を検索語として検索すると，唯一この

第2節　国際消費者契約をめぐる裁判例（東京高裁平成29年6月29日判決）の検討　253

事案がヒットする（2024年5月11日検索）。
3　なお，控訴審において，控訴人の新たな主張に基づき，被控訴人Y1社と傭船契約を締結するに当たり，パナマ法人の別の会社B社が登録上の船主となっていることが認定されている（控訴審判決の第3当事裁判所の判断　2原判決の補正(4)）。
4　次の定めを含むとされる（第1審判決文から一部の文字を置き換え引用）。
　　ア　船長は，全ての航海をできる限り迅速に遂行し，本件船舶の乗組員をもって慣例上なすべき助力を提供しなければならない。船長は，本船の使用，代理店業務その他の手配に関しては，Y1社の指図に従う。しかし，本件船舶の運営，操舵，安全，航行に関しては，（A社の代理として）単独で責任者となる。（第2部9条）
　　イ　Y1社は，随時，船長に対し，一切の必要な指図及び航海上の指示を与える。（第2部10条）
　　ウ　A社は，全ての機関部船員の乗組員，人的資源の提供を手配する。（追加条項28条(c)）
　　エ　A社は，船長，機関部の士官（船医を除く），船員（ホテル部門を含む。）を手配し，これらの船員等を船主責任保険に加入させる。（追加条項30条(a)，原文参照）
　　オ　A社は，Y1社に，円滑で有能な3つ星プラス級の船内運営を保証するために，全てのホテル運営サービス及び英語を話す店員並びに船医を含むホテル部門船員を供給する。（追加条項34条(a)）
　　カ　傭船期間中，船長は本件船舶の完全な統括権を持ち，本件船舶の全ての運営に関して責任者となる。船長は，本件船舶の安全・無事・健全な状態の確保のため，旅客の健康・福祉確保のため，環境を保護する地元・船籍国の法律に従うため，本件船舶の秩序と安全を確保するためその他の目的のために，船長が賢明に適切であると判断するいかなる行動もとることができる。もっとも，船長は，Y1社との事前合意事項以外の行動をとる際には，可能な限り，Y1社又は本件船舶上における同社の代表者に相談しなければならない。（追加条項35条(a)）
　　キ　船長は，旅客及び船員の安全が脅かされない限り，航路を含めてY1社の賢明な指示に従うが，本件船舶の航行に関しては単独で責任者となる。（追加条項35条(c)）
　　ク　Y1社は，傭船期間中においては，A社の合意を得て，本件船舶の内装部分の変更をすることができる。（追加条項38条）
　　ケ　Y1社は，本件船舶の船体，煙突にピースボートロゴマークを塗装する権利を持つ。（追加条項51条(g)）
5　第1審判決文から一部の文字を置き換え引用。
6　なお，1審判決の認定によれば，「原告らの中には，上記記載により本件旅行における運送人（運行会社）が被告Y1社とは異なる会社であることを認識している者もいた」とされる。
7　「企画旅行に関する広告の表示基準等について」（平成17年2月28日国総旅振第387号）。
8　第1審判決文から一部の文字を置き換え引用。
9　アテネ条約には以下の規定がある（第1審判決文から引用）。
　　ア　本条約は，①船舶が本条約の当事国の旗を掲揚しているか，当事国に登録されている場合，②運送契約が本条約の当事国で締結された場合，③出発地又は到着地が本条約の当事国にある場合に適用される。（2条1項）
　　イ　運送人は，旅客の死亡・傷害の結果として受けた損害及び手荷物の滅失・損傷であって，その受けた損害の原因となった事故が，運送の過程において生じたものであり，かつ，運送人及び職務の範囲内で行為をする運送人の使用人や代理人の過失・不注意に起因するものであったときは，責任を負うものとする。（3条1項）
　　ウ　滅失・損傷を生ぜしめた事故が運送の過程に生じたこと及び滅失・損傷の範囲を立証する責任は，請求者にあるものとする。（3条2項）

254　　第3章　日本における国際消費者契約問題

エ　旅客の死亡・傷害又は船室持込手荷物の滅失・損傷が，難破・衝突・座礁・爆発・火災若しくは船舶の欠陥により，又はそれらに関連して生じたときは，反証がない限り，運送人又は職務の範囲内で行為をする運送人の使用人や代理人の過失・不注意が推定されるものとする。その他の手荷物の滅失・損傷に関しては，反証がない限り，事故の性質にかかわらず，過失・不注意が推定されるものとする。その余の場合には，過失・不注意を立証する責任は，請求者にあるものとする。(3条3項)

オ　旅客の死亡・傷害又は手荷物の滅失・損傷の原因となった事故の発生前に締結された契約条項であって，旅客に対する運送人の責任を免れさせる条項，本条約規定の責任限度額よりも低額の責任限度額を定めることを目的とする条項，運送人に課されている立証責任を転換することを目的とする条項は，無効とする。(18条)

アテネ条約は，運送人の責任が運送人の策定する旅客運送約款の言いなりであることへの批判から生まれたもので，運送人の免責を制限し，責任を明確化する内容であるものの，一方では逆に運送人の免責を宣言し保証するものとも言える。この点につき，重田晴生「『2002年海上旅客・手荷物運送条約(アテネ条約)』の研究(1)——国際条約の検討とイギリスの対応——」『青山法学論集』58巻3号1-80頁参照。同5-7頁によれば，「1974年アテネ条約が誕生する以前のイギリスにおける陸上や水上の運送業者(運送人)とそのサービスの供給を受ける相手方(旅客・手荷物の所有者)との権利義務関係をめぐる法的問題は，専ら運送という取引契約の成立や効力に係わる争訟というかたちで顕在化するが，この種の大量取引契約の場合には，実務慣行として，運送人から相手方に交付される切符(乗車券，乗船券など)と呼ばれる文書により証明され，原則としてそうした文書が最良の証拠であり尊重されるべしとされた結果，旅客等は当該切符の表面・裏面に記載・印刷された内容その他の契約条件に拘束されることになるという単純な法論理が長い間支配していた。しかし，そうした切符上の約定文句は，運送人側が一方的に準備・作成し，提示する方式であり，相手方の旅客等としては，事前の開示も，交渉の機会もない取引であることから，それが当事者(とりわけ旅客等)の意図として当然に契約の内容とされ法的に有効となり，拘束されることについては，理論的にまた実際的にも懐疑の念を強め，問題視して抵抗するようになることもけだし当然である。特に，20世紀に入りマスプロダクションの時代になると，大量かつ頻繁に行われる消費者取引(旅客や物品の運送取引もその一つ)の合理化，画一化，迅速化を図るべく編み出された標準書式(standard form)によって契約を締結する方式(附合契約ともいう)が急速に普及し，普遍化するにつれ，多種多様な免責約款の跋扈により不測の損害を被り，不便を強いられる旅客等の一般消費者(＝約款利用者)の保護・救済がしばしば深刻な問題を起こし，"チケット・ケース"(鉄道・船舶・ホテルなどの商事契約に使われる切符その他の証書に係わる訴訟事件の呼称)と名付けられるほど衆目を集めることになる。これに対して，英国のコモン・ロー裁判所は，当初は近代私法原則の一つである契約の自由の原則を尊重……免責条項を有効と解釈して消費者の救済を認めようとしなかったが，やがて，19世紀末頃から英国裁判所の姿勢が変わり，原告たる消費者を保護すべくあれこれ法的仕掛けを用いて商事契約一般に蔓延る不当な免責条項の効力を限定したり否定しようとした。例えば，署名のある契約文書(切符もその一つ)に規定される免責条項については，契約時ないしその締結前に相手方に対し相当な方法で約款の存在について告知ないし通知(notice)をすべきとしたり……そうした免責約款の合理性の判断に関しては，一時期，英国のコモン・ローに混乱が生じ，学説の議論も分かれた」とあり，同50頁によれば，「イギリスのコモン・ローによれば，運送人は，一般に運送契約(乗船券)上の特約により旅客の人身傷害や旅客の所持する手荷物の損害に関する自己の責任を制限し又は完全に免責とすることが認められており，現在でもそれは変わっていない。もっとも，そうした運送契約(乗船券)上の免責特約が法律上有効とされるためには，そのことが契約文書上に摂取されていることと，契約の内容条件について『十分かつ合理的な通知』が旅客に対して与えられていたことが要件とされる。……。ただ，1987年の英国勅令……は，運送人は，旅客に対し，出発

第2節　国際消費者契約をめぐる裁判例（東京高裁平成29年6月29日判決）の検討　　255

前に，旅客の注意を引く方法で（実際には乗船券面上の記載），当該運送契約においてアテネ条約が適用されることの通知（notice）を行うこと，条約の第5条（高価品免責），第7，8条（人身傷害と手荷物の責任制限），第15条（手荷物の滅失・損傷に関する通知）などの条項について通告すべしと定め，そうした通知の懈怠は刑事犯罪として処罰されるとする（同勅令2，3条）。……。アテネ条約もまた，いわゆるヘーグ・ルールやワルソー条約など他の国際運送条約と同様，1960年代に成立した海上旅客，手荷物の運送条約以来海上旅客運送人に責任制限の特権を認めている（7，8条）」と説明されている。即ち，旅客運送約款がアテネ条約に言及することは，運送人がアテネ条約を免責のためのツールとして用いていることにほかならないことが分かる。

10　商法第704条第1項　船舶ノ賃借人カ商行為ヲ為ス目的ヲ以テ其船舶ヲ航海ノ用ニ供シタルトキハ其利用ニ関スル事項ニ付テハ第三者ニ対シテ船舶所有者ト同一ノ権利義務ヲ有ス

（なお，平成30年法律29号（5月25日公布）により商法第703条第1項として改正され現代語化された。）

11　判決中の第2　事案の概要　2争点及びこれに関する当事者の主張　（6）本件訴訟に対する日本の裁判所の管轄権の有無（本案前の争点・争点（6））（被告Y2社の主張）参照。

12　民事訴訟法　第3条の3　次の各号に掲げる訴えは，それぞれ当該各号に定めるときは，日本の裁判所に提起することができる。

一　契約上の債務の履行の請求を目的とする訴え又は契約上の債務に関して行われた事務管理若しくは生じた不当利得に係る請求，契約上の債務の不履行による損害賠償の請求その他契約上の債務に関する請求を目的とする訴え	契約において定められた当該債務の履行地が日本国内にあるとき，又は契約において選択された地の法によれば当該債務の履行地が日本国内にあるとき。

第3条の4　消費者（個人（事業として又は事業のために契約の当事者となる場合におけるものを除く。）をいう。以下同じ。）と事業者（法人その他の社団又は財団及び事業として又は事業のために契約の当事者となる場合における個人をいう。以下同じ。）との間で締結される契約（労働契約を除く。以下「消費者契約」という。）に関する消費者からの事業者に対する訴えは，訴えの提起の時又は消費者契約の締結の時における消費者の住所が日本国内にあるときは，日本の裁判所に提起することができる。

13　民事訴訟法　第3条の9　裁判所は，訴えについて日本の裁判所が管轄権を有することとなる場合（日本の裁判所にのみ訴えを提起することができる旨の合意に基づき訴えが提起された場合を除く。）においても，事案の性質，応訴による被告の負担の程度，証拠の所在地その他の事情を考慮して，日本の裁判所が審理及び裁判をすることが当事者間の衡平を害し，又は適正かつ迅速な審理の実現を妨げることとなる特別の事情があると認めるときは，その訴えの全部又は一部を却下することができる。

14　判決中の第3当裁判所の判断　6争点（6）。

15　判決中の第2事案の概要　2争点及びこれに関する当事者の主張　（7）被告Y2社はA社と同様の損害賠償責任を負うか（争点（7））（原告らの主張）。

16　法の適用に関する通則法　第11条　消費者（個人（事業として又は事業のために契約の当事者となる場合におけるものを除く。）をいう。以下この条において同じ。）と事業者（法人その他の社団又は財団及び事業として又は事業のために契約の当事者となる場合における個人をいう。以下この条において同じ。）との間で締結される契約（労働契約を除く。以下この条において「消費者契約」という。）の成立及び効力について第7条又は第9条の規定による選択又は変更により適用すべき法が消費者の常居所地法以外の法である場合であっても，消費者がその常居所地法中の特定の強行規定を適用すべき旨の意思を事業者に対し表示したときは，当該消費者契約の成立及び効力に関しその強行規定

256 第3章 日本における国際消費者契約問題

の定める事項については，その強行規定をも適用する。

2 消費者契約の成立及び効力について第7条の規定による選択がないときは，第8条の規定にかかわらず，当該消費者契約の成立及び効力は，消費者の常居所地法による。

17 消費者契約法 第10条 消費者の不作為をもって当該消費者が新たな消費者契約の申込み又はその承諾の意思表示をしたものとみなす条項その他の法令中の公の秩序に関しない規定の適用による場合に比して消費者の権利を制限し又は消費者の義務を加重する消費者契約の条項であって，民法第1条第2項に規定する基本原則に反して消費者の利益を一方的に害するものは，無効とする。

18 民法第1条 私権は，公共の福祉に適合しなければならない。

2 権利の行使及び義務の履行は，信義に従い誠実に行わなければならない。

3 権利の濫用は，これを許さない。

19 判決中の第3当裁判所の判断 7争点(7)。

20 判決中の第2事案の概要 2争点及びこれに関する当事者の主張 (1) 被告Y1社の手配債務の不履行の有無(争点(1))(原告らの主張)。

21 判決中の第3当裁判所の判断 2争点(1)。

なお，原告の主張にもかかわらず，1審判決は，Y1社の手配債務の不履行に関して，旅客運送約款第19条の不可抗力条項については触れていない。旅客運送契約の当事者であるのはY1社ではなく，A社であるという前提に立って，旅客運送契約第19条のY1社の援用を否定することまでもないとの判断であろう。

22 判決中の第2事案の概要 2争点及びこれに関する当事者の主張 (2) 被告Y1社の商法704条1項類推適用に基づく責任の有無(争点(2))(原告らの主張)。

23 判決中の第3当裁判所の判断 3争点(2)。

24 商法第704条第1項の備船者への類推適用については，最判平4年4月28日裁判集民164号339頁，判時1421号122頁，判タ786号142頁があり，契約関係の実体的側面に即して検討のうえ「これらの事実関係の下において，上告人は，船舶所有者と同様の企業主体としての経済的実体を有していたものであるから，右各船舶の航行の過失によって被上告人所有の掃海艇に与えた損害について，商法704条1項の類推適用により，同法690条による船舶所有者と同一の損害賠償義務を負担すべきであるとした」原判決を支持している。

25 判決中の第2事案の概要 2争点及びこれに関する当事者の主張 (3) 被告Y1社の情報提供義務の有無(争点(3))(原告らの主張)。

26 判決中の第3当裁判所の判断 4争点(3)。

27 アテネ条約の適用に関しては，本件控訴審判決において「……A社の責任の制限と免除に関しては，本件旅客運送約款において，アテネ条約の存在に言及しているが……，本件船舶の船籍国であるパナマ及び本件船舶の発着地の日本は，共にアテネ条約の締結国ではないため……，アテネ条約が適用される余地はない」と判示されている。控訴審判決の第3当裁判所の判断 2原判決の補正(16)。

28 強調下線は筆者による。

29 判決中の第2事案の概要 2争点及びこれに関する当事者の主張 (4) 被告Y1社の変更補償金支払義務の有無(争点(4))(原告らの主張)。

30 判決中の第3当裁判所の判断 5争点(4)。

31 控訴審判決の第3当裁判所の判断 6。

32 控訴審判決の第3当裁判所の判断 2原判決の補正(8)。

33 控訴審判決の第3当裁判所の判断 2原判決の補正(10)。

34 控訴審において，控訴人らは，登録上の船主であるB社が所有者であると主張を変更したが，これに対し，東京高裁は，被控訴人の主張及び備船契約書を踏まえて，本件船舶の所有者はA社で

第2節 国際消費者契約をめぐる裁判例（東京高裁平成29年6月29日判決）の検討 257

あったと認定している。控訴審判決の第3当裁判所の判断 3。

35 控訴審判決の第3当裁判所の判断 3。

36 控訴審判決の第3当裁判所の判断 4。

37 控訴審判決の第3当裁判所の判断 2原判決の補正(16)。

38 控訴審判決の第3当裁判所の判断 5。

39 後半部分の「契約において選択された地の法によれば当該債務の履行地が日本国内にあるとき」については，本件では，後述の通り，旅客運送契約中の準拠法条項で選択しているのは英国法であるので，準拠実体法たる英国法下，日本が債務履行地である場合に日本に国際裁判管轄が認められるはずだが，裁判所は，英国法上どうなるかという検討はしていない。「契約において定められた当該債務の履行地が日本国内にあるとき」の適用で十分対応できるという判断であろう。

40 田中美穂「90 契約債務履行地管轄権(1)」櫻田嘉章・道垣内正人編『国際私法判例百選［第2版］』有斐閣，2012年，183頁。

41 松岡博（高杉直補訂）『国際関係私法講義［改題補訂版］』法律文化社，2015年，291頁は，契約債務の履行地の例として，香港から横浜までの物品運送契約の例を挙げる。「契約上の債務の履行をめぐる訴訟，……運送人の債務不履行によって運送品に滅失または毀損があったことを理由に運送人に損害賠償を求める訴訟においては，債務履行地の管轄を認めてよいであろう……。というのは，契約の履行地は，債務不履行の存否，損害の程度について証拠収集や証人尋問の点で審理のために適切な法廷地であるばかりでなく，履行に関する問題についてそこでの応訴を強要したとしても被告の予測可能性や公正さを損なうものではないからである。……【設例……】の事案は，債務不履行による損害賠償請求事件であり，運送契約上の履行地（貨物の引渡地）が日本国内にあるから，特別の事情がある場合を除き，日本の裁判所に国際裁判管轄が認められるであろう」。同291-292頁。この例で，運送契約上の貨物引渡地の日本に国際裁判管轄が当然認められるというのであれば，本件事例では，帰着地（最終的な目的地）としての日本に国際裁判管轄が認められることに異論はないのではないだろうか。

42 例えば，「……契約からは通常複数の債務が発生するが，訴訟で履行を求められている債務が基準となる。したがって，売買契約において売主が不払い代金の支払いを求めて買主を訴える場合には，当該代金支払債務の履行地が基準となる」。中西康・北澤安紀・横溝大・林貴美『国際私法［第3版］』有斐閣，2022年，160頁。

ほかに，民訴法改正前の文献として，「まず，『義務履行地』という場合の『義務』とは何かが問題となる。これを『契約』上の『ほんらいの』義務に制限するのが通説であるが……，契約上複数の義務が存在する場合はどうか。ひとつの考え方として，当核〈ママ〉契約関係の特徴的な給付義務だけをみることも考えられるが……，国内法上の解釈としてはとりえない。ZPO29条と同じく，当核〈ママ〉訴訟において『争われる』義務と解すべきであろう。本件においては，回収した着払い運賃をＸに送金すべきＹの義務がこれにあたる」。中野俊一郎「国際利用航空運賃請求事件の国際的裁判管轄権」『ジュリスト』980号262頁，263頁（1990年）。

また，「……学説は，少なくとも損害賠償義務の履行地を基準とすることに反対する点では一致している。しかし，損害賠償義務を発生させる本来の義務が複数存在することもありうる。たとえば売買契約において，売主は，商品を引き渡す義務を負うだけでなく，商品に関する書類を交付し，所有権を移転させる義務を負う（ウィーン売買条約30条）。また買主は，代金支払義務だけでなく，商品受領義務を負う（同条約53条）。かような場合には，一応，当該訴訟において争われている義務を基準とすべきであろう（同旨，中野・前掲263頁。ただし道垣内正人・②注釈民事訴訟法(1)126頁は，金銭債務を基準とすべきではないと主張する）。しかし，同時に複数の義務が争われている場合には，主たる義務の履行地にのみ管轄を認めるべきか（たとえば売主の商品引渡義務または買主の代金支払義務），それともいずれの義務の履行地にも管轄が認められるかは，今後の課題としてお

258 第3章 日本における国際消費者契約問題

きたい……」。奥田安弘「83 アメリカ合衆国ミネソタ州法人が，日本の会社に対して有するミネソタ州裁判所の給付判決の執行判決を求めたことについて，同裁判所の国際裁判管轄権を否定し，民訴法200条1号に該当しないとされた事例」『判例時報』1421号194頁，197頁（『判例評論』402号48頁，51頁）（1992年）。

43 「他方，十分に明らかというわけではないが，……国際民事訴訟法独自説も準拠法説も，一般に，連結点としての履行地決定の基準となる『義務』を，『当事者間で争われている』義務と見る傾向にある。しかしながら，この考え方によると，一つの契約につき複数の管轄地を認めることにもなりえよう。そのため，ブリュッセルⅠ規則・ルガノ条約は，物品売買契約，役務提供契約から生じる紛争について，物の引渡義務，役務提供義務の履行地を統一的な連結点としており，最近のわが国解釈論の一部にも，『契約の特徴的給付義務』の履行地を管轄決定基準とする見解がある。法適用通則法8条が特徴的給付理論を契約準拠法の決定に導入したことからすると，国際裁判管轄の決定についても特徴的給付義務を基準とすることは，立法論・解釈論として十分にありうる考え方ということができよう」。中野俊一郎「義務履行地の国際裁判管轄」『国際私法年報』10号22頁，36-37頁（2009年）。

44 本件事案の設定を変更し，シンガポールを出発し，世界を周遊してシンガポールに戻るというクルーズにおいて，日本領海でエンジントラブルを生じた場合，日本に国際裁判管轄権は認めるべきだろうか。当該訴訟で争われている債務として「日本近海で安全快適に過ごさせる債務」を観念したり，特徴的給付が周遊であると理解したりするなら，日本の国際裁判管轄権を認めるべきだという結論になろうが，結論が不合理であるように思われる。不合理な場合には，民訴法3条の9の「特別の事情」をもって日本の国際裁判管轄を否定するという処理で対応するということになるだろうが，最良の解決ではないように思われる。結局，国際裁判管轄を決定する基準としては，賠償の対象となっている細分化された原因にスポットライトを当てるのは正しくないということになろう。

45 民訴法3条の4第1項の条文は前掲注（12）参照。

46 1審は，上記①を特別の事情の検討の際に指摘するのであれば，国際裁判管轄を認定する根拠としては，契約債務履行地管轄だけでなく，消費者契約の訴えに関する管轄について触れても良かったのではないかと思える。

47 被告Y2社は，法人格否認の法理に基づく請求であることを理由として「特別の事情」を主張したが，それは，本案上の主張であるとして，裁判所は顧慮しなかった。この点も妥当である。

48 現在の通説・判例に関して，櫻田嘉章・道垣内正人編『国際私法判例百選［第2版］』有斐閣，2012年，65頁（佐野寛）は，最判昭和53年4月20日（民集32巻3号616頁）をめぐって次のように述べる。「……いわば内在的な視点から，当事者自治の原則の妥当性を問題にするものとして，本件のような附合契約について当事者自治を制限する見解がある。すなわち，附合契約は，経済的に優位な地位にある一方当事者のみが事実上その内容の決定権を有する特殊な契約であり，当事者の合意を擬制することは虚構であるとして，当事者自治の原則の妥当性を否定するものである（久保岩太郎『国際私法』［1954］164頁）。しかし，実質法上も附合契約について契約自由が原則的に認められているように，国際私法上も附合契約であるという理由だけで当事者による準拠法の指定を否定する理由はないとするのが通説・判例の立場である……。本判決も，定期預金契約について，法例7条が適用される旨を明言しており，通則法の下においてもこの解釈は妥当するものと思われる」。山田鐐一『国際私法（第3版）』有斐閣，2004年，320-321頁は，附合契約に対する当事者自治の制限論は傾聴に値するとしながらも「しかし，附合契約といえども，私法的効果を生ずる契約であることは明らかであり，また不特定多数の顧客を相手にする企業は統一的な計算と計画にもとづいて事業を遂行しなければならないという一面もある。したがって，右の諸契約は当事者自治の原則の適用範囲に属するものというべきであり，当事者による明示の準拠法の指定がある以上，公序良俗に反しない限り，その法律を適用するほかはないであろう」と結論する。溜池良夫『国際私法講義（第3版）』有

第2節　国際消費者契約をめぐる裁判例（東京高裁平成 29 年 6 月 29 日判決）の検討　259

斐閣，2005 年，362-363 頁も法例 7 条の当事者自治の制限論について紹介しているが，まとめとして「かくて，法例 7 条のもとにおいては，これらの契約についても，専ら，当事者による任意の準拠法の指定を認めざるをえない。……当事者の指定した法律によると，賃借人の保護や労働者の保護や消費者の保護に著しく欠けるときに限り，公序の援用によりその保護を図るほかないであろう。この点，将来の法改正が望まれる」と述べ，当事者による明示の準拠法指定の制限にはどちらかというと消極的である（363 頁）。

49　日本の弁護士にとって外国法の準拠法は扱いにくいという点はあるだろうから，日本の弁護士が，日本法を準拠法とすべく主張を展開することは分からなくはない。

50　松岡博（高杉直補訂）『国際関係私法講義〔改題補訂版〕』法律文化社，2015 年，101 頁も同旨。

51　同書 264 頁.。
　さらに，櫻田嘉章『国際私法（第 7 版）』有斐閣，2020 年，218-219 頁は，（附合契約について当事者自治を制限することをめぐって）「その規制が必要であるとしても，準拠実質法による規制で通常は十分であり，甚しい不公正が生じる場合には公序で制限できるものとして，当事者自治をこの場合に否定する理由とまではならない」と述べ，当事者が最密接関係地法を最も良く知ること，当事者による準拠法の予測可能性，正当な期待の保護，並びに，当事者及び裁判所の準拠法決定に関する実際上の便宜を理由に，附合契約上の当事者自治原則を認める。

52　同書 270 頁。

53　例えば，Google 社（本拠は米国・カリフォルニア州）の利用規約（2017 年 10 月 25 日更新分）には，「一部の国の裁判所では，ある種の紛争にカリフォルニア州法が適用されません。ユーザーがそのような国のいずれかに居住している場合で，カリフォルニア州法が適用から排除されるとき，本規約に関するその紛争にはユーザーの国の法律が適用されます。上記以外では，ユーザーは，カリフォルニア州の法選択の規則を除き，本規約または本サービスに起因するまたは関連するいかなる紛争に関しても，アメリカ合衆国カリフォルニア州の法律が適用されることに同意するものとします。」とある。https://policies.google.com/terms?hl＝ja（2019 年 3 月 22 日閲覧）。これは，カリフォルニア法を（原則の）契約準拠法として指定する準拠法条項だが，ユーザー居住の法廷地で，カリフォルニア州法の適用が排除される場合は，ユーザー居住たる法廷地の法の適用を優先すると明言している。そうしておくと準拠法条項が無効であるということにはならず，当該法廷地法が適用されない範囲については，カリフォルニア州法が契約当事者の合意した準拠法として適用される余地が読み取れることになる。
　補足するがその後 2024 年 5 月 11 日に閲覧したところ，Google 社の利用規約（https://policies.google.com/terms?hl＝ja）には，以下の準拠法・合意管轄条項が掲げられていた。カリフォルニア州所在の裁判所に専属管轄を認める合意を間に挟んでいるが，カリフォルニア州法を準拠法と出来ない場合はユーザーの国の法を準拠法として有効視するのは同様である。

　　　本規約，サービス固有の追加規約，または関連するすべてのサービスに起因または関連して生じた紛争には，抵触法の規定に関係なく，カリフォルニア州法が適用されるものとします。これらの紛争は，アメリカ合衆国カリフォルニア州サンタクララ郡内に所在する裁判所においてのみ解決できるものとし，ユーザーと Google はその裁判所の対人管轄権に同意するものとします。

　　　適用される現地の法律により，これらの紛争をカリフォルニア州の裁判所において解決できない範囲で，ユーザーの居住地域の裁判所に当該紛争を申し立てることができます。同様に，適用される現地の法律により，ユーザーの居住地域の裁判所においてこれらの紛争の解決にカリフォルニア州法を適用できない範囲で，当該紛争はユーザーの国，州，またはその他居住地域に適用される現地の法律に準拠するものとします。

54　前掲注（38）。控訴審判決の第 3 当裁判所の判断 5。

260 第3章 日本における国際消費者契約問題

55 高橋一章「法人格否認法理につき契約準拠法によって判断するとした事例」『ジュリスト』1437号 116頁, 117頁, 2012年。

56 判時2097号77頁。評釈として, 高橋・前掲注(55)。

57 金商1357号42頁。評釈として, 矢島雅子「特定目的会社について, 法人格否認の法理の適用が否定された事例」『慶應法学』19号577-586頁, 2011年。

58 判時1797号27頁。評釈として, 新川量子「契約準拠法と外国子会社の法人格否認の法理」『ジュリスト』1300号161-163頁, 2005年及び青竹正一「法人格否認の法理の準拠法と法理の適用」『ジュリスト』1265号131-135頁, 2004年。

59 判時1658号117頁, 判タ1042号276頁。評釈として, 神前禎「株式売買契約及び法人格否認の法理の準拠法」『ジュリスト』1233号138-141頁, 2002年。

60 金商814号31頁。

61 矢島・前掲注(57)584頁。

62 「この問題は, たしかに法人格に関連しているが, 一般的に法人格の存否が問題となるというよりも, むしろ具体的な問題の解決との関係で法人格を否認できるとするものである。したがって, 一律に法人の従属法によるのではなく, それぞれの問題に即して準拠法を決定すべきであろう。たとえば, 契約の相手方が, 取引先の会社の法人格を否認し, その会社を実質的に支配している親会社に対して契約上の債務の履行を求めるような場合は, 契約上の債務を負担する者の特定の問題であり, 当該契約の準拠法によることが考えられる」。山田鐐一『国際私法(第3版)』有斐閣, 2004年, 238頁。

　　溜池良夫『国際私法講義(第3版)』有斐閣, 2005年, 302頁は, 「問題の性質に応じて, その法人の属人法によるべきもの, 当該問題の準拠法によるべきもの, その法人を事実上支配している別の法人の属人法によるべきものなどに類型化して準拠法を決めるのが適当とされるが, いかに類型化するかについては, 必ずしも見解は一致していない」という。

　　小梁吉章「法人格否認の法理の準拠法について」『廣島法学』27巻2号137頁, 160頁, 2003年は, 結語において「制度やその利用の態様にある程度の共通性が見られる国の間では準拠法の選定をすることは迅速な解決に有効な方法であろうが, 法人格否認の法理のように各国の間で収斂していない法理について準拠法を求めることはかならずしも妥当とはいえないのではないかと考える」と述べる。結果を導くには準拠法を求めなければならないから, これは当該問題の準拠法の適用で足りるという指摘ではないかとも思える。

63 学説の整理として, 新川・前掲注(58)163頁。高橋・前掲注(55)118頁。

64 櫻田嘉章・道垣内正人編『注釈国際私法第1巻§§1〜23』有斐閣, 2011年, 261頁(西谷祐子)。

65 新川・前掲注(58)163頁が, 野村美明「内国法人の海外子会社間の債券現先取引契約について, 契約準拠法の日本法により, 子会社の法人格は形骸にすぎず, 違法な手段のためにペーパーカンパニーとして設立されたとして法人格を否定し, 右内国法人は契約上の責任を免れないとした例」『リマークス』27号, 132頁, 134頁, 2003年を紹介するが, 自身は, 絶対的強行法規であると解することを疑問視している。

　　ところが, 野村同論文もよく読めば, 「日本の法政策として, ……子会社の契約責任を親会社に帰属させることが強く要請されるとすれば」(134頁)と, 法政策次第の仮定の話として論じているのであって, 法人格否認の法理を法廷地の強行法規として扱うことを絶対的に推奨しているわけではない。そう考えると, 本判決は, かかる法政策に沿おうとしなかったのであるとも解釈できる。

66 田中英夫編集代表『英米法辞典』財団法人東京大学出版会によれば, 「disregard of corporate entity 法人格の否認　ある会社の実態が株主に対する独立性を欠く場合に, 会社形態が責任回避のために用いられることを防ぐため, 特定の法律関係につき会社の法人格を否定し, その背後にいる株主に会社債務の弁済責任を負わせるアメリカの判例法理。Piercing corporate veil ともいう。イギリ

スでは lifting the（corporate）veil とよばれるが，未だ判例上確立してはいない。」と記されている。

67 加美和照「イギリス法における会社法人格の剥奪（Lifting of Corporate Veil）について」『青山法学論集』（青山学院大学）5巻1号（1963年）43-85頁。この文献はいささか古いが，むすびにおいて「以上概観したように，イギリス法において，十九世紀末サロモンケースにおいて確立された会社法人格の独立性の原則は，現在においては，立法上の規定により或は法廷上の解釈によって，到るところ，蚕食が行われていることが認められる。勿論，法人の独立性は原則として疑いえないものであるが，それが形式論理として唯機械的的，技術的に適用されることによって，不公正（injustice）が生じ，または異常（anomaly）が伴う場合に，法人のヴェールを剥奪し，実体関係を観察することによって，厳格な原則の適用の弊害を除去せんとする試みが，法廷においてなされている。しかし，法廷は，実質的不公正を予期しながらも，絶えずサロモン・ケースの原則に拘束され，アメリカ法のごとく，法人格否認の法理が，発展するに至らないのである」と英国法が法人格否認法理を認めているのかどうか，はっきりしない（83頁）。法人格否認法理を否認するサロモン事件という先例の影響が強力であるとするが，「しかし，最近では法廷において，会社法人格を無視し，個人株主にその行為に対する責任を負担させ，その財産に対する権利があるものとして取扱い，または，グループの種々の会社をone entity と看做しうると認める例が多くなっている」（69頁）という。特に複合企業に関して「法廷は，会社をその支配株主の代理人として取扱うことは，株式が他の会社によって所有されるときにも同様である。即ちそれは，グループ内の各々会社の分離した法律上の独立体としてよりも，グループ企業の基本的統一体（unity）を認めることになる。例えば，The Roberta において，親会社は，全株式を所有する従属会社のため，署名した船荷証券（bill of lading）に責任を負うべきであり，従属会社は，名義上のかつまた恐らく税法の目的のために分離した実体でもあるという」（80頁）と説明している。

英国の法人格否認について，片山法律会計事務所のウェブサイトに，「法人格否認の法理（イギリス・英国法）に注意」というページがある。「日本企業がイギリスに子会社を設立し，事業を営む場合に注意した方が良い法理論に『法人格否認の法理』（Lifting Corporate Veil）という考え方があります。特に，100％独資で設立した子会社の場合，注意が必要です」と述べている（菊地正登弁護士）。https://www.mkikuchi-law.com/article/15029698.html （2024年5月11日閲覧）。

68 松岡博編『国際関係私法入門（第4版補訂）』有斐閣，2021年，56頁（長田真里）は，「外国法は法であるとする」のが通説であり，「通説は，法律である以上，内国法と同じように裁判所が職権でその内容を調査しなければならないとする」という一方，「原則論として裁判所の職権調査に委ねるという結論が妥当としても，実際に裁判所にそのような負担を期待できるかは別の問題で……裁判所に正確な外国法調査の負担を完全に委ねてしまうのは酷といえよう」という。

69 本件では，控訴人らは，商法の類推適用や情報提供義務違反といった直接的ではない理屈でY1社を攻め，裁判所に斥けられているが，本来は，運送業者のA社を直接攻める方が少しでも勝算があるように思われる。

70 同書58-59頁（長田真里）参照。

第4章
附合約款中の専属的国際裁判管轄条項

第1節　Googleによるウェブサイト個人運営者という弱者への押し付け（日本の場合）

1　はじめに

　本節では，東京地判平成27年9月8日を題材にアフィリエイト・ビジネス上の国際契約中の国際裁判管轄条項の扱いについて考察する[1]。この判決は，原告の管理するウェブサイトに被告による広告を設置するという内容の契約に基づく広告報酬を求めた事案である。契約中に，米国カリフォルニア州の州裁判所の専属管轄を定めるとされる国際裁判管轄条項が含まれており，その国際裁判管轄条項の有効性が争われた。

　本節における論点は，グローバルなインターネット社会において，弱者たる一個人ウェブサイト運営者に，世界的デジタルビジネス「巨人」企業GAFA（グーグルの持ち株会社アルファベット，アップル，フェイスブック，アマゾンにマイクロソフトを加えて，GAFMAとも）の一角を占めるGoogle社から押し付けられた国際裁判管轄条項について，その効力を認めることは正しいのかという点である。本件で，東京地裁はその効力を認めて，原告の訴えを却下したのであるが，却下してはならなかったのではないかと結論に反対しようと考える。

　今日，IT世界がビジネスの主戦場と化している。インターネットへの依存が避けられない現代社会，リアルとバーチャルとが分離できない現代社会となって久しい。特に2019年末に発生した新型コロナウイルス禍（COVID-19）の影響下，仕事も娯楽も教育もオンラインベースで行われるのが珍しくなく

なっているため，本件に関わる状況は急速に深刻化しているように思われる。

　本判決については，他に同様の事案は見られないので，本論点に関する嚆矢に当たると思われる。本事案は，判決当時さほど注目されてはいなかったようであるが，起こるべくして起きたケースであろうし，今となっては重要な意義を持つと思われるので，採り上げて考察したい。

2　事件の概要

(1)　事実

　以下，本件判決に示された事柄をもとに事実を要約する。原告は日本国神奈川県居住のウェブサイト設営・運営者(以下，原告の立場を「個人運営者」と呼ぶ)，被告はグーグル・グループの企業，アイルランドに本拠を有するグーグル・アイルランド社(以下，本判決に関して，被告と呼ぶ以外に「Google社」と呼ぶ)[2]である。原告の管理するウェブサイトに，被告による広告を設置するという内容の契約に基づいて，原告が広告報酬を求めようとした事案である。

　原告と被告とは，平成20年11月頃までに，ウェブサイト等での広告配信サービスに関する契約を締結し，その内容はGoogle AdSenseTM Online標準契約条件[3]記載の内容であって，その概要は，原告主張によると，「原告の管理するウェブサイトに被告による広告を設置し，ウェブサイトを閲覧した者が広告をクリックするごとに，被告は原告に支払うべき収益を加算して原告に申告する。各月の収益はその月の月末から30日以内に被告から原告に支払われる」[4]というものであった(被告は争っていない)。

　原告主張によると，原告は，平成25年4月13日，原告が管理するウェブサイトに，上記契約に基づいて被告による広告を設置し，その結果，平成25年4月末日までの収益は66万5742円となり，同年5月中の収益は少なくとも39万9721円であったとされる。そこで，原告は，被告に対し，上記契約に基づき，広告料106万5463円(及び民法所定年5分の遅延損害金)の支払いを求めた。

　一方，この標準契約条件には，「本契約に基づくまたはこれに関連して生じる一切の紛争または請求については，カリフォルニア州サンタクララ郡の裁判所において裁判が行われるものとします」との管轄合意の規定(「本件規定」)が挿入されていた。

264   第4章 附合約款中の専属的国際裁判管轄条項

被告は，本案前の主張として，日本の裁判所に国際裁判管轄権がないから本件訴えは不適法で却下されるべきであると主張した。理由として，①本件規定は専属的管轄の合意であるので，本件訴訟については，カリフォルニア州サンタクララ郡の裁判所に専属的な国際裁判管轄権があり，日本の裁判所に国際裁判管轄権がないとし，②「サンタクララ郡の裁判所は，被告の関連会社で原告の主張する契約の目的である被告広告等の表示やこれに関連する検索サイトの運営に携わっているGoogle Inc.の所在地を管轄する裁判所であるから，関係者や証拠の所在に鑑みて，これを管轄裁判所とすることは不合理ではない」と述べた。

被告の本案前の主張に対し，原告は次の通り反論した。①管轄合意条項は「カリフォルニア州サンタクララ郡の裁判所において裁判が行われる」とあるのみで専属的ではない。②サンタクララ郡の裁判所の管轄は，米国法が，当事者が法廷地州との最小接点（minimum contact）を持つこと及び，訴訟を維持することが「フェアプレイと実質的正義の伝統的概念」（traditional notions of fair play and substantial justice）に抵触しないことを要求することに反する。本件訴訟については，カリフォルニア州との接点が認められないし，世界的な多国籍企業が個人に対して外国での裁判を強いることは，「フェアプレイと実質的正義の伝統的概念」に合致しない。③サンタクララ郡の裁判所で裁判を行うとの契約は，原告にとって一方的に不利であり，公序良俗に反し無効である。

原告は，特に上記③に関して，民事訴訟法3条の7第5項に言及して，民事訴訟法改正前の契約についても，管轄権に関する合意が公序良俗に反しないかどうかは，同様の基準で判断されるべきだとも主張するのであるが，これにつき，「法律上の消費者とは，事業者に対する個人をいうのであって，個人の目的が営利であるか非営利であるかは無関係である。少なくとも，原告は，事業としてウェブサイトでの広告掲載を行っていたものではない。……事業者である被告が，個人である原告に対してその住所地ではない外国の裁判所での裁判を強いる契約は，原告に一方的に不利であり，公序良俗に反する」と主張した。

そして，重要な点として，原告は，被告がインターネット広告で独占的な地位を持つ多国籍企業であり，一方，多くのウェブサイト運営者は，圧倒的に弱

第1節　Googleによるウェブサイト個人運営者という弱者への押し付け（日本の場合）　265

い立場であって，被告は訴訟リスクを抱えることなしに，無数に存在するウェブサイト運営者に対して一方的に広告料の支払を拒否することを繰り返し莫大な利益を不当に得ることができるという点，また，管轄裁判所として当事者双方と無関係な第三国の裁判所が指定されており双方にとって訴訟の負担を大きくするだけで合理性がない点，本件契約は著しく不合理であると主張した。

(2)　**争点と判旨**

(A)　**争点**

本訴訟の争点は，日本に国際裁判管轄（権）が有るか否かである。特に，標準契約約款に含まれる「米国カリフォルニア州の裁判所に管轄を認める専属的管轄合意規定」の有効性，そして改正民事訴訟法「消費者契約における消費者住所地管轄」の準用に焦点が絞られているように見える。

なお，原告は，民事訴訟法改正を経ても，「消費者」に該当しない弱者については，「消費者契約における消費者住所地管轄」による救済ではなくて，民事訴訟法改正前に用いられていた国際民事手続法上の公序法の考え方を用いてなおも救済されるべきではないかという点も控えめながら主張しているかのようにも伺える。この点を後に検討する。

(B)　**判旨**

判決は，結論として，カリフォルニア州裁判所を指定する本件管轄合意規定を，専属的管轄の合意であると認め，さらに，それが公序良俗に反して無効であるとする理由はないとして，日本の国際裁判管轄を否定して訴えを却下した。

判決は，チサダネ号事件最高裁判決（最判昭和50年1月28日，民集29巻10号1554頁）を踏まえて，国際的専属的裁判管轄の合意は，原則として有効であると述べ，①本件は日本の裁判権に専属的に服するものではないことを確認したうえで，②サンタクララ郡の裁判所が管轄を有するかについて確認をしている。判決は，「米国法上，カリフォルニア州の裁判所は，外国当事者のみが関与する事件についても管轄権を有しており，実際にもそのような事件について審理をしているものと認められる。これに対し，原告は，米国の判例（インターナショナル・シュー事件。甲18）を引用して反論するが，同判例は，当事

者間に管轄合意が存しない場合について判断したものと認められ……，本件のように管轄合意が存する場合に妥当するものとは解されない」と述べている。

また判決は，国際的専属的裁判管轄の合意が甚だしく不合理で公序法に違反するときに該当するかどうかに関し，原告の，改正民訴法3条の7第5項と同様の基準で判断すべきであるという主張に対して，「……改正前に締結された本件契約につき，上記条項によって判断すべきとする根拠はない」と一蹴した。

判決は，本件規定が公序良俗に反するかについて検討もしたが，原告の「ウェブサイト運営者の多くが圧倒的に弱い立場にある」という主張について，「ウェブサイト運営者は，被告から金銭の支払を受けて利益を得る立場にある上……，支払を受ける（べき）金額が多くの場合比較的少額であるとする点については，これを認めるに足りる証拠がない」と述べ，「一概にウェブサイト運営者が被告と比べて圧倒的に弱い立場にあるということはできない」と判示した。

判決は，被告が，同裁判所の管轄区域内には被告の関連会社を有すること，ウェブサイト等での広告配信サービスに関する契約に基づき被告がウェブサイト運営者に対して損害賠償請求をするなどの場合もあることも検討して，「本件規定が公序良俗に反して無効であるとする理由はない」と判示した。

3　考察

(1)　判決に対する違和感

判決は，原告の訴えを軽く一蹴しているように見受けられるが，歯牙にもかけないというほどではなく，各主張を一応，理由を付けて斥けている。一般の実務家が予備知識の無いまま，判決を一読するならば，言葉が十分でないと感じるかもしれないものの，判決は相応に論理的であり，原告の主張に採り上げるべき点は無く，却下判決已む無しの印象を持つだろう。しかし，筆者は，別稿（本書第3章第1節として加筆再掲）[5]のために，「国際的消費者契約を扱う日本の裁判例」に数多く目を通す中で，本判決に出会ったため，違和感を抱いた。つまり，「民事訴訟法改正前の平均的基準に慎重に照らせば，裁判所は日本の国際裁判管轄権を認めたはずなのではないのか。そして今なおその理屈は有効ではないのか」という疑念である。第3章第1節で既述したが，消費者・労働

者保護のための国際裁判管轄規定を持たない民事訴訟法改正前の段階におい
て，日本の裁判所は，弱者（多くが個人投資家）を救うために，業者の押し付
ける標準約款中の専属的国際裁判管轄条項を無効視してきた。その判決の集積
に照らすと，本件判決は，原告個人ウェブサイト運営者に冷たく，バランスを
欠くように思われるということである。以下，本判決について再確認する。

(2) 本件規定は専属的管轄の合意なのか

判決は，事実として，AdSense Online標準契約条件記載内容の契約が締結
されたこと（東京地裁判決は，「ウェブサイト等での広告配信サービスに関す
る契約」としてこれを判決中で「本契約」と呼ぶ）及びこの契約に「**本契約に基
づくまたはこれに関連して生じる一切の紛争または請求については，カリフォ
ルニア州サンタクララ郡の裁判所において裁判が行われるものとします**」（強調
は筆者による）という裁判管轄合意の規定（これを判決は「本件規定」と呼ぶ）
があることを認定した。

原告は，本件規定について「他の裁判所で裁判が行われることを排除すると
の定めはない」と，専属的管轄の合意ではなく，付加的（非専属的）管轄の合意
であると主張したが，これに対し，裁判所は「この管轄規定がサンタクララ郡
の裁判所以外の裁判所の管轄権を排除する専属的管轄を合意するものであるこ
とは，その文言（甲2，乙2）から明らかである」と断じている。なぜ明らかな
のか，説明は無い。「明らかである」は言い過ぎであって，本件規定を筆者が
読む限り，明らかだとは言えないことが明らかであるように思われる。なぜな
ら国際契約書ドラフティングの手引書の多くは，専属的国際裁判管轄条項に関
しては，"exclusive"など「専属的」を表す文言を明示するよう推奨している
が[6]，この約款のドラフティングにおいてはそれが忘れられている。「専属的合意
である旨が明示されていないかぎり，当事者は付加的な管轄として合意したも
のと解される」べきである[7]。

しかし，裁判所が，あいまいな規定について，専属的管轄合意と解釈すべき
か，付加的管轄合意と解釈すべきかについては，見解が割れているとされる[8]。
そこで，本件規定について，仮に，専属的管轄を合意するものであることが明
らかでないとしても，本件判決が，このあいまいな国際裁判管轄条項を「専属

的管轄を合意するものである」と解釈することが許されるとして，話を先に進める。

　なお，Google社側の「本件規定は専属的管轄の合意である」とする主張にはもう一点問題があると追加して指摘しておく。「約款の文言に複数の解釈可能性がある場合には，約款を作成した当事者に不利に解釈されなければならない」という不明確条項解釈準則は広く知られるところである[9]。加えて，本件契約では，超巨大企業たるGoogle社オンライン標準契約約款が用いられている。原告は一個人運営者である。

　ところで，本判決の訴訟手続に関連する事柄として，被告Google社の訴訟代理人弁護士は，判決データから分かることであるが，日本の五大事務所の一角を占める法律事務所 のパートナー以下の所属弁護士である。一方，原告には，訴訟代理人弁護士は付いていない，つまり，本人訴訟であると思われる。本件標準契約約款日本語版の作成に，同法律事務所が関与したかは不明であるが，原文の作成は，国際的大手法律事務所（おそらく，本件規定が法廷地として指定する米国カリフォルニア州の大手事務所）の起草によるものだろうということは想像に難くない。明確でない国際裁判管轄合意規定ということであれば，原告に有利に（原告の主張するように，非専属的国際裁判管轄の合意であると）解釈せねばならないだろう。さらに，問題の規定が不明確であるということをGoogle社自体が自白しているかのように，同社は，本件規定を本判決後に，「米国カリフォルニア州サンタクララ郡の連邦裁判所または州裁判所において<u>のみ</u>訴訟が提起されるものとし」（強調は筆者による）と改訂したようである[10]。

(3)　基準としてのチサダネ号事件最高裁判決

　本件東京地裁判決は，船荷証券上の約款に含まれる専属的国際裁判管轄合意を扱ったチサダネ号事件最高裁昭和50年11月28日第三小法廷判決[11]に従って本件事案を判断している。そのことに異論はない。最高裁の立場は，「……国際的専属的裁判管轄の合意は，①当該事件が我が国の裁判権に専属的に服するものではなく，②指定された外国の裁判所が，その外国法上，当該事件につき管轄権を有する，という要件を満たす限り，原則として有効である」とするも

ので, ③「国際的専属的裁判管轄の合意が甚だしく不合理で公序法に違反するようなときには, 管轄合意は無効となる」を条件とするものである。本件東京地裁判決は, それらを順に検証する。①については, 改正民事訴訟法で示された日本法準拠の会社等の組織上の訴えや登記・登録の訴えや知的財産権に関する訴えのごとき日本国裁判所に専属する事柄は関わっていないので, 「本件訴訟が我が国の裁判権に専属的に服するものであることをうかがわせる事情はない」と判示する。

②については, 本件規定が指定する「カリフォルニア州サンタクララ郡の裁判所」が管轄権を有するかが問題となるが, 判決は「米国法上, カリフォルニア州の裁判所は, 外国当事者のみが関与する事件についても管轄権を有しており, 実際にもそのような事件について審理をしているものと認められる」と判示した。この判断の背景にある東京地裁の検討材料が何かは示されていないが, 米国の対人管轄権をめぐる判例法上, 専属的裁判管轄条項 (forum-selection clause : 法廷地選択条項) の有効性は, 海上輸送に関する米国企業・ドイツ企業間国際契約の紛争を扱った The Bremen v. Zapata Offshore Co. 事件連邦最高裁判決[12]で認められており, また, 消費者相手の附合契約中の forum-selection clause の有効性も, National Equipment Rental, Ltd. v. Szukhent 事件連邦最高裁判決[13]や Carnival Cruise Lines v. Shute 事件連邦最高裁判決[14]などで確認されている。それらに基づけば, 米国の連邦最高裁は, 管轄権をめぐって契約の自由を尊重しており, 契約中の専属的裁判管轄の規定に基づいて裁判を行うことを肯定していることになる。したがって, 本件東京地裁の判断は正しいように見える。ただし, 細かな点が理解されているか疑問が残る。連邦最高裁の専属的裁判管轄規定の効力を肯定する判例法にはいささか注文が付くからである。

確かに, The Bremen v. Zapata Offshore Co. 事件連邦最高裁判決は, forum-selection clause の有効性をめぐって下級審が割れる中, その有効性を原則として肯定した判決であるが, その法理の中には「原告が法廷地条項の執行が不相当で正しくないか, 又は法廷地条項が詐欺又は圧倒的な交渉力の差異のような理由で有効でないことを明らかに証明する場合はこの限りではない。さらに法廷地条項はたとえそれが自由に交渉され, 法廷地の重要な公序になんら

反しないものであったとしても，選択された法廷地が訴訟の審理にとって著しく不便であるときにも『不相当』であり，執行することはできない」[15]という趣旨の条件が含まれている。また，このThe Bremen v. Zapata Offshore Co.事件連邦最高裁判決と同じ法理が，米国の抵触法第2リステイトメント第80条にも「訴訟地に関する当事者の合意は……そのような合意は**不公正又は不合理（unfair or unreasonable）でない限り**，効力を与えられる」[16]と条件を付して（強調下線は筆者）示されている。

本件では，当事者間の経済力は圧倒的に差があろうし，本件規定はGoogle AdSenseTM Online標準契約条件という附合約款中のもので，原告は，その約款を呑むか辞めるかの二者択一しか許されていないのである。

The Bremen v. Zapata Offshore Co.事件，National Equipment Rental, Ltd. v. Szukhent事件及びCarnival Cruise Lines v. Shute事件連邦最高裁判決といった専属的国際裁判管轄条項を巡る米国判例法[17]をもとにして，米国カリフォルニア州サンタクララ郡の裁判所の対人管轄権が確保できているかについて疑問が無いわけではないのである。その点も念頭において，後述の日本法上の公序法の適用の検討を行う必要があるだろう。

ところで，本件規定が指定する「カリフォルニア州サンタクララ郡の裁判所」が管轄権を有するか否かという点について，原告は，米国において裁判が行われるためには，当事者が「法廷地州との間に一定の最小接点（minimum contact）をもっており，訴訟を維持することが『フェアプレイと実質的正義の伝統的概念』（traditional notions of fair play and substantial justice）に抵触しないこと」が要求されると主張した。そして，インターナショナル・シュー事件連邦最高裁判決[18]を引用した。本件原告は「本件訴訟については，いかなる点においてもカリフォルニア州との接点が認められないし，世界中に事業拠点を持つ事実上の多国籍企業が個人に対して外国での裁判を強いることは，『フェアプレイと実質的正義の伝統的概念』にも合致しないと考えられる」と主張した。これに対して本件東京地裁判決は，インターナショナル・シュー事件連邦最高裁判決は，当事者間に管轄合意が存しない場合について判断したものと認められ，本件のように管轄合意が存する場合に妥当するものとは解されないと判示して受け入れなかった。

第1節　Google によるウェブサイト個人運営者という弱者への押し付け（日本の場合）　271

　原告は「フェアプレイと実質的正義の伝統的概念」というフレーズに惹かれてケースへの適用の適否を見誤ったのかもしれない。確かに，東京地裁が指摘するように，インターナショナル・シュー事件判決は，管轄合意を扱ったものではなく，米国の裁判所が対人管轄権を行使するために被告を捕捉するためのデュー・プロセス上の要件，即ち，被告と「法廷地との最小限の接点」を扱ったものである。原告と法廷地との接点を問題にしているわけではない。米国に接点の無い被告を米国の裁判所で裁けるのかという問題であって，本件Google AdSense契約事件では，被告の実質的な本拠は米国カリフォルニア州サンタクララ郡であるというのであるから[19]，被告と法廷地とは，基本的で十分な接点があるので，原告の論理は立たない。

　しかし，原告の主張は全く無駄なものではない。インターナショナル・シュー事件連邦最高裁判決は，米国の裁判管轄権をめぐるルールの根幹のコンセプトを謳うものである。「フェアプレイと実質的正義の伝統的概念」は米国の管轄権の基準であるが，そこから引き出される最小限の接点（例えば，カリフォルニア州のロングアーム法上のtransacting any businessなど）があれば裁判所の管轄権に捕捉されることを，Google社は，自国（自州）法として知っており予見できる（覚悟できる）ことを意味する。後の日本の公序法適用の検討の際に，この点も考慮に入れることができるのではないか。

　さて，以上の通り，本件東京地裁判決は，チサダネ号事件最高裁判決で示された要件の①当該事件が我が国の裁判権に専属的に服するものではないことと②指定された外国の裁判所が，その外国法上，当該事件につき管轄権を有することとを認めて，「本件規定は，原則として有効なもの」と認定した。そのうえで，③の公序法テスト，即ち，「国際的専属的裁判管轄の合意が甚だしく不合理で公序法に違反するようなときには，管轄合意は無効となる」が当てはまるか否かの審査を行った。

(4)　民訴法3条の7第5項の弱者保護
　原告は，改正民事訴訟法3条の7第5項の消費者契約の場合の管轄権に関する合意に関する規定を持ち出して，民事訴訟法改正前の契約についても，管轄権に関する合意が公序良俗に反しないかどうかは，これと同様の基準で判断さ

れるべきであると主張した。また，原告は，法律上の消費者とは，「事業者に対する個人をいうのであって，個人の目的が営利であるか非営利であるかは無関係である」と消費者の定義を拡張し，「事業としてウェブサイトでの広告掲載を行っていたものではない」とも主張して，「事業者である被告が，個人である原告に対してその住所地ではない外国の裁判所での裁判を強いる契約は，原告に一方的に不利であり，公序良俗に反する」と述べている。しかし，これは破綻している。以下，改正民事訴訟法3条の7第5項の消費者契約の場合の管轄権に関する合意に関する規定について，原告の援用の試みを検討する。

　2011年（平成23年）の国際裁判管轄（権）に関する民事訴訟法改正において，弱者として，消費者と労働者とが特に配慮され，民事訴訟法第3条の4に消費者契約及び労働関係に関する訴えの特則[20]が設けられた[21]。弱者として，消費者と労働者のみを取り出して，他を置き去りにしている点に留意頂きたい。さらに，第3条の7に設けられた合意管轄の規定中に[22]，消費者契約及び労働関係に関する訴えの特則が，第5項及び第6項として設けられた[23]。このため，消費者契約について管轄の合意は，消費者住所地が法廷地になるか，消費者が管轄合意の地で提訴するか，管轄合意を援用する場合でなければ効力を有しない。労働契約についても同様に，労務提供地が法廷地になるか，労働者が管轄合意の地で提訴するか，管轄合意を援用する場合でなければ効力を有しない。消費者契約及び労働契約中の，外国の裁判所に専属的国際裁判管轄を認める合意は，これらに抵触して，効力を持たない。

　しかし，本件原告の主張する通り，本件契約が消費者契約であったとしても，改正民事訴訟法を民事訴訟法改正前の契約に適用することはできない。平成23年5月2日法律第36号附則[24]の第2条第2項によれば，「第1条の規定による改正後の民事訴訟法第3条の7の規定は，この法律の施行前にした特定の国の裁判所に訴えを提起することができる旨の合意については，適用しない」と明定されている。本書第3章第1節で採り上げたが，裁判所もそのように附則を適用している[25]。本件判決も「同改正前に締結された本件契約につき，上記条項によって判断すべきとする根拠はない」と判示しているが，妥当であろう。

　また，原告は，民事訴訟法の定義する「消費者」ではないように思われる。本件原告は，「法律上の消費者とは，『事業者に対する個人』」であると述べ

が，自ら消費者を名乗るのには無理がある[26]。

　「消費者」の定義については，特別な説明が無い。民事訴訟法第3条の4が自ら，消費者を「個人（事業として又は事業のために契約の当事者となる場合におけるものを除く。）をいう」と定義し，事業者を「法人その他の社団又は財団及び事業として又は事業のために契約の当事者となる場合における個人をいう」と定義し，個人と事業者との間で締結される契約（労働契約を除く）を，「消費者契約」と定義している。法改正の際の検討において，定義について，消費者契約法第2条が参照されているが[27]，消費者契約法第2条の定義も特別な定義ではない[28]。上記に関しては「事業」の定義が重要になりそうであるが，消費者庁の逐条解説によれば[29]，「事業」は，「一定の目的をもってなされる同種の行為の反復継続的遂行」であるが，「営利の要素は必要でなく，営利の目的をもってなされるかどうかを問わない。また，公益・非公益を問わず反復継続して行われる同種の行為が含まれ，さらには「『自由職業（専門的職業）』の概念も含まれるものと考えられる」とされ，「業とする」の解釈との関連で，角田禮次郎ほか共編『法令用語辞典（第 10 次改訂版）』（学陽書房，2016年）を引用して，「結局，社会通念上それが事業の遂行とみられる程度の社会的地位を形成するかどうかによって決定するほかはない」とする。また，その消費者庁の逐条解説によれば，個人が「消費者」か「事業者」かについて判断がつかない場合について，「……本法は直接的には裁判規範となる民事ルールであるため，究極的な判断は裁判官があらゆる客観的事実を勘案して判断することとなるし，当該個人が『消費者』として当該契約を締結したことについても，その立証責任は民事訴訟法に従い，当該争いにおいて消費者契約法の適用があることを主張する個人が負担することとなる。このほか，例えば，事業者が本法の適用を免れる意図で，契約相手の個人について法人その他の団体名義での契約書を作成したような場合には，単に契約書面上の記載だけで判断するのではなく，実体として『事業として又は事業のために』契約を締結していないのであれば，当該個人は『消費者』であると考えられるが，最終的には個別具体例に即し，司法の場において判断されるものと考えられる」[30]とされる。

　本件については，原告は，自己の運営するウェブサイトに関連して，被告Google社による広告を設置して広告報酬を求めるというビジネスを行ってい

る。本件Google AdSenseTM Online契約をどのような法性のものと捉えるか
は議論があろう。もともと原告が創造し運営しているウェブサイト（インター
ネット上の著作物）に広告を掲示し，当該掲示広告によって利益を得る第三者
から，被告が報酬を得て，原告にさらに報酬を支払うわけであるから，著作権
等の使用許諾でもあり，さらなる追加の作業や役務を原告が施す場合もあろう
から，請負や準委任の要素も加わる複合契約のように思われる。被告に雇用さ
れているわけではないので労働契約ではなさそうではあるが，労働契約に類似
することもあるかもしれない。ただ，上述の，消費者契約の定義に照らすと，
社会通念上それが事業の遂行とみられる程度の一定の目的をもってなされる同
種の行為の反復継続的遂行とは言えそうである。本件訴訟が，なんといって
も，反復継続的なウェブサイトの運営があって，そのウェブサイト訪問者数に
応じて報酬を請求するという体裁となっているのであるから，「事業」だと認
定されるべきであろう。

　そうすると，原告の言うような改正民事訴訟法第3条の7第5項の適用の余
地はない。そうであれば，筆者の検討結果は，ここまでは本件判決と同じであ
る。

(5)　チサダネ号事件判決の公序法テスト
(A)　ウェブサイト個人運営者の労働者類似の弱者性

　判決は最後に，本件規定が公序良俗に反するかについて検討しているが，
「一概にウェブサイト運営者が被告と比べて圧倒的に弱い立場にあるというこ
とはできない」として，公序法違反を認めなかった。この結論はおかしいと考
える。

　「被告が世界的な企業グループの一員であるのに対し，ウェブサイト運営者
の多くが圧倒的に弱い立場にあり，ウェブサイト運営者に支払われるべき金額
は多くの場合比較的少額である」という原告の主張は正しいように聞こえる。
これに対して，判決は，「本件契約のようなウェブサイト等での広告配信サー
ビスに関する契約において，ウェブサイト運営者は，被告から金銭の支払を受
けて利益を得る立場にある上……支払を受けるべき金額が多くの場合比較的少
額であるとする点については，これを認めるに足りる証拠がない」と判示して

いる。しかし，2014・2015年（平成26・27年）当時既に，被告は世界的に強大であった[31]。一方，ウェブサイト運営者の多くは原告のような個人であろう。少なくとも原告は個人であり，本件訴訟における請求額は106万円余で，Google企業グループの売上に比すれば，それが微々たるものであることは明らかである。106万円余の請求のために，一個人がカリフォルニア州サンタクララ郡で訴訟追行することは現実的に考えられない。

　ウェブサイト運営者は，自身が工夫・考案・創造したウェブサイトについて，他の大衆からのアクセス数が増えたことを踏まえて，被告の持ちかけた本件 AdSenseTM Online 標準契約のしくみに応じて，自身のウェブサイトに被告が示す広告を掲示するのであって，被告の示唆する作業・維持行為という役務をするという点で，事業者であるとしても労働者類似の作業者（契約としては，請負か準委任）という弱者であり，また，自身が苦労して作成したウェブサイト（著作物）の広告利用を許すという点で，これがライセンス契約で（ウェブサイト運営者がライセンサーで）あるとしても，やはり弱者である。すでにできあがったウェブサイトについて，来訪者が広告にアクセスする数に応じて，報酬を得るということが，濡れ手で粟の不労所得＝悪徳のごときイメージを伴うかもしれないが，著作物や肖像等大衆を魅了することを利用するのは現代社会では通常のビジネスであり，本件ウェブサイト個人運営者が国際民事訴訟法上，弱者として扱われない理由にはならない。このウェブサイトのコンテンツが第三者の模倣であったり，公序良俗に反するいかがわしいものでGoogle社が要求する品質基準不充足の契約違反であったりする場合も大いにあろう。その場合は，ウェブサイト個人運営者は非難され，請求は退けられるべきかもしれないが，それは本案の問題であって，裁判管轄の問題ではない。

　東京地裁が，原告のような一個人に対して，世界的超巨大企業Google社がAdSenseTM Online 標準契約のしくみを用いてどれほどのビジネスを展開しているかを示せと迫って，救済を拒むのはおかしい（疎明で足りるだろうし，それは容易なのではないだろうか）。判決は，「原告は，本件規定が，被告において莫大な利益を不当に得ることを可能にするものであると主張するが，被告が広告料の支払を拒否することによって利益を得ると認めるに足りる証拠はない」と判示するが，Google社が説明するAdSenseTM Online 標準契約のしくみ

が，広告掲載を希望する企業等からGoogle社が広告費を徴収して，そのうちから報酬をウェブサイト運営者に支払うしくみなのであるから（本件訴訟はその不払いの報酬の請求訴訟であるから）被告が広告料の支払を拒否することによって利益を得るというのも自明ではないだろうか。世界に広がるインターネットの中に，原告のようなウェブサイト個人運営者が無数に居ることも自明であるし，その中の多くの個人運営者がGoogle社のAdSenseTM Online標準契約に応じている状況下で，同社が報酬支払いを拒んだら「被告において莫大な利益を不当に得ることを可能にする」と原告が主張するのは誤りではなさそうに思える。

　判決は，原告の「サンタクララ郡の裁判所が当事者双方と無関係であることから，本件規定が不合理である」という主張に対し，「同裁判所の管轄区域内には被告の関連会社があることもうかがわれるから……同裁判所が当事者双方と無関係であるということはできない」と判示する。無関係ではないかもしれないが，合理的なほどの関係なのだろうか。ウェブサイト自体は，（ウェブサイトのデータが所在するサーバーが外国に所在している場合があるとしても）日本語で日本において作成されたものと思われるから，ウェブサイト運営者の本拠である日本の裁判所の方が当事者関係とより密接であり，本件を扱うのに適正であろう。

　ここで重視すべきなのは，サンタクララ郡の裁判所が当事者双方と無関係であるかどうかではなく，ウェブサイト個人運営者が裁判の機会を持てるかどうかである。ウェブサイト個人運営者は資力が乏しく，例えば，106万円を請求するために，米国カリフォルニア州サンタクララ郡で被告を提訴することは困難である。これまで，裁判所は，資産運用・金融商品取引をめぐるケースでは，専属的国際裁判管轄合意を無効なものとして扱い，弱者たる個人出資者を保護してきた[32]（民事訴訟法改正後は同法を適用し消費者として保護した）のであるから，本件でウェブサイト個人運営者を保護しないのは均衡を失する。

⑧　強者としてのGAFAと国際裁判管轄条項の悪用

　本件判決は，「このほか，原告は，訴訟を提起するのが常にウェブサイト運営者の側であるかのような主張をするが，上記ウェブサイト等での広告配信サービスに関する契約に基づき，被告がウェブサイト運営者に対して損害賠償

第1節　Googleによるウェブサイト個人運営者という弱者への押し付け（日本の場合）　277

請求をするなどの場合も考えられるのであって，原告の主張は当を得たものとはいえない」と判示する。これが，AdSenseTM Online標準契約中の専属的国際裁判管轄規定を有効とする理由となるのは，AdSenseTM Online標準契約に関する争いをサンタクララ郡に集中させなければ，世界中の相手方当事者を相手にするGoogle社としては，煩瑣で負担が重すぎるということであろうか。しかし，この考慮はGAFAには当てはまらないのではないか。世界中あらゆるところで活動しているわけではない程度の大企業であれば，営業所の無い地での訴訟は煩瑣であり，訴訟を集中させたいという希望は合理的であろう。しかし，GAFAくらいになると，インターネットの届くところであれば，何らかの事業活動を行っているわけであるから，その地の裁判所に捕捉されてもおかしくない。専属的国際裁判管轄の合意の有効性を否定することはそれほど不合理ではないのではないか[33]。本件契約においても，原告が日本で作成し維持管理する（おそらく日本語表示の）ウェブサイトが有って，そのサイトを訪れた大衆が，そのサイト上にある日本語の広告をクリックすることで，Google社には広告主から広告料が入ると同時に，Google社は当該訪問者の志向（指向）に関するデータを蓄積して，それを別のビジネスに役立てるわけである。Google社は日本を含め，世界中あらゆる地でビジネスを行っているわけであり，日本で訴訟追行させても，不当ではない。言わば，GAFAは，もはや全世界を支配しうる超巨大企業である[34, 35]。GAFAが，インターネットのつながる，世界の裁判所の所在地各地に，訴訟追行用の拠点を置いてもそれほど苦痛には感じないだろう。

　一方，AdSenseTM Online標準契約の条件はGoogle社が押し付ける附合約款であり，圧倒的にGoogle社側に力があって，AdSenseTM Online標準契約に対する応募者に交渉の余地は無い。専属的国際裁判管轄合意の規定があっても受諾せざるを得ない。本件原告が，同契約を履行した結果，契約上106万円を請求することができるとしても，Google社による不払いにあえば，米国カリフォルニア州サンタクララ郡で被告を提訴することは現実には困難であって，泣き寝入りとなるだろう。これは，国際裁判管轄条項の悪用と言わざるを得ない。違法ではない法務戦術であるが，不道徳で反倫理的である[36]。日本の裁判所が公序に反して無効であると取り扱っても不合理ではない。

結論として，本件では，チサダネ号事件最高裁判決に依拠しつつ，前述の東京高判や大阪高判に準じて，「原告は，日本に在住する個人であり，裁判制度の違い，日本とアメリカ合衆国の距離等に照らすと，アメリカ合衆国カリフォルニア州サンタクララ郡の裁判所における審理に対応するには大きな負担を免れず，本件管轄合意に基づいて原告に日本の裁判所での審理の途を絶つことは，はなはだしく不合理であり，公序法に違反するから許されない」と判示すべきであったと考える。

(6) 民事訴訟法改正前の公序法への回帰

(A) 改正民事訴訟法施行後の弱者保護

改正民事訴訟法は，前述の通り，消費者と労働者とを弱者として挙げ，消費者と労働者保護のための特則を設けた。特則には，消費者・労働者の概念の範囲で，おのずから射程が限定されよう。しかし，訴訟対応に関して弱者と呼ぶべき者は消費者と労働者とに限って十分であるのだろうか。本件は，保護対象から漏れている者を示唆する事例となっている。本件の原告の行っていた事業について考えると，自己の作成・維持・管理するウェブサイトに，被告の指示する広告を掲示することであり，既述の通り，請負とも準委任とも著作物のライセンスとも言えそうな複合的な契約である。偽装請負[37]が労働法（労働者派遣法）潜脱に活用されるように，請負・準委任は雇用・労働に近似する契約で，その契約下で作業をさせられる原告と同様の立場にある者は弱者であろう。労働者と請負の個人事業者とに弱者としての差はあまりないように思われる[38]。自己の知的財産権をライセンスさせられる弱小知的財産権者（典型は個人たる著作者・発明家）などはどうであろうか。消費者にも労働者にも該当しないが，超巨大IT企業には虐げられ，搾取される弱者といえないだろうか。改正民事訴訟法は，このような「消費者保護・労働者保護の規定の射程に入らない弱者」をどう扱うのか。

(B) 公序法テストは今も活用可能か

民事訴訟法改正の際の議論において，チサダネ号事件最高裁判決の趣旨をどのように立法化するかについて議論されているが，弱者保護を消費者・労働者に限定するというものではなかった。法務省民事局参事官室「国際裁判管轄法

第1節　Google によるウェブサイト個人運営者という弱者への押し付け（日本の場合）　279

制に関する中間試案の補足説明」(2009年（平成21年）7月）の第3の「1　管轄権に関する合意」「(3) 部会に置けるその他の検討事項について」(30頁) によれば，「ア　管轄権に関する合意が無効とされる場合として上記 (1) イの最判が定立した『その管轄の合意がはなはだしく不合理で公序法に違反するとき』との要件について，部会では，管轄権に関する合意を無効とする範囲が限定的すぎるため，今回の法整備では，合意を無効とする範囲を拡大し得る規律を新たに設けるべきであるとの意見が出された。これに対し，事業者間における管轄権に関する合意は原則として有効とすべきであり，はなはだしく不合理で公序法に違反するような場合に無効とすれば足りるのではないか，日本法に照らして公序法に反する場合には，合意の有効性が否定されるので，特に規律を置く必要はないのではないかなどの意見も出て，上記基準と異なる特段の規律を置く必要はないとの意見が大多数であった。そこで，試案は，管轄権に関する合意が日本法に照らして公序法に反する場合にはその合意は無効となることを前提とし，特段の規律を置かないこととしている」とされており，法改正後も，公序法によるチェックは有効であることが意図されていることがわかる[39]。

　学説も概ねそのように解釈しているように伺えるが[40]，ニュアンスに強弱があって程度が微妙である。チサダネ号事件最高裁判決を「改正前判例ではあるが民訴法の規定と矛盾せず，国際裁判管轄合意に関する唯一の最高裁の先例としての意義を有する」としつつ[41]，公序法要件の改正民訴法との関係について「消費者契約に関する紛争と個別労働関係民事紛争を対象とする管轄合意の特則が新設された (3条の7第5項・6項) 結果，より明確な基準による消費者・労働者保護が可能となり，公序法要件に頼る必要性は著しく低下した」とする見解もある[42]。

　一方，これに対して，渡部美由紀「管轄に関する合意と応訴による管轄」[43]は，「しかし，公序法要件は，強行規定の潜脱の場合を含め，例外的に管轄合意の有効性を否定することを可能にする判断枠組みとしてなお留保されるべきであろう。例えば，フランチャイズ契約，代理店契約など，一方当事者は消費者ではないものの（したがって民訴法3条の7第5項の適用がない），両当事者間に経済的・社会的格差があり約款中の条項を否定しにくいような場合には，なお公序法要件が問題になり得る。その際，従来の裁判例が挙げてきた判断要

素を基準として柔軟に斟酌し，管轄合意の有効性を否定する余地を残しておいてよいのではなかろうか」と，消費者・労働者以外の弱者を救済するために，チサダネ号事件判決中の公序要件が必要である旨を述べている。

　原強「わが国の国際裁判管轄規定の全体像」[44]は，「ただ，チサダネ号事件判決が有効条件として示した，管轄合意が甚だしく不合理であり公序法に違反する際の取扱いについて，民訴法3条の7は何ら触れるところがない。そこで，民訴法3条の7には，有効要件として管轄合意が甚だしく不合理であり公序法に違反する場合の取扱いについていかに解釈すべきかという問題が残されているようにも思われる。しかし，この点については，民訴法3条の7は，管轄合意は訴訟契約であり，訴訟契約にも公序の規律が及ぶことは当然のことであるから，特段明記しなかったにすぎず，チサダネ号事件判決の有効性の要件を不要としたものと解すべきではないと考えられている」と述べているが，このように考えないと，Google AdSenseTM Online標準契約のごとき契約の個人当事者は裁判の機会を得ることができない。ウェブサイト運営者は，消費者・労働者類似の弱者でありながら改正民訴法の特則の埒外に置かれている。「公序法違反の判断につき，当事者間に情報・交渉能力に大きな格差がある場合に，管轄合意の効力を否定する点では一般に合意がある……」[45]とされるのであれば，ウェブサイト運営者は，消費者・労働者以外の者であるのだが，チサダネ号事件最高裁判決が示した基準のうち公序法要件の発動によって救済されるべき存在であると言えそうである。

4　おわりに

　2021年2月3日の共同通信のインターネット記事によれば，米巨大IT5社の2020年10〜12月期決算が出そろい，グーグルの持ち株会社アルファベット，アップル，フェイスブック，アマゾン・コム，マイクロソフトの全社が四半期として過去最高益を更新したそうである。純利益の合計は前年同期と比べ41％増の778億8600万ドルで5社の株式時価総額は約820兆円である（東京市場に上場する約3700社の合計約695兆円を大幅に上回った）そうである。

　近年，SDGsが世界中の企業経営にとっての重要事項になっている。SDGsの根底には，弱者から搾取をしない，不公正なことをしないという面も含まれ

ているのは明らかであろう。弱者たる個人ウェブサイト運営者が訴訟追行できないように，外国の裁判所の専属的合意管轄条項をオンライン標準約款に組み込んで訴訟逃れをし，事実上，個人運営者の労役分を搾取するような法務テクニックをGAFAのような超巨大企業は取るべきではないはずである。そのような事実が公に報じられ注目されるならば，ステークホルダーとしての消費者は，当該企業を，倫理観の無い，卑しい企業と見るだろうし，また株主や従業員は恥ずかしい思いを抱くだろう。国家をしのぐほどの超巨大企業にまで成長したGAFAは倫理的に正々堂々とした姿勢を取るべきである。きれいごとを述べているわけではない。人々から善良と評価されることを目指すことが今日のビジネスの常識ではないだろうか。

　GAFAのような，全世界的超巨大企業は，専属的合意管轄条項の使用を放棄し，それら企業が世界各国に持つ子会社・関係会社・支店などのネットワークの範囲で，世界各地で応訴すべきである。それでも，かかる超巨大企業は経済的に優位で，世界各国で，（日本ではビッグ5と呼ばれるような）当該国随一の法律事務所をその代理人に選任することはたやすいのであるから，何も問題無いように思われる。

　GAFAのような超巨大企業が個人ウェブサイト運営者に押し付ける「（外国裁判所を指定する）専属的国際裁判管轄条項」を無効視できるような柔軟性を，日本の国際民事手続法は維持すべきである。さしあたり特別な立法がなくとも，民事訴訟法改正前に個人投資家を救済するために適用されていたチサダネ号事件最高裁判決の公序法要件を機能的に活用しようとすればよいのである。

添付資料4-1-1　Google AdSense オンライン利用規約

　〈https://www.google.com/adsense/new/localized-terms?hl＝ja 2021年3月18日閲覧〉

1. AdSense へようこそ
　当社の検索広告サービス（「本サービス」）に関心をお寄せいただき，ありがとうございます。
　当社のサービスを利用することにより，お客様は，(1) 本利用規約，(2) コンテンツポリシー，ウェブマスター向けの品質に関するガイドライン，広告掲載に関するポリシー，およびEU ユーザーの同意ポリシー（「AdSense ポリシー」と総称します）を含むがこれらに限られない AdSense プログラムポリシー，ならびに (3) Google ブランド設定ガイドライン（「AdSense 規約」と総称します）に同意したことになります。これらの規定に矛盾がある場合は，

282　第4章　附合約款中の専属的国際裁判管轄条項

本利用規約が，上記(1)および(2)で列挙されたポリシーおよびガイドライン中のその他の
規定に優先するものとします。本利用規約およびそれ以外の AdSense 規約をよくお読みく
ださい。

　本利用規約において用いられる場合，「お客様」または「サイト運営者様」とは，本サービス
を利用する個人もしくは法人（および/またはお客様の代理として，お客様の指示で，お客様
の管理のもとで，またはお客様を管理する個人もしくは法人の指示もしくは管理のもとで行
動する個人，エージェント，従業員，代表者，ネットワーク，親，子会社，関連会社，承継
法人，関係法人，譲受人その他のあらゆる個人または法人）を意味し，「当社」または「Goo-
gle」とは，Google Asia Pacific Pte. Ltd. を意味し，「当事者」とは，お客様と Google を意味
します。

2. 本サービスへのアクセス，AdSense アカウント

　お客様による本サービスの利用には，お客様による AdSense アカウント（「アカウント」）
の開設および当社によるアカウントの承認が必要です。当社は，お客様による本サービスへ
のアクセスを拒絶または制限する権利を有します。お客様のアカウントを認証するために，
当社はお客様から，お客様の氏名，住所その他の識別情報を含むがこれらに限られない，追
加の情報提供を求める場合があります。本サービスの利用を申し込むことにより，お客様
が個人の場合には 18 歳以上であることを表明したことになります。お客様は，1 つしかア
カウントを持つことはできません。お客様（お客様の指示または管理下にある者も含みます）
が複数のアカウントを開設する場合，お客様は Google からの追加の支払を受ける権利を有
せず，またお客様のアカウントは以下の条項に従い終了します。

　AdSense に登録することにより，お客様は，（場合によって）(i) 広告その他のコンテンツ
（「広告」），(ii) Google 検索ボックスおよび検索結果，ならびに (iii) 関連検索クエリおよびそ
の他のリンクをお客様のウェブサイト，モバイルアプリケーション，メディアプレーヤー，
モバイルコンテンツ，および/または Google が承認するその他の広告媒体（それぞれを個別
に「広告媒体［B & M1］」といいます）に配信することを Google に対して許可したことになり
ます。また，お客様は，広告媒体またはその一部にアクセスし，インデックスを作成し，
キャッシュを生成する権利（自動化された手段で行う場合を含みます）を Google に与えるこ
とになります。Google は，いずれかの広告媒体に対する本サービスの提供を拒否することが
できます。

　広告媒体がソフトウェアアプリケーションであり，当社の本サービスにアクセスする場合
には，当該広告媒体は，(a) Google による書面での事前承認を要する場合があり，(b) Goo-
gle のソフトウェア原則を遵守しなければなりません。

3. 当社の本サービスの利用

　お客様は，AdSense 規約および適用法により許容される範囲でのみ当社の本サービスを利
用することができます。当社の本サービスを不正に利用してはなりません。たとえば，当社
の本サービスを妨害してはならず，当社が提供するインターフェースと使用方法以外の方法
を用いて，本サービスにアクセスを試みてはなりません。お客様は，自らの広告媒体から関
連のコードを削除することにより，いつでも本サービスの利用を中止することができます。

第1節　Google によるウェブサイト個人運営者という弱者への押し付け（日本の場合）　283

4. 当社の本サービスに対する変更，AdSense 規約の変更

　当社は，本サービスを絶えず変更し，改良しています。当社は，本サービスの機能またはフィーチャーについて，随時追加もしくは削除を行う場合があり，また，当社は，本サービス全体を停止または終了する場合があります。

　当社は，いつでも AdSense 規約を変更することができます。当社は，本利用規約に対する変更を本ページに掲載し，また，AdSense ポリシーまたは Google ブランド設定ガイドラインに対する変更をそれぞれの該当ページに掲載します。変更が遡及的に適用されることはなく，原則として，掲載されてから 30 日後に効力が発生します。ただし，本サービスの新たな機能に関する変更，または法律上の理由による変更は，直ちに効力が発生します。お客様が AdSense 規約の修正後の規定に同意されない場合には，お客様は，影響を受ける本サービスの利用を中止しなければなりません。

5. 支払い

　本利用規約の本条および第 6 条に従い，お客様は，自らの広告媒体に表示された本広告への有効なクリック回数，自らの広告媒体に表示された本広告の有効なインプレッション数，または自らの広告媒体における本広告の表示に関連して実施されるその他の有効なイベントに関連して支払いを受けることになりますが，お客様の広告媒体が，支払の対象となる全期間を通じて，かつ支払が行われる日まで，AdSense 規約（上記第1条において特定された全ての AdSense ポリシーを含みます）を遵守していると Google が判断した場合に限られます。

　Google が支払を行う時までお客様のアカウントが優良な状態である場合，当社は，お客様のアカウントに反映された残高が，該当の支払基準額に達したか，それを上回った暦月の翌暦月の末日までに，お客様に対して支払いを行います。Google がお客様の AdSense 規約の遵守状況につき調査しており，またはお客様のアカウントが停止し，もしくは解除されている場合，お客様への支払は遅れ，または保留となる場合があります。支払いを適正に行うため，お客様は，自らのアカウントにおいて連絡先および支払いに関する正確な情報を提供し，維持する責任を負います。

　お客様が，検索サービスを導入する場合には，当社の支払いは，当該サービスに適用される料金分について相殺が可能であるものとします。また，Google は，(a) AdSense 規約に基づきお客様に負う支払いを，AdSense 規約もしくはその他の契約に基づきお客様が当社に負う料金と相殺することができ，また (b) 過去の期間における当社によるお客様に対する過払金額について，請求から 30 日以内にお客様が当該金額を当社に返還するよう要求することができるものとします。お客様は，自らの銀行や決済業者が課す手数料を支払う義務を負います。

　お客様は，AdSense 規約に基づくお客様に対する支払い，または本サービスに関連するその他の金銭的利益を第三者が受領するような取決めは，いかなる種類の取決めであっても，Google により書面にて明示的に許可されない限り，当該第三者との間で締結することができないものとします。

　支払金額は，Google の会計処理にのみに基づき計算されます。お客様は，お客様による本サービスの利用のうち，Google が支払を受けた部分についてのみ支払を受ける権利を有し，何らかの理由により広告主から支払を受けず，または当該支払につき広告主に対して払い戻す場合には，お客様は本サービスの利用に関連した支払を受ける権利を有しないことを認識し同意します。また，本広告がいずれかの広告媒体に表示された広告主が，Google に対する

284　第4章　附合約款中の専属的国際裁判管轄条項

支払いを履行しなかった場合には，当社は，支払いを留保し，またはお客様のアカウントから返金を受けることができるものとします。

　Google は，無効な行為により生じた金額を除外するために，支払を留保し調整する権利を有します。無効な行為には，次の行為が含まれますが，これらに限定されるものではありません。(i) スパム，無効なクリック，無効なインプレッション，無効なクエリー，無効なコンバージョンその他のいずれかの人間，ボット，自動プログラムまたは同様のデバイス（お客様の IP アドレスまたはお客様の管理下にあるコンピュータに由来するクリック，インプレッション，クエリー，コンバージョンその他のイベントによるものを含みます）により生成された本広告に対する無効なイベント，(ii) エンド ユーザーに本広告をクリックさせ，その他の行為をさせるための金銭の支払い，誤った表明または要請により促され，または生成されたクリック，インプレッション，クエリー，コンバージョンその他のイベント，(iii) ブラウザの Java スクリプトを無効にし，または広告配信もしくは測定を改ざんしているエンドユーザーに配信された本広告，(iv) AdSense ポリシーに従わない広告媒体において生じるクリック，インプレッション，クエリー，コンバージョンその他のイベント，(v) お客様が利用するもう一つの AdSense アカウントに関連するクリック，インプレッション，クエリー，コンバージョンその他のイベント，ならびに(vi) アカウントにおける，上記(i) ないし(v)に定められるような無効な行為を大量に伴うか，または故意の不正行為を示唆する無効な行為の類型を伴う，全てのクリック，インプレッション，クエリー，コンバージョンその他のイベント。

　Google が無効な行為を発見した場合，AdSense ポリシーに従わない広告媒体における全てのクリック，インプレッション，クエリー，コンバージョンその他のイベントその無効なクリック，インプレッション，クエリー，コンバージョンまたはその他のイベントについて，当該行為に係る支払を行った前または後のいずれかにおいて，Google は，お客様のアカウントから引落し，将来の支払を調整する権利を留保します。

　また，Google はサイト運営者様のアカウントに関連して行われる広告主に対する支払の一部または全部につき広告主に返金または支払をすることができるものとします。お客様は，Google が当該返金または支払を行う際，本サービスの利用に関して支払を受ける権利を有しないことを認識し同意します。

6. 解除，停止および追加の支払の権利

　Google は，無効な行為または AdSense ポリシーを完全に遵守しないことその他の理由により，いつでも警告や事前の通知なしに，一時的に，お客様のアカウントにつき追加の支払を停止し，本サービスにおける広告媒体の参加を停止もしくは終了し，お客様のアカウントを停止もしくは解除することができるものとします。Google は，6ヶ月以上の期間にわたりお客様のアカウントがアクティブでない場合，本サービスへのお客様の参加を終了し，またお客様のアカウントを閉鎖することができるものとします。Google がアクティブでないことを理由にお客様のアカウントを閉鎖する場合，およびお客様のアカウントに反映された残高が該当の支払基準額に達したか，それを上回った場合，当社は，第5 条の支払に係る規定に従い，当該残高をお客様に支払います。Google がアクティブでないことを理由にお客様のアカウントを閉鎖する場合，お客様は本サービスを利用するための新規の申込みをすることを妨げられません。

　Google が，広告媒体における無効な行為を生じさせ，もしくはこれを防止せず，または

第1節　Google によるウェブサイト個人運営者という弱者への押し付け（日本の場合）　285

AdSense ポリシーを完全に遵守しないことを含むがこれらに限られない，AdSense 規約違反を理由にお客様のアカウントを解除する場合，お客様は本サービスの利用に関し，Google から何ら追加の支払を受ける権利を有しないものとします。お客様が AdSense 規約に違反するか，Google がお客様のアカウントを停止もしくは解除する場合には，お客様は，(i) 新規のアカウントの開設を許可されなくなり，かつ (ii) その他の Google サービスにおけるコンテンツについて収益化を許可されなくなる可能性があります。

　本サービスの利用に関連して実行もしくは留保された支払いについて，お客様に異議のある場合，または Google がお客様のアカウントを解除し，お客様が解除につき異議のある場合，お客様は当該支払い，支払のないこと，または解除から 30 日以内に意見表明の書面を提出することにより Google に通知しなければなりません。お客様がかかる通知を行わない場合には，異議のある支払いまたは解除に関する請求権は，放棄されたことになります。

　お客様は，アカウント解約手続を完了することにより，いつでも本サービスを終了させることができます。お客様のできます。り，アカウントは，Google がお客様からの通知を受領したときから 10 営業日以内に解除されたとみなされます。お客様がアカウントを解除し，お客様のアカウントに反映された残高が基準額以上である場合には，当社は，本サービスの利用が終了した暦月の末日後約 90 日以内にお客様の残高をお客様に支払うものとします。該当する基準額未満の残高は，未払いの状態で残るものとします。

7. 税金

　お客様と Google の間において，Google は，広告媒体に表示される本広告に関する Google と広告主との間の取引に係る一切の税金（もしあれば）を納付する責任を負います。お客様は，Google の純利益に基づく税金以外の本サービスに係る一切の税金（もしあれば）を納付する責任を負います。本サービスに関連した Google によるお客様への支払いは全て，（該当する場合には）税込み扱いとし，調整は行われません。お客様に対する支払いについて源泉徴収を行う義務が Google にある場合には，Google はこれをお客様に通知し，源泉徴収額を控除後，支払いを行います。Google は，このような税金の納付を行った場合には，税金納付書の原本もしくは認証付写し（または税金納付のその他の十分な証拠）をお客様に提供します。

8. テスト

　お客様は，Google が本サービスの利用に影響を与える可能性のあるテストを定期的に実施することを許可します。お客様は，テストの結果の即時性および有効性を確実なものとするために，Google が当該テストを通知なしに実施することを許可します。

9. 知的財産，ブランド フィーチャー

　AdSense 規約に明記される場合を除き，いずれの当事者も，他方当事者または他方当事者のライセンサーに帰属する知的財産権に対する権利，権原または利益を取得するものではありません。

　本サービスに関連して Google がお客様にソフトウェアを提供する場合には，当社は，当該ソフトウェアの使用に係る非独占的かつサブライセンス不能のライセンスをお客様に付与します。本ライセンスの唯一の目的は，Google が提供する本サービスの恩恵を，AdSense 規約により許可される方法でお客様が利用し，享受することを可能にすることです。AdMob

SDK を使用してコンテンツを配布する場合を除き，お客様は，本サービスもしくは包含されるソフトウェアのいかなる部分についても，複製，変更，配布，販売または賃貸をすることはできず，当該サービスのソースコードのリバースエンジニアリングを行い，または抽出を試みることもできません。ただし，これらの制限を法律が禁止しているか，またはお客様が当社の書面による許可を得ている場合は，この限りではありません。お客様は，Google のサービス，ソフトウェアまたは文書に付されているか，その中に記載されている Google の著作権表示，ブランド フィーチャーその他の独占権に関する表示を削除し，不明瞭にし，または変更しないものとします。

当社は，お客様による本サービスの利用にのみ関連して，AdSense 規約に従って Google の商号，商標，サービスマーク，ロゴ，ドメイン名その他の独特のブランド フィーチャー（「ブランド フィーチャー」）を使用する非独占的かつサブライセンス不能のライセンスをお客様に付与します。当社は，いずれの時点においても本ライセンスを取り消すことができるものとします。Google のブランド フィーチャーのお客様による使用により生じる営業上の信用は，Google に帰属します。

当社は，当社のプレゼンテーション，マーケティング資料，顧客リストおよび財務報告にお客様の名称およびブランド フィーチャーを含めることができるものとします。

10. プライバシー

当社の プライバシー ポリシーは，お客様が当社の本サービスを利用する際に，当社がお客様の個人データをどのように扱い，お客様のプライバシーを保護するかを説明しています。当社の本サービスの利用により，お客様は，当社のプライバシー ポリシーに従って当社が当該データを使用できることに同意するものとなります。お客様および Google はまた Google Ads Controller-Controller Data Protection Terms に同意することとなります。

お客様は，本サービスを利用するに際しては，常に，明確に表示され，簡単にアクセス可能なプライバシー ポリシーを広告媒体に必ず付すものとし，当該プライバシー ポリシーにより，Cookie，デバイス特有の情報，ロケーション 情報，および本サービスに関連してエンド ユーザーのデバイスに保存され，当該デバイスにおいてアクセスされ，当該デバイスから収集されるその他の情報（場合により，Cookie 管理に関するエンド ユーザーのオプションに関する情報を含みます）についての明確かつ包括的な情報をエンド ユーザーに提供するものとします。Cookie，デバイス特有の情報，ロケーション情報または本サービスに関連したエンド ユーザーのデバイスに関するその他の情報の保存およびアクセスに対してエンド ユーザーの承諾が法律により要求される場合は，エンド ユーザーから当該承諾が得られるように，お客様は商業的に合理的な努力をするものとします。

11. 秘密保持

お客様は，当社の事前の書面による承諾なく Google 機密情報を開示しないことに合意するものとします。「Google 機密情報」には，(a) 本サービスに関連する一切の Google のソフトウェア，技術および文書，(b) 本サービスとの関係において広告媒体の実績に関連したクリックスルー率その他の統計，(c) 本サービスにおける非公開のベータ版機能または体験版機能の存在，それに関する情報，またはその規約ならびに (d) Google により提供されるその他の情報であって，機密であると指定されるか，それが提示される状況において通常機密とみなされるものが含まれます。Google 機密情報には，お客様による本サービスの利用より前

第1節　Google によるウェブサイト個人運営者という弱者への押し付け（日本の場合）　287

にお客様にとって既知であった情報，お客様の責によらず公知となった情報，お客様が独自に開発した情報，または第三者によりお客様に適法に与えられた情報は，含まれないものとします。本第 11 条にかかわらず，お客様は，自らによる本サービスの利用によりもたらされた Google による支払総額を正確に開示することができます。

12. 補償

　お客様は，Google により提供されたものでない広告媒体に配信されたコンテンツ，お客様による本サービスの利用，またはお客様による AdSense 規約の規定の違反を含む，広告媒体に起因または関連する一切の第三者請求および責任について，Google，その関連会社，代理人および広告主を補償し，防御することに合意するものとします。Google の広告主は，本補償の第三者受益者となります。

13. 表明，保証，責任の排除

　お客様は，以下の事項を表明し，保証するものとします。(i) お客様が AdSense 規約を締結する完全な権能および権限を有していること，(ii) お客様が各広告媒体の所有者であるか，当該所有者を代理する権限を適法に付与されていること，(iii) お客様が，本サービスが導入された各広告媒体について技術上および編集上の意思決定者であり，本サービスが各広告媒体に導入される方法をお客様が制御すること，(iv) お客様が開設した AdSense アカウントを，お客様による無効な行為を含む AdSense 規約の違反またはにより Google が過去に解除その他の方法により無効にしたことがないこと，(v) AdSense 規約に係る合意および履行が，お客様が第三者との間で締結した契約に違反し，または第三者の権利を侵害しないこと，ならびに (vi) お客様が Google に提供した一切の情報が正確かつ最新のものであること。

　AdSense 規約において明記される場合を除き，当社は，本サービスに関していかなる約束もしません。たとえば，<u>Google，該当する場合，</u>(i) 広告その他のコンテンツ（「本広告」），(ii) Google 検索ボックスおよび検索結果，ならびに (iii) 関連検索クエリその他の広告媒体へのリンクを提供することを拒絶することができます。当社は全てのページに広告が表示されることまたは Google が一定数の本広告を提供することを保証しません。また，当社は，本サービス内のコンテンツ，本サービスの特定の機能，またはその収益性，信頼性，利用可能性，もしくはお客様のニーズに対する適合能力に関していかなる確約をするものでもありません。当社は各サービスを「現状有姿」で提供します。

　法律により許される範囲において，当社は，明示的であるか，法律に基づくか，黙示的であるかを問わず，一切の保証を排除します。当社は，非侵害，商品適格性，および特定目的への適合性の保証または条件を明示的に放棄します。かかる法律上の保証または条件が適用され，排除できない場合には，Google は，許容される範囲において，当該保証または条件に基づく請求に係る責任を，Google の選択するところにより，本サービスの再度の提供，または本サービスを再度提供するためのコストの支払いをすることに限定するものとします。

　第 11 条，第 12 条および第 13 条を含む本契約中のいかなる規定も，適用法により適法に排除または制限することのできない損失に係る Google の保証または責任を排除または制限するものではないものとします。法域によっては，一定の保証もしくは条件の排除，あるいは過失，契約違反もしくは黙示条項の 違反を原因とする損失もしくは損害，または付随的もしくは結果的損害に対する責任の制限もしくは排除が許可されていません。よって，お客様の法域において適法な制限のみがお客様に適用され，Google の責任は，法律により許容され

288 第4章 附合約款中の専属的国際裁判管轄条項

る最大限の範囲に限定されます。

14. 責任の限定

法律により許容される範囲で，AdSense 規約に基づく補償義務，または本契約に関連する知的財産権，秘密保持義務および/もしくは独占的権利のお客様による違反を除き，(i) いかなる場合においても，いずれの当事者も，契約，不正行為またはその他のいかなる法理論によるかを問わず，当該当事者が損害または損失および費用について通知されていたとしても，また，限定的な救済手段の主たる目的が果たされないとしても，結果的，特別，間接的，懲戒的，懲罰的な損害または損失および費用について，他方当事者に対して AdSense 規約に基づく責任を負わないものとし，(ii) AdSense 規約に基づくいずれの当事者の責任の総額も，当該請求の日の直前の 3 か月間において AdSense 規約に関連して当該当事者が受領し，保持した正味金額を限度とするものとします。各当事者は，他方当事者が，本規約に記載の責任の限定に依拠して AdSense 規約に合意しており，かかる限定が，両当事者間の取引の重要な基礎となっていることを確認します。

15. その他

完全なる合意，変更。AdSense 規約は，お客様による本サービスの利用に関する当社の完全なる合意であり，当該目的事項に関する従前または同時の合意内容に取って代わるものとなります。AdSense 規約は，(i) AdSense 規約を変更する旨が明記され，両当事者により署名された書面による場合，または (ii) 第 4 条に定めるとおり，Google が AdSense 規約を変更した後にお客様が本サービスの利用を継続する場合には，変更できるものとします。

譲渡。お客様は，AdSense 規約に基づく自らの権利を譲渡または移転することはできません。

独立契約者。両当事者は独立契約者であり，AdSense 規約は，代理関係，パートナーシップまたは合弁事業を生じさせません。

第三者受益者の不存在。第 12 条に定める場合を除き，AdSense 規約は，第三者に受益権を生じさせません。

権利放棄の不存在。第 5 条に定める場合を除き，いずれかの当事者が AdSense 規約のいずれかの条項を執行しないことは，権利放棄にあたらないものとします。

分離可能性。AdSense 規約の特定の条項が執行不能であるとわかった場合においても，AdSense 規約の残りの部分は，完全に効力を有し続けるものとします。

存続。本利用規約の第 5 条，第 6 条，第 8 条，第 12 条，第 14 条および第 15 条は，解除後も有効であり続けるものとします。

準拠法，裁判管轄。AdSense 規約または本サービスに起因または関連する一切の請求には，法の抵触に関するカリフォルニア州の規則を除き，カリフォルニア州法が適用され，米国カリフォルニア州サンタクララ郡の連邦裁判所または州裁判所においてのみ訴訟が提起されるものとし，お客様と Google は，当該裁判所の対人管轄権を承諾するものとします。

不可抗力。いずれの当事者も，当該当事者の合理的な制御が及ばない状況（たとえば，天災，戦争またはテロ行為，暴動，労働争議，政府行為，およびインターネット障害）により発生した範囲において，不十分な履行に対する責任を負わないものとします。

通信。お客様による本サービスの利用に関連して，当社は，サービスの発表，事務上の連絡その他の情報に関して，お客様に連絡をとることがあります。お客様は，自らのアカウン

第1節　Googleによるウェブサイト個人運営者という弱者への押し付け（日本の場合）　289

ト設定において，これらの通信の一部について非選択とすることが可能です。Googleへの連絡方法に関する情報については，当社のお問い合わせページをご覧ください。

16. 本サービスに特有の規定
　お客様が，広告媒体に以下のいずれかの本サービスを導入することを選択する場合には，以下の追加の規定にも同意することになります。
　AdMob：AdMobサイト運営者様向けのガイドラインとポリシー
　カスタム検索エンジン：カスタム検索エンジン利用規約

―――――――――――

〔＊筆者注　下線部ママ〕

添付資料4-1-2　アドセンスの報酬発生の仕組み

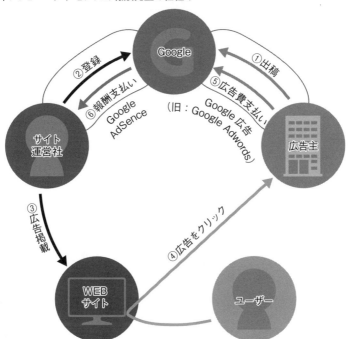

出典：カゴヤ・ジャパン株式会社のウェブサイト　「アドセンス（Google AdSense）とは？仕組み・稼ぎ方・登録方法（アフィリエイト基礎講座vol.10）」
https://www.kagoya.jp/howto/affiliate/affiliate-10/　（2024年5月11日閲覧）より引用。

290　第4章　附合約款中の専属的国際裁判管轄条項

注

1　東京地判平成27年9月8日，事件番号平26（ワ）1590号，Westlaw JAPAN文献番号　2015WLJP
CA09088006，D1-Law.com判例体系　判例ID 29013863。

　　本判決に対する批判的考察である本節は，吉川英一郎「オンライン標準契約約款上ウェブサイト
個人運営者に押し付けられた専属的国際裁判管轄条項の有効性—東京地判平成27年9月8日に関する
考察—」同志社商学73巻1号29-62頁（2021）（https://doshisha.repo.nii.ac.jp/records/28521　（2024年1月
5日閲覧））の加筆再掲であり，また，国際取引法学会全国大会（2022年3月26日国際取引紛争解決法
制部会）において，「ウェブサイト個人運営者に押し付けられたオンライン標準約款中の専属的国際
裁判管轄条項の効力」という論題で研究報告したものである。

2　契約上の当事者に関連して，後掲注3のなお書参照。

3　本稿執筆時（2021年3月）に，「Google AdSenseTM OnlineAdSense」で検索した結果，「AdSense
オンライン利用規約」を示すサイトに行きついた。https://www.google.com/adsense/new/localized-
terms?hl＝ja　（2021年3月18日閲覧）。当該サイトによると，「利用規約は請求先住所の国によって
異なります。請求先住所の国を選択し，該当する利用規約を確認してください」とあり，多数の国
から選択できる形になっている。そして「日本」を選択した結果，日本語で示された約款（「2021年3
月約款」添付資料4-1-1参照）を得た。

　　なお，この2021年3月約款は，Google企業グループ側当事者が，アイルランドに本拠を有する
グーグル・アイルランド社ではなく，Google Asia Pacific Pte. Ltd.となっていること（1条）や裁判
管轄条項が「米国カリフォルニア州サンタクララ郡の連邦裁判所または州裁判所においてのみ訴訟
が提起されるものとし」（強調は筆者による）と表現されているなど，本件判決以降，変更が施され
ているようである。そして，Google Asia Pacific Pte. Ltd.の所在地は，Google Asia Pacific Pte.
Ltd., 8 Marina View, Asia Square 1 #30-01, Singapore 018960 と表示されていて，シンガポールに本
拠があるようである。https://support.google.com/adsense/answer/3025029?hl＝ja　（2021年3月22日閲
覧）。シンガポールでの訴訟が強いられるのと，カリフォルニア州での訴訟が強いられるのとでは，
前者の方が負担は軽いだろうが，日本の個人運営者にとっては，外国で訴訟追行するということが
極めて大きな負担であるのであって，その意味で両者に大差はないものと考える。この差は本稿の
結論にあまり影響しない。

4　当該判決「第2　当事者の主張」「1請求原因（1）」及び「第3　当裁判所の判断」1。

Googleのウェブサイトであるhttps://support.google.com/adsense/answer/6242051?hl＝ja　によれ
ば，AdSense契約の仕組みが次の如く説明されている。「Google AdSense は，オンラインコンテン
ツから収益を得ることができるサイト運営者様向けのサービスです。コンテンツや訪問者に基づい
て，関連する広告がサイトに表示されます。広告は，商品やサービスを宣伝する広告主によって作
成され，費用が支払われます。広告の種類によって広告主が支払う金額が異なりますので，広告か
ら得られる収益も異なります」。

さらに「AdSenseで収益を獲得するための3つのステップ」として，次のステップが順に挙げられて
いる。

「1. 広告表示を有効にする……サイトに広告コードを貼り付けて広告表示を有効にし，広告を表示
する場所を指定します」。

「2. 掲載料金の最も高い広告をサイトに表示する……お客様の広告掲載位置に対して掲載料金の最
も高い広告がサイトに掲載されます」。

「3. 収益を得る……広告主にGoogleが請求手続きを行い，お客様に収益をお支払いします」。（2021
年3月24日閲覧）

　　以上に加えて，Google AdSense契約のモデルを分かりやすく図示しているものとして，クラウド
環境支援ビジネスを業とするカゴヤ・ジャパン株式会社のウェブサイトの「アドセンス（Google

AdSense)とは？仕組み・稼ぎ方・登録方法（アフィリエイト基礎講座vol.10）」中の図「アドセンスの報酬発生の仕組み」（添付資料4-1-2としてチャート図のみ引用）を参考とした。
https://www.kagoya.jp/howto/affiliate/affiliate-10/ （2024年5月11日閲覧）。

5 吉川英一郎「国際消費者契約を扱う日本の裁判例概観」『同志社商学』72巻4号1-59頁，2021年。

6 例えば，大江橋法律事務所監修/国谷史郎・小林和弘編『国際法務概説』有斐閣，2019年，2頁，26頁（川島裕理）によれば，「……裁判を紛争解決方法として定める場合，第4節4(2)のとおり，第一審となる裁判所を具体的に記載し（例：『Tokyo District Court』）または管轄を有する裁判所のある地域・都市を示し（例：『the state and federal courts in New York, New York』），当該裁判所が専属的な管轄裁判所であることを明確にして規定する」とあり，その第4節4(2)に掲げられている紛争解決条項（国際裁判管轄条項）は "For the purpose of any dispute arising out of or in connection with this Agreement, the Parties hereby submit to the exclusive jurisdiction and venue of the Tokyo District Court." である（強調は筆者による）。また，住友商事株式会社法務部・三井物産株式会社法務部・三菱商事株式会社法務部編『新・国際売買契約ハンドブック』有斐閣，2018年，280頁（三井物産株式会社法務部）によれば，「裁判管轄の合意をする場合には，どこの国のどの裁判所において解決するのかを明確にした上で，当該裁判所の管轄が専属的であるか，それとも非専属的であるかについて規定しなければならない」とされ，その例示として挙げられている「専属的裁判管轄約款の例」（284頁）には，"... and each Party irrevocably submits to the exclusive jurisdiction of such courts in any such suit, action, or ... ." とある（強調は筆者による）。また，牧野和夫『知識ゼロから取引交渉のプロを目指す英文契約書の基礎と実務』DHC，2009年，158頁も「裁判管轄の規定をする際，それが『専属管轄（exclusive jurisdiction）』なのか，『非専属管轄（non-exclusive jurisdiction）』なのかについても明確に示す場合があります」として，東京地裁を専属的な管轄裁判所とする合意の英文条項例として "... and both Parties hereto consent to the exclusive jurisdiction of the said court." という文案を挙げている（強調は筆者による）。

7 小林秀之・村上正子『新版国際民事訴訟法』弘文堂，2020年，65頁。同書は「国際事件の場合には，国際裁判管轄のルールが国によって異なること，事件とはまったく無関係な国の裁判所でしか裁判できないとなると，証拠の収集や審理の不都合さのみならず，遠隔の国の場合には一方当事者に訴訟追行そのものを断念させてしまう可能性も高く，その不都合は国内事件の場合とは比較にならないことから，付加的合意が原則であると解すべきである」と述べている（65頁）。渡部美由紀「管轄に関する合意と応訴による管轄」小林秀之（編集代表）・原強・藪口康夫・村上正子編『国際裁判管轄の理論と実務―新設規定をめぐる裁判例・学説の検討と解釈―』新日本法規出版，2017年，193頁，197頁も賛同。なお，これにつき原強「わが国の国際裁判管轄規定の全体像」同書の注57(87頁)は「管轄合意条約によれば，当事者によって明示的な定めのない限り，専属的合意管轄とみなす旨が定められているものの，実際の国際取引実務においては，専属的合意管轄とする場合には明示的な定めをするのが通常であることから，管轄合意条約のようなみなし規定を設けなかったものと説明されている」としている。

8 浜辺陽一郎『ロースクール実務家教授による英文国際取引契約書の書き方　第1巻（改訂版）』ILS出版，2007年，203-205頁は，「専属か非専属かはっきりしないような規定は避けるべきだ。一般に，そのいずれであるかは，契約文言上明らかでない限り，当該合意を合理的に解釈してこれを決する外はないと考えられている。そして，不明確な場合の取り扱いについても，日本の裁判例は判断が分かれている」と述べ，「競合する法定管轄裁判所のうちの1つを特定して管轄裁判所とすることを合意した契約条項は，他の裁判所の管轄を排除する趣旨が明示されていなくとも，特段の事情のない限り専属的な管轄を定めたものと解すべきだとする見解」として，東京高決昭和51年11月25日，下民27巻9～12号786頁と札幌高決昭和62年7月7日，判タ653号174頁とを挙げ，一方，「……合意された管轄が専属的かどうかが明らかでない場合には，通常は付加的管轄の合意がなされたも

292　第4章　附合約款中の専属的国際裁判管轄条項

のと見るべきだとする見解」として，大阪高決平成2年2月21日，判タ732号270頁を挙げる。

9　上田誠一郎「契約の解釈と不明確条項解釈原則」『私法』55号，1993年，183-189頁，183頁によれ
ば，「この準則は，比較法的に見て，広く分布しているが，大別すると二つの類型に分けることがで
きる。その一つは，解釈の際に疑いが残る場合，その契約文言を用いた当事者に不利に解釈しなけ
ればならないとする『表現使用者に不利に』解釈準則である。アメリカをはじめとする英米法圏やイ
タリアあるいはオーストリアなどでは，この準則は契約一般について妥当しうる準則として規定さ
れ，あるいは適用されているが，ドイツ・韓国などでは，その適用範囲を約款に限定している」と
あり，「日本においても，学説上はかなり古くから不明確条項解釈準則が認められている。しかし不
思議なことに，旧民法上認められていた『義務者を有利に』解釈原則は，解釈論上忘れ去られ，『表
現使用者に不利に』型の解釈準則のみが，しかもほとんどの場合『約款使用者に不利に』解釈準則の
みが念頭に置かれている」とある（184頁では約款契約に限定するのは視野が狭いという見解が示さ
れている）。不明確条項解釈原則に関する近時論稿として，栗田晶「普通取引約款における不明確条
項の解釈準則について―ドイツ普通法における契約概念の変化が解釈準則に与えた影響について―」
信州大学経法論集2号，2017年，121-144頁があるが，この論稿は，国内事案であるが，あいまいな
管轄合意を，専属的管轄ではなく付加的合意管轄の定めであると決定した判決として，札幌高決昭
和45年4月20日下民集21巻3・4号603頁を挙げている。小濱意三「不明確条項解釈契約準則と関連
する最高裁判例」2017年，（広島総合法律会計事務所ウェブサイト「A＆Aレビュー」）は，最判平成
17年12月16日，裁判集民218号1239頁，裁時1402号6頁，判時1921号61頁，判タ1200号127頁，
最判平成22年10月14日，裁判集民235号21頁，裁時1517号3頁，判時2097号34頁，判タ1336号
46頁，及び最判平成26年12月19日，裁判集民248号189頁，裁時1619号1頁，判時2247号27頁，
判タ1410号60頁を不明確条項解釈原則に重なる，連なるものとして肯定的に挙げている。http://
www.hiroso.jp/review/208/　及びhttp://www.hiroso.jp/wordpress/wp-content/uploads/2019/01/
d81a8e7efaf69e9248d67862ce7f0cc4.pdf　（2021年3月27日閲覧）。

　本件標準契約条件における準拠法条項は不明だが，現行のAdSense オンライン利用規約（前掲注
(3)，添付資料4-1-1）の第15条によれば，準拠法はカリフォルニア州法であり，それは上記英米法
圏に属するし，また，国際裁判管轄の合意の準拠法を手続法と考えて，法廷地たる日本法が適用さ
れるとしても，やはり，上述の通り，『表現使用者に不利に』解釈準則が妥当する。さらに，本件は
『約款使用者に不利に』解釈準則の射程内でもある。

10　AdSense オンライン利用規約（前掲注(3)，添付資料4-1-1）の第15条参照。

11　民集29巻10号1554頁，判時799号13頁，判タ330号261頁。

12　407 U.S. 1（1972）．本判決の和訳として，松岡博『アメリカ国際私法・国際取引法判例研究』大阪
大学出版会，2010年，70-91頁。

13　375 U.S. 311（1964）．

14　499 U.S. 585, 111 S. Ct. 1522, 113 L. Ed. 2d 622（1991）．本判決の抄訳として，松岡・前掲注(12)
94-98頁。同98頁は「この判決に対しては，学説からの批判が強い」とする。

15　松岡・前掲注(12)94頁。

16　和訳を松岡・前掲注(12)92頁から引用。原文（1988年改正後）は，次の通り。
　§80. Limitation Imposed by Contract of Parties
The parties' agreement as to the place of the action will be given effect unless it is unfair or un-
reasonable.
　さらに第80条の注釈aには，「……そのような条項は訴訟が当事者にとって便利な（convenient）
法廷地で提起されることを確保しようとする当事者の企てを表している」とある一方（Restatement
(Second) of Conflict of Laws § 80 cmt. a（Am. Law Inst., Revised 1988）．和訳を松岡・前掲注
(12)92頁から引用），その注釈cには，「反対の立法がある場合を除き，裁判所は，法廷地選択条項

第1節 Google によるウェブサイト個人運営者という弱者への押し付け（日本の場合）　293

に反して提起された訴えを停止又は却下するものとする。ただし，それが不公正又は不合理である場合はこの限りでない。訴えの停止又は却下が不公正又は不合理であると裁判所を納得させる責任は当該訴えを提起した当事者にある。法廷地選択条項が詐欺，強迫，経済力の濫用（the abuse of economic power）又はその他の非良心的な手段（other unconscionable means）によって獲得されたものであると裁判所が認定する場合，裁判所は当該法廷地選択条項に反して提起された訴えを取り上げるものとする。法廷地選択条項が附合契約又はtake-it-or-leave-it（受諾するか否かしか選択の余地の無い）契約に含まれており，訴訟を提起する当事者が契約書条項を否応なく受諾すべく強制されるという事実は，支配的ではないものの，以上の点に関連する」と述べられている（Restatement (Second) of Conflict of Laws § 80 cmt. c (Am. Law Inst., Revised 1988). 和訳は筆者）。原文は，

c. Other situations. In the absence of a statute to the contrary, the court will either stay or dismiss an action brought in violation of a choice-of-forum provision unless it would be unfair or unreasonable to do so. The burden of persuading the court that stay or dismissal of the action would be unfair or unreasonable is upon the party who brought the action.

A court will entertain an action brought in violation of a choice-of-forum provision if it finds that the provision was obtained by fraud, duress, the abuse of economic power or other unconscionable means. Relevant in this connection, but not of itself controlling, would be the fact that the provision was contained in an adhesion or take-it-or-leave-it contract whose provisions the party bringing the action was compelled to accept without argument or discussion. (The rest is omitted.)。

17　これらの連邦最高裁判決に対して批判もある。"Together, *Szukhent* and *Carnival Cruise Lines* reveal the Court's deference to freedom of contract in matters of jurisdiction. That deference is misplaced ; plaintiff's right to a reasonable forum and defendant's due process protection from distant and inconvenient litigation should not be so easily defeated by sharp drafting practices." William M. Richman and William L. Reynolds, *Understanding Conflict of Laws*, 3rd ed. (Matthew Bender & Company, Inc, 2002), 80. 和訳として「*Szukhent*判決と*Carnival Cruise Lines*判決はともに，管轄権の問題における契約の自由についての連邦最高裁の尊重を示している。その尊重は見当違いなものである。というのも，合理的な法廷地に対する原告の権利と，遠く離れて不便な訴訟を強いられないという被告のためのデュー・プロセスによる保護とは，抜け目ない契約ドラフト実務によって容易に打ち破られるべきではないからである」。ウイリアム・M・リッチマン/ウイリアム・L・レイノルズ（松岡博・吉川英一郎・高杉直・北坂尚洋訳）『アメリカ抵触法（上巻）―管轄権編―』レクシスネクシス・ジャパン，2008年，132-133頁（吉川訳）。

18　International Shoe Co. v. Washington, 326 U.S.310 (1945). See *id*. at 30.（訳書同51頁以下（吉川訳））参照。

19　被告は，「サンタクララ郡の裁判所は，被告の関連会社で原告の主張する契約の目的である被告広告等の表示やこれに関連する検索サイトの運営に携わっているGoogle Inc.の所在地を管轄する裁判所である」と裁判において自ら主張している。判決文，第2の2(2)。

20　民事訴訟法第3条の4　消費者（個人（事業として又は事業のために契約の当事者となる場合におけるものを除く。）をいう。以下同じ。）と事業者（法人その他の社団又は財団及び事業として又は事業のために契約の当事者となる場合における個人をいう。以下同じ。）との間で締結される契約（労働契約を除く。以下「消費者契約」という。）に関する消費者からの事業者に対する訴えは，訴えの提起の時又は消費者契約の締結の時における消費者の住所が日本国内にあるときは，日本の裁判所に提起することができる。
2　労働契約の存否その他の労働関係に関する事項について個々の労働者と事業主との間に生じた民

事に関する紛争（以下「個別労働関係民事紛争」という。）に関する労働者からの事業主に対する訴え
は，個別労働関係民事紛争に係る労働契約における労務の提供の地（その地が定まっていない場合
にあっては，労働者を雇い入れた事業所の所在地）が日本国内にあるときは，日本の裁判所に提起
することができる。

　3　消費者契約に関する事業者からの消費者に対する訴え及び個別労働関係民事紛争に関する事業主
からの労働者に対する訴えについては，前条の規定は，適用しない。

21　第3条の4の趣旨につき，「国際裁判管轄権の立法化にあたり，国内土地管轄規定にはないまった
く新しい独自の規定として設けられたのが，消費者契約および労働関係に関する訴えの管轄につい
て定めた3条の4である。本条は，消費者および労働者という当事者の属性に着目し，これらの者が
事業者ないし事業主を被告として訴訟を行う場合を対象に，特別規定を置いたものである。……。
消費者や労働者にとって，使用言語，法制度や訴訟制度が異なる外国で提訴し，あるいは応訴する
ことは困難であるうえに，相手方である事業者や事業主との間には情報の質・量や経済力において
著しい格差があり，自身の住所地以外の国での訴訟追行は，経済力に劣る消費者・労働者にとっ
ては事実上訴訟による権利実現の方法を断念せざるをえないことを意味する。また，訴えられた場
合には十分な防御をすることができずに敗訴する可能性も大きい。このような事態を回避すべく，
本条は，消費者事件と労働事件のうち一定の要件を満たすものについて，消費者や労働者が原告と
なってわが国で民事訴訟を提起する場合にかぎり，日本の国際裁判管轄を認めるものである。これ
により，手続法上の不安定要素が小さくなり消費者や労働者の保護が一定程度図られるとともに
……審理の迅速化に資する……。事業者にとっては……潜在的な訴訟リスクが高まった……法的リ
スクの予測が立法前よりも容易になった……」。小林・村上・前掲注(7) 54-55頁。「その結果，外国
の事業者が消費者に対して，または外国の事業主が労働者に対して訴えを提起する場合には，消費
者または労働者の住所等が日本国内にあるとき（3条の2第1項）のほかは，後述する合意管轄の規定
（3条の7）または応訴管轄の規定（3条の8）によらなければ，わが国の国際裁判管轄は認められない
ことになる。以上は，消費者と事業者の間または労働者と事業主の間には経済力や交渉力に格差が
あることにくわえ，国際的な事案において消費者や労働者が外国で提訴または応訴することは困難
であるなど，国内事件に比べて裁判所へのアクセスの保障に配慮する必要性が高いという考慮に基
づくものである」。長谷部由起子『民事訴訟法（第3版）』岩波書店，2020年，457頁。中野貞一郎・松
浦馨・鈴木正裕編『新民事訴訟法講義（第3版）』，有斐閣，2018年，74-75頁（長谷部由起子）も同じ。
他に，原・前掲注(7) 63-70頁。加藤新太郎・松下淳一編『（別冊法学セミナー256号）新基本法コン
メンタール　民事訴訟法1』日本評論社，2018年，26-28頁，27頁（日暮直子）。

22　民事訴訟法第3条の7　当事者は，合意により，いずれの国の裁判所に訴えを提起することができ
るかについて定めることができる。

　2　前項の合意は，一定の法律関係に基づく訴えに関し，かつ，書面でしなければ，その効力を生じ
ない。

　3　第1項の合意がその内容を記録した電磁的記録（電子的方式，磁気的方式その他人の知覚によっ
ては認識することができない方式で作られる記録であって，電子計算機による情報処理の用に供さ
れるものをいう。以下同じ。）によってされたときは，その合意は，書面によってされたものとみな
して，前項の規定を適用する。

　4　外国の裁判所にのみ訴えを提起することができる旨の合意は，その裁判所が法律上又は事実上裁
判権を行うことができないときは，これを援用することができない。

　5　将来において生ずる消費者契約に関する紛争を対象とする第1項の合意は，次に掲げる場合に限
り，その効力を有する。

　　一　消費者契約の締結の時において消費者が住所を有していた国の裁判所に訴えを提起すること
　　ができる旨の合意（その国の裁判所にのみ訴えを提起することができる旨の合意については，次号

第1節　Google によるウェブサイト個人運営者という弱者への押し付け（日本の場合）　295

に掲げる場合を除き，その国以外の国の裁判所にも訴えを提起することを妨げない旨の合意とみなす。）であるとき。

　　二　消費者が当該合意に基づき合意された国の裁判所に訴えを提起したとき，又は事業者が日本若しくは外国の裁判所に訴えを提起した場合において，消費者が当該合意を援用したとき。

6　将来において生ずる個別労働関係民事紛争を対象とする第1項の合意は，次に掲げる場合に限り，その効力を有する。

　　一　労働契約の終了の時にされた合意であって，その時における労務の提供の地がある国の裁判所に訴えを提起することができる旨を定めたもの（その国の裁判所にのみ訴えを提起することができる旨の合意については，次号に掲げる場合を除き，その国以外の国の裁判所にも訴えを提起することを妨げない旨の合意とみなす。）であるとき。

　　二　労働者が当該合意に基づき合意された国の裁判所に訴えを提起したとき，又は事業主が日本若しくは外国の裁判所に訴えを提起した場合において，労働者が当該合意を援用したとき。

23　民事訴訟法第3条の7第5項及び第6項の趣旨について，小林・村上，前掲注(7)67-70頁など。

24　平成23年5月2日法律第36号附則

　第1条　この法律は，公布の日から起算して1年を超えない範囲内において政令で定める日から施行する。

　第2条　第1条の規定による改正後の民事訴訟法の規定（第3条の7を除く。）は，この法律の施行の際現に係属している訴訟の日本の裁判所の管轄権及び管轄に関しては，適用しない。

　2　第1条の規定による改正後の民事訴訟法第3条の7の規定は，この法律の施行前にした特定の国の裁判所に訴えを提起することができる旨の合意については，適用しない。

25　第3章第1節151-153頁参照。吉川・前掲注(5)6-8頁参照。

　　例えば，東京地判平成27年1月27日（事件番号平26（ワ）8305号，Westlaw JAPAN 文献番号2015WLJPCA01278021）では，契約締結時点を改正法施行以後か否かで原告X1とX2とを分け，それに応じた判断をしている。つまり，「証拠……によれば，本件各出資契約の締結日は，上記第2の2(1)記載の各日であると認められるところ，平成23年法律第36号……附則2条2項によれば，平成23年改正法が施行された平成24年4月1日以降の国際裁判管轄合意には，平成23年改正法による改正後の民事訴訟法……3条の7第5項が適用されるから，本件出資契約（原告X1）2については，本件管轄合意はその効力を有しない。したがって，原告X1は，その請求のうち本件出資契約（原告X1）2に係る部分について同法3条の4第1項により，日本の裁判所に訴えを提起することができる。そして，原告X1の本件出資契約（原告X1）1に係る請求と本件出資契約（原告X1）2に係る請求とは，共に同様の契約に対する同様の詐欺行為又は重要事実の不実告知を主張するものであるから，密接な関連があると認められ，原告X1は，その請求のうち本件出資契約（原告X1）1に係る部分についても，同法3条の6本文により，日本の裁判所に訴えを提起することができるというべきである。他方，原告X2の請求については，同条ただし書により，日本の裁判所の併合管轄を認めることはできない」と判示している（が，X2については，米国内の別クラスアクションにおける被告の日本裁判所の管轄への同意を根拠に，別に合意管轄を認めた）。また，東京地判平成29年3月22日（事件番号平28（ワ）30219号，Westlaw JAPAN 文献番号 2017WLJPCA03228010）も同様に改正民訴法施行以降に契約を締結したかどうかで，対応を分け，改正民訴法施行より以前に締結された契約には，改正民訴法3条の7第5項によって管轄条項の効力を否定するのではなく，チサダネ号事件最高裁判決を引用して公序法を適用して管轄の合意の効力を否定するという処置をするなどと明確に対応を分けている。東京地判平成29年3月30日（事件番号平28（ワ）38168号，Westlaw JAPAN 文献番号 2017WLJPCA03308004）や東京地判平成30年8月22日（事件番号平30（ワ）5617号，Westlaw JAPAN 文献番号 2018WLJPCA08228001）も同じである。

26　契約締結日の問題を別にすれば，本件原告が改正民事訴訟法上の「労働者」に該当するとする余地

296 第4章 附合約款中の専属的国際裁判管轄条項

はあるかもしれない。

27 法務省民事局参事官室「国際裁判管轄法制に関する中間試案の補足説明」2009年(平成21年)7月，39頁。

28 消費者契約法 第2条 この法律において「消費者」とは，個人(事業として又は事業のために契約の当事者となる場合におけるものを除く。)をいう。

　2 この法律(第43条第2項第2号を除く。)において「事業者」とは，法人その他の団体及び事業として又は事業のために契約の当事者となる場合における個人をいう。

　3 この法律において「消費者契約」とは，消費者と事業者との間で締結される契約をいう。

　4 この法律において「適格消費者団体」とは，不特定かつ多数の消費者の利益のためにこの法律の規定による差止請求権を行使するのに必要な適格性を有する法人である消費者団体(消費者基本法(昭和43年法律第78号)第8条の消費者団体をいう。以下同じ。)として第13条の定めるところにより内閣総理大臣の認定を受けた者をいう。

29 消費者庁の逐条解説のサイト参照。https://www.caa.go.jp/policies/policy/consumer_system/consumer_contract_act/annotations/　2024年5月15日閲覧。

30 前掲消費者庁の逐条解説のサイト(注(29))が挙げる〔事例2-11〕によれば，株の個人投資家については，「まず，株取引の原資の性格や目的を客観的に判断して，個人投資家の行っている『事業として又は事業のため』に行われる取引かどうかによって，本法における『事業者』であるか『消費者』であるかを決めることとなる」というが，個人投資家については，専属的国際裁判管轄合意に関しては，前述の通り，ほぼ消費者として扱われ，救済されているように思われる。第3章第1節151頁以下及び吉川・前掲注(5)6頁以下。

31 2015年，Googleは組織変更を行い，持ち株会社のAlphabetを作ってその傘下の検索企業となった。CNETの記事によると，「Googleの収益はモバイル化への対応とともに，好調そのものとなった。直近2015年第3四半期の決算は，1株あたり5.73ドルとなる39億6000万ドル，売上は187億ドルとなり，アナリストの予測を上回り，前年同期比でも13%増となった。Google製品は世界で10億人以上に利用されている。広告だけの売上は，四半期で167億8000万ドルに上る。Googleは同社のモバイルプラットホーム，Androidを擁しており，スマートフォン市場における同OSの世界シェアは常時85%以上を確保している状況」であった。https://japan.cnet.com/article/35075534/ (2021年4月5日及び2024年5月15日閲覧，CNETは朝日新聞系列のテクノロジー＆ビジネス情報のメディアサイトである。)

32 民事訴訟法改正前の事例として，大阪高判平成26年2月20日，判時2225号77頁，判タ1402号370頁及び東京高判平成26年11月17日，判時2243号28頁，判タ1409号200頁。後者の判決は「控訴人らは，日本に在住する個人であり，本件金融商品の理解に乏しく，英語に堪能していないことや，裁判制度の違い，日本とアメリカ合衆国の距離等に照らすと，アメリカ合衆国ネヴァダ州裁判所における審理に対応するには大きな負担を免れない」「本件管轄合意に基づいて控訴人ら8名に日本の裁判所での審理の途を絶つことは，はなはだしく不合理であり，公序法に違反するから許されない」と判示している。本書第3章第1節及び吉川・前掲注(5)3-8頁参照。

33 逆に，Google社は自ら，カリフォルニア州に「関連会社で原告の主張する契約の目的である被告広告等の表示やこれに関連する検索サイトの運営に携わっているGoogle Inc.の所在地」，つまり実質的本拠があると主張しており，カリフォルニア州はロング・アーム法で著名な州であるのだから，「少々の接点がありさえすれば当該地の管轄に服さなければならないこと」は覚悟(予見)しているといえるのではないか。

34 GAFAの強大さは周知の事柄であろう。GAFAの性向について，山本康正『2025年を制覇する破壊的企業』SBクリエイティブ，2020年，30頁によると，「実際，テクノロジーの知識があると，未来の予測の芽の想像は大体つきます。業界を破壊するようなイノベーションは，テクノロジー界隈

第1節　Google によるウェブサイト個人運営者という弱者への押し付け（日本の場合）　297

で起きやすいからです。そうして生まれたテックベンチャーは簡単にピボット（方向転換）し，業界を超える特徴も持ち合わせています。その結果，短期間で大きく成長していきます。GAFAがまさにそうでした。ただシリコンバレーでは，GAFAに続くベンチャーが，今まさにこの瞬間も，次々と生まれ続けています。当然，GAFAはそのことを知っていますから，自分たちを脅かす可能性のあるベンチャーは，できるだけ小さいうちに買収するなどして，囲い込んでいます。そうして取り入れた新しいテクノロジーで，新たなビジネスを展開，さらに巨大化していく。いわば，オセロの隅を常に押さえにいっているのです。そこには業界の壁もありません」とある。Googleが，3兆円以上を投資して，200社以上，成長企業を囲い込む形で，例えば，ユーチューブやアンドロイド，広告出稿サービスのアプライドセマンティクスなどを買収し，さらには，クラウド，AI関連の買収を続けていることについて，同書42-44頁参照。また，新しい時代のデータについて，「アップルVSグーグルのデータ戦争」（同書208頁以下）において「……データがないと成り立たない，あるいはビジネス効率が悪くなる。そのような機会がますます増えていきます。オンライン広告はいい例です。そこでデータの価値が分かっている企業は，過去の石油と同じように，データの取得ならびに囲い込みに躍起になっていて……。中でも2大巨頭は携帯電話のOSを握るアップルとグーグルです。……多くのデータは人々の欲求，つまり検索を介して流れていきますから，グーグルが得ているデータ量は，圧倒的です。スマートフォンにおける世界シェア8割というのも強みです」（同書209頁）と評される。

35　GAFAの行き過ぎた行動については，本判決から数年のうちに，各国の独禁当局の監視・規制が強化されつつあると報道されている。

　　例えば，「巨大ITのネット広告　『自社優遇なら違法恐れ』公取委　公正取引委員会は17日，米グーグルなどの巨大IT（情報技術）企業がネット広告市場での圧倒的なシェアを利用して自社に都合のよい広告配信を増やした場合に独占禁止法に違反する恐れがあるとの報告書をまとめた。急激に拡大するネット広告市場では巨大ITが広告主の意向に反する操作を行っていると疑問視する声が上がっていた。公取委は巨大ITによる自社サービスの優遇を特に問題視している。巨大ITは検索サイトやSNS（交流サイト）などプラットフォームの運営に加えて，広告配信の仲介業を兼ねていることが多く，取引実態に対する疑念が生じやすい。報告書では，巨大ITが自社のSNSや動画配信サイトなど有力な媒体について，他の仲介事業者経由の広告配信を締め出したり，自社サービスの利用割合を義務付けたりする行為が独禁法で問題になる恐れがあると例示した」。日本経済新聞朝刊13版2021年2月18日，1面。

　　「ネット広告基準明確に」「公取委，巨大ITに迫る」「……海外でもネット広告の寡占を問題視する動きが相次ぐ。20年末，テキサスなど米国の多くの州・地域で司法長官がグーグルを反トラスト法（独禁法）違反の容疑で提訴する動きが広がった。自社の取引市場を通じた広告供給を優先していることなどを問題視した。英国やオーストラリアはネット広告分野の寡占について調査を進めており，日本の公取委も英国の競争当局などと意見交換し報告書に反映した」。同5面。

　　「デジタル化　国家置き去り」「『巨大ITが秩序』現実に」「あなたの身の回りの規制は現実に則していますか――。……米グーグルの新たな決済アプリ。2021年からシティバンクなどの口座がひも付くが，銀行側には口座維持手数料や最低残高の決定権が制限されているという。グーグルなど『GAFA』合計の時価総額はシティなどグローバルに展開する30金融機関の2倍。強者のルールに弱者が従う構図は金融も例外ではない。……万能な国家が市民の上に立つのが近代の統治モデルの前提だった。21世紀のいま，膨大な個人データとデジタル技術を持つ巨大IT企業は国家をしのぐ影響力を持ち始めている。米国では当局がグーグルとフェイスブックを反トラスト法（独占禁止法）で提訴している。圧倒的な市場支配力で公正な競争を阻害していると判断し，M&A（合併・買収）で事業領域を拡大したフェイスブックに対しては，事業分割も求めている。欧州連合（EU）はGAFAなどのプラットフォーマーに対する包括的な規制案作りに着手している。規模が小さいIT企業との公

298　第4章　附合約款中の専属的国際裁判管轄条項

平な競争環境を構築することが目的の1つだという。……」。日本経済新聞朝刊12版2020年12月22日，1面（「パクスなき世界　大断層2」）。

　　鳳山太成「グーグル提訴第3弾　米の州当局『検索で自社優遇』独禁法違反」「米西部コロラド州など38州・地域の司法長官は17日，米グーグルを反トラスト法（独禁法）違反の疑いで提訴した。圧倒的な市場支配力を持つ検索事業で自社サービスを優遇し，競争を阻害したと判断した。グーグルへの提訴は10月の司法省以来，3件目となる。……」。日本経済新聞夕刊3版2020年12月18日，3面。

　　鳳山太成「グーグル広告事業提訴　米10州，競合排除の疑い」。日本経済新聞夕刊3版2020年12月17日，1面。

　　竹内康雄「EU,巨大ITに包括規制　20年ぶり抜本策　自社優遇禁じる」「欧州連合（EU）が，巨大IT企業への規制を抜本的に見直す。オンライン上で市場全体を支配するような影響力を持つプラットフォーマーについて，自社サイトで自社サービスを優遇するのをあらかじめ禁じるなど事前規制を導入する。違法コンテンツへの対応も義務化し，プラットフォーマーが負う責任範囲を広げる。……。事実上，GAFAなど米IT大手に対象を絞った内容といえる。……」。日本経済新聞朝刊14版2020年12月16日，1面。

　　鳳山太成「米，インスタ売却要求　フェイスブックを提訴　独禁法違反」「米連邦取引委員会（FTC）は9日，米フェイスブックを反トラスト法（独占禁止法）違反の疑いで提訴したと発表した。画像共有アプリ『インスタグラム』や対話アプリ『ワッツアップ』といったライバルになる恐れがある新興企業を買収して競争を阻害したと判断。両事業の売却を要求した。……」。日本経済新聞夕刊3版2020年12月10日，1面。

36　仲裁手続についてはオンライン化が見られるので国際的な争訟の解決手段として中立的な仲裁条項が挿入されてもおかしくない。本件附合約款において，仲裁条項ではなく専属的国際裁判管轄条項が置かれているのは，やはり米国外のウェブサイト運営者に請求をさせない意図が感じられる。民事裁判手続のオンライン化の動きもみられる。国際民事訴訟については，今のところ，あまり耳にしないが，外国での提訴・応訴のハードルが（皮肉にもIT技術の進歩のおかげで）将来は下がってくるかもしれない。そうすると，米国において，国際的な巨大クラスアクションが生じる可能性もある。そのようなことになるくらいなら，GAFAとしても，日本で裁判して和解する方がビジネス的にはましではないか。

37　偽装請負の判例として，例えば，最判平成21年12月18日，民集63巻10号2754頁，判時2067号152頁，労判993号5頁。

38　労働者の定義に関して，労働基準法第9条は，「労働者」とは，職業の種類を問わず，事業又は事務所に使用される者で，賃金を支払われる者と定義している。「……労基法上の労働者は，事業または事業所に使用され，賃金を支払われる者であればよく，職業の種類（事務職，生産労働者，専門技術者等）や名称（正社員，アルバイター，パートタイマー，臨時職員等）は問題とはならない。使用される者とは，労働の遂行ないし内容につき自らの裁量の幅が制約されており，他人による具体的な指示のもとに労働を行う者をいう。賃金とは，労務提供者に支払われる報酬が労働の対価としての性格を有するものをいう（労基11条）。したがって，契約の形式が請負や委任となっていても，上の基準による実質的な判断がなされる」とされる。安枝英訷・西村健一郎『労働法（第12版）』30-31頁。同書31頁は，証券会社とその外務員との間の契約が雇用契約でなく，「委任若しくは委任類似の契約」であるとして，外務員の労働者性が否定された判例として，最判昭和36年5月25日，民集15巻5号1322頁を挙げるが，そのような外務員について，改正民事訴訟法第3条の4第2項及び第3項並びに第3条の7第6項の労働者保護は機能するのか。機能しないのであればどのようにその弱者は救済されることになるのか。

　　浅倉むつ子・島田陽一・盛誠吾『労働法（第4版）』有斐閣，2011年，100頁は「……労働者の範囲を

第1節　Google によるウェブサイト個人運営者という弱者への押し付け（日本の場合）　299

確定することは容易でない。前述のように雇用と他の労務供給契約との間には明瞭な境界がなく，そのグレイゾーンに多様な混合契約が存在しているからである。現代において労働契約に対する法的規制を免れるため他の契約形式が選択されることが少なくなく（使用者による就業者の非労働者化，偽装自営業者の存在），また，就業形態の多様化のなかで雇用者と自営業者との中間的な働き方が増加していることから，労働関係法令の適用範囲の確定は，今日国際的にも重要な論点となっている」と述べる。このように，労働者の定義にあてはまるかどうかはっきりしない弱者は多い。本件原告もそうである。

39　「法制審議会国際裁判管轄法制部会第10回会議議事録」PDF 版（http://www.moj.go.jp/content/000012266.pdf　2024年5月15日閲覧）の日暮直子関係官の説明（9頁）では，「第7回の部会におきましては，外国の裁判所のみを管轄権を行使する裁判所として指定する合意について，最判昭和50年のチサダネ号事件の判示事項であります『その管轄の合意が甚だしく不合理で公序法に違反するとき等の場合は格別，原則として有効である』とする基準を緩和した規律を設けるべきであるという御意見も出たところですけれども，このような最判昭和50年の基準を緩和した基準を具体的な規律として表現することは非常に難しいこと，それから，どの範囲の合意を有効とすべきか，どの範囲の合意を無効とすべきかという点について，第7回の部会におきましても御意見が一致することがなかったということ，かえって日本法に照らして公序法に違反すると考えられるような場合には，管轄権に関する合意の有効性が否定されるので，この点に関して特段の規律を設ける必要はないという御意見も出たことを踏まえまして，甲案を採用しております」とされている。これに対して，古田啓昌幹事から「もう一つは，チサダネ号事件の最高裁判例との関係をどうするかという点です。今回あえて規定を置かないという事務局の御説明でした。これは以前の部会の議論でもありましたけれども，事務局案で立法したときに，チサダネ号事件の最高裁判例が以後も先例価値を有するのかどうかという点で議論が分かれたと思います。現状の実務はチサダネ号事件の判例準則を前提にして，国際的な専属管轄合意の有効性を判断しているわけですけれども，その判例準則との関係を明確にしないまま事務局案で立法をしますと，外国の裁判所を専属管轄とする合意の有効性の判断基準は，法令上もはっきりしないし，かつ，昭和50年の最高裁判例が先例価値を有するかどうかもはっきりしないという状態が，立法後当分続くことになります。そのような混沌とした状態が続くようでは，実務的にはやや混乱を招くのではないかと危惧します。ですから，専属管轄合意の有効性については，やはり今回の立法で何らかのルールをつくることを試みた方がいいのではないかと思います」との発言が見られるが，それ以上の進展は無かったようである。

40　「外国裁判所についての専属管轄権の合意がはなはだしく不合理であり，それが内国の公序に反するときは，その効力（内国の管轄権を排除する妨訴抗弁）は認められないこととなろう（最判昭和50年11月28日……）。そこで問題となるのは，その合意がはなはだしく不合理であって，内国の公序に反するかが本条の解釈問題となろう。近時，金融業者，投資勧誘業者等がわが国在住者（法人を含む）に勧めて金銭を外国にある銀行の口座に預託させ，その契約関係から生ずる紛争について外国の裁判所の専属管轄とする合意がみられるが（東京地判平成26年1月14日判時2217号68頁，大阪高判平成26年2月20日判時2225号77頁など），これらの事案における金融商品販売契約での専属的管轄の合意は，顧客にとってはなはだしく不合理であるから，公序に反するというべきであろう」。高桑昭『新版国際取引法』東信堂，2019年，333-334頁。

　「なお，同判決は『管轄の合意がはなはだしく不合理で公序法に違反するとき』には管轄合意は無効であるとしているが，かかる問題については現行法は触れておらず，そうである以上，この点の判示は依然として重要なものであるといえよう」。神前禎・早川吉尚・元永和彦『国際私法（第4版）』有斐閣，2019年，260頁。

　「③国際的専属的裁判管轄の合意は，それがはなはだしく不合理で公序法に違反する場合のほかは，原則として有効である，としていた。3条の7は，③についてはふれていないが，これは管轄合

意の固有の要件とはいえず，当然のことであるので，現在も妥当するものと思われる（明文の要件でなくとも援用することに妨げはない。……）」。櫻田嘉章『国際私法〔第7版〕』有斐閣，2020年，368頁。

加藤・松下編，前掲注(21) 30頁（日暮直子）も「……国際裁判管轄に関する合意は，原則として有効であるが，①本条4項に該当する場合，②本条5項および6項により国際裁判管轄に関する合意の効力が制限される場合，③その合意が著しく不合理で民法90条などの公序法に反する場合（最判昭50・11・28民集29巻10号1554頁〔チサダネ号事件〕参照），④管轄権の専属に関する3条の5を適用すると日本の裁判所が管轄権を有しない場合等には，その合意は無効とされ，またはその援用をすることができない」と述べる。

41 髙橋宏司「81 合意管轄権」『別冊ジュリスト256号 国際私法判例百選〔第3版〕』有斐閣，2021年，164頁。

42 前同165頁。以下「他方，法廷地の絶対的強行法規の潜脱防止のためには公序法要件の必要性は残っている。ただし，この場合，潜脱の有無の判断を本案に先立つ管轄判断の段階で行わなければならないため，その判断の在り方が問題となる……。また，管轄合意された外国の裁判制度が腐敗していたり，当事者に対して偏見が見られるような場合にも，『事実上裁判権を行うことができないとき』（3条の7第4項）には該当しないとの解釈を採るならば，公序法に違反する合意であるとの結論を導く余地があるであろう」という。

本間靖規・中野俊一郎・酒井一『国際民事手続法〔第3版〕』有斐閣，2024年，も，公序法要件の機能は限定的であると指摘する。「この要件は現行法下でも妥当するが，民訴法3条の7は5項・6項に消費者・労働者保護の特則をおいたため，それが機能する場面は限られよう」（同書64頁（中野））と述べるが，当該場面に本件のような事案を含むと考えてよいのかどうか。

中西康・北澤安紀・横溝大・林貴美『国際私法〔第2版〕』有斐閣，2018年，164-165頁も「……最判昭和50・11・28〔百選99〕は，国際裁判管轄の合意がはなはだしく不合理で公序法に違反するときには無効とする余地を認めていたが，3条の7にはこの点に関する規定はない。しかし，管轄合意についても，合意の不成立，錯誤などを理由とする合意の無効・取消し，合意内容が著しく不合理で公序違反を理由とする無効などの余地は当然にあり，この判示を変更する趣旨ではない」と言いつつ，165頁において，「従来，この公序法違反の点は，消費者や労働者との管轄合意について主に争われたが，裁判例は当初，公序法違反による管轄合意の無効を容易に認めない傾向だった……。しかし，平成23年民訴法等改正による弱者保護のための特則（特に3条の7第5項，6項）が議論されて具体化した頃から，この規定による弱者保護の結論を先取りして実現するためか，外国への専属的な国際裁判管轄の合意をこの公序法違反要件によって無効とする裁判例が多くなっている（例えば，……）。もっとも，このような管轄合意は将来，改正法の弱者保護のための特則が適用されるようになれば……，そのような特則で処理されるのが筋であり，公序法違反要件をふくらませて法的安定性を損なう解釈は避けるべきではなかろうか」と付言するため，これも本件類似の事案をどう扱うのか，定かでない。

43 小林（編集代表）・原・藪口・村上編，前掲注(7) 193-209頁，202頁。

44 小林（編集代表）・原・藪口・村上編，前掲注(7) 74頁は，その脚注56において，早川吉尚ほか「座談会 国際裁判管轄ルールの法令化に当たって」日本弁護士連合会国際裁判管轄規則の法令化に関する検討会議編『新しい国際裁判管轄法制―実務家の視点から―』別冊NBL138号19頁の山本和彦発言，手塚裕之発言，古田啓昌発言に言及して，法制審議会国際裁判管轄法制部会の議論において，民訴法3条の7が，チサダネ号事件判決の趣旨を変更したり，否定したりする趣旨ではなく，むしろ，民訴法3条の7制定後も，チサダネ号事件最高裁判決がその有効性を保持する方向で議論が収斂した点を特記する。

45 植松真生「バンコク裁判所の専属管轄の合意が無効とされた事例」『私法判例リマークス』51号（2015

第1節　Google によるウェブサイト個人運営者という弱者への押し付け（日本の場合）　　301

〈下〉）148頁，150頁。「当事者間に情報・交渉能力に格差がある場合でも，従来は公序違反の認定に
慎重な態度を示してきた裁判実務が，平成20年を境に潮目が変わったとも指摘される」とある。中
野俊一郎「タイ裁判所を指定する国際的専属的管轄合意の有効性」『ジュリスト』臨時増刊1479号，
2015年，302頁，303頁に言及。中野・同評釈は，大阪高判平成26年2月20日に関連して，公序の
要件は改正民訴法の下でも妥当すると述べる。

46　https://news.yahoo.co.jp/articles/222b4f04c24851177cf8c86cd1a0c76ed4acba0d　（2021年4月5日
閲覧）。
　　この報道に続いて，日本経済新聞夕刊3版2021年4月28日1面が，Googleの持ち株会社，アル
ファベット社の2021年1〜3月期決算に関して報じている。奥平和行「アルファベット純利益2.6倍
1〜3月広告好調で過去最高」「……1〜3月期決算は，売上高が前年同期比34％増の553億1400万ドル
（約6兆200億円），純利益が2.6倍の179億3000万ドルだった。新型コロナウイルスの流行が追い風
となり，主力のインターネット広告事業の収益が拡大した。純利益は四半期ベースで過去最高を更
新した。売上高，利益ともに市場予想を上回ったほか決算にあわせて発表した500億ドルの自社株
買いも好感され，27日の米株式市場の時間外取引で株価は一時，同日終値より4％超上昇した。主
力のネット広告事業の売上高は前年同期比32％増の446億8400万ドルに増えた。このうち動画共有
サイト『ユーチューブ』の広告は49％増の60億500万ドルだった。決算説明会で同社幹部は小売りや
IT（情報技術），消費財の広告が好調だったと述べた。」https://www.nikkei.com/article/DGX
ZQOGN2801X0Y1A420C2000000/　（2024年5月15日閲覧）。

第2節 米国におけるGoogle AdSenseオンライン標準契約約款専属的管轄条項の有効性

1 はじめに

　前節では，東京地判平成27年9月8日を題材に，個人相手のアフィリエイト・ビジネスに関連して，Googleのオンライン標準約款中の国際裁判管轄条項の日本における扱いについて考察した。

　同判決は，専属的裁判管轄条項が指定するカリフォルニア州の裁判所が管轄権を有するかについて，米国法上，カリフォルニア州の裁判所が「外国当事者のみが関与する事件についても管轄権を有しており，実際にもそのような事件について審理をしているものと認められる」と判示し，当該条項の効力を認めて，原告の訴えを却下した。

　そこで筆者は，現代社会においてGAFA（グーグルの持ち株会社アルファベット，アップル，フェイスブック，アマゾンのこと，マイクロソフトを加えてGAFAMともいう）が強大な力を持つという環境を踏まえ「チサダネ号事件最高裁判決[1]およびその後の国際的消費者契約判例」との均衡から，チサダネ号事件最高裁判決の公序法テストを用いて，日本法上，専属的国際裁判管轄合意を無効とすべきであると同判決を批判した。

　東京地判は，Googleグループの実質的本拠である米国の法に対する分析を十分展開しないまま，専属的国際裁判管轄合意は米国では有効であると述べたうえで，結論に至っている。これに対し筆者は疑問を呈し，米国の抵触法第2リステイトメント第80条などを引用しつつ，米国裁判所が，このような専属的国際裁判管轄合意を有効視しない可能性もあるのではないかとも述べた。

　そこで，Google（親会社Alphabet）社が本拠を有する米国において，同様の事案を同国の裁判所はどう処理しているのか，具体的な判例を取り上げて検証したい。

　本節では，Ellenberger v. Alphabet, Inc., 2020 U.S. Dist. LEXIS 259353を中心の題材として検証を行う。前掲東京地裁と同様に，Google AdSenseオンラ

イン契約を扱い，専属的裁判管轄条項が問題となった事案である。原告が結んだ AdSense 契約の条件には次の専属的裁判管轄条項が含まれていた。

　　本契約または AdSense サービスから発生するまたは関連するあらゆる請求は……カリフォルニア州サンタクララ郡に在る連邦裁判所または州裁判所において，専属的に訴訟追行されるものとする。

　結論を述べると，ケンタッキー州西部地区連邦地裁は，このオンライン契約上の専属的裁判管轄条項を有効視している。本節において，判決の内容を詳しく紹介するとともに，その示唆するところを考察することとする。

2 Ellenberger v. Alphabet, Inc. 事件判決[2]

(1) 事実概要

　本判決は比較的新しいもので，2020年7月17日のケンタッキー州西部地区の連邦地裁の判決である。原告は個人たる Ellenberger 氏である。同氏は，Google の親会社である Alphabet, Inc.（以下，「アルファベット社」）を被告として AdSense 契約の違反（不払い）で訴えた。これに対し，アルファベット社は契約中に専属的裁判管轄条項（forum-selection clause）が含まれていることを理由に，カリフォルニア州サンタクララ郡の州裁または連邦裁に訴える必要があるとして，訴えの却下，そして予備的に事件の移送を申し立てた。

　結論として，裁判所は被告側の言い分を認め，カリフォルニア州北部地区連邦地裁への移送を認めた。

(2) 原告の訴え

　2017年に原告 Ellenberger 氏は，Google 社（親会社が被告アルファベット社）の広告プログラムである AdSense 契約を締結した。AdSense とは，個人が，広告ディスプレイ用のコードをユーザーに付与することによって，ウェブサイトへのアクセスを収益化できるプログラムであると説明される。Google 社はウェブサイトのオーナーに対し，広告をディスプレイする対価として支払いを行うのであるが，それは AdSense Terms of Service（AdSense 契約条件）に服することになっていた。原告の主張によると，支払対象の金額は，原告のウェブサイトに対するヒット数にのみ基づいて計算されるもので，アルファベット

社は，アルファベット社が広告主から支払いを受ける元となるヒット数のデータを保管する必要があったのだが，契約合意に反して支払いは行われず，また，当初，原告が被告から連絡を受けたヒット数は，支払請求後に提示されたヒット数よりもずっと多かったはずであるということであった。

(3) 争点：AdSense契約条件と専属的裁判管轄条項（forum-selection clause）

被告アルファベット社は，両当事者間の契約合意がAdSense契約条件であると述べ，原告がAdSense契約条件を受け入れ，さらに改訂された同条件にも合意している旨を主張した。そしてこの契約条件には，次の専属的裁判管轄条項が含まれていた。

> 本契約またはAdSenseサービスから発生するまたは関連するあらゆる請求はカリフォルニア州サンタクララ郡に在る連邦裁判所または州裁判所において，専属的に訴訟追行されるものとする[3]。

同社は，訴え却下の申立と，予備的に訴え移送の申立を行って，この専属的裁判管轄条項の執行を求めたため，ケンタッキー州西部地区連邦地裁がその点について判断をした。

(4) 判旨
(A) 判旨概要

当事者間の契約交渉で決まった専属的裁判管轄条項を有効と認め執行することは，当事者の正当な期待の保護，ひいては司法制度の重大な利益にかなうというのが，裁判所の基本的スタンスである[4]。

判決はまず，州籍相違に基づく連邦裁判所の事件においては，専属的裁判管轄条項の執行可能性を判断するに当たって連邦法が適用されるとする。そして，その連邦法によれば，専属的裁判管轄条項は，無効とされるべきであるという強力な立証がない限り，有効視されるべきこととされている[5]。第6巡回区では，専属的裁判管轄条項の執行を求める申立が，裁判地移送申立（a motion to transfer venue）または訴え却下の申立（a motion to dismiss）の形で可能とされる。いずれの当事者も，カリフォルニア州サンタクララ郡が指定裁判

地として適正であることは争っていないため，ここでの争点は，問題の専属的裁判管轄条項が有効で執行可能なものであるか否かということである。Ellenberger氏は，専属的裁判管轄条項の一般的な有効性を争ってはおらず，問題は専属的裁判管轄条項が執行可能であるかどうかに絞られる。以下，「A　執行可能性」「B　手続メカニズム」の諸点を検討した結果，本件では専属的裁判管轄条項は執行可能であると判決は述べる。

(B)　**判旨A　執行可能性について**

専属的裁判管轄条項が執行可能か否かは連邦手続の問題であるので連邦法が適用される。連邦法は，専属的裁判管轄条項に非常に好意的であると言える。というのも，当該条項が無効とされるべきであるという強力な立証がない限り，専属的裁判管轄条項は有効であると推定されるからである[6]。専属的裁判管轄条項を問題視する側の当事者が，当該条項が執行されるべきではないということを示す立証責任を負っている。

専属的裁判管轄条項の執行可能性を判断する際に検討されるべきファクターは次の3点である[7]。

(a)　当該条項が詐欺，強迫またはその他の非良心的手段 (unconscionable means) を用いて得られたか，

(b)　指定された法廷地が当該訴訟を扱うのは非効率的または不公正であるか (ineffectively or unfairly)，

(c)　原告に指定された法廷地で提訴するよう求めることが不当であると言えるほど，当該法廷地が著しく不便であるか。

この3点を順に検証する。

(a)　詐欺，強迫，非良心的手段について

原告は，専属的裁判管轄条項が詐欺，強迫または過剰なやり方で契約に盛り込まれたとは立証していないとされる。原告は，裁判管轄条項が強迫または過剰なやり方で盛り込まれたと主張していないし，被告側申立に答弁する形で詐欺の主張はしているが，契約書中に当該条項が盛り込まれるに当たって詐欺があったとは示していない。

この第1のファクターについては，専属的裁判管轄条項に異議を唱える側の当事者が，専属的裁判管轄条項自体の挿入に当たって詐欺があったと示さなけ

306 第4章 附合約款中の専属的国際裁判管轄条項

ればならない[8]。第6巡回区においては，契約が専属的裁判管轄条項を含む場合，専属的裁判管轄条項に関する合意の誘因の際の詐欺と，全体としての契約に関する詐欺とは区別されなければならない[9]。詐欺なり虚偽表示なりが，専属的裁判管轄条項を問題視する当事者を誑かして，本件契約書中に当該条項を挿入するよう同意させたという立証があればよいが，それが無いのであれば，全体としての契約に関する詐欺や虚偽表示があったという一般的主張では，専属的裁判管轄条項の有効性に影響しない[10]。専属的裁判管轄条項が詐欺を理由に執行可能でないと判示するためには，専属的裁判管轄条項の挿入に絞った詐欺の主張が無ければならない。なぜなら，全体としての契約が（詐欺などがなくて）有効かつ執行可能であるかどうかを第1審として判決するに当たっては，専属的裁判管轄条項で指定されている法廷地の裁判所は依拠するに足るからである。

本件判決は以上の通り，まず第1のファクターについて，専属的裁判管轄条項の執行不能性を否定した。つまり，本件では，原告は，専属的裁判管轄条項に絞った詐欺の主張を行っていないとし，原告の詐欺の主張は，全体としての契約のことを考えるものであるので，裁判所としては，原告が第1のファクターのもとで本件専属的裁判管轄条項が執行不能であると立証してはいないと認定した。

(b) 訴訟を扱ううえで非効率性または不公正性(Ineffective or Unfair Handling)[11]について

第2のファクターについてであるが，原告は，指定された法廷地が当該訴訟を扱うに当たって非効率的または不公正であることを立証しなければならない。原告は，事実審の場をカリフォルニア州に移すことはただただGoogle社に不公正なアドバンテージをもたらすのに役立つだけであると，裏付けも無しに主張するが，しかし，カリフォルニア州サンタクララ・カウンティの裁判所は，本件訴訟の判決を効率的かつ公正に下すことが十分できるように見受けられるし，記録上，逆の結論に至るには証拠が無いと裁判所は判示する[12]。

本件判決は第2のファクターについても，原告は，専属的裁判管轄条項の執行不能性の立証ができていないと認定した。

(c) 著しい不便について

　第3のファクターについてであるが，原告は，専属的裁判管轄条項の執行が不当または不合理だと言えるほどその執行が著しく不便であることを立証しなければならないとされる[13]。

　原告は，事実審の場をカリフォルニア州に移すことは，不当な負担であり，不必要であると主張する。原告は理由として，金銭的余裕が無いことと，同居の80歳の老母を介護するためにLouisville（ケンタッキー州ルーイヴィル）を離れるわけにはいかないことを挙げている。前述の通り，原告は，専属的裁判管轄条項の執行が不当または不合理だと言えるほどその執行が著しく不便であることを立証しなければならないのであるが，この認定のためには，専属的裁判管轄条項を無効とすることを求める当事者にとって，単なる不便というものを超えるものに基づかなければならない（based on more than mere inconvenience）とされる。

　財政的困難に関する原告の主張については，第6巡回区は以前に，専属的裁判管轄条項の執行を否定するための根拠として，財政的な不便宜という主張を退けたことがある[14]。ゆえに財政的困難という原告の主張は，第3のファクターをみたすには不十分である。

　母親の介護に関する原告の主張については，原告は，（万が一本件訴訟の追行途中にカリフォルニア州において立ち会うことが求められるとしても）介護をするに当たって生じる不便が，専属的裁判管轄条項の執行を不合理または不当であるものにする水準まで押し上げるという立証を果たしていない[15]。

　結局，本判決は，3つ目のファクターについても，以上のように述べて専属的裁判管轄条項の執行不能性を否定した。

　結論として，本判決は，カリフォルニア州サンタクララの連邦地裁が深刻なほど困難かつ不便であるという立証がないとし[16]，専属的裁判管轄条項に反対する原告の議論が説得的でないため，専属的裁判管轄条項を執行すべきでないという立証責任を原告が果たしていないので，専属的裁判管轄条項は執行可能であると判断している。

(C) **判旨B　手続メカニズム**

　本判決は，専属的裁判管轄条項が執行可能であるとして，どういう手続でそ

308　第4章　附合約款中の専属的国際裁判管轄条項

れが執行できるかを検討する。本判決は，Atlantic Marine 事件最高裁判決
(571 U.S. at 60)を引用して，連邦最高裁が28 U.S.C. § 1404 (a) に基づく移送
申立をもって執行可能であることを示した（却下申立を用いることの適切性に
ついてコメントすることを拒絶した）ことを指摘する。そのうえで，第6巡回
区では，その後も却下申立を用いる方法がなおも有効であると付言している。

　手続として移送申立を用いるべきか却下申立を用いるべきかという論点は，
本節の目的から離れているので判決の詳細は省略するが，判決は，移送申立の
検討の考慮事項に私益ファクターと公益ファクターとがあると指摘する一方，
強制的な (mandatory)[17]専属的裁判管轄条項を理由とする移送申立の場合，原
告側に，当事者が合意した法廷地に移送すべきでない理由を示す責任があるこ
と，および私益ファクターに関する議論を検討すべきでないことを指摘する。
裁判所は，公益ファクターのみ考慮すべきであるとする。したがって，本件で
判決は，原告の財政的な困難も老母の介護問題も考慮されるべきではないし，
また，公益ファクターに関する議論も原告から示されていないから，原告は，
移送をしのぐ公益に関する考慮事項を立証する責任を果たせていないと判断し
ている。

　結局，判決はカリフォルニア州北部地区連邦地裁への移送を認めた。ただ，
もし公益ファクターに関する議論を原告がしっかりと行なっていたら結果は変
わっていた可能性もあるのではないだろうか，若干の疑念を禁じえない。

3　Mueller v. Apple Leisure Corp. 事件判決

(1)　Mueller v. Apple Leisure Corp. 事件
　　第7巡回区連邦控訴裁判決 (2018年)[18]の概要

　上記Ellenberger事件判決に関連して，公益ファクターを扱った別の判決を
紹介する。公益ファクターに関する議論が当事者の主張に無いため，専属的裁
判管轄条項の有効性を認める原判決を支持した連邦控訴裁判決である。

　事実概要であるが，新婚旅行中ドミニカでひどい食中毒を起こした旅行客
（夫婦）が休暇用旅行パッケージを販売・運営していた業者を訴えた事案であ
る。原告が居住地でありパッケージ購入地でもあるウィスコンシン州東部地区
連邦地裁で提訴したところ，旅行契約中にペンシルベニア州の裁判所を指定す

る専属的裁判管轄条項が挿入されていた。被告側が管轄条項を援用して訴えの却下を求めた。

第1審連邦地裁は，フォーラム・ノン・コンビニエンス法理を適用して，原告の訴えを却下した。これに対して，原告は，被告側の却下申立が同法理を明示的に援用していないことを理由に原判決を不当として控訴した。

(2)　判旨

第7巡回区連邦控訴裁は原判決を支持した。判旨は次の通りである。

連邦裁判所でない裁判所を指定する専属的裁判管轄条項はフォーラム・ノン・コンビニエンス法理に基づいて執行されるべきことは，Atlantic Marine Construction Co.事件連邦最高裁判決（後述）が判示した通りである。

同最高裁判決によれば，契約上の法廷地選択を失効させ得るのは，例外的に，公的利益による正当化が成功した場合に限られる。

原告は，旅行契約中の専属的裁判管轄条項の無効化を正当化するほどの公的利益を何も特定していない。

(3)　公益ファクターと「一個人対強者」

要するに，専属的裁判管轄条項があれば，財政的な困難や個人の事情を犠牲にした遠隔地での訴訟対応といったものは私益として考慮されないことにされているようである。しかし，「一個人対強者」の構図の是正こそが公益に資するはずである。私益であるとして切り捨てられている事柄の中に実は公益があるように感じられるが，米国法下ではそうではない。一方，日本では，前掲チサダネ号事件最高裁判決の公序法テストが個人投資家のような弱者の救済に利用されたのは，米国法下では私益とされるものも，「一個人対強者」の構図であれば公序法テストに適うとされたからである。

それならば，民事訴訟における管轄権の決定の場面において，日本では弱者救済の考慮が強く働き，米国はあえて弱者救済の考慮の余地を小さくしているように思われる[19]。

4 米国連邦最高裁の判決の整理

(1) The Bremen v. Zapata Off-Shore Co.事件 連邦最高裁判決を軸とする判例法

前掲東京地判平成27年9月8日は「米国法上，カリフォルニア州の裁判所は，外国当事者のみが関与する事件についても管轄権を有しており，実際にもそのような事件について審理をしているものと認められる」と判示したが，その米国法について，Ellenberger事件判決の検討と並行して，連邦最高裁判例を中心に米国判例法を整理する。

(A) The Bremen v. Zapata Off-Shore Co.事件連邦最高裁判決 (1972年)[20]

本事件は，米国・ドイツ企業間の国際的な曳航契約の問題であり，ロンドンの裁判所を専属管轄裁判所とする条項が契約中に含まれていた。本判決で連邦最高裁は，裁判管轄権をめぐり，契約の自由と forum-selection clause（法廷地選択条項＝専属的裁判管轄条項）の有効性を認める姿勢を示した。

本判決以前，専属的裁判管轄条項に対する米国の裁判所の姿勢は一般に否定的であったが[21]，次第に有効性を認めるものも現れ，この最高裁判決を機に肯定するのが普通となり[22]，その後専属的裁判管轄条項の有効性を最高裁の複数判例が認めている。

(B) National Equipment Rental, Ltd. v. Szukhent事件 連邦最高裁判決 (1964年)[23]

これは The Bremen 事件判決に先立つ1964年の判決で，ミシガン州の農家を営む被告とニューヨーク州のリース会社との間のリース契約における定型約款に含まれる（非専属的）合意管轄条項が問題になった事例である。条項によって，被告の令状送達受領代理人として原告会社役員の妻が指名されることになっており，被告農民はニューヨーク州の裁判所の管轄に服するようにされていた[24]。いわば，弱者たるリースユーザー（農民）がリース会社の言いなりとなっている事案であった。連邦最高裁は5対4の僅差で，裁判管轄条項を有効とした。

なお，Black判事から「やるかやめるか（take it or leave it）」という契約の性質と交渉力の不均衡をめぐって反対意見が示されている。

第2節　米国における Google AdSense オンライン標準契約約款専属的管轄条項の有効性　311

(C)　Carnival Cruise Lines, Inc. v. Shute 事件連邦最高裁判決 (1991年)[25]

弱者たる消費者相手のケースという意味で重要である。本事件において連邦最高裁は附合契約中の専属的裁判管轄条項を有効視した。

ワシントン州居住の夫妻がカリフォルニア州から出発する7日間クルーズの旅に出るべく代理店を通じて，被告会社の航海切符を購入し乗船したところ，旅行中にデッキで滑って負傷したために，従業員と会社に過失があったとワシントン州西部地区連邦地裁に提訴した。切符の表面の隅に契約条件に従うべき警告が示され，契約条件にはフロリダ州所在の裁判所を管轄裁判所とする専属的裁判管轄条項が含まれていた。

連邦最高裁は，約款に含まれる専属的裁判管轄条項は，訴訟経済の面で認められるべきで，消費者も安価な運賃という点で利益を享受するということを主たる理由に，管轄条項は有効であると判示した。専属的裁判管轄条項が公正さという点で司法審査に服するとは言いつつ，本件では，会社側に悪意があるとは証明されていないし，乗客は専属的裁判管轄条項のことを承知していたはずで契約を拒否することもできたとして乗客の主張を斥けた。なお，この判決には学説からの批判が強いとされる[26]。

(D)　Atlantic Marine Construction Co. 事件連邦最高裁判決 (2013年)[27]

2013年の判決で，消費者を当事者とする事案ではない。しかし，構図は弱者対強者で，下請会社が請負契約中の管轄条項で抑え込まれた事案である。

公共施設建設に関連して請負契約の支払をめぐって，下請会社（原告・テキサス州）が発注元建設会社（被告・バージニア州）を訴えた事案であるが，契約中にバージニア州に所在する裁判所を専属管轄裁判所とする管轄条項が含まれていた。原告は，州籍相違管轄を理由にテキサス州西部地区連邦地裁で提訴したところ，被告が管轄条項を盾に，訴えの却下または移送を申し立てた。連邦地裁も第5巡回区連邦控訴裁も，被告が立証責任を果たしていないとして申立てを斥けたところ，連邦最高裁が裁量上訴請求を受理した。結果は，原判決破棄差戻しであり，専属的裁判管轄条項にそった移送を認めないことに理由があるのか再度審理を求めた。

争点は，専属的裁判管轄条項を根拠に，訴え却下または移送の申立を行う場合の根拠法規と基準であったが，最高裁は，28 U.S.C. §1404 (a) の "for the convenience of parties and witness, in the interest of justice"にそった移送によって契約中の専属的裁判管轄条項を実現できることを示した。

連邦最高裁は，専属的裁判管轄条項が無い場合の移送については私的利益と公的利益[28]の両方を考慮すべきだが，専属的裁判管轄条項がある場合は，条項に合意した時点で原告は私的利益を問う権利を放棄しているため（基準は変容してしまい），私的利益は考慮する必要がなく，公的利益さえ考慮すればよいとし，管轄条項指定の法廷地に移送されるべきではないという立証責任は原告が負うと判示した。

(2) 「forum-selection clauseの有効性」に付けられた条件

(A) The Bremen v. Zapata Off-Shore Co.事件連邦最高裁判決が付けた条件

裁判管轄条項が有効であるとされる契機となったThe Bremen事件連邦最高裁判決は，「原告が法廷地条項の執行が不相当で正しくないか，又は法廷地条項が詐欺又は圧倒的な交渉力の差異のような理由で有効でないことを明らかに証明する場合はこの限りではない。さらに法廷地条項はたとえそれが自由に交渉され，法廷地の重要な公序になんら反しないものであったとしても，選択された法廷地が訴訟の審理にとって著しく不便であるときにも『不相当』であり，執行することはできない」[29]と条件を設定している。

(B) 抵触法第2リステイトメント

前節3(3)ですでに指摘したが，米国の抵触法第2リステイトメント第80条も「訴訟地に関する当事者の合意は不公正又は不合理（unfair or unreasonable）でない限り，効力を与えられる」と条件を付けている[30]。抵触法第2リステイトメントのもとでは，forum-selection clauseの有効性は無条件ではない。

(C) Carnival Cruise Lines事件とAtlantic Marine Construction Co.事件による条件の制限

forum-selection clauseの効力について当初は歯止めを設け暴走を抑えていたようにみえる米国法であるが，やがて専属的裁判管轄条項を「不公正または不合理（unfair or unreasonable）とはしない」方の根拠を補強するようになった。つまり，Carnival Cruise Lines事件（消費者事件）とAtlantic Marine Construction Co.事件（下請事件）においては，次のようなルールを設定して，

管轄条項を制限する条件を制限する方向に厳格化した。

① 交渉力に差があっても，意味を承知の上で合意した以上，専属的裁判管轄条項への合意を盾に同条項の有効性が認められる。

② 「専属的裁判管轄条項に沿って移送すること」をすべきでないという立証責任は原告にあり，かつ公的利益の面しか主張できない（私的利益は放棄したものと扱われる）。

5　管轄合意を失効させる「不公正・不合理な場合」は有り得るか

(1)　GAFAオンライン契約と専属的裁判管轄条項

米国においては，専属的裁判管轄条項への合意の有効性を問う条件が力を失っているようにみえる。そうであれば，管轄合意を失効させるほどの「不公正・不合理 (unfair or unreasonable) な場合」というものは有り得るのだろうか。これまで検討してきたところによれば，結論としては，当初の予想よりかなり厳しそうに思われる。しかし理論上，可能性はゼロではないはずである。

特に，本章の契機となった事例パターン，つまり，「一個人のウェブサイト運営者 vs. GAFA」の構図の場合，オンライン契約上の専属的国際裁判管轄合意の不当性は，不公正・不合理 (unfair or unreasonable) な場合の最たるものではないのだろうか。この構図こそ，The Bremen事件連邦最高裁判決が明言する「圧倒的な交渉力の差異」の典型のはずである。

東京地判平成27年9月8日の被告も，本節で紹介したEllenberger事件の被告も，巨人GAFAの一角をなすGoogle（親会社アルファベット社）である。2019年（令和元年）当時，被告アルファベット社は強大である（例えば，2019年10〜12月四半期売上高は460億7500万ドルである）[31]。

(2)　当事者の力のバランスによる説明

契約に関する争いをカリフォルニア州に集中させなければ，世界中の企業・個人を相手にする普通の大企業（メーカーや旅行会社など）にとっては，訴訟対応が煩瑣で負担が重すぎると言えるかもしれない。しかしそれはGAFAには当てはまらないのではないか。

GAFAはインターネットの届くところはどこででも事業をしている。Online 標準契約に関する争いをカリフォルニア州に集中させなければ，世界中の個人運営者を相手にする Google 社としては，煩瑣で負担が重すぎると言えるだろうか。GAFA はもはや全世界・全人類を支配しうるほどの規模の超巨大企業である。本節で紹介した Ellenberger 事件判決でも，原告は，老母を自力で介護する一方，金が無いと述べる一個人であり，被告は，2019 年度 10〜12 月期決算売上高が 460 億 7500 万ドル[32]のアルファベット社である。当事者間の経済力は圧倒的に差がある。

そして，GAFA は世界中でビジネスを行っているからどの地の裁判所に捕捉されてもおかしくないといえるはずである。つまり，原告居住地で訴訟追行させても GAFA にとって予測可能であって，不当ではないはずである。

(3) GAFA が押し付けるオンライン約款

Google の AdSense Online 標準契約の条件は同社が押し付ける附合約款である。本件管轄条項はオンライン附合約款中のもので，原告は，その約款を呑むか止めるかの二者択一しか許されていないという事情がある。圧倒的にアルファベット社側に交渉上の優位性があって AdSense Online 標準契約に対する応募者に交渉の余地は無い。The Bremen 事件連邦最高裁判決は「圧倒的な交渉力の差異」を，管轄条項を無効視できる場合として挙げていたはずである。「圧倒的な交渉力の差」に，これ（一個人のウェブサイト運営者 vs. アルファベット社）が当てはまらないというなら，どれほどの差であれば当てはまるというのだろうか。これは交渉力の差の最大の例であって，これ以上の交渉力の差というものはもう望めないはずである。これを「圧倒的な交渉力の差」として認定しないなら，The Bremen 事件連邦最高裁判決は，空文のルールを述べたということにならざるをえない。AdSense 契約の専属的裁判管轄条項は，その悪用と言わざるをえないほど，不公正・不合理（unfair or unreasonable）だろう。

(4) Carnival Cruise Lines, Inc. 事件連邦最高裁判決の「訴訟経済の考慮」

弱者たる消費者に附合契約中の専属的裁判管轄条項を飲ませたという点で，Carnival Cruise Lines 事件が根拠とする訴訟経済という理屈も，アルファベッ

ト社を相手取る個人ウェブサイト運営者のケースであれば，事情は変わってくるのではないか。

クルーズ旅行の契約不履行であれば，乗り合わせた多数の乗客に事情が共通で，あちこちで提訴されれば，証拠調べが，裁判所にとっても被告船会社にとっても大変である，負担が大きいという理屈は分かる。法廷地を統一して効率化すべきだろう。ところが——世界中でAdSenseビジネスを展開するアルファベット社が，膨大な数の世界中の個人ウェブサイト運営者を契約相手とする場合，Carnival Cruise Lines事件の環境とは異なる。訴訟経済では，説得的でないのではないか。つまり，次の諸点が疑問となる。

第1に，ウェブサイトのコンテンツおよび運営方法が千差万別ではないだろうか。そうすると，ウェブサイトの方の本拠で訴訟を追行する方が証拠調べといった訴訟経済に資するのではないだろうか。

第2に，膨大な数の訴訟を，専属的裁判管轄条項で指定するただ1つの法廷地カリフォルニア州に集中させて，それに米国司法制度は耐えることができるのだろうか。訴訟件数とそれに伴うカリフォルニア州サンタクララ郡の裁判所事務がどのように増加するか，争いがクラスアクション化する可能性があるかなど，観察の結果で事情は変わるように思われる。GAFAの規模はこれまでの常識では測れない規模であるからである。

6 おわりに

米国においては，The Bremen事件連邦最高裁判決やCarnival Cruise Lines事件連邦最高裁判決が存在するために，契約中の専属的な裁判管轄条項を無効とする例がなかなか生まれないようである。本節で紹介したEllenberger事件判決も，オンライン契約中の専属的裁判管轄条項を有効視した。

しかしThe Bremen事件連邦最高裁判決は，「圧倒的な交渉力の差異」を，管轄条項を無効視できる場合として挙げている。GAFAほど強大で社会をコントロールする企業は，今まで現れたことが無いのである。オンライン契約中の専属的裁判管轄条項であればそれを無効視しても良いといえる事案に，今，直面していると言えるのではないだろうか。

関連する話として，近時GAFAへの風当たりが急速に厳しくなっている。

316 第4章 附合約款中の専属的国際裁判管轄条項

巨大であって市場を独占しすぎという点で主に独禁法の観点から批判が集まっているのである[33]。

　今，特に注目すべきなのは，司法省による独禁法に基づく提訴である。Bloomberg L.P. 2023年1月25日配信のインターネット記事[34]によれば，「司法省はバージニア州の連邦地裁に提出した訴状で『害は明らかだ』と主張。『自由な競争に基づく圧力によって価格の規律が取れ，より革新的なアドテクのツールが開発され，最終的に市場参加者にとり一段と高品質で低価格の取引が成立する。そうした市場に比べ，**ウェブサイト制作者の収入は少なくなる一方**，広告主はより多く払っている』とし，『この行為はわれわれ全員に有害だ』と訴えた。同訴状にはニューヨーク，カリフォルニア，バージニア各州などが署名している。」と報じている（下線強調部は筆者）。この訴状では，ウェブサイト制作者も救済されるべき被害者として描写されている[35]。

　GAFAと個人のウェブサイト運営者との間のAdSense契約のような契約については，今後，専属的国際裁判管轄条項を無効視する判決例が現れないとも限らないと思う。私見では，そのような例を認めても良いのではないかと考える。

注

1　最高裁昭和50年11月28日第3小法廷判決，民集29巻10号1554頁，判時799号13頁，判タ330号261頁。

2　Ellenberger v. Alphabet, Inc., 2020 U.S. Dist. LEXIS 259353；2020 WL 11772628.

3　訳出は筆者による。判決で紹介されている文言は次の通り。"The AdSense Terms include a forum-selection clause, which provides that '[a]ll claims arising out of or relating to this Agreement or the [AdSense] Services will … be litigated exclusively in the federal or state courts of Santa Clara County, California.'"　Ellenberger v. Alphabet, Inc., 2020 U.S. Dist. LEXIS 259353 at 3.

4　*Id.* Atl. Marine Const. Co. v. U.S. Dist. Ct. for W. Dist. of Tx., 571 U.S. 49, 62 (2013) を引用する Bradley v. D & B Trucks & Equip., LLC, No. 1：16-CV-159-GNS, 2017 U.S. Dist. LEXIS 149737, at 4 (W.D. Ky. Sept. 24, 2017) を引用。

5　The Bremen v. Zapata Off-Shore Co., 407 U.S. 1, 15, 92 S. Ct. 1907, 32 L. Ed. 2d 513 (1972) を引用する判例などを引用。Ellenberger, 2020 U.S. Dist. LEXIS 259353 at 3-4.

6　判決は，前掲 The Bremen v. Zapata Off-Shore Co. 事件連邦最高裁判決 (1972) を引用する。

7　Ellenberger, 2020 U.S. Dist. LEXIS 259353 at 5.　Sec. Watch, Inc. v. Sentinel Sys., Inc., 176 F.3d 369, 375 (6th Cir. 1999) を引用する Wong v. Partygaming Ltd., 589 F.3d 821, 828 (6th Cir. 2009) を引用。

8　Villanueva v. Barcroft, 822 F. Supp. 2d 726, 735-36 (N.D. Ohio 2011) を引用。

9　前同 Villanueva が Arnold v. Arnold Corp.-Printed Communications for Bus., 920 F.2d 1269, 1277-

第2節　米国における Google AdSense オンライン標準契約約款専属的管轄条項の有効性　317

78 (6th Cir. 1990) を引用。

10　Preferred Capital, Inc. v. Assocs. in Urology, 453 F.3d 718, 721 (6th Cir. 2006) を引用する Wilson v. 5 Choices, LLC, 776 F. App'x 320, 327 (6th Cir. 2019) を引用。

　　一般に契約法務上，紛争解決条項は本体契約とは別の合意であるという Severability (Separability とも) 原則が認められているので不合理な話ではないように思われる。

11　Ellenberger, 2020 U.S. Dist. LEXIS 259353 at 7.

12　Lorenzana, 2012 U.S. Dist. LEXIS 95119, at 12 を引用。また，Villanueva, 822 F. Supp. 2d at 736 (指定法廷地 (ミシガン州) が本事件を公正に訴訟運営できないということを示す証拠は無いので，第2のファクターのもとでは，本件専属的裁判管轄条項は執行可能であるままであると認定する判決) を紹介。

13　Wong v. PartyGaming, Ltd., 589 F.3d 821, 829 を引用する Lorenzana, 2012 U.S. Dist. LEXIS 95119, at 12 を引用。

14　Braman v. Quizno's Franchise Co., LLC, No. 5：07CV2001, 2008 U.S. Dist. LEXIS 97929, at 14 (N.D. Ohio Feb. 28, 2008) (Moses v. Business Card Express, Inc., 929 F.2d 1131, 1139 (6th Cir. 1991) を引用). The Sixth Circuit explained in Moses：With respect to the claim of financial hardship. … [o]f course the plaintiffs rather than the defendants would be required to bear the expense of travel. This is inherent in a forum selection clause. Unless all parties reside in the selected jurisdiction, any litigation will be more expensive for some than others. This is not a reason for declaring such clauses invalid. 929 F.3d at 1138-39. (筆者仮訳：Moses事件判決において第6巡回区連邦控訴裁は示した見解は次の通りである。財政的な困難の主張についてはもちろん，被告よりもむしろ原告側が旅費を負担する必要がある。これは合意管轄条項に本質的に備わるものである。すべての当事者が選択された法域に居住していない限り，訴訟というものは，他の当事者と比較して一部の当事者にとってより高額となるものである。このことは，このような管轄条項を無効とする理由にはならない。)

15　Holck v. Bank of N.Y. Mellon Corp., 769 F. Supp. 2d 1240, 1251 (D. Haw. 2011) (原告がその妻の死後，3人の未成年の孫について自分が主たる養育者であるところ，その3人の孫の監護およびケアを準備するのは困難であると主張したにもかかわらず，原告がその主張に関する有意義な詳述を行わなかった場合に専属的裁判管轄条項を執行した事案) を例示。

16　The Bremen, 407 U.S. 18頁を引用する Long v. Dart Int'l, Inc., 173 F. Supp. 2d 744, 778 (W.D. Tenn. 2001) を引用。

17　判決は註2において，本件専属的裁判管轄条項中の "exclusively" という文言に注目している。

18　Mueller v. Apple Leisure Corp., 880 F.3d 890；2018 U.S. App. LEXIS 2041；2018 WL 563983 (2018). なお，この Mueller v. Apple Leisure Corp. 事件判決は Google AdSense 契約類似事例ではない。

19　米国が濫訴の国と呼ばれることが関係しているように感じられる。

20　407 U.S. 1；92 S. Ct. 1907；32 L. Ed. 2d 513；1972 U.S. LEXIS 114. 和訳として，松岡博『アメリカ国際私法・国際取引法判例研究』70-91頁 (大阪大学出版会，2010)。

21　"Forum-selection clauses have historically not been favored by American courts. Many courts, federal and state, have declined to enforce such clauses on the ground that they were 'contrary to public policy,' or that their effect was to "oust the jurisdiction" of the court." The Bremen, 407 U.S. at 9.

　　「……依然として法廷地選択条項に否定的な判決もあり，その典型的な例が，控訴審判決が依拠した第5巡回区控訴裁判所の *Carbon Black* 判決と *Indussa Corp. v. S. S. Ranborg*, 377 F.2d 200 (2d Cir. 1967) であった……」。松岡・前掲注 (20)，92-93頁。Carbon Black 判決 (Carbon Black Export,

318 第4章 附合約款中の専属的国際裁判管轄条項

Inc. v. The Monrosa, 254 F.2d 297 (5th Cir. 1958), cert. dismissed, 359 U.S. 180 (1959)) も上掲Indussa Corp.判決も The Bremen 判決の脚注11で言及されている。

22 （下級審判決において法廷地選択条項に好意的なものと否定的なものの対立が存在する中で）「連邦最高裁は本件でこれに決着をつけた。」「本判決は，法廷地選択条項は，原則として有効であり，反対当事者によって当該状況の下で『不相当』であると証明されるのでない限り，執行されるべきであるとの立場を採用した。つまり，本件のように法廷地の選択が，経験があり，洗練されたビジネスマンによって市場ベースで自由に交渉された場合には，なんらかの説得力のある，反対の理由がない限り，当事者によって尊重され，裁判所によって執行されるべきであるとする」。松岡・前掲注(20)，92-93頁に解説。

23 National Equipment Rental, Ltd. v. Szukhent, 375 U.S. 311；84 S. Ct. 411；11 L. Ed. 2d 354；1964 U.S. LEXIS 2032；7 Fed. R. Serv. 2d (Callaghan) 23 (1964). ウィリアム・M・リッチマン＝ウィリアム・L・レイノルズ〔松岡博ほか共訳〕『アメリカ抵触法(上)』129-131頁(吉川英一郎訳)(レクシスネクシス・ジャパン，2008) も参照。

24 被告を被告住所地のミシガン州で訴えることも可能であろうが，原告NY州の会社がユーザー(被告)を原告本拠地でも訴えられるように契約条項に工夫を施したものと考えられる。専属的裁判管轄条項ではないので，まず容認された。そのうえで，この判決が，The Bremen 判決の呼び水になったように見える(The Bremen 判決でも根拠とされている)。

25 Carnival Cruise Lines v. Shute, 499 U.S. 585；111 S. Ct. 1522；113 L. Ed. 2d 622；1991 U.S. LEXIS 2221；59 U.S.L.W. 4323；1991 AMC 1697；91 Cal. Daily Op. Service 2729；91 Daily Journal DAR 4419 (1991). 抄訳として，松岡・前掲注(20)，94-98頁。

26 松岡・前掲注(20)，98頁。リッチマン＆レイノルズ・前掲注(23)，132頁。例えば，リッチマン＆レイノルズ(132-133頁)は「Szukhent判決とCarnival Cruise Lines判決はともに，管轄権の問題における契約の自由についての連邦最高裁の尊重を示している。その尊重は見当違いなものである。というのも，合理的な法廷地に対する原告の権利と，遠く離れて不便な訴訟を強いられないという被告のためのデュー・プロセスによる保護とは，抜け目ない契約ドラフト実務によって容易に打ち破られるべきではないからである」(吉川訳)と批判する。

27 Atlantic Marine Construction Co. v. United States District Court for the Western District of Texas, 571 U.S. 49；134 S. Ct. 568；187 L. Ed. 2d 487；2013 U.S. LEXIS 8775；82 U.S.L.W. 4021；2014 AMC 1；87 Fed. R. Serv. 3d (Callaghan) 51；24 Fla. L. Weekly Fed. S 484；2013 WL 6231157 (2013). 判例評釈として浅香吉幹「Atlantic Marine Construction Co. v. ……——契約上の法廷地選択条項に反して合衆国地方裁判所に提起された訴訟では，28 U.S.C.§1404 (a) に基づく移送または forum non conveniens (不便宜法廷) の法理に基づく却下が原則となる」[2014-2] アメリカ法(423-426頁)，2015年。

28 Atlantic Marine Construction Co., 571 U.S. at 62, n.6. 脚注6によると，私的利益は "Factors relating to the parties' private interests include 'relative ease of access to sources of proof；availability of compulsory process for attendance of unwilling, and the cost of obtaining attendance of willing, witnesses；possibility of view of premises, if view would be appropriate to the action；and all other practical problems that make trial of a case easy, expeditious and inexpensive'....". (「証拠へのアクセス，非協力的な証人の強制的召喚の可能性，協力的証人の出廷のための費用，土地建物実況見分の可能性，簡易迅速安価にトライアルを行うためのその他の実務上の諸問題」(訳として，浅香・前掲注(27)，424-425頁))とあり，公的利益については，"Public-interest factors may include 'the administrative difficulties flowing from court congestion；the local interest in having localized controversies decided at home；[and] the interest in having the trial of a diversity case in a forum that is at home with the law.'" (「裁判所の訴訟事件数，地元の紛争を地元で裁判する利益，

州籍相違事件のトライアルで適用法が法廷地の法である利益」(訳として，浅香・前同425頁))とある。

29　松岡・前掲注(20)，94頁。同93頁がThe Bremen事件判決の示す法理について「……法廷地選択条項は原則として有効であり，執行すべきであるということになる」と示した直後に，同判決の付す条件を要約している。

　　The Bremen判決中の該当部分の一部として，"There are compelling reasons why a freely negotiated private international agreement, unaffected by fraud, undue influence, or overweening bargaining power, such as that involved here, should be given full effect." 407 U.S. at 12-13.

30　§80. Limitation Imposed by Contract of Parties
The parties'agreement as to the place of the action will be given effect unless it is unfair or unreasonable.

　　抵触法第2リステイトメント第80条については，前節の注16も参照。

31　日本経済新聞2020年2月4日ウェブ版の報道によると，「米グーグルの持ち株会社アルファベットが3日発表した2019年10〜12月期決算は，売上高が前年同期比17%増の460億7500万ドルだった。スマートフォンや動画サイト『ユーチューブ』向けを中心に広告収入が増えた」とされる。岩本貴子「米アルファベット，17%増収で予想下回る　10〜12月決算」：　https://www.nikkei.com/article/DGXMZO55212820U0A200C2000000/　(2024年5月16日閲覧)。ちなみに，日本経済新聞2023年2月3日ウェブ版の報道によると，「米グーグルの持ち株会社，米アルファベットが2日に発表した2022年10〜12月期決算は，売上高が前年同期比1%増の760億4800万ドル(約9兆7900億円)，純利益は34%減の136億2400万ドルだった。景気減速により主力のインターネット広告事業への逆風が強まり，4四半期連続の減益になった」とされる。奥平和行「アルファベットの10〜12月，売上高1%増　広告苦戦」：https://www.nikkei.com/article/DGXZQOGN0306D0T00C23A2000000/　(2024年5月18日閲覧)。減益だといっても四半期で約10兆円の売上である。

32　アルファベット社の2023年の年間売上予測は3061億37百万米ドルであり，日本円に換算して(1米ドル144円として)44兆円余である。　https://www.nikkei.com/nkd/company/us/GOOG/finance/　(2024年5月16日閲覧)。

33　新聞報道によると，奥平和行・飛田臨太郎「米，グーグル広告事業標的」日本経済新聞朝刊14版2023年1月26日3面が「米バイデン政権が反トラスト法(独占禁止法)を活用して巨大テクノロジー企業の事業拡大に歯止めをかける動きを強めている」と述べ，また，飛田臨太郎「アップル・グーグルの『寡占』　米，是正へ法整備提案」日本経済新聞朝刊13版2023年2月2日1面が「米バイデン政権がスマートフォン内で自社のサービス・製品を優遇しているとして寡占状態の是正に乗り出す。決済システムや検索サービスを他社に公平な条件で開放することなどについて米議会に法整備を求める」と報じていた。

34　「米司法省がグーグル提訴，アドテク事業の分割求める」(原題：Leah Nylen, "US Sues Google to Break Up Ad Unit in Heated Antitrust Fight,") Bloomberg L.P. 2023年1月25日配信Yahoo Japanニュース。https://news.yahoo.co.jp/articles/ac82b6e81c73a6896910f12c412e8bbaf24597cf　(2023年2月14日閲覧)。

35　2023年9月になってまた，独禁法訴訟の動きが報じられている。奥平和行「グーグル訴訟公判開始へ　検索サービス　独禁法巡り」日本経済新聞朝刊14版2023年9月13日17面が「米司法省が米グーグルを反トラスト法(独占禁止法)違反で訴えた裁判の公判が米東部時間12日朝……に始まる。米国で独禁当局とテクノロジー大手の幹部が法廷で対峙するのは，同省が米マイクロソフトを訴えた1998年以来25年ぶりだ。大型訴訟はグーグルに加え，テック業界の競争の構図に影響を及ぼすとの見方が出ている。『グーグルはインターネットの最も重要な入り口に立ちはだかり，検索サービスを毎日使う人たちや同社に広告料を払う企業を犠牲にして独占を維持している』─。司法省や原告団

に名を連ねる州司法長官は8日，連邦地裁に提出した文書でグーグルを非難した。公判は首都ワシントンの連邦地裁で12日に始まり，約2カ月半にわたって開く予定だ。原告側はグーグルが検索サービスで独占を維持するために違法行為を行ったと主張する見通し。……。司法省はトランプ前政権の末期，2020年10月にグーグルを提訴した。グーグルは米国の検索市場で約90％のシェアを握り，検索結果に関連する内容を表示する検索連動型広告は持ち株会社，米アルファベットの売上高の約6割を占める。……。」などと報じている。清水孝輔「グーグルの独禁法違反訴訟　公判開始，不当行為が焦点」日本経済新聞夕刊3版2023年9月13日3面も参照。

　他に，米国連邦地裁における独禁法訴訟に関連する情報として，奥平和行・八十島綾平「グーグル，アップルと明暗　アプリ巡り独占認定，敗訴」（日本経済新聞朝刊14版2023年12月13日）が「スマートフォンのアプリ配信・課金システムが独占に当たるとして人気ゲーム『フォートナイト』の開発元が米グーグルを訴えた裁判で，原告側の訴えを認める評決が11日に出た」と報じている。

　日本においても，八十島綾平・長尾里穂「巨大IT独占制限へ新法　政府アプリ配信・決済で」（日本経済新聞朝刊12版2023年12月27日1面）が，「米アップルやグーグルなどの巨大IT（情報技術）企業に，日本市場での独占的地位の乱用を防ぐ規制の網がかかる。政府はスマートフォンの基本ソフト（OS）提供企業がアプリストアの運営や決済システムを独占できないようにする。スマホのアプリ配信や決済システムの分野で他企業との競争を促す。……主な規制対象は①アプリストア・決済②検索③ブラウザー④OS ——の4つの分野。巨大プラットフォーム企業による利用者の囲い込みや，ライバル企業の排除につながる行為をあらかじめ規制する。……」と報じ，グーグルやアップルの巨大すぎる存在が自由競争に対する脅威となっているため公法で規制することになることを示している。

主な参考文献

序章

亀田尚己編著・平野英則・岸田勝昭・長沼健・吉川英一郎『現代国際商取引（改訂版）』文眞堂，2021年。

日本貿易振興機構（ジェトロ）のウェブサイト，https://www.jetro.go.jp/world/qa/J-200309.html （2024年5月3日閲覧）。

ALM Global, LLCのウェブサイト，https://www.law.com/international-edition/2022/09/20/the-2022-global-200-ranked-by-revenue/ （2024年4月4日閲覧）。

第1章　準拠法条項とCISG
第1節　CISG下における準拠法条項ドラフティング

井原宏・河村寛治編『判例ウィーン売買条約』東信堂，2010年。

井原宏・河村寛治編『国際売買契約　ウィーン売買条約に基づくドラフティング戦略』レクシスネクシス・ジャパン，2010年。

岩﨑一生『英文契約書（全訂新版）―作成実務と法理―』同文舘出版，1998年。

大貫雅晴『英文販売・代理店契約―その理論と実際―』同文舘出版，2010年。

甲斐道太郎・石田喜久夫・田中英司編『注釈国際統一売買法Ⅰ―ウィーン売買条約―』法律文化社，2000年。

小林和弘「国際企業法務に関する最近の法規範の動向」『JCAジャーナル』56巻5号，2009年，22-31頁。

齋藤彰「法廷地選択および準拠法選択の役割」（新堀聰・柏木昇編『グローバル商取引と紛争解決』同文舘出版，2006年），33-66頁。

齋藤彰「国際的な私法統一条約をめぐる幻想と現実―ケープタウン条約航空機議定書とウィーン売買条約の起草過程を素材として―（3）その2：ウィーン売買条約の起草過程を素材として」『国際商取引学会年報』12号，2010年，28-40頁。

齋藤彰「ウィーン売買条約と日本―日本の法律家が国際統一私法と正しく向き合うために―」『国際商取引学会年報』12号，2010年，212-230頁。

齋藤彰・高杉直「契約担当者のためのウィーン売買条約（CISG）入門」『JCAジャーナル』55巻3号，2008年，24-34頁。

潮見佳男・中田邦博・松岡久和編『概説国際物品売買条約』法律文化社，2010年。

杉浦保友「実務的インパクトの検討」『ジュリスト』1375号，2009年，32-42頁。

杉浦保友・久保田隆編『ウィーン売買条約の実務解説［第2版］』中央経済社，2011年。

曽野裕夫「ウィーン売買条約（CISG）の意義と特徴」『ジュリスト』1375号，2009年，4-11頁。

曽野裕夫「CISGの締結手続と国内的実施」『国際私法年報』12号，2010年，2-27頁。

曽野和明・山手正史『国際売買法』青林書院，1993年。

高桑昭『国際取引における私法の統一と国際私法』有斐閣，2005年。

高桑昭「国際物品売買契約に関する国際連合条約の適用について」『法曹時報』61巻10号，2009年，1-27頁。

高杉直「ウィーン売買条約（CISG）と知的財産権―CISG第42条を中心に―」『帝塚山法学』（帝塚山大学）第22号，2011年，97-122頁。

田中信幸・中川英彦・仲谷卓芳編『国際売買契約ハンドブック［改訂版］』有斐閣，1994年。

溜池良夫『国際私法講義［第3版］』有斐閣，2005年。

道垣内正人『ポイント国際私法各論（第2版）』有斐閣，2014年。

長田真里「日本におけるCISGの適用」『国際私法年報』12号，2010年，83-104頁。

中村秀雄「ウィーン売買条約と国際取引契約実務」『国際私法年報』12号，2010年，54-82頁。

新堀聡『ウィーン売買条約と貿易契約』同文舘出版，2009年。

浜辺陽一郎『ロースクール実務家教授による英文国際取引契約書の書き方第1巻（改訂版）』ILS出版，2007年。

藤川純子「契約準拠法の分割指定について」『国際公共政策研究』1巻1号，1997年，87-101頁。

松岡博『現代国際私法講義』法律文化社，2008年。

松岡博編『国際関係私法入門（第2版）』有斐閣，2009年。

森下哲朗「国際的な契約法ルール」『法学教室』354号，2010年，14-23頁。

山田鐐一『国際私法（第3版）』有斐閣，2004年。

吉川達夫・飯田浩司編『英文契約書の作成実務とモデル契約書』中央経済社，2006年。

Andersen, C.B., Mazzotta, F.G. and Zeller, B. (2010), *A Practitioner's Guide to the CISG*, ed. by Mazzotta, F.G. and Flannery, J.L., New York, JurisNet, LLC.

Bortolotti, F. (2008), *Drafting and Negotiating International Commercial Contracts: A Practical Guide*, Paris, ICC Services Publications.

Bridge, M. (2008), *Choice of Law and the CISG: Opting In and Opting Out, Drafting Contracts Under The CISG*, ed. by Flechtner, H.M., Brand, A.B. and Walter, M.S., New York, Oxford University Press.

Carr, I. (2010), *International Trade Law* (4th ed.), London and New York, Routledge-Cavendish.

Friedland, J. A., (2014) *Understanding International Business and Financial Transactions*, (4th ed)., Lexis Nexis（邦訳：ジェロルド・A・フリードランド（久保田隆・田澤元章監訳）『アメリカ国際商取引法・金融取引法』レクシスネクシス・ジャパン，2007年）。

Honnold, J.O. (2009), *Uniform Law for International Sales under the 1980 United Nations Convention* (4th ed.), ed. by Flechtner, H.M., The Netherlands, Kluwer Law International.

Kritzer A. H., CISG Database, Pace Law Schoolのウェブサイト，http://www.cisg.law.pace.edu/ (Nov 4, 2011)

Lookofsky, J. (2008), *Understanding the CISG* (3rd ed.), The Netherlands, Kluwer Law International.

Schlechtriem & Schwenzer (2010), *Commentary on the UN Convention on the International Sale of Goods (CISG)* (3rd ed.), ed. by Schwenzer,I., New York, Oxford University Press.

UNCITRAL: Digest of Case Law on the United Nations Convention on Contracts for the International Sale of Goods—2016 Edition　国際連合国際商取引法委員会ウェブサイト，https://uncitral.un.org/sites/uncitral.un.org/files/media-documents/uncitral/en/cisg_digest_2016.pdf (May 11, 2024)

第2節　米国企業との売買契約における準拠法条項を用いた事物管轄権戦術の可能性

笹沼穣・大羽裕子「講演録　米国訴訟の実務～もしも日本企業が米国で訴えられたら？」『NIBEN Frontier』2023年5月号，2-13頁。

椎橋邦雄『アメリカ民事訴訟法の研究』信山社，2019年。

住友商事株式会社法務部・三井物産株式会社法務部・三菱商事株式会社法務部編『新・国際売買契約ハンドブック［第2版］』有斐閣，2021年。

内藤博久（米国弁護士）のウェブサイト「US LEGAL AID FOR LEADERS」 https://www.
　jpnuslegalaidatwork.com/% E3% 82% A2% E3% 83% A1% E3% 83% AA% E3% 82% AB%
　E6% B3% 95% E5% BE% 8B% E5% 8A% 9B5　（2024年5月4日閲覧）。
長谷川俊明『改訂版　法律英語と紛争処理』第一法規，2019年。
ウイリアム・M・リッチマン/ウイリアム・L・レイノルズ（松岡博・吉川英一郎・高杉直・北坂尚洋
　訳）『アメリカ抵触法（上巻）─管轄権編─』レクシスネクシス・ジャパン，2008年。

第2章　不可抗力条項：そのソフトロー性
第1節　不可抗力条項（Force Majeure Clause）のソフトロー性

飯田浩隆「英米型契約条項のレビューの視点」『BUSINESS LAW JOURNAL』61号，2013年，44-45
　頁。
伊藤正巳・加藤一郎編『現代法学入門［第4版］』有斐閣，2005年。
岩﨑一生『英文契約書─作成実務と法理─［全訂新版］』同文舘，1998年。
植田淳「国際取引契約におけるForce Majeure条項とHardship条項」『神戸外大論叢』42巻6号，1991
　年，55-80頁。
牛嶋龍之介『入門国際取引の法務』民事法研究会，2011年。
大貫雅晴『国際技術ライセンス契約─交渉から契約書作成まで─［新版］』同文舘出版，2008年。
大貫雅晴『英文販売代理店契約─その理論と実際─』同文舘出版，2010年。
大貫雅晴「中小企業のための貿易取引契約基本実務第5回」『JCAジャーナル』60巻4号，2013年，
　16-22頁。
小原三佑嘉「国際取引・閑話休題（Ⅱ）─契約中に結ぶべき標準不可抗力条項について─」『国際金融』
　940号，1995年，64-66頁。
甲斐道太郎・石田喜久夫・田中英司・田中康博編『注釈国際統一売買法Ⅱ─ウィーン売買条約─』法律
　文化社，2003年。
亀田尚己『ビジネス英語を学ぶ』筑摩書房，2002年。
亀田尚己編著・平野英則・岸田勝昭・長沼健・吉川英一郎『現代国際商取引』文眞堂，2013年。
唐澤宏明『国際取引─貿易・契約・国際事業の法律実務─』同文舘出版，1996年。
北川俊光・柏木昇『国際取引法［第2版（補訂）］』有斐閣，2008年。
木下毅『英米契約法の理論［第2版］』東京大学出版会，1985年。
小寺彰・道垣内正人編『国際社会とソフトロー』有斐閣，2008年。
小林一郎「英米型契約との比較から見た日本の契約実務の特徴」『BUSINESS LAW JOURNAL』61号，
　2013年，18-23頁。
齋藤民徒「『ソフト・ロー』論の系譜」『法律時報』77巻8号，2005年，106-113頁。
澤田壽夫・柏木昇・杉浦保友・高杉直・森下哲朗編著『マテリアルズ国際取引法［第2版］』有斐閣，
　2009年。
潮見佳男・中田邦博・松岡久和編『概説国際物品売買条約』法律文化社，2010年。
杉浦保友「実務的インパクトの検討」『ジュリスト』1375号，2009年，32-42頁。
杉浦保友・久保田隆編『ウィーン売買条約の実務解説［第2版］』中央経済社，2011年。
住友商事株式会社法務部・三井物産株式会社法務部・三菱商事株式会社法務部編『新・国際売買契約
　ハンドブック［第2版］』有斐閣，2021年。
曽野裕夫「ウィーン売買条約（CISG）と債権法改正」日本国際経済法学会編（柏木昇編集代表）『国際経
　済法講座Ⅱ─取引・財産・手続』法律文化社，2012年，322-341頁。
高桑昭『国際取引における私法の統一と国際私法』有斐閣，2005年。
高桑昭『国際商取引法［第3版］』有斐閣，2011年。

田中信幸『新国際取引法』商事法務研究会，1998年。

田中信幸・中川英彦・仲谷卓芳編『国際売買契約ハンドブック［改訂版］』有斐閣，1994年。

道垣内正人『国際契約実務のための予防法学―準拠法・裁判管轄・仲裁条項』商事法務，2012年。

富澤敏勝『国際取引法入門―当事者の視点から―』窓社，1999年。

富澤敏勝・伏見和史「国際取引契約における不可抗力条項とハードシップ条項」『企業法学』10巻，2003年，161-182頁。

中村秀雄『国際動産売買契約法入門』有斐閣，2008年。

中村秀雄『英文契約書取扱説明書―国際取引契約入門―』民事法研究会，2012年。

中矢一虎『貿易実務入門と英文契約書の読み方』創元社，2009年。

新堀聰『ウィーン売買条約と貿易契約』同文舘出版，2009年。

西美友加「震災後の国際企業法務―Force Majeure規定」『国際商事法務』39巻4号，2011年，463-465頁。

野副靖人『英文ビジネス契約書の読み方・書き方・結び方』中央経済社，2005年。

野副靖人『英文契約書のための和英用語用例辞典』中央経済社，2012年。

則定隆男・椿弘次・亀田尚己編『国際ビジネスコミュニケーション』丸善，2010年。

長谷川俊明「英文契約ABC 第4講不可抗力条項」『国際商事法務』11巻7号，1983年，476-477頁。

長谷川俊明『はじめての英文契約書起案・作成完全マニュアル』日本法令，2003年。

浜辺陽一郎『ロースクール実務家教授による英文国際取引契約書の書き方 第1巻（改訂版）』ILS出版，2007年。

日野修男・出澤秀二・竹原隆信・杉浦幸彦・水谷孝三『モデル文例つき英文契約書の知識と実務』日本実業出版社，1997年。

チャールズ・M・フォックス（道垣内正人監訳・（株）日立製作所法務本部英米法研究会訳）『米国人弁護士が教える英文契約書作成の作法』商事法務，2012年。

藤田友敬編『ソフトローの基礎理論』有斐閣，2008年。

伏見和史『英文売買書式と取引実務』商事法務，2006年。

淵邊善彦『契約書の見方・つくり方』日本経済新聞出版社，2012年。

牧野和夫『やさしくわかる英文契約書』日本実業出版社，2009年。

牧野和夫・河村寛治・飯田浩司『国際取引法と契約実務［第3版］』2013年。

舛井一仁『改訂国際取引法の学び方―基礎理論・実務・情報収集―』敬文堂，2001年。

松岡博『国際取引と国際私法』晃洋書房，1993年。

松岡博編『レクチャー国際取引法』法律文化社，2012年。

三橋文明「不可抗力条項について」『商学論纂』（中央大学）8巻5号，1967年，41-63頁。

本林徹「プラント契約と不可抗力条項」『海外商事法務』122号，1972年，35-37頁。

山田鐐一『国際私法（第3版）』有斐閣，2004年。

吉川達夫『国際ビジネス法務～貿易取引から英文契約書まで～』レクシスネクシス・ジャパン，2009年。

吉川達夫・飯田浩司編著『英文契約書の作成実務とモデル契約書［第3版］』中央経済社，2011年。

吉川達夫・河村寛治編著『実践英文契約書の読み方・作り方』中央経済社，2002年。

吉川達夫・河村寛治・植村麻里・曽我しのぶ『国際法務と英文契約書の実際』ILS出版，2000年。

吉川達夫・森下賢樹編『ライセンス契約のすべて【実務応用編】―交渉から契約締結までのリスクマネジメント―』レクシスネクシス・ジャパン，2010年。

吉川達夫・森下賢樹・飯田浩司編著『ライセンス契約のすべて【基礎編】―ビジネスリスクと法的マネジメント―［第2版］』レクシスネクシス・ジャパン，2011年。

渡辺達徳「ウィーン売買条約と日本民法への影響」『ジュリスト』1375号，2009年，20-31頁。

主な参考文献　　325

Black's Law Dictionary（Bryan A. Garner et al. eds., 9th ed. 2009）.

Bortolotti, F.（2008）, *Drafting and Negotiating International Commercial Contracts：A Practical Guide*, Paris, ICC Services Publications.

DiMatteo, L. A.（2009）, *Law of International Contracting*（2nd ed.）, The Netherlands, Kluwer Law International.

Folsom, R. H., Gordon, M. W. and Spanogle, J.A.,（2010）*Principles of International Business Transactions*（2nd ed.）, St. Paul, West.

Friedland, J. A.（2002）, *Understanding International Business and Financial Transactions*, New York, Matthew Bender & Company, Inc.（邦訳：ジェロルド・A・フリードランド（久保田隆・田澤元章監訳）『アメリカ国際商取引法金融取引法』レクシスネクシス・ジャパン，2007年。）

Garro, A. M.（2007）, Force Majeure and CISG Article 79：Competing Approaches and Some Drafting Advice, *Drafting Contracts Under The CISG*, ed. by Flechtner, H. M., Brand, R. A., and Walter, M. S., New York, Oxford University Press, Inc.

ICC, ICC Force Majeure Clause 2003 - ICC Hardship Clause 2003, http://www.iccbooks.com/Home/force_majeure.aspx（2013/12/04）.

International Chamber of Commerce（2011）, *ICC Model Subcontract, Paris*, ICC Services Publications.

Kameda, Naoki（2013）, Japanese Global Companies：The Shift from Multinationals to Multiculturals, *Global Advances in Business Communication*, Vol. 2：Iss. 1, Article 3, http://commons.emich.edu/gabc/vol2/iss1/3（2013/12/07）.

Lee, Schwarz, Coyle, Boulton, and Kameda（2014）, Important Business Considerations For Successful Entry Into The China Market, *Journal of Business Case Studies,* Vol. 10, No. 1, PP. 65-82.

O'Sullivan, J. and Hilliard, J.（2012）, *The Law of Contract*（5th ed.）, Oxford, Oxford University Press.

Poole, J.,（2012）*Textbook on Contract Law*（11th ed.）, Oxford, Oxford University Press.

第2節　不可抗力条項をめぐる裁判例の検討

石田雅彦・武田竜太郎「一般条項にみる英米法の基礎概念」『ビジネス法務』17巻6号，2017年，17頁。

岩崎一生『英文契約書—作成実務と法理—［全訂新版］』同文舘，1998年。

豊島真「ボイラープレート条項」『BUSINESS LAW JOURNAL』50号，2012年，42頁。

中尾智三郎『英文契約の考え方』商事法務，2018年。

牧野和夫『初めての人のための英文契約書の実務』中央経済社，2016年。

第3章　日本における国際消費者契約問題
第1節　消費者契約を扱う日本の国際裁判例概観

安達栄司「出資金返還請求事件において米国ネヴァダ州裁判所を専属的合意管轄裁判所と指定する合意が有効だとされた事例」『私法判例リマークス』50号（2015〈上〉），146頁。

石丸信「日本の裁判権を排除しアメリカ合衆国ネヴァダ州裁判所を第1審の専属的な管轄裁判所と指定する国際専属的な裁判管轄合意が無効であるとした事例」『消費者法ニュース』102号，2015年，134頁。

岩田合同法律事務所「3116　アメリカ合衆国ネヴァダ州裁判所を第1審の専属的合意とする合意が有効に成立しているとして，東京地方裁判所に提起された訴えが却下された事例（新商事判例便覧No.662）」『旬刊商事法務』2039号，2014年，53頁。

植松真生「バンコク裁判所の専属管轄の合意が無効とされた事例」『私法判例リマークス』51号（2015
　　〈下〉）148頁。
江上千惠子「旅行業者の説明義務 —— 東京地判平成16・1・28」『NBL』812号，2005年，4頁，
　　Westlaw JAPAN「新判例解説406号」Westlaw JAPAN文献番号2004WLJCC112。
小田司「54　一　アメリカ合衆国ネヴァダ州裁判所を専属的合意管轄裁判所とする国際的専属的裁判
　　管轄の合意が公序法に違反するとして無効とされた事例　二　特別の事情による訴えの却下の主
　　張が認められなかった事例」『判例時報』2265号，2015年，165頁（『判例評論』680号35頁）。
加藤紫帆「消費者契約に関する国際的専属的管轄合意が有効とされた事例」『ジュリスト』1462号，
　　2014年，128頁。
加藤紫帆「ネヴァダ州裁判所を指定する国際的専属管轄合意を無効とした事例」『ジュリスト』1484号，
　　2015年，143頁。
加藤紫帆「円建て債券を発行した外国国家の裁判権免除と支払延期措置の効力」『ジュリスト』1540号，
　　2020年，111頁。
金彦叔「消費者契約における管轄合意」『ジュリスト』1510号，2017年，138頁。
小梁吉章「東京地判平成27年3月31日に見る市場の急変と与信管理」『国際商事法務』44巻9号，2016
　　年，1343頁。
近藤昌昭・後藤健・内堀宏達・前田洋・片岡智美『仲裁法コンメンタール』商事法務，2003年。
嶋拓哉「詐害行為取消権の準拠法，外国不動産の抹消登記請求と専属管轄条項の関係」『ジュリスト』
　　1494号，2016年，123頁。
瀬戸和宏「〔説明義務違反・情報提供義務をめぐる判例と理論〕『外国為替証拠金取引』を行うことを内
　　容とする金融派生商品の販売取引につき，説明義務違反の不法行為が認められた事例」『判例タイ
　　ムズ』臨時増刊1178号，2005年，87頁。
高杉直「消費者契約中の外国裁判所の専属管轄合意を認めた事例」『WLJ判例コラム』9号，2013年，
　　Westlaw JAPAN文献番号2013WLJCC009。
紀鈞涵「米国ネヴァダ州裁判所の専属管轄合意が無効とされた事例」『ジュリスト』1504号，2017年，
　　119頁。
中野俊一郎「タイ裁判所を指定する国際的専属管轄合意の有効性」『ジュリスト』臨時増刊1479号（平
　　成26年度重要判例解説），2015年，302頁。
西口博之「MRI出資金返還訴訟——平成26年11月17日控訴審判決を中心に」『NBL』1040号，2014年，
　　11頁。
西谷祐子「詐害行為取消権の準拠法」『ジュリスト』臨時増刊1492号（平成27年度重要判例解説），2016
　　年，296頁。
長谷川俊明「〔渉外判例教室〕　米国ネヴァダ州裁判所の専属的管轄合意に基づき日本の裁判所に提起
　　した訴えを却下した事例」『国際商事法務』42巻8号，2014年，1218頁。
長谷川俊明「〔渉外判例教室〕タイの裁判所を専属管轄裁判所とする合意が公序良俗に違反するので無
　　効とされた事例」『国際商事法務』42巻10号，2014年，1538頁。
長谷川俊明「〔渉外判例教室〕　米国ネヴァダ州裁判所の専属的裁判管轄合意が公序法違反で無効とさ
　　れた事例」『国際商事法務』43巻5号，2015年，648頁。
早川吉尚「外国裁判所を指定する専属的国際裁判管轄合意を無効とした事例」『法学セミナー増刊（新
　　判例解説Watch）』20号，2017年，329頁。
藤田勝利「受託手荷物の延着による航空運送人の責任」『私法判例リマークス』31号（2005〈下〉），82頁。
的場朝子「国際民事執行・保全法裁判例研究(19)　フランス所在不動産の贈与が詐害行為にあたると
　　して贈与の取消しと所有権移転登記の抹消登記手続請求が認容された事例（東京地判平成27年3
　　月31日判例集未搭載）」『JCAジャーナル』63巻10号，2016年，20頁。

主な参考文献　　327

村上正子「米国州裁判所を専属的合意管轄裁判所とする合意が公序法に違反して無効とされた事例」
　　『法学教室』426号別冊付録（『判例セレクト2015［Ⅱ］』），2016年，36頁。
山木戸勇一郎「［下級審民訴事例研究73］　一　アメリカ合衆国ネヴァダ州裁判所を専属的合意管轄裁
　　判所とする国際的専属的裁判管轄の合意が公序法に違反するとして無効とされた事例　二　特別
　　の事情による訴えの却下の主張が認められなかった事例」『法学研究』（慶應義塾大学）89巻9号，
　　2016年，107頁。
山田恒久「不法行為地の裁判籍を理由に国際裁判管轄が認められた一事例」『ジュリスト』1463号，
　　2014年，123頁。
山田恒久「国際裁判管轄の合意を理由に訴えが却下された事例」『法学セミナー増刊（新判例解説
　　Watch）』15号，2014年，345頁。
山田恒久「ネヴァダ州裁判所の管轄合意」『私法判例リマークス』52号，2016年〈上〉，142頁。
渡部美由紀「（第14回国債民事執行・保全法裁判例研究）米国ネヴァダ州裁判所を専属的合意管轄裁判
　　所とする国際的専属的裁判管轄の合意が公序法に違反するとして無効とされた事例（東京高判平
　　成26年11月17日平成26（ネ）623号，判時2243号28頁）」『JCAジャーナル』62巻7号，2015年，
　　18頁。

第2節　国際消費者契約をめぐる裁判例（東京高裁平成29年6月29日判決）の検討

青竹正一「法人格否認の法理の準拠法と法理の適用」『ジュリスト』1265号131-135頁，2004年。
奥田安弘「83　アメリカ合衆国ミネソタ州法人が，日本の会社に対して有するミネソタ州裁判所の給
　　付判決の執行判決を求めたことについて，同裁判所の国際裁判管轄権を否定し，民訴法200条1
　　号に該当しないとされた事例」『判例時報』1421号194-198頁（『判例評論』402号48-52頁）。
加美和照「イギリス法における会社法人格の剥奪（Lifting of Corporate Veil）について」『青山法学論
　　集』（青山学院大学）5巻1号，1963年，43-85頁。
神前禎「株式売買契約及び法人格否認の法理の準拠法」『ジュリスト』1233号138-141頁，2002年。
神作裕之「20　法人格否認の法理」道垣内正人・中西康編『別冊ジュリスト国際私法判例百選［第3版］』
　　256号，2021年，42-43頁。
木棚照一編著『国際私法』成文堂，2016年。
小林秀之編集代表『国際裁判管轄の理論と実務』新日本法規出版，2017年。
小梁吉章「法人格否認の法理の準拠法について」『廣島法学』27巻2号137-167頁，2003年。
櫻田嘉章『国際私法（第7版）』有斐閣，2020年。
櫻田嘉章・道垣内正人編『注釈国際私法第1巻　§§1〜23』有斐閣，2011年。
櫻田嘉章・道垣内正人編『国際私法判例百選［第2版］』有斐閣，2012年。
重田晴生「『2002年海上旅客・手荷物運送条約（アテネ条約）』の研究(1)——国際条約の検討とイギリ
　　スの対応——」『青山法学論集』（青山学院大学）58巻3号，2016年，1-80頁。
新川量子「契約準拠法と外国子会社の法人格否認の法理」『ジュリスト』1300号161-163頁，2005年。
新堂幸司『新民事訴訟法［第5版］』弘文堂，2011年。
高桑昭『国際民事訴訟法・国際私法論集』東信堂，2011年。
高橋一章「法人格否認法理につき契約準拠法によって判断するとした事例」『ジュリスト』1437号116-
　　119頁，2012年。
溜池良夫『国際私法講義（第3版）』有斐閣，2005年。
中西康・北澤安紀・横溝大・林貴美『国際私法［第3版］』有斐閣，2022年。
中野俊一郎「国際利用航空運賃請求事件の国際的裁判管轄権」『ジュリスト』980号262-264頁，1990年。
中野貞一郎・松浦馨・鈴木正裕編『新民事訴訟法講義［第3版］』有斐閣，2018年。
日本弁護士連合会国際裁判管轄規則の法令化に関する検討会議編『別冊NBL　No.138　新しい国際裁

判管轄法制―実務家の視点から―』商事法務，2012年。

野村美明・高杉直・久保田隆編『ケーススタディ国際関係私法』有斐閣，2015年。

本間靖規・中野俊一郎・酒井一『国際民事手続法［第2版］』有斐閣，2012年。

松岡博『国際取引と国際私法』晃洋書房，1993年。

松岡博編『国際関係私法入門［第3版］』有斐閣，2012年。

松岡博（高杉直補訂）『国際関係私法講義［改題補訂版］』法律文化社，2015年。

矢島雅人「特定目的会社について，法人格否認の法理の適用が否定された事例」『慶應法学』19号577-586頁，2011年。

山田鐐一『国際私法（第3版）』有斐閣，2004年。

第4章 附合約款中の専属的国際裁判管轄条項

第1節 Googleによるウェブサイト個人運営者という弱者への押し付け（日本の場合）

ティム・ウー（秋山勝訳）『巨大企業の呪い ビッグテックは世界をどう支配してきたか』朝日新聞出版，2021年。

上田誠一郎『契約解釈の限界と不明確条項解釈準則』日本評論社，2003年。

小倉秀夫（弁護士）「インターネット紛争を民事訴訟等で解決するために解釈論でできること，立法を要すること」，http://www.ben.li/cp2i.html#f4-01（2021年3月27日閲覧）。

アンドリュー・キーン（中島由華訳）『ネット階級社会 GAFAが牛耳る新世界のルール』早川書房，2019年。

スコット・ギャロウェイ（渡会圭子訳）『the four GAFA 四騎士が創り変えた世界』東洋経済新報社，2018年。

桑岡和久「定型約款規定と消費者契約法」『ジュリスト』1558号，2021年，22-27頁。

寺川永「消費者契約法と事業者的消費者」『ジュリスト』1558号，2021年，16-21頁。

中川丈久「デジタルプラットフォームと消費者取引」『ジュリスト』1558号，2021年，40-46頁。

中野明『超図解世界最強4大企業GAFA「強さの秘密」が1時間でわかる本』学研プラス，2019年。

ラナ・フォルーハー（長谷川圭訳）『邪悪に堕ちたGAFA ビッグテックは素晴らしい理念と私たちを裏切った』日経BP，2020年。

第2節 米国におけるGoogle AdSenseオンライン標準契約約款専属的管轄条項の有効性

浅香吉幹「Atlantic Marine Construction Co. v. …――契約上の法廷地選択条項に反して合衆国地方裁判所に提起された訴訟では，28 U.S.C.§1404（a）に基づく移送またはforum non conveniens（不便宜法廷）の法理に基づく却下が原則となる」[2014-2]アメリカ法（423-426頁），2015年。

岩本貴子「米アルファベット，17％増収で予想下回る 10～12月決算」，https://www.nikkei.com/article/DGXMZO55212820U0A200C2000000/ （2024年5月16日閲覧）。

奥平和行「アルファベットの10～12月，売上高1％増 広告苦戦」，https://www.nikkei.com/article/DGXZQOGN0306D0T00C23A2000000/ （2024年1月5日閲覧）。

奥平和行「グーグル訴訟公判開始へ 検索サービス 独禁法巡り」日本経済新聞朝刊14版2023年9月13日17面。

奥平和行・飛田臨太郎「米，グーグル広告事業標的」日本経済新聞朝刊14版2023年1月26日3面。

奥平和行・八十島綾平「グーグル，アップルと明暗 アプリ巡り独占認定，敗訴」日本経済新聞朝刊14版2023年12月13日。

清水孝輔「グーグルの独禁法違反訴訟 公判開始，不当行為が焦点」日本経済新聞夕刊3版2023年9月13日3面。

飛田臨太郎「アップル・グーグルの『寡占』 米，是正へ法整備提案」日本経済新聞朝刊13版2023年2

月2日1面。

松岡博『アメリカ国際私法・国際取引法判例研究』大阪大学出版会，2010年。

八十島綾平・長尾里穂「巨大IT独占制限へ新法　政府アプリ配信・決済で」日本経済新聞朝刊12版
2023年12月27日1面。

ウィリアム・M・リッチマン＝ウィリアム・L・レイノルズ（松岡博ほか共訳）『アメリカ抵触法（上）』
レクシスネクシス・ジャパン，2008年。

Leah Nylen, "US Sues Google to Break Up Ad Unit in Heated Antitrust Fight," Bloomberg L.P.
2023年1月25日配信Yahoo Japanニュース，https://news.yahoo.co.jp/articles/ac82b6e81c73a68
96910f12c412e8bbaf24597cf（2023年2月14日閲覧）。

初出一覧

序章及び付録　「売買契約」亀田尚己編著『現代国際商取引―よくわかる理論と実務―』文眞堂（2013年）57-89頁。

第1章第1節　「CISG下における準拠法条項ドラフティング」『同志社商学』63巻4号（2012年）57-80頁。

第1章第2節　「売買契約における準拠法条項を用いた事物管轄権戦術の可能性―CISG適用による連邦問題管轄権を認めた米国判例を企業法務的に考察する―」『同志社商学』75巻4号（2024年）37-52頁。

第2章第1節　「国際契約一般条項のソフトロー性―不可抗力条項（Force Majeure Clause）について―」『同志社商学』65巻5号（2014年）234-258頁。

第2章第2節　「不可抗力条項（Force Majeure Clause）に関する米国判例邦訳―VICI Racing, LLC v. T-Mobile USA, Inc., 763 F.3d 273（3d Cir. 2014）―」『同志社商学』71巻3号（2019年）149-190頁。

第3章第1節　「国際消費者契約を扱う日本の裁判例概観」『同志社商学』72巻4号（2021年）1-59頁。

第3章第2節　「国際消費者契約をめぐる裁判例に関する考察―東京高判平成29年6月29日及びその原判決について―」『同志社商学』71巻1号（2019年）65-104頁。

第4章第1節　「オンライン標準契約約款上ウェブサイト個人運営者に　押し付けられた専属的国際裁判管轄条項の有効性」『同志社商学』第73巻1号（2021年）29-62頁。

第4章第2節　「米国におけるGoogle AdSenseオンライン標準契約約款の専属的国際裁判管轄条項の有効性―Ellenberger v. Alphabet, Inc., 2020 U.S. Dist. LEXIS 259353　を中心に―」『国際取引法学会』9号（2024年）123-138頁。

索　引

【アルファベット】

AdSense標準契約　263, 274, 281, 302, 314
battle of the forms　6
boilerplate clauses　105
choice-of-law clause　31
CISG　31
distributor　7
diversity jurisdiction　57, 59
Ejusdem Generis Rule　87
federal question jurisdiction　57, 59
force majeure　79
force majeure clause　76
forum-selection clause　269, 304, 312
frustration　80
general provisions　105
general terms and conditions　5
governing law　20, 31
hereto　4
ICC　89
ICC FORCE MAJEURE CLAUSE 2003　89
Knock-out Rule　6
Last Shot Rule　6
lingua franca　4
minimum contact　264, 270
mirror image rule　6
OEM販売基本契約　7
opt out　36, 60
Parol Evidence Rule　1
provided, however, that　4
severability clause　105
shall　4
statute of frauds　1
subject matter jurisdiction　57, 59
trade terms　20

UCC　60
Uniform Commercial Code　60

【ア行】

アテネ条約　218
一般条項　105
印紙税　8
ウィーン売買条約　31
英米法　80
オプトアウト　36, 58, 60, 70

【カ行】

管轄合意　150
管轄合意の準拠法　159
強行法規の特別連結理論　162
鏡像原則　6
継続的取引基本契約　7
契約書　1
公益ファクター　308, 309
公序法テスト　278
国際英文契約書　3
国際契約言語　3
国際裁判管轄（権）　149, 265
国際私法　32, 77
国際商業会議所　89
国際消費者契約　148, 176, 214
国際物品売買契約に関する国際連合条約　31
個別売買契約書　5, 14

【サ行】

最小接点　264, 270
裁判権免除　158
債務履行地管轄　238
詐害行為取消権　162
実質法的指定　43

332　索　引

事物管轄権　57, 58, 59
州裁判所　57, 58
州籍相違管轄権　57, 59, 62, 68
準拠法　30, 77, 158
準拠法条項　31, 32
消費者契約　148
消費者契約法10条　150
消費者仲裁合意　156
書式の闘い　6
スポット契約　5
絶対的留保説　41
専属的管轄合意　150, 267
専属的裁判管轄条項　262, 269, 304, 313
相対的留保説　41
訴訟経済　311, 314
ソフトロー　76

【タ行】

大陸法　80
チサダネ号事件最高裁判決　150, 268, 274
ディストリビューター　7
当事者自治　32
同種文言の原則　87
特徴的給付の理論　37
特別の事情　242
取引一般条件　5, 14

【ナ行】

ノックアウトルール　6

【ハ行】

ハードロー　76

販売店契約　7
ビジネスロー　76
不可抗力条項　76, 79, 144, 250
付加的管轄合意　153, 267
附合約款　243
不明確条項解釈準則　268
分離可能性条項　105, 143
米国統一商事法典　60
ボイラープレート条項　105
貿易条件　30
法人格否認　162, 247, 249
法人格否認の準拠法　247
妨訴抗弁　154
法廷地選択条項　269
法適用通則法　32
法の適用に関する通則法　32

【マ行】

モントリオール条約　159

【ラ行】

ラストショットルール　6
リンガフランカ　3
例示文言　86
連邦裁判所　57, 58
連邦問題管轄権　57, 59, 62, 69

【ワ行】

ワルソー条約　159

著者略歴

吉川英一郎（よしかわ・えいいちろう） 同志社大学商学部教授。

大阪大学大学院国際公共政策研究科博士後期課程修了，博士（国際公共政策）。

シャープ株式会社法務室，奈良産業大学法学部，大阪学院大学法科大学院を経て 2010 年 10 月同志社大学商学部准教授，2012 年 4 月より現職。

研究分野：国際取引法，国際企業法務，国際私法。

著作：『職場におけるセクシュアル・ハラスメント問題』（レクシスネクシス・ジャパン，2004 年），松岡博編『レクチャー国際取引法（第 3 版）』（法律文化社，2022 年，共著），亀田尚己編『現代国際商取引―よくわかる理論と実務―（改訂版）』（文眞堂，2021 年，共著），松岡博編『国際関係私法入門（第 4 版補訂）』（有斐閣，2021 年，共著），吉川英一郎編『判例で理解する職場・学校のセクハラ・パワハラ』（文眞堂，2016 年，共著），齋藤修編『慰謝料算定の理論』（ぎょうせい，2010 年，共著），渡邉惺之／野村美明編『論点解説・国際取引法』（法律文化社，2002 年，共著）。

翻訳：ウイリアム・M・リッチマン／ウイリアム・L・レイノルズ（松岡博／吉川英一郎／高杉直／北坂尚洋共訳）『アメリカ抵触法（上巻）』レクシスネクシス・ジャパン（2008 年）および『同（下巻）』（2011 年），渡邉惺之／吉川英一郎／北坂尚洋編訳『英和対訳アメリカ連邦民事訴訟規則』レクシスネクシス・ジャパン（2005 年）など。

国際契約法務の研究

2024 年 10 月 5 日　第 1 版第 1 刷発行	検印省略

著　者　吉　川　英　一　郎

発行者　前　野　　　隆

発行所　株式会社　**文　眞　堂**
東京都新宿区早稲田鶴巻町 533
電　話　03（3202）8480
ＦＡＸ　03（3203）2638
https://www.bunshin-do.co.jp/
〒162-0041 振替00120-2-96437

製作・㈱真興社
© 2024，吉川英一郎
定価はカバー裏に表示してあります
ISBN978-4-8309-5268-5　C3032